U0451244

本书系教育部人文社会科学研究青年基金项目
"国家、教育与宗教:社会变迁中的近代中国基督教教育会研究"
(批准号:11YJCZH231)的最终成果

暨南大学马克思主义与中国社会研究系列丛书
程京武 柏元海／主编

张龙平／著

国家、教育与宗教
——基督教教育会与近代中国

GUOJIA, JIAOYU YU ZONGJIAO
——JIDUJIAO JIAOYUHUI YU JINDAI ZHONGGUO

中国社会科学出版社

图书在版编目（CIP）数据

国家、教育与宗教：基督教教育会与近代中国／张龙平著．—北京：中国社会科学出版社，2015.11

（暨南大学马克思主义与中国社会研究系列丛书）

ISBN 978-7-5161-7086-1

Ⅰ.①国… Ⅱ.①张… Ⅲ.①中华基督教会—研究—近代 Ⅳ.①B977.2

中国版本图书馆 CIP 数据核字（2015）第 271549 号

出 版 人	赵剑英	
责任编辑	王　茵	
特约编辑	王　琪	
责任校对	胡新芳	
责任印制	王　超	

出　　版	中国社会科学出版社	
社　　址	北京鼓楼西大街甲 158 号	
邮　　编	100720	
网　　址	http://www.csspw.cn	
发 行 部	010-84083685	
门 市 部	010-84029450	
经　　销	新华书店及其他书店	

印刷装订	三河市君旺印务有限公司	
版　　次	2015 年 11 月第 1 版	
印　　次	2015 年 11 月第 1 次印刷	

开　　本	710×1000　1/16	
印　　张	24.5	
插　　页	2	
字　　数	402 千字	
定　　价	86.00 元	

凡购买中国社会科学出版社图书，如有质量问题请与本社营销中心联系调换
电话：010-84083683
版权所有　侵权必究

文化认同、国家认同与人的发展（总序）

蒋述卓

马克思主义是当代中国的主流意识形态，但是要"使马克思主义在中国具体化，使之在其每一表现中带着必须有的中国的特性"。① 马克思主义中国化进程中始终不能回避的是"认同"问题。"认同（identity）是人们意义与经验的来源"，② 是公民实现从思想到行为转变的关键因素。只有公民从理性和情感上对理论产生了认同感，才能自觉地践行和发展。认同构建可以在不同领域开展，每个领域的认同都会对人的发展产生潜移默化的促进作用。

一

在认同领域中，文化认同是深植在历史与文明之中的基础性认同。文化变迁是认同变化的重要缘由，文化认同也会深刻影响经济认同、政治认同、社会认同等认同格局。"必须经年累月，借助集体记忆，借助共享的传统，借助对共同历史和遗产的认识，才能保持集体认同的凝聚性"。③ 文化认同的产生既与文化的凝聚力和说服力相关，也与文化的传播力和渗透力相连，这是文化认同延续的内在和外在力量的结合。从文化的凝聚力和说服力来看，狭义文化特

---

① 《毛泽东选集》第 2 卷，人民出版社 1991 年版，第 533 页。
② ［美］曼纽尔·卡斯特：《认同的力量》，夏铸九、黄丽玲等译，社会科学文献出版社 2003 年版，第 2 页。
③ ［英］戴维·莫利、凯文·罗宾斯：《认同的空间——全球媒介、电子世界景观和文化边界》，司艳译，南京大学出版社 2001 年版，第 98 页。

指社会在不同历史阶段的精神文明,其中包括价值观文明。文化的内核是价值观,不同的价值观通过多种文化形式来传递或表达。价值观是人类观照自我和社会的精神产物,其对自我和社会发展有着内在的驱动力量。价值观的影响力来自其对人和社会的作用力,即是价值观内在的指引能力。文化认同以价值观的凝聚力和说服力为基础,呈现其内在的吸引力和感染力。另外,文化的传播和渗透是在社会交流过程中完成的。"交流是借助于社会经验过程中的姿态的会话而进行的。"① 社会交流越频繁,文化传播越活跃;社会互动越多元,文化渗透越广泛。文化的传播力和渗透力既与社会形态相关,也与技术发展相连。社会形态越高级,文化传播越迅速;技术发展越快捷,文化渗透越普及。文化认同以文化的传播力和渗透力为拓展,传播渗透力越旺盛,文化认同持久性越明显。

那么,如何才能不断增强文化的凝聚力、说服力、传播力、渗透力呢?第一,文化的主导性。任何民族文化都会在自身长期发展中逐渐形成主流文化和非主流文化。主流文化对社会的影响高于非主流文化,主导着社会的价值观念、思维方式、交往特征等。主流文化需要有意识培育,既要有文化根基和积淀,也要有意识形态的引导和塑造。在文化的主导性上,核心价值观问题尤为重要。"传统的中国人之自我被看作是某种和有意义的他人发生关系的角色构形,在由主导性的文化价值观所限定的方式之中,自我的取向主要是倾向于有意义的他人。"② 社会群体具备了内化的核心价值观,才能把持社会尺度和底线。个体具备了核心价值观,才能发挥自身优势和特长。社会精神底蕴的呈现,需要核心价值观的支撑和发展。文化的主导性实质在于核心价值观的主导性,来自其对社会精神需求的准确把握和反映。核心价值观的主导性建立在一定社会的经济形态、政治制度、文化模式、社会发展之上,是对社会发展阶段精神需求的高度概括凝练,能够深层反映社会需要解决的思想矛盾和

---

① [美]乔治·H. 米德:《心灵、自我与社会》,赵月瑟译,上海译文出版社1992年版,第44页。
② [美]A. 马塞勒等:《文化与自我》,任鹰等译,浙江人民出版社1988年版,第269页。

问题。

第二，文化的多元性。文化认同不仅需要文化主导性，还需要文化多元性。其实质是指社会文化的包容性。只有主流文化具有包容特质，才能呈现文化的繁荣景象和局面。文化多元性是经济全球化和政治多极化的必然结果，要想融入全球化浪潮之中，主流文化对现实社会思潮的包容度须不断加大，多元才能多样，多样才能繁荣。文化多元性需要文化对话，只有在对话中，文化才能兼容并蓄，协同发展。文化对话是文化认同的必要路径。通过文化对话，文化主体不仅从情感上接纳文化多样性，而且通过理性来辨析文化异质性，进一步在比较中彰显优势，弥补不足，不断强化自己的能动适应性。文化对话通过一定的中介来完成，包括政府机构、社会组织、专家学者、公民自身等。不同主体在文化对话中发挥的功能各不相同。政府的作用在于开放文化对话和交流的大门，容纳文化的"百花齐放、百家争鸣"，构建多样化的文化交流平台和机制。社会组织的作用在于通过文化产品来传递文化内涵，沟通有无，搭建起文化对话的多样化渠道。专家学者的作用在于贡献思想创新的力量，诠释文化传统，挖掘文化特色，创造文化未来。公民自身的作用在于用个体的言行举止来鲜活生动地展开文化对话。只有通过不同形式的文化对话，文化的多元性才能始终保持生机，增添文化认同的吸引力。

第三，文化的时代性。文化认同在不同时代皆有存在价值，只有充分体现出时代特色的文化，才具有感召力。文化的时代性离不开民族国家和社会发展的具体阶段。不同的民族国家基本国情不同，其文化依托于历史、宗教、伦理、制度等多重因素，体现出文化的延续性。社会发展经历不同阶段，在每个阶段中文化会鲜明地反映出时代特质。民族文化既要保持自身文化传统，也要与时代特质接轨。文化全球化是伴随着经济全球化而来的时代潮流，带来两种文化后果。一种是文化的相生相长，共存共荣，另一种是文化的冲突和对抗。无论是文化共生，还是对抗，都取决于两种文化价值理念的兼容度。具备高度兼容性的文化能够与更多的文化种类和平共处，共同发展。反之，文化冲突和对抗不可避免，诱发的经济后果、政治后果、社会后果等将出现连锁反应。文化信息化是信息时代带来的时代要求，信息化的文化交流更加便捷，形式更加多样，影响更加广泛。"新的信息科技将会松动权力网络并使权力分散化，事实上打破了单向结构、垂直监控的集权逻辑。"① 信息时代的文化认同视域是信息化生产，异质文化在相同的技术平台上交融交锋。文化在世俗化时代逐渐成为经济的俘虏或附庸，文化仅仅通过经济力量来展现自身存在，就会失去文化内在价值的光芒和观照。文化认同既要适应世俗化的文化存在，更要凸显文化主体的价值取向和追求。

第四，文化的超越性。"文化是思想活动，是对美和高尚情感的接受。"② 文化的超越性指文化不仅是社会生活的现实反映，而且在一定程度上能够超越现实，引领现实发展。因为文化是人自主能动的创造物，人能够在自己的思想世界中对未来进行现实建构。现实社会在不断发展，文化认同不能仅依赖于传统与现实，必须要有对未来的展望和设想，为人们提供愿景和期待。文化的超越性如何得以实现？关键在于文化批判性。"怀疑，即现代批判理性的普遍性的特征，充斥在日常生活和哲学意识当中，并形成当代社会世界的一种一般的存在性维度。"③ 文化生于传统，但要批判传统，才能超越传统。文化批判既有对传统的批判，也有对现实的批判。这种批判主要来自理性精神。只有理性才能克服情感对现实和传统的依赖，才能从现实出发，构想未来。文化理性精神的培育需要长期过程，既需要国家开明、开放的文化战略，也需要公民意识的启蒙和养成。从文化战略来说，需要把文化软实力的地位提升到与经济发展同等重要的位置，也就是文化自觉、自省、自建思想的确立和形成。同时，还需要明确文化的价值理性方向，即文化价值来自哪

---

① ［美］曼纽尔·卡斯特：《认同的力量》，夏铸九、黄丽玲等译，社会科学文献出版社 2003 年版，第 346 页。
② ［英］怀特海：《教育的目的》，徐汝舟译，生活·读书·新知三联书店 2002 年版，第 1 页。
③ ［英］安东尼·吉登斯：《现代性与自我认同》，赵旭东、方文译，生活·读书·新知三联书店 1998 年版，第 3 页。

里、追求什么的问题。文化理性不仅是国家战略设计,也是公民意识应有之义。文化的微观主体是公民,公民意识的进步和落后直接关系到文化理性的土壤和根基。

二

文化认同实践在一定的民族国家之中进行,国家认同是文化认同的深层演进和升华。所谓国家认同是指公民对作为政治共同体的国家从情感和理性上的认知、评价和行动。国家认同更多地强调政治意义上的认同感和归属感,而文化认同则强调对社会文化的心理态度评价。文化认同是国家认同的前提和基础,文化认同强化国家认同,为国家认同提供心理支撑。国家认同在经济全球化、政治多极化、文化多元化、社会信息化的时代凸显重要意义。首先,国家认同是意识形态纷争的基本要求。当代世界东西方价值观的冲突没有消失,意识形态的纷争和对抗仍然存在,意识形态安全问题越来越重要。无视意识形态的差异和渗透,将可能导致政权垮台、国家解体的严重后果。国家认同的塑造对于巩固意识形态主导权,加强意识形态安全有现实价值。其次,国家认同是民族国家自主发展的信心保证。历史经验表明,任何国家的持久发展都必须建立在独立自主的基础之上。这种独立自主不仅是政权的独立,还特别强调发展道路的独立性。世界上没有一个国家的国情完全相同,决定着没有一个国家的发展道路适合所有国家。要想民族崛起、国家富强、人民幸福,需要从心理上找到对自己国家发展道路的坚定信心。再次,国家认同是公民人格成熟的重要标志。"只有在共同体中,个人才能获得全面发展其才能的手段,也就是说,只有在共同体中才可能有个人自由。"[①] 人类的群体性生存特征显著,没有人能够脱离群体成就自身完整的人格特质。自近代以来,民族国家作为新型社会共同体出现,成为公民赖以生存和发展的基本场域。公民与国家

---

① 《马克思恩格斯文集》第1卷,人民出版社2009年版,第570页。

之间的相互依存关系日益增长，公民只有在国家中才能获得生存资料、知识信息、社会支持、发展机会等。反过来，失去公民认同的国家将会失去其政治合法性基础。

那么，如何才能在当代世界建构起国家认同，塑造良性的公民与国家沟通模式，实现国家治理现代化呢？第一，国家道路的可持续性。国家认同是长期动态的形成过程，既有文化传统的历史因素，也有国家道路的现实缘由。选择什么样的国家道路直接决定国家认同的可持续性存在。"与外界完全隔绝曾是保存旧中国的首要条件，而当这种隔绝状态通过英国而为暴力所打破的时候，接踵而来的必然是解体的过程。"① 国家道路的可持续性有内外因素的综合作用，根本性的是国家自身因素。国家道路要有从上至下、从前至后的系统性顶层设计，着眼大局，着眼长远，全面部署，重点推进，从理论上不断完善指导思想，从现实上不断修正实践方案，保证国家道路有条不紊，有序前进。国家道路设计要有充分、扎实的国情基础，着眼自身，着眼实际，广开言路，汇集民智，从思想上摆正国家权力与公民权利的关系，从行动上把民众利益放在首要位置，奠定国家道路的底层支柱。同时，不能偏执狭隘执着于自身利益，要有开放豁达、放眼世界的人类情怀，着眼人类，着眼自然，互利共赢，互帮互助，从认识上提升大国责任意识，从交往上体现大国形象。国家道路与国家认同之间相互促进、相互制约。国家认同是国家道路的精神支撑，国家道路是国家认同的实践体现。

第二，国家实力的增长性。国家道路要保证国家实力不断增长，国家地位不断上升，才能提升国家认同概率。国家实力增长含义丰富，既要有物质基础的不断夯实，也要有精神力量的持续引领；既要重视技术生产的创新变革，也要关注社会生活的量质提升；既要对内凝聚人心，也要对外辐射影响。国家实力成为全球化时代国家地位的决定性因素，国际竞争从整体上带动社会进步和发展，促使国家迎接挑战，成为时代的参与者和推动者，但也可能引发国家认同的分散效应，多元、多样、多变的社会思潮给国家凝聚

---

① 《马克思恩格斯全集》第 12 卷，人民出版社 1998 年版，第 115 页。

力带来巨大冲击和威胁。"新的权力在于信息的符码与再现的意象，社会据此组织其制度，人们据此营造其生活并决定其行为。这个权力的基地是人们的心灵。"① 要在全球化竞争中保持国家认同的集中性，需要从经济实力、制度实力、文化实力、技术实力等多方面、多层次、多维度建构认同空间。经济实力是基础，当代中国经济实力水平的结构调整与深层优化是发展方向。制度实力是关键，国家道路的优越性如何显现，国家发展成果如何分享，主要通过开创完善实效性制度。文化实力是提升，大国风范不仅是物质富足，更要通过文化素养来怀柔天下，体现国家价值。技术实力是创新，在信息时代的国家竞争中，技术已经成为领先时代的核心要素，要有技术开发的理念和实力，保证国家竞争的技术优势。

第三，国家意识形态的凝聚力。意识形态与文化之间有交叉性，但两者之间不完全等同。文化更多意义上着眼于社会层面，意识形态更多的出发点是国家政权。文化影响力不等于意识形态的感召力，要想实现国家认同，还需要对意识形态的凝聚力有更多的探讨和研究。意识形态凝聚力表现在意识形态自身的先进性、意识形态功能的现代性、意识形态发展的变迁性等方面。首先，意识形态自身的先进性。意识形态虽然为不同政权服务，但是其自身的理论特质存在诸多差别。意识形态的先进性呈现出历史和国家的不同，资本主义意识形态比封建主义意识形态先进，因为其与历史发展趋势一致。社会主义意识形态比资本主义意识形态先进，因为其与人类未来相符，与中国国情相适应。不顾历史趋势和国情类型，盲目照搬照抄他国意识形态，不可能体现意识形态先进性，更不可能谈得上凝聚力。其次，意识形态功能的现代性。意识形态的先进性不是一劳永逸的，其凝聚力不仅体现在其性质上，而且在于其功能的现代性上。意识形态功能不能局限于为国家政权辩护的领域之中，必须拓展其社会功能性，也就是要发挥意识形态在社会领域之中的作用和价值。再次，意识形态发展的变迁性。意识形态不是一成不

---

① ［美］曼纽尔·卡斯特：《认同的力量》，夏铸九、黄丽玲等译，社会科学文献出版社2003年版，第415页。

变，其必须随着社会变迁改变其相应的话语体系，体现出意识形态对现实社会发展的强大解释力和说服力。

第四，国家制度的适应性。公民与国家之间良性沟通渠道建立的关键是制度的适应性。良好的制度能够为公民与国家搭建畅通的交流平台，缓解社会情绪，释放社会压力，维持社会的正常运行秩序。制度的适应性主要表现在制度的理性化、控制力、公正性、发展性等方面。制度的理性化是指国家制度的构建需要遵循理性原则，从历史传统、经济状况、社会性质、政治体制等多种因素综合考量，体现制度的内在契合能力，通过制度来安排社会关系，从而达到制度的最大化效益。制度的控制力是指国家制度对社会的协调能力，这种协调能力不仅需要刚性规制，而且需要柔性影响力。也就是指制度的人文理念，以人为本，从人的需求和发展出发进行制度设计，从而得到民众情感上的认同和支持。制度的公正性是制度公信力的关键所在。当代社会对于公平正义的企盼在某种程度上甚至超过利益需要。国家要想长治久安，就需要平衡社会各阶层群体诉求，从制度上尽可能照顾多方切实期待。制度的发展性是指国家制度既要在一定历史时期保持稳定，以达到凝聚力量、聚集资源、整合社会的目的，也要随着时代发展及时进行调适，实现制度现代化，提高国家制度的治理水平。

三

"一个民族的根本性自我认同，必须和该民族为维护自己的社会理想和政治理想所作的努力结合起来。"[①] 无论是文化认同，还是国家认同，都要明确其根本性指向在哪里。认同的目标有两方面，一方面是国家整体上的进步和发展，另一方面是人自身的提升与发展。两方面相辅相成，国家发展为人的发展提供现实的良好环境和

---

① 张旭东：《全球化时代的文化认同：西方普遍主义话语的历史批判》，北京大学出版社2006年版，第66页。

条件，人的发展从长远上增强国家发展的后劲和机会。认同是人的认同，其最终的回归仍然是人的发展。人的发展命题贯穿古今中外思想家的思虑始终，而且将会伴随人的存在成为永恒命题。人的发展在不同时代有不同显现，除了其基本问题包括人的智力、体力、素质等方面发展之外，还有广泛的拓展内涵。当代世界人的发展是在民族国家之中实现的发展，其无法脱离一定的文化传统，也离不开民族国家的时代变化。文化认同、国家认同为人的发展提供内在精神动力，从历史与现实上为人的发展指出方向。

第一，人的思想意识发展。"人一旦有了意识，人就具有了一种解释自己记忆中的过去、解释将要参与的未来和解释自己所遭遇的世界的结构。"① 认同是个体在多种因素刺激下，构建内在精神世界的心理活动过程。认同活动可以促进人的公民意识、国家意识、全球意识的共同发展。一是人的公民意识发展。人以个体存在于世界之中，脱离个体发展的世界是空洞的世界。当代人不是以单子的现实形式存在，其自身的公民身份与国家同在。当代人的发展首先是公民意识的觉醒，从公民身份出发，对自身权利与义务有清醒的认识，身体力行，在与国家的互动中发展自己，成就他人。公民意识的传统性与时代性复杂交错，当代中国人的公民意识与中国的思想传统不可分割，尤其是儒学的民间文化血脉根深蒂固，不了解儒学的历史与现实状况，就无法在中国培育公民意识。公民意识的时代性与中国的发展密不可分，体现在经济意识、政治意识、文化意识、社会意识等方面。经济意识是指随着市场经济的体制性转变，个体的利益需求不断增长，物质要求不断提高。政治意识是指随着民主政治体制改革的推进，公民权利意识不断觉醒，对政府和社会的政治期待不断上升。文化意识是指随着精神文明建设事业的开展，个体对丰富精神文化产品的渴望与日俱增，对文化主体的创造性表现有更多期许。社会意识是指随着社会组织的不断壮大，公民参与不同社会活动的需要和机会大大增加。二是人的国家意识发

---

① ［美］A. 马塞勒等：《文化与自我》，任鹰等译，浙江人民出版社1988年版，第82页。

展。公民是国家的公民，国家是公民的国家。公民意识是针对个体而言，将其上升到国家层面，就需要发展其国家意识。国家意识既包括公民在心理上对国家的认同感和归属感，更体现在公民自身行为的国家利益性上。在思想与行为转化的过程中，认同是必经阶段。只有构建了有效的认同心理，才能继续进行认同行为。国家意识的发展也可以分为认知、情感、意志、行为等不同阶段。认知层面是指公民对国家基本情况的了解和认识，从知识接受角度完成基本的思想准备。情感层面是指公民在认知基础上内心态度的转变和倾向，从价值选择上开始自觉判断。意志层面是指公民对国家行为的信心和坚持，从目标指向上明确了努力方向。行为层面是公民建立在前三个阶段基础上的外在表现，从实际行动上进行认同实现的过程。三是人的全球意识发展。人的发展愿景不仅在于自身和国家，当代意义上的发展已经将人类作为整体性存在开展研究。也就是说，人的思想意识需要从狭隘的个体发展与国家发展，上升到全球发展。全球发展既是人类自身发展的内在要求，也是人类生存环境的外在压力。认同构建要从文化认同与国家认同跨越到全球认同，出发点不在孤立的个体和国家层面展开讨论，而是立足人类，放眼未来，构建人与自然的和谐空间。

第二，人的社会关系发展。"家庭和市民社会是国家的现实的构成部分，是意志的现实的精神存在，它们是国家的存在方式，家庭和市民社会使自身成为国家，它们是动力。"① 也就是说，社会的存在是自己的生存过程，而不是观念的产物。认同对社会的塑造主要体现在主体性、交往性、体验性、传承性等多方面。首先，人的主体性。每个个体从出生到死亡，都需要不断改造自己的主体性。人的主体性是区别于其他个体，形成正常社会关系的根本。人的自我认同是主体性成长的支柱，自我认同是通过与世界和他人的信息交换而逐渐得出的自我评价。不同文化和国家为主体评价提供标准和准则，其随着文化和国家的变化而变化。所以，主体性实质上是一定文化和国家的主体性，文化认同和国家认同也就是将文化以及

---

① 《马克思恩格斯全集》第3卷，人民出版社2002年版，第11页。

国家认知通过不同途径转换为主体的组成部分。其次，人的交往性。交往是人社会性的集中体现。无论哪种类型的社会关系都以交往为前提，交往奠定社会关系深化和发展的基础。人的交往需要一定的文化条件，包括语言、符号、思维、规则等，也就是说人的交往是文化的交往。文化认同为人的交往创造了良性的沟通环境，减少了交往的沟通成本，进一步丰富了人的社会关系。国家是现代人生活的空间，也是其交往的社会背景。国家认同对人交往的影响有两面性，既强化了交往主体的群体意识，在其交往过程中拓展了交往空间，但是也会在不同国家主体交往中增加交往障碍，为社会关系发展平添诸多复杂因素。再次，人的体验性。人的社会性存在从主体出发，以交往为中介，回归到人的体验。不同个体对社会关系的体验程度不同，其受个体的禀赋性格、知识教育、环境背景、心理状态等综合要素的功能作用。文化认同在人的体验中占据中心位置，因为任何个体体验都是文化体验，没有文化基础的社会体验纯粹是生物性的条件反射和本能需要。进一步来说，国家认同对人的体验性价值在于其提升了人的体验境界，超越关注自我的层次，将其思想意识中的群体性特征逐步放大，为其在国家社会中的所作所为铺垫认同基础。最后，人的传承性。没有人能够永恒存在于世界之中，个体的有限生命终将被时间所吞噬。但是，作为文化存在的个体却能持续地传承下去，成为社会不变的组成部分。人的存在就是将肉体生命的存在转化为文化存在的过程，这个过程完成得越突出，其传承性表现就越明显。文化认同是人的传承性实现的必要条件，其为人的文化存在准备文化意识，贮备文化资源，改变文化偏见，最终成就人独特的文化个性。国家认同为人的传承性提供群体意识条件，其为人的文化存在准备文化视野，开辟文化路径，消除文化阻力，最终成就人的文化境界。

第三，人的实践活动发展。人是社会实践的人，人在实践中改变自我，改变社会，改变世界。人的实践活动离不开文化和国家，不同文化和国家中人的实践活动也会呈现不同特征，主要有实践指向性、实践条件性、实践关联性、实践多样性等。实践指向性是指随着人的思维水平、生产工具、社会阶段等发展变革，社会实践的目标指向将会越来越符合人与社会的需要，为人类更好地生产生活创造环境。不同文化和国家之中的社会实践指向还会表现其社会特征，为其社会发展提供动力支持。实践条件性是指人的社会实践水平与具体的社会条件相适应，不同的社会条件决定实践水平的差距。不同文化和国家之中的社会实践水平各不相同。实践关联性是指随着全球化进程的加快，社会实践交流与融合度越来越高，相互之间的影响和带动作用越来越强，最终推动社会实践水平的整体进步。实践多样性是指社会实践在文化和国家之中的价值表现具有较大差异，这种差异性存在正是人类丰富实践能力的证明，差异多样化可以促进社会实践发展。认同在社会实践活动发展中起到的推动力主要是精神作用。首先，认同凝聚实践力量。"在晚期现代性的背景下，个人的无意义感，即那种觉得生活没有提供任何有价值的东西的感受，成为根本性的心理问题。"①无论是文化认同还是国家认同，其对于主体的内在影响是凝聚人心。任何社会发展目标的实现都需要凝心聚力，认同能够为社会实践中的智力资源汇集提供心理基础。其次，认同创造实践条件。实践条件需要实践主体创造，实践主体的创造前提是对社会的认同。通过认同，主体才可能充分了解社会文化和基本国情，并加以创造。再次，认同促进实践交流。全球化进程中，文化交流与国家交流越来越频繁，在交流过程中认同将会强化文化与国家形象，加速实践水平提升。最后，认同加剧实践多样。认同是对不同文化和国家的认同，内部认同程度越高，社会实践的差异性越明显。差异性的存在可以向正反两方面发展，一方面是实践的差异化导致文明的冲突性，世界分裂性倾向越来越严重，另一方面是实践的差异化展现世界的多元性，文明的丰富性越来越突出。

未来的社会"将是这样一个联合体，在那里，每个人的自由发展是一切人的自由发展的条件"②。人的发展问题贯穿马克思主义理论与实践始终，也是中国特色社会主义建设事业的核心问题。在全

---

① [英]安东尼·吉登斯：《现代性与自我认同》，赵旭东、方文译，生活·读书·新知三联书店1998年版，第9页。
② 《马克思恩格斯选集》第1卷，人民出版社1995年版，第294页。

球化、信息化、多元化的时代，对认同问题的研究是实现国家治理和人的发展的新课题，在暨南大学马克思主义与中国社会研究系列丛书出版之际，对文化认同、国家认同与人的发展问题进行初步探讨，希望能够引发专家、学者对相关问题的关注和研究，共同推动马克思主义中国化的理论建构。

（作者为暨南大学党委书记）

目　录

绪　论 ··· (1)
　一　缘起 ··· (1)
　二　学术史 ··· (4)
　三　研究潜力与方向 ·· (13)

第一章　近代中国基督教教育会的缘起 ···················· (16)
　第一节　马礼逊教育会与早期传教士教育社团的运作模式 ··· (16)
　　一　马礼逊教育会始末 ···································· (16)
　　二　马礼逊教育会的运作模式 ····························· (21)
　第二节　益智书会 ·· (24)
　　一　益智书会成立的历史背景 ····························· (24)
　　二　益智书会的成立 ······································ (29)
　　三　益智书会的主要活动 ································· (33)

第二章　中华基督教教育会的早期形态——中国教育会 ······ (46)
　第一节　中国教育会的成立及其职能划分 ··················· (46)
　　一　中国教育会成立的历史背景 ··························· (46)
　　二　中国教育会的成立及职能划分 ························ (52)
　第二节　中国教育会的主要活动 ···························· (60)
　　一　教科书出版 ·· (60)
　　二　译名统一 ·· (70)
　　三　中国教育会与清末官话罗马字改革 ··················· (77)
　　四　中国教育会与清末教育变革 ·························· (88)

第三章 中华基督教教育会与基督教教育体系的形成 …………（100）
第一节 1912年改组 ………………………………………（100）
一 改组的历史背景 ……………………………………（100）
二 改组的进程 …………………………………………（104）
第二节 地方教育会的兴起 ………………………………（110）
一 早期的地方教育会 …………………………………（110）
二 地方教育会系统的形成 ……………………………（114）
第三节 中华基督教教育会与巴敦调查团 ………………（121）
一 巴敦调查团来华的历史背景 ………………………（121）
二 中华基督教教育会与巴敦调查团来华的酝酿 ……（124）
三 巴敦调查团关于中华基督教教育会的建设意见 …（134）
四 中华基督教教育会的反应 …………………………（145）

第四章 中华基督教教育会与国家教育体系的融合 …………（158）
第一节 对"收回教育权运动"的回应 …………………（158）
一 民族主义与基督教教育 ……………………………（159）
二 与国家主义派的论战 ………………………………（164）
三 《中华基督教教育会宣言》 ………………………（172）
第二节 程湘帆与基督教教育的本色化 …………………（177）
一 程湘帆其人其事 ……………………………………（177）
二 程湘帆的本色化教育理念 …………………………（182）
三 本色化的现实境遇：注册与宗教教育 ……………（185）
第三节 中华基督教教育会与中国基督教教育的"国家化" ……………………………………………（190）
一 晚清时期教育会对于"国家化"的认识 …………（191）
二 地方教育会与地方教育界 …………………………（196）
三 中华基督教教育会与中华教育改进社 ……………（207）
四 中华基督教教育会与民国政府 ……………………（221）

第五章 中华基督教教育会与基督教教育国家化困境 ………（241）
第一节 经济上的困境：自养危机 ………………………（241）

一　中华基督教教育会的经费来源 ……………………（241）
　　二　社会宗教研究院与自养危机 ……………………（245）
第二节　"合一"上的困境：一个流产的高等
　　　　教育协作计划 ………………………………………（255）
　　一　开展协作计划的历史背景 ………………………（255）
　　二　中华基督教教育会与高等教育协作计划 ………（260）
　　三　中国基督教大学的反应 …………………………（273）
　　四　协作计划流产的原因分析 ………………………（292）
第三节　组织上的困境：1934年改组 ……………………（295）
　　一　改组的原因 ………………………………………（295）
　　二　改组与重建 ………………………………………（297）

第六章　抗战时期的中华基督教教育协会 ………………（303）
　第一节　战时迁移 …………………………………………（303）
　第二节　战时中学救助 ……………………………………（310）
　第三节　战时大学规划 ……………………………………（316）
　第四节　战时宗教建设 ……………………………………（321）
　第五节　战后重建 …………………………………………（327）

余　论 …………………………………………………………（331）

附录一　中华基督教教育会历任会长、总干事名录 ………（335）

附录二　益智书会—中国教育会出版图书目录 ……………（336）

附录三　人名译名对照表 ……………………………………（344）

参考文献 ………………………………………………………（355）

后　记 …………………………………………………………（369）

绪　论

一　缘起

自 1807 年基督新教传教士马礼逊（Robert Morrison）来华至 20 世纪 50 年代西方传教事业在中国大陆结束，此次西方在华传教近 150 年，这 150 年也恰好是近代中国知识与制度转型的 150 年，而在这其中基督教教育占有相当重要的地位。基督教教育在近代中国，从来就不是孤立的存在，它是中国的，也是世界的；它是教育的，也是宗教的；它是近代中西文化交流的产物，是中国新式教育的先驱，也是开展在华传教事业的重要手段。如此众多的面相共同构成了一幅基督教教育在华传播的历史图景，也为人们从不同角度梳理这段历史提供了可能。

钱穆先生在其名著《中国历代政治得失》中曾把评判历代政治制度的意见分为历史意见和时代意见，他认为：“时代意见并非是全不合真理，但我们不该单凭时代意见来抹杀已往的历史意见。"[①] 治制度史是这样，治史又何尝不是如此。就中国基督教教育史而言，过去 30 年中国学术界曾对此做过较为系统的梳理，尤其在教会大学的层面[②]，也曾出现过被部分学者冠以"研究范式"的"文化侵略"[③]、

[①] 钱穆：《中国历代政治得失》，生活·读书·新知三联书店 2001 年版，第 6 页。
[②] 自 1989 年武汉华中师范大学举行首届中国教会大学史国际学术研讨会之后，中国的学术界迎来了中国基督教史研究的"春天"，其中尤其以基督教教育领域的研究令人瞩目，除了举办系列教会大学史学术研讨会之外，还陆续出版了"基督教与中国文化丛刊"（湖北教育出版社）、"中国教会大学史研究丛书"（珠海出版社）、"基督教教育与中国社会丛书"（福建教育出版社）、"教会大学在中国丛书"（河北教育出版社），《中国教会学校史》、《教会大学与近现代中国》、《教会学校与中国教育现代化》，这批成果的问世接续了西方学者卢茨（Jessie Gregory Lutz）、芳威廉（William Purviance Fenn）等人以及亚洲基督教高等教育联合董事会（United Board for Christian Higher Education in Asian）关于中国基督教高等教育的研究，并奠定了中国基督教教育史研究的基本面。
[③] 顾长声：《传教士与近代中国》，上海人民出版社 1981 年版。

"现代化"①、"普遍主义"②、"全球地域化"③、"跨文化交流"④ 等不同的时代意见。中国基督教教育史的丰富内涵也确实能够支撑不同的时代意见，每一种时代意见也都有它值得尊重的时代理由，但历史的本真只有一个，梳理得越多就越难以避免让人感到眼花缭乱。本书之立意在于通过寻找历史现场中的历史意见，从整体上去把握中国基督教教育的走向及其与中国社会的关系。

"中国基督教教育"从字面上看，由三部分组成，即"中国"、"基督教"、"教育"，它牵涉近代中国社会变迁、基督教传播、新旧教育转型三个宏大主题，由"中西"、"教俗"、"新旧"等不同势力所构成的排列组合将基督教教育在中国的复杂性表露无遗，但它并非没有线索可循。基督教教育在近代中国首先是以辅助传教的面目展现，在中国基督教事业开端与拓展的初期，以教育的形式传播基督教是其能够直接与中国社会沾染些许关系的重要手段，呈现"宗教为主，教育为辅"是其第一个阶段的特征。晚清时期，随着基督教教育的不断壮大和国人对于西学的日渐崇拜，尽管传教士对于基督教教育的"宗教性"深信不疑，但围绕着"宗教性"之外，对教育本身固有的"教育性"功能的讨论也开始崭露头角，呈现出"宗教与教育并驾齐驱"的局面，这是第二个阶段的特征。20世纪初，特别是民国成立以来，随着新的国家势力的强势介入，国家通过私立的形式将基督教教育纳入国家教育系统，为基督教教育的发展提供了合法化的依据。围绕着国家介入这一新的主题，如何兼顾"国家"、"教育"与"宗教"三者，就成为基督教教育界面临的新课题，这种"三足

---

① 何晓夏、史静寰：《教会学校与中国教育现代化》，广东教育出版社1996年版；王立新：《美国传教士与晚清中国现代化》，天津人民出版社1997年版。
② 胡卫清：《普遍主义的挑战——近代中国基督教教育研究（1877—1927）》，上海人民出版社2000年版。
③ 吴梓明：《全球地域化视角下的中国基督教大学》，台湾：财团法人基督教宇宙光全人关怀机构2006年版。
④ 章开沅、马敏编：《中西文化与教会大学》，湖北教育出版社1991年版；《文化传播与教会大学》，湖北教育出版社1996年版；Daniel H. Bays and Ellan Widmer, *China's Christian Colleges, Cross-Cultural Connections, 1900-1950*, Stanford, California: Stanford University Press, 2009。

鼎立"的局面是第三个阶段的特征。因此，基督教教育在近代中国的发展基本呈现出一条从"一枝独秀"到"三足鼎立"的历史轨迹。

沿着这条轨迹，我们可以清楚地发现："宗教"与"教育"贯穿于基督教在华事业的始终，"国家"因素的介入则相对滞后，这是在华传教事业的客观需要，也是中国社会变迁的实际要求。以20世纪初年为界，中国的基督教教育明显地分为"国家体制外"和"国家体制内"两个截然不同的阶段，在这两个不同的阶段，基督教教育的主题也经历了从"自建基督教教育体系"到"共建国家教育体系"的转变。伴随着基督教教育由"外"向"内"、由"自建"到"共建"的转型，基督教教育与国家、教育、宗教三者的关系经历着调整。而调整则意味着新旧势力的重新分配，调整之前，基督教教育界所面临的问题充其量不过是"宗教"与"教育"之争；调整之后，"三足鼎立"，国家、教育、宗教这三种因素在基督教教育中各自扮演的角色也面临重新洗牌，特别是在20世纪二三十年代，"国家"的因素成为基督教教育界关注的主题，"教育"与"宗教"几乎成为阐释"国家"问题的注脚。所以，这种转型，以及转型所引起的角色调整就成为晚清民国时期基督教教育在中国如何继续生存与发展的关键。

在此前后，作为历史意见的代表——中国基督教教育界有着怎样的思想与表现？他们的意见又是怎样影响中西基督教教育实践者的？他们在中西、教俗、新旧势力的调整中起到什么样的作用？这些问题都需要具体的研究加以回答。研究这些问题，对于揭示晚清民国时期中国基督教教育的整体走向，以及基督教教育与国家、教育、宗教三者的互动关系都很有意义。因此，选择一个合适的研究对象去揭示这一走向，就显得尤为必要。近代中国的基督教教育会就具备了这样的条件。

第一，近代中国的基督教教育会存在的时间较长，从1836年马礼逊教育会的成立及其基本经验，到1877年益智书会建立及其与中国教育会、中华基督教教育会的关联，再到1951年中华基督教教育协会正式停止活动，基督教教育会基本上见证了基督教教育在近代中国兴衰的全程。

第二，近代中国的基督教教育会是个跨宗派的组织，不受单个差会制约，成员分布广泛，能最大限度反映整个基督教教育界的主张。

第三，近代中国的基督教教育会与学校、差会、政府的关系密切，透过它可以清楚地看到基督教教育与国家、教育、宗教之间的互动。

第四，近代中国的基督教教育会先后创办了多份中英文刊物，也留下了丰富的有关中国基督教教育调查统计的资料，这对于研究基督教教育在中国的历史提供了坚实的史料基础。

有鉴于此，本书选择近代中国的基督教教育会为研究对象，将其置于晚清民国时期特定的时代背景之下，通过对此代表整个基督教教育界的机构进行透彻的研究，从一个侧面展现在诸多因素不断冲击下的中国基督教教育在体制上走向"国家"、在形象上走向"本色"、在业务上走向"专业"的历程，并由此观察中国基督教在近代中国社会变迁中的命运，以及近代中西文化由碰撞而融会的轨迹。

二　学术史

对于近代中国基督教教育会的研究，近百年来，中外学术界在研究中国基督教史和中国近代史时都从不同的角度有所涉及，大致可分为会史介绍、专门研究和相关研究三个层面。

1. 会史介绍

会史介绍主要是近代中国基督教教育会的相关当事人对于该机构的组织与活动进行的概述和回顾，早在 1909 年，在该会的机关刊物 *The Educational Review* 上就出现一篇文章《中国教育会：历史、机遇与需求》(*The Educational Association of China: Its History, Opportunity and Needs*)，对中国教育会 1877—1909 年的发展状况有所描述，这对了解该会早期的发展历程和运作状况很有帮助。[①] 1924 年，作为中华基督教教育会会长和圣约翰大学校长的卜舫济（F. L. Hawks Pott）发表了一篇长文《中华基督教教育会简史》 (*A Brief Sketch of the*

---

① "The Educational Association of China: Its History, Opportunity and Needs", *The Educational Review*, Vol. II, No. 9, September, 1909.

History of the China Christian Educational Association），将教育会的历史分为四个阶段，逐一介绍了1924年之前教育会的历史演变与主要活动。① 1925年，中华基督教教育会副总干事程湘帆（Sanford C. C. Chen）在《中华基督教教育季刊》上发表了《中华基督教教育会成立之经过》一文，主要回顾了教育会从1877—1925年的发展状况，分胚胎时期、成立时期、改组时期和贡献时期四个部分阐述了教育会在不同时期的发展特色，并对当时及1925年之后的发展走向做了预测和规划，这是首次从华人的视角来看待一个以外人为主的社团在晚清民初的组织与活动。②

以上几篇文章，都是教育会的当事人在当时对本身会史的描述，并不能算是严格意义上的学术研究，不过由于作者本身就是亲历者，透过他们自己所记录下来的材料，对后人的研究具有重要的史料价值。

2. 专门研究

对于基督教教育会这个存在近80年的机构，至今中外学界对它的直接关注仍不多，主要是一些研究中国近代史和近代教育史的学者，从出版、教育、文化传播的角度进行研究。1963年王树槐先生在夏威夷大学的硕士论文《中国教育会：它的历史及其对中国传教教育的意义（1890—1912）》(*The Educational Association of China, 1890-1912: its history and meaning in the missionary education in China*)，是目前所见首篇对中国教育会前期的历史做专门研究的文章，该文通过中国教育会三年报告、教务杂志等英文材料对早期教育会演变的历程、组织状况和出版事业做了细致的研究。1971年，王先生将该文有关出版事业的部分整理成中文《基督教教育会及其出版事业》，在台湾《"中央"研究院近代史研究所集刊》第二期上发表，后收录于《基督教与清季中国的教育与社会》一书中。该文主要从两个阶段，即益

---

① F. L. Hawks Pott, "A Brief Sketch of the History of the China Christian Educational Association", *The Educational Review*, Vol. XVI, No. 3, July, 1924.

② 程湘帆：《中华基督教教育会成立之经过》，《中华基督教教育季刊》1925年3月第1卷第1期。1924年10月，程湘帆在《教师丛刊》上发表《中华基督教教育会的过去情形及现在计划》一文，与此文相似。

智书会和中国教育会时期,阐述了中国教育会早期的组织状况、出版事业状况和兴衰缘由,文后还附有益智书会和中国教育会的出版书目,对研究近代教科书历史和近代出版史具有重要的参考价值。由于该文从时间段上只论及教育会的早期,对于教育会以后的发展状况未做交代,所研究的内容也仅限于出版事业,对参与的其他活动未做阐述。①

此后近20年,对于基督教教育会的专门研究都没有出现。1991年,大陆学者王扬宗发表了《清末益智书会统一科技术语工作述评》一文,这是从统一科技术语的角度来考察益智书会的活动,文章在简要阐述教育会早期历史的基础上,以1890年为界描述了以益智书会为主的传教士在科技术语工作上的进展,这一研究将对教育会关注的范围予以拓展。②此后,王立新、胡卫清两位学者的研究,又将对教育会关注的范围拓展到教育领域。1995年,王立新在《近代史研究》上发表的《晚清在华传教士教育团体述评》一文,着重考察了19世纪末20世纪初,益智书会和中国教育会对教会教育的发展和中国近代教育的变革的影响。③胡卫清在《近代来华传教士与中国教育改革》一文中,以中国教育会为中心,考察了晚清时期传教士对于中国教育的种种设想及其具体实践的努力,包括公共考试方案、公共学校体制和教育部的设立等,并通过这些设想与努力的效果来阐述传教士与中国教育变革的互动关系。④

20世纪90年代的专门研究将基督教教育会的研究范围从文字出版延伸到了科技术语、教育等领域,研究范围日渐开阔,但在研究的时间段上仍然局限于晚清。1999年,台湾"国立"中正大学陈国栋的硕士学位论文《教会教育与国家发展——中华基督教教育会之个案研究(1920—1940)》,以民国时期中国政治社会环境为大背景,将

---

① 王树槐:《基督教教育会及其出版事业》,载《"中央"研究院近代史研究所集刊》1971年第2期。王树槐:《基督教与清季中国的教育与社会》,广西师范大学出版社2011年版。

② 王扬宗:《清末益智书会统一科技术语工作述评》,《中国科技史料》1991年第12期。

③ 王立新:《晚清在华传教士教育团体述评》,《近代史研究》1995年第3期。

④ 胡卫清:《近代来华传教士与中国教育改革》,《江苏社会科学》2000年第4期。

中国基督教教育放置其中,以中华基督教教育会的组织与言论为中心,探讨中国教会教育在特定的环境当中,如何应对各项政策与舆论的挑战。陈的这篇论文从时间段上正好弥补了前人研究限于晚清的缺憾,清楚地展现了基督教教育会在民国时期的发展脉络,同时也抓住了"基督教教育与国家"这一时代主题。但是,教会教育作为一种特殊的文化形态存在,所面对的不仅有"国家",还有"教育"与"宗教",正是因为在这三者之间难以取舍,才造成了民国基督教教育的复杂面相。另外,该文以中文《中华基督教教育季刊》上的言论为中心进行讨论,容易忽视外来的传教士在面对"国家"问题上的态度。文章对于抗战之后教育会停止活动的有关论断也存在错误之处。①

　　进入21世纪以来,对于基督教教育会的研究也时有出现。2004年我国学者孙邦华的《中国基督教教育会与西学东渐》一文,以教科书出版为中心,把中华基督教教育会作为晚清西学传播中的一个大众传播媒介,以此为个案,来透视以新教传教士为主体的寓华西人在晚清传播西学的情况。该文较为充分地利用了反映新教传教士在华活动情况的刊物《教务杂志》和中国教育会的三年报告这两份英文材料,文章所谈到的出版问题在部分细节上对王树槐先生的研究进行了修正,特别对统一译名和图书代销制度这两项由编译出版教科书所衍生出的问题进行了细致研究。② 2006年华中师范大学孙广勇在其博士学位论文《社会变迁中的中国近代教育会研究》中,将清末民初时期基督教教育界的"中国教育会—中华基督教教育会"与中国教育界的"中国教育会"放入各自的教育体系当中进行比较研究,分20世纪之前、清末和民国前期三个阶段,从二者的诸多"共性"去揭示这两个"半官方"性质的团体在近代中国社会变迁和教育转型中的走向,以及近代中国新式教育从"酝酿—建立—定型"的轨迹。该文是目前所见,唯一将两种不同性质的教育会进行比较研究的论作,而

---

① 陈国栋:《教会教育与国家发展——中华基督教教育会之个案研究(1920—1940)》,硕士学位论文,台湾"国立"中正大学,1999年。
② 孙邦华:《中国基督教教育会与西学东渐》,澳门:《中西文化研究》2004年第1期。

且对于前人较少论及的20世纪初的教育会历史有所涉及。① 2007年四川师范大学徐会爱的硕士学位论文《近代四川基督教教育研究——华西教育会下的教育独立发展道路探析》，以英文杂志《华西教会新闻》为主要资料，对四川基督教教育的发展历程，特别是对在华西教育会领导下以统一教学过程、统一考试、统一教师队伍为主要内容的教育独立发展道路及其原因做出说明，该文是首篇对中华基督教教育会的下属地方教育会进行研究的专论，对于推动基督教教育会与地方社会的关系有积极意义。②

此外，王宏凯的《清末"学校教科书委员会"史略》（1998），孙邦华的《清末来华西人关于中国考试制度改革的建议》（2005），陈名实的《近代基督教教育团体及其出版事业》（2006），陈建华的《从"中华教育会"透视晚清基督教的教会教育》（2006），何涓的《益智书会与杜亚泉的中文无机物命名方案》（2007）等文，也从不同的角度对基督教教育会的历史和活动进行了研究。③

可见，尽管学界对于基督教教育会的专门研究开展得比较早，但进展缓慢，从20世纪90年代开始，参与的学者逐渐增多，研究的领域也逐渐拓宽。但不可否认的是，这些新的研究在时间段上仍主要集中在晚清，民国以后特别是抗战爆发之后基督教教育会的发展仍然模糊不清，教育会的全貌仍然难以展现；从研究的问题上看主要集中于出版和教育，其他方面所涉不多。

3. 相关研究

在前人研究当中，除了与基督教教育会直接相关的会史和专题研

---

① 孙广勇：《社会变迁中的中国近代教育会研究》，博士学位论文，华中师范大学，2006年；孙广勇：《社会转型中的中国近代教育会研究》，华中师范大学出版社2007年版。

② 徐会爱：《近代四川基督教教育研究——华西教育会下的教育独立发展道路探析》，硕士学位论文，四川师范大学，2007年。

③ 王宏凯：《清末"学校教科书委员会"史略》，《首都师范大学学报》1998年第3期；孙邦华：《清末来华西人关于中国考试制度改革的建议》，《湖北招生考试》2005年4月号；陈名实：《近代基督教教育团体及其出版事业》，《教育评论》2006年第1期；陈建华：《从"中华教育会"透视晚清基督教的教会教育》，《华东师范大学学报》2006年第2期；何涓：《益智书会与杜亚泉的中文无机物命名方案》，《自然科学史研究》2007年第3期。

究之外，更多涉及有关基督教教育会的研究出现于基督教教育、传教士和华人信徒、近代中西文化交流的载体等相关研究当中。

在这方面较早的是郭爱理（A. H. Gregg）的研究。1946 年，曾在中国工作多年，研究中国教会史的美国学者郭爱理，出版了《中国与教育自主》（China and Educational Autonomy: The Changing Role of the Protestant Educational Missionary in China, 1807-1937）一书，分三个阶段论述了从马礼逊来华到抗战以前，新教传教士在华从事教育的历史。该书利用了当时较为丰富的第一手资料，对不同时期教会教育的诸多重大问题都有所涉及，向我们展示了从差会教育向基督教教育转变的历程，特别对基督教教育会在其中扮演的角色进行了细致的描述，是一本研究中国基督教教育史不可绕开的书籍。① 1971 年，美国研究中国教会史的卢茨教授（Jessie Gregory Lutz）出版了《中国教会大学史》（China and the Christian Colleges 1850-1950）一书，作者根据中国教会大学在不同时期的发展特色，以时间为序，对近代中国教会大学从办学的动因、经过、变迁、发展到结束的历史，对传教与教育的关系，以及对教会大学的教学、科研、社会服务、学生运动等做了全面的考察，同时对教会大学的影响提出了看法。书中运用了很多差会档案，特别是亚洲基督教高等教育联合会收藏的教会大学档案，对于研究教会大学的历史具有重要价值。该书在第四章《变革时代的发展与巩固（1895—1925）》用一定的篇幅介绍了中华基督教教育会从早期到 1922 年改组之前的情况。② 1981 年，我国学者顾长声在其名著《传教士与近代中国》中用两章来谈基督教教育问题，其中专门涉及"学校教科书委员会和中华教育会"、"从山西大学堂到中华教育会"。③ 1993 年，我国香港学者梁家麟的博士学位论文《广东基督教教育（1807—1953）》出版，与前人研究相比，梁的研究对象集中在广东，这也是一个区域基督教教育发展的个案研究，阐述了广东地区的基督教教育如何由传教教育转变为基督教教育的历程。尽

---

① A. H. Gregg, China and Educational Autonomy: The Changing Role of the Protestant Educational Missionary in China, 1807-1937, Syracuse University Press, New York, 1946.
② ［美］卢茨：《中国教会大学史》，曾钜生译，浙江教育出版社 1987 年版。
③ 顾长声：《传教士与近代中国》，上海人民出版社 2013 年版。

管他研究的对象在广东,但所牵涉基督教教育理念与面对的外界环境都具有普遍性,在阐述教育系统化和传教教育理念的章节中都对基督教教育会有所涉及。① 1997年,王立新的博士学位论文《美国传教士与晚清中国现代化》出版,该书是一部研究近代美国新教传教士在华从事社会文化和教育活动的力作,倡导以"现代化"的研究范式去研究传教士的文教活动,以突破前人的"文化侵略"模式。其中第四章《美国传教士与近代中国教育变革》,专门阐述了传教士群体在益智书会—中国教育会当中的活动,着重讨论他们在教会教育、文字出版和教育变革中发挥的推动作用。② 2000年,胡卫清出版了博士学位论文《普遍主义的挑战——近代中国基督教教育研究(1877—1927)》,该书力图在理论建构上突破传统的"文化侵略"、"现代化"评价模式,提出以"普遍主义"作为基本视角和范式来考察近代中国的基督教教育。他从基督化的教育哲学、本土化与西化的教育模式选择、基督教教育与近代中国政治等方面展现了晚清民国时期的基督教教育历程。他运用大量中英文史料,对传教士的科学观与儒学观、个人与社会的基督化、党化教育等问题做了详细的论述,既富于理论性,又不乏具体的史实论证,是一本认识中国基督教教育问题不可绕开的书。书中也用了相当的篇幅介绍中华基督教教育会的发展历程及其与基督教教育的关系。③

此外,刘贤、金保华等人对于民国时期基督教教育的重大事件——"巴敦调查团"的研究,对于认识中华基督教教育会在20世纪20年代以后的思想与活动也具有重要启发。④ 张永广博士的专著《近代中日基督教教育比较研究》,其涉及的"传教教育与新式教

---

① 梁家麟:《广东基督教教育(1807—1953)》,博士学位论文,建道神学院,1993年。
② 王立新:《美国传教士与晚清中国现代化》,天津人民出版社1997年版。
③ 胡卫清:《普遍主义的挑战——近代中国基督教教育研究(1877—1927)》,上海人民出版社2000年版。
④ 刘贤:《巴敦调查团研究》,硕士学位论文,山东大学,2002年;刘贤:《巴敦调查团研究》,载《基督教与中国社会文化:第一届国际青年学者研讨会论文集》,香港中文大学崇基学院宗教与中国社会研究中心,2003年;金保华:《教会大学的自主调适——巴顿调查团的建议及其影响》,硕士学位论文,华中师范大学,2002年;金保华、熊贤君:《"巴敦调查团"来华考察动因及始末》,《河北师范大学学报》2006年第2期;金保华、喻本伐:《"巴敦调查团"与教会大学的宗教教育改革》,《华东师范大学学报》2006年第1期。

育"、"国家化与社会化"、"国家教育体制下的应对"等问题,中华基督教教育会也曾面对,特别是其比较研究的视角,对于从更宏大的问题意识上把握基督教教育会的发展有借鉴意义。①

以上这些研究都是在研究基督教教育整体进程或是重大基督教教育问题当中涉及基督教教育会的,在前人研究当中还有不少涉及曾在中华基督教教育会任职的传教士和华人基督徒教育家,这方面的研究要丰富很多,由于涉及的人数众多,本书简要列举。

涉及狄考文的研究有:丹费舍(Daniel W. Fisher)的《狄考文:四十五年山东传教经历》②;史静寰的《狄考文与司徒雷登——西方新教传教士在华教育活动研究》③ 等。

涉及傅兰雅的有:贝内特(Adrian Arthur Bennett)的《傅兰雅译著考略》④;王扬宗的《傅兰雅与近代中国的科学启蒙》⑤;戴吉礼的《傅兰雅档案》⑥ 等。

涉及谢卫楼的有:佩特诺(Robert M. Paterno)的《谢卫楼与潞河书院的创办》⑦;张建华的《传教士谢卫楼的教育活动》⑧;吴义雄的《谢卫楼与晚清西学输入》⑨ 等。

涉及丁韪良的有:科威尔(Ralph Covell)的《丁韪良:中国进步的先驱》⑩。

---

① 张永广:《近代中日基督教教育比较研究》,上海社会科学院出版社2012年版。
② Daniel W. Fisher, *Calvin Wilson Mateer: Forty Five Years a Missionary in Shantung*, The Westminster Press, 1911.
③ 史静寰:《狄考文与司徒雷登——西方新教传教士在华教育活动研究》,珠海出版社1999年版。
④ Adrian Arthur Bennett, *John Fryer: The Introduction of Western Science and Technology into Nineteenth-century China*, Harvard University Press, 1967.
⑤ 王扬宗:《傅兰雅与近代中国的科学启蒙》,科学出版社2000年版。
⑥ 戴吉礼:《傅兰雅档案》,广西师范大学出版社2010年版。
⑦ Robert M. Paterno, "Devello Z. Sheffield and the founding of the North China College", in Kwang-Ching Liu, *American Missionaries in China*, *Papers from Harvard Seminars*, Harvard University Press, 1970.
⑧ 张建华:《传教士谢卫楼的教育活动》,《近代史研究》1993年第4期。
⑨ 吴义雄:《谢卫楼与晚清西学输入》,《中山大学学报》2007年第5期。
⑩ Ralph Covell, *W. A. P. Martin: Pioneer of Progress in China*, Wastington: Christian University Press, 1978.

涉及潘慎文的有：胡卫清的《传教士教育家潘慎文的思想与活动》①。

涉及李提摩太的有：约翰逊（Eunice V. Johnson）的《中国教育改革（1880—1910）：李提摩太与他的高等教育设想》② 等。

这些著名传教士均在基督教教育会当中担任要职，如狄考文、谢卫楼、李提摩太曾任会长，傅兰雅和潘慎文曾任总编辑，这些人物的思想与活动无疑都对基督教教育会的存在与发展具有影响。因此，了解有关这些关键人物的研究对于了解教育会的走向具有重要价值，特别是在约翰逊和王扬宗的研究当中都开辟专章讨论李提摩太与中国教育会、傅兰雅与益智书会的关系及其所从事的活动。

此外，学界对一些重要的华人基督教教育家的研究，如波士顿大学朱心然的博士论文《吴雷川：一位变迁中国中的儒家学者和基督教改革者》③；香港中文大学吴昶兴的《刘廷芳宗教教育理念之实践与中国社会变迁》④；吴梓明的《基督教大学华人校长研究》⑤ 等研究也涉及了如吴雷川（Wu Leichuan）、刘廷芳（Timothy Tingfang Lew）、刘湛恩（Herman C. E. Liu）、韦卓民、陈裕光（Y. G. Chen）、吴贻芳（Wu Yifang）等民国时期在教育会任职的华人教育家，这些华人的教育思想对于民国时期教育会的本色走向也同样具有价值。

除了以上所举基督教教育和基督教人物的相关研究之外，一些研究近代中西文化交流的载体，如文字出版、教科书、名词术语等研究当中，对基督教教育会早期的历史与活动也有所涉及和追溯。例如，王树槐先生在1969年发表的《清末翻译名词的统一问题》一文中就

---

① 胡卫清：《传教士教育家潘慎文的思想与活动》，《近代史研究》1996年第2期。
② Eunice V. Johnson, *Educational Reform in China, 1880-1910: Timothy Richard and His Vision for Higher Education*, University of Florida, 2001.
③ Chu. Sin-Jan, *Wu Leichuan: A Confucian Scholar and Christian Reformer in Transforming China*, Boston University, 1993.
④ 吴昶兴：《刘廷芳宗教教育理念之实践与中国社会变迁》，博士学位论文，香港中文大学，2001年；吴昶兴：《基督教教育在中国：刘廷芳宗教教育理念在中国之实践》，香港浸信会出版社2005年版。
⑤ 吴梓明：《基督教大学华人校长研究》，福建教育出版社2001年版。

谈到了基督教教育会早期的翻译名词工作。① 熊月之先生1994年出版的《西学东渐与晚清社会》一书，其中就有专门一节简要讲到益智书会时期的西书翻译出版工作及其在晚清士人中的影响。② 邹振环先生2002年发表的《近百年间上海基督教文字出版及其影响》一文，也从出版的角度谈到了益智书会，并介绍了相关书籍在晚清社会中的影响。③ 另外，在一些研究近代教科书的论著中，如北京师范大学毕苑的博士论文《中国近代教科书研究》也追溯到"学校教科书委员会"时期的教科书编撰出版工作。④

可见，从基督教教育、人物、文化交流等方面涉及中华基督教教育会的研究，特别是基督教教育会早期历史的相关研究还是比较丰富，它们或从整体史的角度将教育会放置其中，使人得以从整体上把握教育会的发展脉络；或从各自研究对象入手，涉及教育会与其研究对象的关系，都大大拓宽了基督教教育会研究的视野。

三 研究潜力与方向

前人研究是本书继续前行的基石，也是本书寻求突破方向的依据。通过以上对学术史的梳理，不难发现，近百年来中外学术界其实已经做过一定的研究，有的研究还相当扎实。总体而言这些研究呈现以下几个特点：第一，从研究的时间段上看，主要集中于晚清时期，对于民国时期，特别是20年代之后的历史交代不清甚至存在错误之处。第二，从研究的视角上看，多从制度本身考察基督教教育会的组织与活动，较少涉及教育会与有关各方的关系。第三，从研究的问题上看，主要集中于文字出版和新式教育变革，对于其他活动关注不多。至今为止，学界对于基督教教育会的研究，不仅难以给人呈现一个完整的基督教教育会形象，更难以从整体中国基督教教育发展的角

---

① 王树槐：《清末翻译名词的统一问题》，台湾：《"中央"研究院近代史研究所集刊》1969年第1期。
② 熊月之：《西学东渐与晚清社会》，上海人民出版社1994年版。
③ 邹振环：《近百年间上海基督教文字出版及其影响》，《复旦学报》2002年第3期。
④ 毕苑：《中国近代教科书研究》，博士学位论文，北京师范大学，2004年；毕苑：《建造常识：教科书与近代中国文化转型》，福建教育出版社2010年版。

度来把握它的演变及其与各方的关系。也正因如此，本书的研究才具备了空间和可能。具体而言，本书将在以下几个方面力求取得进展。

（1）研究的时间段。本书力求在回顾近代中国基督教教育会早期发展的基础上，细密考证基督教教育会在不同时期的演变进程，尤其是在民国时期的经历，并展现抗战爆发之后基督教教育会的历史及其活动，给人一个完整的近代中国基督教教育会形象。

（2）研究的思路。本书力求摆脱通常"会史"或"机构史"的做法，基督教教育会的发展离不开基督教教育，离不开中国新式教育，也离不开在华传教事业，这是一个整体，也就需要从整体的角度来考察教育会与"学校"、"差会"、"政府"之间的关系。本书是以中华基督教教育会的历史为主线，在梳理教育会本身发展脉络的同时，以问题为中心，将教育会的历史与当时基督教教育界面临的主要问题结合起来，从基督教教育整体发展的角度来考察教育会在其中扮演的角色。

（3）研究的拓展。前人研究重视"组织"、"活动"，对于"人事"、"影响"关注较少。本书除了考察组织演变之外，还会考察基督教教育会的经济和人事状况，并由此考察二者与教育会发展的内在关联。至今为止，教育会的经济状况，学界只知道晚清时期的教科书销售，但在民国之后教科书事业日渐萎缩，教育会是依靠什么生存的，比较模糊。此外，教育会的一些重要人物，如贾腓力（Frank D. Gamewell）、吴哲夫（Edward Wilson Wallace）以及华人干事程湘帆、缪秋笙等人的生平、活动与思想也是模糊不清，理清这些问题有助于让读者看到一个生动的教育会。另外，教育会经历了晚清民国中国社会的变迁，而目前涉及教育会与中国社会关系的研究不多，在熊月之、邹振环等人的研究中提到了益智书会的书籍在晚清社会中的影响，但文本本身的研究没有涉及。民国之后的社会影响，教育会与新式教育、近代报刊、地方社会的关系，也将是本书着重关注的问题。

（4）在史料的运用上，前人研究较多使用的是教育会本身的出版物，如《教务杂志》、教育会三年报告、中英文《教育季刊》等，但除此之外，教育会还遗留下来一批档案和书信，主要收藏于上海市档案馆和亚洲基督教高等教育联合会缩微胶卷当中，对这些档案材料的使用，也是本书注意挖掘的方向。

因此，无论是从研究的时间、研究的内容、研究的视角，还是研究的史料上看，近代中国的基督教教育会都存在进一步研究的空间与潜力。做好这些研究，无论是对于展现基督教教育会的全貌、厘清基督教教育会的具体细节，还是揭示晚清民国时期中国基督教教育的整体趋势都有重要意义。

第一章

近代中国基督教教育会的缘起

进入近代之后的中国已无法脱离西方而孤立地存在，中国社会已无时无处不受西方影响。1890 年，沉睡的中国正在酝酿一场变局，中国人朦胧的西方认识正在逐步清晰。就在此时，一个标榜旨在促进中国新式教育的"纯"教育团体——中国教育会（Educational Association of China）在中国成立了。有意思的是，这个团体的组织者并不是中国人，而是一群在华活动日渐频繁的外国传教士。是什么让他们有如此的"雄心伟志"？这个组织后来的发展如何？对近代中国产生了什么影响？这都是本书希望回答的问题。

在此之前，在华的传教士也多次组织类似的团体，比较著名的有在华实用知识传播会、马礼逊教育会（Morrison Educational Society）、益智书会等，这些团体都与后来的全国性基督教教育会有着直接或间接的历史关联。本章便循着历史的轨迹，去追溯基督教教育会的知识、制度与思想渊源。

第一节 马礼逊教育会与早期传教士教育社团的运作模式

一 马礼逊教育会始末①

从事教育活动是传教士在华进行传教事业的重要内容，早在 19

---

① 有关马礼逊教育会的研究可见：李志刚：《基督教早期在华传播史》，台北：商务印书馆 1985 年版；仇华飞：《马礼逊教育会与马礼逊学校的创办》，《华东师范大学学报》1995 年第 2 期；吴义雄：《在宗教与世俗之间——基督教新教传教士在华南沿海的早期活动研究》，广东教育出版社 2000 年版。在这些翔实的研究当中，出于各自研究对象和时间段的考虑，均未能对马礼逊教育会在 1850 年以后的发展状况进行说明，有的甚至认为马礼逊教育会的消亡是以马礼逊学校的停办为标志。

世纪30年代之前，一些零星的教育活动便随着传教事业一起在中国的外围展开，如马六甲的英华书院和南洋地区的一些中文学校，这些教育活动尽管规模都不大，但却开创了近代基督新教在华教育活动的先河，同时也奠定了基督教在华教育活动的基本思想，他们的经验和教训为日后的马礼逊学校所借鉴。①

1834年8月，近代首位来华传教士——马礼逊在广州去世后不久，"为真正造福于中国人，把马礼逊博士开创的事业继续推进"②，有关成立马礼逊教育会的建议就在以广州为主的一批外侨当中受到热议，这主要包括一些商人和传教士。他们于1835年1月26日在外侨当中发布一份倡议书，至2月24日，不到一个月的时间内就有22人在倡议书上签名，并筹得4860元的捐款。为进一步推动这个教育计划的实施，他们还成立了由罗便臣（George B. Robinson）、查顿（William Jardine）、奥立芬（David W. C. Olyphant）、颠地（Lancelot Dent）、马儒翰（J. Robert Morrison）、裨治文（E. C. Bridgman）等六人组成的临时委员会。应这个委员会的请求，在正式的董事会成立之前，他们决定以怡和洋行的查顿为司库，裨治文为联络秘书。③

随即，他们发布了一份通告，在这份通告当中阐述了马礼逊教育会成立的宗旨："本会的目的是在中国设立并资助一些学校，以教育本国的青年，使他们能够读写英文，并通过这一媒介去获取各类西学知识。在这些学校要阅读圣经和其他基督教文献。"④ 同时，鉴于中国方面的资助有限，通告还号召世界各国人士的协助，在资金上给予支持。

1836年9月28日，马礼逊教育会在花旗行二号召开成立大会，会议宣读了临时委员会的几次会议记录，通报了教育会的筹备情况，根据会议记录，当时已筹得资金（包括利息在内）5977元，并拥有一座藏有1500册图书的图书馆，图书内容涉及科学、文学和其他主

---

① 吴义雄：《在宗教与世俗之间——基督教新教传教士在华南沿海的早期活动研究》，广东教育出版社2000年版，第318—335页。
② "Morrison Education Society", *Chinese Repository*, Vol. 5, No. 8, 1836.
③ Ibid..
④ Ibid..

题，其中郭雷枢（T. R. Colledge）捐赠 700 册，雷维思（J. R. Reeves）捐赠 600 册，其余 200 册由颠地、福克斯（Fox）、马儒翰、基廷（A. S. Keating）等人共同捐赠。会议审议并在做出部分修改之后通过了联络秘书裨治文起草的教育会章程草案，对于职员问题，会议决定延期至一个月后再做商议。①

1836 年 11 月 9 日，延期之后的会议举行，按照章程，会议以无记名投票的方式选出了教育会的首届理事会成员，包括主席颠地、副主席福克斯、司库查顿、联络秘书裨治文、会议秘书马儒翰。②

根据章程，马礼逊教育会的主要工作是"以学校或其他途径促进并提升中国的教育事业"，章程还就会员的资格、理事会职责和人员分工做出了明确的规定。③

马礼逊教育会成立之后，其主要的活动就是创办并维持马礼逊学校。起初，马礼逊教育会并没有自己的学校，它所招收的学生都是寄读于其他学校，由马礼逊教育会提供一定的经费补贴。但创办学校毕竟是马礼逊教育会的原有宗旨，为达成所愿，1837 年 1 月裨治文先后向"英国与海外学校协会"和耶鲁大学提交信函，请求他们对教育会工作的支持。最终耶鲁大学答应了裨治文的请求，并派出毕业生布朗（Samuel Brown）来华。1839 年 2 月，布朗夫妇抵达澳门，经过 6 个月的中文学习，他们在那里开办了马礼逊学校，首批招收学生 6 人，主要教授的是英文、国文和少量圣经课程。按照后来容闳的说法，"英文教课列在上午，国文教课则在下午"，其中英文由布朗夫妇亲自教授，国文则聘请本地的文人教授，但就结果来说英文无疑更具有吸引力，"予惟英文一科……读音颇正确，进步亦速"。④ 1843 年，因英国人已占领香港，在港督璞鼎查（Henry Pottinger）的支持之下，马礼逊学校获得了更为优厚的办学条件，他们便从澳门迁往香港，在那里他们一直继续从事办学活动，直到 1850 年停办。马礼逊

---

① "Morrison Education Society", *Chinese Repository*, Vol. 5, No. 8, 1836.
② 转引自吴义雄《在宗教与世俗之间——基督教新教传教士在华南沿海的早期活动研究》，广东教育出版社 2000 年版，第 337 页。
③ "Morrison Education Society", *Chinese Repository*, Vol. 5, No. 8, 1836.
④ 容闳：《西学东渐记》，岳麓书社 1985 年版，第 46、68 页。

学校存在的十来年当中，共计招收学生 50 余人，主要来自广州、澳门、香港等珠三角地区，而且大多出身贫苦家庭，无须交纳学费，使得他们在解决温饱之余，竟无意中成为中国近代系统接受西方教育的第一批人，其中容闳、黄胜、黄宽三人还因表现优异获得留学的机会。

从事实际的办学活动是马礼逊教育会有别于后来其他教育社团的最大特色所在，与他们相比，马礼逊教育会在教育活动上拥有实权。除了兴办学校之外，马礼逊教育会还进行一些其他活动，主要是设立公共图书馆和进行社会调查。

马礼逊教育会章程规定："用本会藏书设立一个公共图书馆，并定名为马礼逊教育会图书馆；图书馆由理事会直接控制，理事会将采取一切措施，在不增加原经费开支的情况下，使之向在华外国人和访问者开放；理事会将拟定、颁布图书馆管理规则和图书目录，凡入本会及图书馆者，人手一册。"① 马礼逊教育会图书馆的图书主要是通过捐赠的方式获得的，在最初成立时，它拥有藏书 1500 册。理事会成立不久，在制订工作计划时也将"丰富图书种类"作为其重要职责。一年以后，裨治文在年会上报告说图书馆的藏书已达 2310 册。② 尽管藏书的数量在增加，为读者提供的服务在提高，理事会还是建议尽早实施扩大计划。裨治文认为，"作为一个公共的图书馆，它应在几年的时间内，从目前的 2000 册增加到 20 万册，直到与世界上最好的图书馆相媲美。"③ 这一远大的抱负显然超出了以捐赠为主要途径的图书馆所能承载的范围，直至 1843 年，在经历了鸦片战争之后，图书馆的藏书才达到 3500 册，而且存在不少的破损，约占总数1/3。④ 1845 年，在淘汰了一批旧书和重复的图书之后，布朗编了一份目录，当时共有藏书 4142 册，内容涉及语言、圣经、文学、神学、法律、艺术、科学、地理、历史、航海、旅游以及东西方关系包括中国等方

---

① "Morrison Education Society", *Chinese Repository*, Vol. 5, No. 8, 1836.
② "Morrison Education Society", *Chinese Repository*, Vol. 6, No. 5, 1837.
③ "Morrison Education Society", *Chinese Repository*, Vol. 7, No. 6, 1838.
④ "Report of Morrison Education Society", *Chinese Repository*, Vol. 12, No. 12, 1843.

面。① 这个图书馆附属于马礼逊学校，供马礼逊学校师生使用，同时也向来访的西方人士开放，为早期西方人认识中国，以及中国人了解西方提供了重要的平台。

马礼逊教育会成立伊始，即着手进行以中国教育状况为主的社会调查。理事会在制订其工作计划时就表示："理事会将采取措施以弄清中国实际的教育状况，调查在总人口当中，会读写的男女所占的比重、入学年龄、接受教育的方式和时间以及学费、书本费等；在移居印度群岛和其他地方的华人当中也进行相同的调查。"② 1837 年，裨治文报告说调查已经展开，主要是针对小学教育进行的，分为中国本土和域外华人两个部分。在中国本土的调查内容涉及人口、社会阶层、男女比例、学校种类、男性识字率、女性识字率、入学年龄、小学读物、教学方法、学习年限、学习时间、学校设备、学生数量与品行、教师素养、教师薪水、考试状况、奖学措施、惩罚措施等 18 个方面。域外华人主要是在马尼拉、巴达维亚、槟榔屿、马六甲、新加坡、曼谷这些南洋地区，调查内容涉及 22 个方面，与在中国本土进行的相类似，而增加了对中国教育制度的看法以及如何改进等内容。③ 通过调查，他们获得了有关中国初等教育状况的第一手资料，为以后马礼逊学校的创办打下了基础。需要特别指出的是，这些调查基本上是以广州为中心的大南洋地区，基本未涉及广大的中国内陆。

1850 年，马礼逊学校终因经费困难，在香港停办。但马礼逊教育会的活动并未戛然而止，而是继续存在了 20 多年，只是不如以前那么活跃。理雅各（James Legge）取代裨治文成为马礼逊教育会的实际领导者，在他的带领之下，马礼逊教育会积极地推动国际汉学研究和中国幼童的留美工作。香港学者李志刚就把中国幼童留美看作"马礼逊教育协会工作之延续"。④

---

① "Report of Morrison Education Society", *Chinese Repository*, Vol. 14, No. 10, 1845.
② "Morrison Education Society", *Chinese Repository*, Vol. 5, No. 8, 1836.
③ "Morrison Education Society", *Chinese Repository*, Vol. 5, No. 5, 1837.
④ 李志刚：《美国第一位来华传教士裨治文牧师与早期中美关系》，载《基督教与近代中国文化论文集（二）》，台北：宇宙光传播中心出版社 1993 年版，第 3 页。

1859年，皇家亚洲学会香港分会①停止活动之后，理雅各旨在推行国际汉学研究的工作陷入停顿，马礼逊教育会也陷入"同样垂死"的边缘，它的图书馆也交由伦敦会出版书局暂时打理。1859—1861年之间，马礼逊教育会利用手中的马礼逊基金（约13000元）从事于促进宗教教育的工作。为了重振马礼逊教育会的事业，1861年12月27日，理雅各向香港民众发出一份公告，号召民众积极向马礼逊教育会捐款，其结果仍然无济于事。②

1867年，会长颠地的宝顺洋行倒闭，马礼逊教育基金的来源也因此失去了保障，它的图书馆先于1869年移交给了香港市政厅，免费向公众开放，后又转交香港大学，成为今天香港大学特藏图书的一部分。1873年，该会曾经提出设立一项奖学金，但所提条件政府不肯接受。此后不久，它便停止了一切活动。③

二 马礼逊教育会的运作模式

马礼逊教育会是近代中国第一个按照西方社团的样式组织的新式教育社团，它在中国实践了近40年，它的社团组织经验与教训，都是后来组织新式社团的宝贵财富。在它停止活动不久，上海的"学校教科书委员会"就成立了，尽管二者是两个完全不同的组织，在历史上也没有任何关联，但他们在社团的组织方式和运作模式上却具有相似之处。

"商教合作"是马礼逊教育会在经济上最主要的运作模式。在清政府闭关锁国的政策之下，无论是商人还是传教士，都迫切地需要打开中国的大门，于是共同的利益促使他们紧密地团结在一起，由商人提供资助，由传教士从事具体的文教活动。马礼逊教育会成立初期从这一模式中受益匪浅，获得了较为充裕的资助去开展基督教教育事

---

① 1823年，由东印度公司资助，在英国伦敦成立"亚洲学会"，专门研究亚洲社会、经济、历史、文化等，作为其在亚洲统治殖民地施政的参考资料。1824年，由英皇乔治四世批准，加上"皇家"二字，遂成为政府承认的合法机构。香港分会于1847年创立，第一任会长为港督戴维斯。

② MacGillivray, Donald, ed., *A Century of Protestant Missions in China (1807-1907)*, Shanghai, 1907, p. 652.

③ Ibid. .

业。这一模式的主要经济依托对象无疑是英美商人,在鸦片战争之前,他们垄断了对华贸易,在经济上较为宽裕,而且广州一口通商的体制,使得这些商人能够聚集在一起,群策群力,在从事贸易之余,通过文教活动,改变中国人对西方的印象。鸦片战争之后,五口通商,行商体制逐步瓦解,外来商人分散各地,部分商行濒临破产,商人忙于打理各自的生意,而无暇顾及其他,马礼逊教育会经费紧张就在所难免。马礼逊教育会在第十次年会报告中就称,除了马礼逊基金之外,教育会得到的个人捐赠近年呈现递减的趋势:1845—1846年度是3093元;1846—1847年度是2390元;1847—1848年是1366元。① 由此可见,"商教合作"的经济运作模式显然带有一定的风险,它使得传教活动容易受到商业活动的影响。这在单一差会各自为政的19世纪是个普遍的现象,单一差会难以为跨宗派的组织提供资助,它们依托的对象只能是以商人为主,"学校教科书委员会"在成立初期也是如此。

"理事会制"是马礼逊教育会在组织上最明显的标志。"理事会制"是近代以来西方各国伴随着民主政治的发展所采取的一种组织形式,集思广益,为民主决策提供制度保障。这一源自西方的组织制度在马礼逊教育会当中得到充分的应用。教育会在筹备过程中,最重要的两项工作:一是制定章程;二是成立理事会,并以理事会的正式成立作为其正式开展活动的依据。章程除了对马礼逊教育会的名称、宗旨做出规定以外,其最主要的功能就是规范理事会制度以及对理事会成员职责做出明确的分工。章程规定:"第4条:资金以捐募、赠予及其他方式筹措,唯须由理事会处理;第5条:会务由理事会全权处理,五位理事须居中国,理事选举在每年9月大会上,以无记名投票方式选出;第6条:理事会设主席一人,副主席一人,司库一人,联络秘书一人,文书一人;第7条:理事会每年1月、4月、7月、10月开会,商讨会务,如在必要时增加会议次数,唯须三人出席,方可开会。"以章程规范理事会的行为,理事会制定和修改章程,二者紧

---

① "Tenth Report of the Morrison Education Society", *Chinese Repository*, Vol. 18, No. 1, 1849.

密联系在一起。章程还规定："联络秘书为本会总干事，负责贯彻理事会的决议，与各方通信，选择学生、教员、书籍等；完整、准确地保存通信记录和会议记录；草拟年度工作报告，呈请理事会批准后在年会上宣读；经大会通过后，负责监督公布。"① 以此来看，理事会是马礼逊教育会的核心决策机构，是教育会一切大小事务的最终决策者，具体执行多由理事会的联络秘书承担。至1850年，马礼逊教育会一共选出了10届理事会，1847年以前，裨治文一直担任联络秘书一职。

"年会"是马礼逊教育会最主要的活动方式。由于马礼逊教育会不是一个常设的教育组织，也没有一个固定的办事场所，日常活动主要由理事会的联络秘书一人打理，因而显得很松散。从一开始，教育会就决定在每年9月召开由全体会员参加的"年会"，事实上也可称为"全体会员大会"，是教育会的最高权力机关，由它来总结教育会过去的工作，规划未来的蓝图，其中也包括选举理事会。"年会"通常有专人提交报告，然后由全体会员审议，并形成决策。从1837年到1850年之间，共召开了10次年会，分别是1837年、1838年、1841年、1842年、1844年、1845年、1846年、1847年、1848年、1850年年会，会后出版年度报告。② 因受鸦片战争的影响，年会召开的地点多次更换，前两次在广州举行，第三、第四次在中国澳门举行，1844年之后则全部在中国香港召开。从已公布的年度报告来看，向年会提交报告的任务，早期都是由裨治文承担，自1841年以后，由于马礼逊教育会的工作是围绕着马礼逊学校进行的，提交报告的工作交给了布朗以及他的继任者麻西（William A. Macy）。由于年会一年只召开一次，由年会选出的理事会事实上就扮演着年会常务委员会的职能。"年会"的召开不仅是教育会最主要的活动方式，也是表明其作为一个社团存在的重要象征。1850年之后，陷入垂死状态的教育

---

① "Morrison Education Society", *Chinese Repository*, Vol. 5, No. 8, 1836.
② 马礼逊教育会的年度报告通常会刊登在裨治文主编的 *Chinese Repository* 上，从年度报告来看，从1837—1850年，共出现11次年度报告的全文或摘要。1843年，由于五口通商，部分会员分散各地，无法召开年会，但年度报告仍然刊登在 *Chinese Repository* 上。

会,已不再如常定期召开年会,以至于人们对它是否存在都表示怀疑。

马礼逊教育会是近代中国第一个组织完善的传教士教育社团,"商教合作"的经济运作模式、"理事会制"的制度运作模式和"年会"的活动方式,是它赖以生存的基础。这些运作模式在保障其正常运转的同时,也存在一定的风险。马礼逊教育会之后的教育社团也存在着同样的情况。

第二节 益智书会[①]

马礼逊教育会停止活动后不久,在华的传教士云集上海,并成立了"学校与教科书委员会"(School and Text-book Series Committee)。与马礼逊教育会不同,这个新的组织与中华基督教教育会有着直接的历史渊源,它既是在华传教事业与基督教教育理念日渐成熟的产物,也是中国社会对西学知识日渐渴求的标志。

一 益智书会成立的历史背景

《南京条约》签订之后,五口通商,传教事业从华南沿海逐步拓展至整个中国沿海。1858年《天津条约》公布,当中含有传教宽容的条款,自此之后,清政府一直实行传教宽容的政策,欧美传教士纷至沓来,从沿海进入沿江、内陆。在此背景之下,无论是来华差会、传教士还是中国信徒的数量都在稳步地提升,由表1—1可见一斑。[②]

[①] "益智书会",英文名为"学校与教科书委员会"(School and Text-book Series Committee),1877年在上海成立。1890年,第二次在华传教士大会上,因形势需要,成立"中国教育会"(Educational Association of China),原有的"学校与教科书委员会"事业由其继承,中文名沿用"益智书会",直到1902年。本节所论的时间段限于1890年,属益智书会的前期。

[②] Charles L. Boynton & Charles D. Boynton, *Handbook of the Christian Movement in China under Protestant Auspices*, Shanghai: Kwang Hsueh Publishing House, 1936, pp. viii-ix.

表 1—1　　　　　　1807—1876 年在华传教进展情况

年份	1807	1840	1853	1858	1864	1869	1874	1876
差会	1	4	15	20	24			29
传教士	1	20	120	81（男）	189		436	473
信徒		100	351			5753		13035

而据1877年传教士大会报告的统计，至1876年，传教士已经建立有组织的教会312个，传教站602个，其中传教士经常居住生活的据点91个。① 这些粗具雏形的教会和据点就成为传教士和本地信徒从事教务活动的主要场所。

与之相对应，传教教育事业也取得了明显的进展，它从中国港澳、南洋地区真正进入了中国内地。学校的类型也从单一的寄宿制男校，发展成为包括寄宿女校、男女日校、神学校在内的多种类型，学校和学生的数目也明显增多，如表1—2所示。

表 1—2　　　　　　1876 年在华传教教育事业情况

学校类型	美国		英国		欧陆		合计	
	学校数（所）	学生数（人）	学校数（所）	学生数（人）	学校数（所）	学生数（人）	学校数（所）	学生数（人）
男寄宿学校	19	347	8	118	3	146	30	611
女寄宿学校	24	464	12	189	2	124	38	777
男日校	93	1255	70	1471	14	265	177	2991
女日校	57	957	24	335	1	15	82	1307

---

① *Records of the General Conference of the Protestant Missionaries of China*, held at Shanghai, May 10-24, 1877, Shanghai: American Presbyterian Mission Press, 1878, pp.480-485.

续表

学校类型	美国		英国		欧陆		合计	
	学校数（所）	学生数（人）	学校数（所）	学生数（人）	学校数（所）	学生数（人）	学校数（所）	学生数（人）
神学校	9	94	9	115	2	22	20	231
合计	202	3117	123	2228	22	572	347	5917

资料来源：*Records of the General Conference of the Protestant Missionaries of China*, held at Shanghai, May10-24, 1877, Shanghai: American Presbyterian Mission Press, 1878, pp. 480-485. 另外，美国学者郭爱理在她的《中国与教育自主》一书中曾根据这份材料制成两个表格，见 Alice H. Gregg, *China and Educational Autonomy, the Changing Role of the Protestant Educational Missionary in China*, 1807-1937, pp. 16-17。

从表1—2来看，1877年之前，传教教育的发展已经粗具规模，各类学校347所，学生近6000人。在这些教会学校当中又以英美为多，出于各自教育背景的差别，他们在兴办学校的同时，不可避免地将自己所熟知的教育制度和教育方法延伸到教会学校，使得这些初期的教会学校缺乏统一的规范和标准。

随着学校的发展，首当其冲摆在他们面前的是具体的教学问题，如师资、课程、教科书等。早期的教会学校规模有限，传教士尚能应付，他们聘请本地的文人教授中文，而自己教授英文、圣经和少量的西学知识，教科书主要依靠中国经典、圣经文献和自编的简易课本。但教科书的缺乏，毕竟限制了教会学校的教学内容，也限制了学生接受知识的范围，一些从事教育工作的传教士早就开始注意此问题，马礼逊学校的布朗在1841年的报告中就指出教科书的迫切需求，他自己还参与编写了简易的英文短语教科书，在马六甲出版。① 这种自编教科书的形式，随着教学科目的增多日益普遍，如狄考文（Calvin Wilson Mateer）在登州建立文会馆时，即自编教科书，供该校学生使用。② 自编教科书能够解决部分学校的燃眉之急，但也存在不少的弊

---

① "Morrison Education Society", *Chinese Repository*, Vol. 10, No. 10, 1841.
② 王树槐：《基督教教育会及其出版事业》，台湾：《"中央"研究院近代史研究所集刊》1971年第2期，第368页。

端：其一，科目繁多，工作量大，对单一学校来说是不可能彻底完成的任务；其二，使用范围小，重复编写，造成资源和精力的极大浪费。在华的传教士必须对此进行更大的规划。

伴随着传教教育事业的发展，传教教育的理念也日渐成熟。1877年之前，按照王树槐先生的说法，所谓的教会学校，不过是"圣经班"而已。① 这实际上指出了早期传教教育的基本理念——"为传教而教育"。在传教士看来，"教育是国家的责任，已经是一种世俗性的事业。派出传教士的目的是传播福音，教育在整个传教士的工作当中是没有地位的"②。这一理念，在传教士所办的刊物——《教务杂志》当中可以清楚地看到，1895年《教务杂志》教育栏目的编辑曾把在《教务杂志》上刊载的教育类文章进行过一次统计，从统计结果来看：自创刊（1867）到1877年传教士大会之前这十年当中，有关教会教育的专题文章仅有三篇，一篇是关于教会教育的，一篇是关于教会学校的英文教学，一篇是差会的年度教育报告，涉及其他关于教育问题的讨论和介绍约五处。③ 在这仅有的几篇文章当中，1868年发表的《关于差会教育》一文代表了传教士对教育问题的基本看法，文章指出："传教士的伟大工作是将基督的真理传布大地，他们要通过各种途径，无论何时何地都要坚持不懈地履行这一职责，透过他们的光芒，人们才能看到上帝的辉煌。……在这些途径当中，基督教学校毫无疑问要占有一席之地。"文章仍将教育看成是传布福音的工具，是培养本地传道人和教育信徒子女的场所。④ 这一现象反映了在传教士的眼中，教育所占的分量是微弱的，也显然与教育发展的形势不相称。

这一传教教育的理念也鲜明地反映在部分差会的传教政策当中，以美部会为例，它的第一位传教士裨治文就曾指出：一个民族的命

---

① 王树槐：《基督教教育会及其出版事业》，台湾：《"中央"研究院近代史研究所集刊》1971年第2期，第368页。

② Alice H. Gregg, *China and Educational Autonomy, the Changing Role of the Protestant Educational Missionary in China, 1807—1937*, Syracuse University Press, New York, 1946, p. 18.

③ "List of Educational Articles from the Recorder", *The Chinese Recorder*, Vol. XXVI, May, 1895.

④ L. b. Peet, "On Mission Schools", *The Chinese Recorder*, Vol. I, November, 1868.

运,很容易受到一代代年轻人早年教育的影响,"由于统治人们思想的法则是代代相传的,因此,只要给予我们机会,使用各种手段去教育一整代的年轻人,我们将会在转变道德、社会和国民性方面,比采取军事、商业,以及任何其他方面的手段,产生更大的影响"①。裨治文的教育梦想伴随着马礼逊学校的停办而破灭,而他所开创的美部会在华教育事业在日后的传教士当中薪火相传,但他们的看法却日渐与裨治文的良好愿望相背。1854 年,美部会的一些捐助者和传教士指出:"差会已经为学校和出版工作所累,特别是教授世俗知识和出版世俗类教科书,教育工作所占用的时间可以更好地用作宣教、布道等直接的福音工作。"于是,当年美部会就向印度、锡兰两地派出了一个调查团,专门调查口头宣教的程度以及教育工作的影响。调查团的建议是:"减少教育工作,限制英语教学。"这一结论为美部会所接受,并在所有东方国度推行。因而,19 世纪 60—70 年代,美部会在华的传教政策是限制教育事业,但并不抵制。② 1877 年,华北公理会(即美部会)传教士谢卫楼在总结美部会 50 年的传教经验时表示:"美部会,经过 50 年的风风雨雨,已经在相当程度上改变了对教育工作的看法,现在正拨款去支持世俗性的学校。但从这个古老领域的经验来看,世俗教育本身并不能使得人们相信基督,我们发现受过一点西方科学教育的人比那些野蛮人更难以接受福音。"③ 从美部会的传教经验来看,他们对教育的态度经历了从积极到消极的转变过程,其重要原因就是传教的效果,他们认为以教育的形式传播宗教优势并不明显。因此,传教的效果决定了差会对教育工作的态度,也决定了教育在传教事业当中的地位,这一基本的思路在早期在华传教过程中比较普遍。

以此来看,在 1877 年之前,教育是传教的工具,这一基本理念,

---

① "Morrison Education Society", *Chinese Repository*, Vol. 5, No. 8, 1836.
② Roberto Paterno, "Develo Z. Sheffield and the Founding of the North China College", in Kwang-Ching Liu, *American Missionaries in China*, papers from Harvard Seminars, Harvard University Press, 1970, pp. 45-46.
③ *Records of the General Conference of the Protestant Missionaries of China*, held at Shanghai, May10-24, 1877, Shanghai: American Presbyterian Mission Press, 1878, p. 203.

代表了传教士的主流倾向,而关键的问题在于教育应该占有多大的分量,由于没有一定的尺度,各方分歧较大。

除了传教事业和传教教育理念的成熟之外,中国社会的变化也至关重要。《南京条约》之后,五口通商;《天津条约》之后,开埠通商的范围更为扩大,为中国人更为全面地接触和了解西方创造了条件。19世纪60年代起,以"自强"和"求富"为目标的洋务运动兴起,中国人前所未有地渴求获得西学知识和西学人才,江南制造局、京师同文馆、上海广方言馆这些在官方支持下的西学传播机构拔地而起,一批在华的外国人也被聘请到政府文教机构任职,这都为教会学校的生存和发展创造了条件。中国社会需要教会学校的西学教育,而教会学校则需要中国社会的良好氛围,这是一个互利双赢的局面。在此形势下,一切有利于教会学校发展的内容都会引起关注,教科书是首当其冲的问题。

二 益智书会的成立

1877年召开的传教士大会为各方讨论教育问题提供了平台,在这次大会上五篇有关教育问题的文章引起了各派激烈的争论,其焦点是教育与传教的关系。当时的主要观点分为两派:一派主张维持现状,以传教为主,教育为辅,这是主流意见;另一派则主张,在现有的基础上,拓展教育事业的分量,以狄考文为代表。

狄考文是美国长老会传教士,1836年出生于宾夕法尼亚州,先后在杰弗逊大学和美西神学院学习,1864年来华,在山东登州从事传教活动,他和他的妻子创办并一直经营着登州蒙养学堂,后发展为登州文会馆,成为近代中国最早的具有高等教育层次的学校。[①] 他在会上做了《基督教会与教育的关系》的报告,他说:"基督教与教育就它们本身来说是完全不同的,但它们之间有着自然而强烈的亲和力,使得它们总是联系在一起,智力的训练总是会涉及道德方面。"因此,"不能把教育这项伟大的工作留给世俗社会去办","基督教会

---

① 史静寰:《狄考文与司徒雷登——西方新教传教士在华教育活动研究》,珠海出版社1999年版。

应把教育作为它们工作的一个重要组成部分"。他认为,当时主张办学的人有两种截然不同的目的:"有些人主张通过办学争取众多的异教徒男女幼童,使他们在基督真理的影响下信仰上帝,成为福音布道者;另一些人则认为学校只适宜做开端工作,为播撒基督真理的种子做准备的间接机构。"他驳斥了这两种观点,认为它们都是片面和不完整的,"第一种看法最为普遍,但最肤浅,这个观点的普遍造成中国的教会学校大部分是初等学校,而教学又限于教义课本,它使教育成为诱导学生前来的一种手段,其真正目的不是教育而是要他们信仰基督教"。而第二种看法,即"教育是一种间接手段,只能产生间接的效果,更为接近事实"。因此,他主张:"基督教学校的目标是要对学生进行智力、道德和宗教上的教育,不仅使他们信仰基督教,而且在信仰上帝之后,成为上帝手中捍卫和促进真理的有效力量。故学校也必须教授西方科学与文化,注重学生的体格和社会教育。""教育可以培养本地牧师,为教会学校提供教员,还可以培养懂得西方科学、艺术的人才,为晋升到上层社会提供有效的途径,也可以促使本地教会自省,破除内部迷信思想的侵蚀和外来怀疑主义的挑战。"[①]

尽管狄考文为教育做了很多辩护,但如同当时其他传教士一样,心中还是有一条底线,即"教育不能取代传教的位置,传教应放在第一位","任何人都不应把他全部的时间用在教育方面而轻视或放弃传教","教育是一种间接力量,它必须附属于更重要的直接力量"。[②]

与狄考文鲜明的观点相比,探讨同一话题的香港传教士黎力基(R. Lechler)的观点则较为含蓄。一方面,他认为当时的形势迫使教会学校为异教徒大开方便之门,因为"中国人对上帝的理解是欠缺的,因而有错误的世界观",而"人的心灵不可能是空的,当它缺乏有关上帝的正确观念时,世俗的错误观念就会乘虚而入,这些有害的种子必须根除,有关上帝的正确观念才能更好地扎根生长。由此可见,我们应该开办大量的教会学校"。另一方面,他虽主张教会学校

---

① C. W. Mateer, "The Relation of Protestant Missions to Education", *Records of the General Conference of the Protestant Missionaries of China*, held at Shanghai, May10-24, 1877, Shanghai: American Presbyterian Mission Press, 1878, pp. 171-180.

② Ibid., p. 175.

应教授世俗知识，但却认为"介绍人文科学、教授外国语言以及引导学生接受基督教国家的公民和社会制度等问题，与认识基督相比，显得微不足道"。此外，他所理解的世俗知识也只不过是圣经的补充，他说："教会学校当然要教授圣经，但教授其他内容是为了更好地理解圣经。圣经是包罗万象的，是知识的最高境界，包含了所有的真理。因此，如果对世俗世界与道德价值没有正确的认识，将无法理解基督教的创造和真理；而圣经就是一切真理的朋友、邪恶的敌人，教会是世界之光，它有责任将各类知识普传。"① 由此来看，黎力基在"教育"问题上，态度还是有所保留的，他把世俗教育看成圣经教育的延续。

狄、黎二人的观点在大会上遭到了猛烈的抨击。来自厦门的传教士打马字（J. V. N. Talmage）坚持认为教育是传教的副产品，让儿童接受教育的最好方式就是让其母亲相信基督。② 来自宁波的传教士巴特勒（J. Butler）指出："尽管这两篇文章都没有公开地提出以教育取代宗教，但它们都隐含了'宗教脱离了教育就一无所有'这样的观点。"他认为狄、黎二人都忽略了一个事实，就是人类先有宗教，后有教育，人们完全可以在没有教育的情况下去理解上帝。③ 而来自日本横滨的传教士加力克（L. H. Gulick）则认为他已经对把科学作为信仰上帝的工具丧失信心，他说："教育只是基督教的成果与附属，传教士的工作是传播福音，兴办教育只是辅助。科学知识应该教授，但传教士有更为重要的事情要做。"④

支持狄考文观点的人在当时并不多，除了他的同事梅理士（C. R. Mills）之外，只有汕头的传教士麦肯兹（H. Mackenzie）。麦肯兹认为，"教会学校应跳出教会，自然发展"，"只要有教会的地方，就要建立学校"，"对于狄考文的文章，我钦佩他的远见，我同意他的

---

① R. Lechler, "On the Relation of Protestant Missions to Education", *Records of the General Conference of the Protestant Missionaries of China*, held at Shanghai, May10-24, 1877, Shanghai: American Presbyterian Mission Press, 1878, pp. 160-164.

② Ibid., p. 200.

③ Ibid., pp. 197-198.

④ Ibid., p. 198.

观点,传教士的职责应在中国培育有知识、有智能的教会。我们应尽一切力量提供,或帮助本地教会提供普通的基督教教育给那些正在成长的孩子们。"①

大会并没有就"教育与传教"的关系达成一致的意见,狄考文的远见也没有引起传教士的共鸣,但教育发展的形势有目共睹,教育中存在的现实问题还是引起了大会的注意。问题需要解决,理念上的争议暂可搁置一边,这是传教士的一个基本态度。

虽然大会教育组并没有对教科书问题进行专门的讨论,但在当时对教科书的需要却是迫切的,正如狄考文后来所言:"随着教会学校的数量增多和效率提高,合适的教科书,尤其是各类科学教科书在中国的需求日增","教会学校的成功,在很大程度上取决于是否有好的合适的教科书","现在中国有着学习西方科学和教育方法的广泛需求,为了实现这一目标,最重要的就是教科书,其次才是教师"②。

在随后进行的是文字工作方面的讨论,教科书问题被纳入其中。保灵(S. L. Baldwin)向大会事务委员会提交了一份关于设立"文字委员会"(Committee on Literature)的建议,获得批准。③ 于是由韦廉臣(A. Williamson,山东)、山嘉利(C. A. Stanley,直隶)、范约翰(J. M. W. Farnham,江苏)、杨格非(G. John,湖北)、赫斐秋(V. C. Hart,江西)、伍丁(S. F. Woodin,福建)、巴特勒(浙江)、纪好弼(R. H. Graves,广东)等八名来自不同地区的传教士组成了这个常设的文字委员会。他们的职责是:确认各传教站已出版的书籍哪些具有通用价值;确认哪些书正在出版当中;从现有的书籍当中挑选出适合教会学校使用的教科书,并号召有能力的人士编写需要的其他书籍;将书籍的相关信息做成目录;等等。为了更好地履行以上职责,文字委员会向大会建议,由丁韪良(W. A. P. Martin)、

---

① *Records of the General Conference of the Protestant Missionaries of China*, held at Shanghai, May10-24, 1877, Shanghai: American Presbyterian Mission Press, 1878, pp. 202-203.

② C. W. Mateer, "School Books for China", *The Chinese Recorder*, Vol. VIII, September-October, 1877, p. 432.

③ *Records of the General Conference of the Protestant Missionaries of China*, held at Shanghai, May10-24, 1877, Shanghai: American Presbyterian Mission Press, 1878, p. 12.

韦廉臣、狄考文、林乐知（Y. J. Allen）、黎力基、傅兰雅（J. Fryer）等六人另组成一个专门的委员会，负责为教会学校提供一套初等学校教科书，以应当时的迫切需要。① 大会接受了"文字委员会"的建议，并任命丁韪良为主席，韦廉臣为总干事。② 于是，这个"文字委员会"属下的负责提供教科书的专门委员会正式成立，定名为"学校与教科书委员会"，自1879年采用中文名称——"益智书会"。③

三 益智书会的主要活动

1. 教科书出版

益智书会成立之后，立即着手进行工作的规划，经过几次会议的商讨，决定编辑出版两套中文教科书，一套初级的，一套高级的，并且两套都要用浅显的文言撰写，内容涉及实物教学法、教义问答、数学、测量、自然哲学、天文、地质、矿物学、化学、植物学、动物学、解剖学、生理学、地理、历史、西方工业、语言、逻辑、心理学、政治经济学、手工、音乐、绘画、地图、挂图等各种门类。益智书会还特别指出，凡是已经出版过以上书籍并适合作为教科书的编撰者，或正在准备出版上述科目书籍的编撰者，或愿意承担编写任务的人，应请他们速与益智书会干事联系，呈交书籍复本，或做特别介绍，并欢迎一切有关人士对教科书的编写提出宝贵意见。④

随后，益智书会向传教士发出一封公函，号召各地传教士予以合作。在这封公函里，益智书会对它的工作进行了更为细致的阐述。最主要的内容是：教科书应通俗易懂，一切计划与细节由编撰者自己决定，益智书会只要求：其一，不要简单地翻译，而要以国外原本为基础，参考中国社会风土人情和语言习惯进行创作；其二，书籍不仅可

---

① "The Shanghai Missionary Conference", *The Chinese Recorder*, Vol. VIII, May-June, 1877, p. 247.

② *Records of the General Conference of the Protestant Missionaries of China*, held at Shanghai, May 10-24, 1877, Shanghai: American Presbyterian Mission Press, 1878, p. 18.

③ "Minutes of the Meetings of the Committee for the Publication of A Series of School and Text-books", *The Chinese Recorder*, Vol. X, November-December, 1879.

④ "The Shanghai Missionary Conference", *The Chinese Recorder*, Vol. VIII, May-June, 1877.

以用作学生课本,也可以作为教学用书;其三,这些书籍将会为中国学者和民众使用,因此,在保持科学性的同时,要尽可能传达上帝、罪孽、拯救等思想;其四,科技与专业术语要与过去的著作和益智书会的统一译法一致;其五,如对术语有不同意见,要另外说明;其六,版权属编撰者,除部分售书所得用于支付印刷出版费用外,其他全属编撰者。①

在对出版工作进行详细的规划之后,益智书会所面临的第一个问题就是如何取得资金的支持。在这方面,江南制造局曾经向其抛出橄榄枝,不仅同意傅兰雅为益智书会工作,而且曾任苏松太道的刘瑞芬总办还特意委托傅兰雅向益智书会表示,益智书会编辑的所有教科书都可由江南制造局出版。对此,益智书会担心因此而受制于官方,答应日后考虑,实际上是予以了委婉的拒绝。② 但益智书会对于来自官方的资助也并非决然拒之千里之外,实际上它的启动资金很大一部分都是来自中国官绅的捐款,只不过是以私人的名义;另外一部分则是来自英美商人。1880 年,《万国公报》上公布了一份益智书会的捐资账单,当时,预计启动资金需要白银 3000 两,这部分资金就是通过捐募的形式获得的。从捐资账单上来看,1877—1879 年,益智书会收到来自伦敦、上海、福州、厦门、烟台、香港这六个地区共计 174 人,约 1753 两白银的捐款③,数额从 0.5 元到 500 两不等,其中包括苏松太道、松江府、上海机器局、正蒙书院、汇丰银行、江海关、旗昌洋行、荷兰驻华领事、美国监理会、英国长老会等。④ 随着捐款的日渐增多,益智书会感到需要一位专人来负责管理财务,并承担筹款的重任,于是他们聘请当时正在上海的伦敦会传教士慕维廉(W.

---

① *Records of the General Conference of the Protestant Missionaries of China*, held at Shanghai, May 7-20, 1890, Shanghai: American Presbyterian Mission Press, 1890, pp. 713-714.

② "The Shanghai Missionary Conference", *The Chinese Recorder*, Vol. VIII, May – June, 1877.

③ 据账单上的数据显示,捐款实际数额是 1583 元,613 两,参照魏建猷的《中国近代货币史》介绍,当时墨西哥银元对白银的换算大约为 1∶0.72,换算之后的总数为白银 1753 两。

④ 《万国公报》第 13 册,台湾华文书局 1880 年版,第 150—151、162、170 页。

Muirhead）为司库。① 慕维廉长期在上海居住，与中国官绅素有往来，这使他能够顺利地募集到需要的资金。截至 1882 年，益智书会共募得资金 4345.91 两，具体来源如表 1—3 所示。②

表 1—3　　　　　1877—1882 年益智书会捐款来源情况

捐款来源	数量（白银两）
南监理会	198.69
伦敦圣教书局	481.93
英国商人汉布利	1000
伟烈亚力（Alexander Wylie）	1134.67
中国官绅与其他英美个人	1530.62
合计	4345.91

除了资金之外，益智书会还收到了一批实物的赞助。1881 年，伦敦圣教书局（London Religious Tract Society）向益智书会赠送了一批雕版图和彩图，并额外提供了印刷这些图画用的电铸板，价值 231 英镑；格拉斯哥的柯林斯公司（Messrs. Wm. Collins, Sons & Co.）以半价将适合在中国教科书中使用的插图电铸板出售给了益智书会；而爱丁堡的尼尔森公司（Messrs. Nelson）决定将它的电铸板低价卖给益智书会，约翰斯顿公司（Messrs. Keith Johnston & Co.）也表示愿意提供一切可能的帮助。此外，这些公司也都免费赠送了一些由它们自己编辑出版的教科书模板，这些教科书有些就成为后来益智书会编

---

① A. Williamson, "The Text Book Series", *The Chinese Recorder*, Vol. IX, July–August, 1878.

② *Records of the General Conference of the Protestant Missionaries of China*, held at Shanghai, May 7-20, 1890, Shanghai: American Presbyterian Mission Press, 1890, p. 718. 其中伟烈亚力的捐款，是来自福州的商人福斯特（J. Foster）用于资助伟烈亚力出版科学类书籍所结余的款项。

译教科书的母本。①

由此来看，益智书会早期的捐款主要是来自中国官绅与欧美商人，特别是英国。主要的原因有两点：一是在19世纪中后期，英国商人仍把持了世界资本市场，他们在全球范围内，特别是在中国拥有雄厚的经济实力；二是由于益智书会的司库慕维廉是英国伦敦会的传教士，由他来负责筹款，当然会首先考虑英国商人。

事实上，除了一些传教士个人之外，教会方面对益智书会的资助并不多，这可能是益智书会本身想让这个跨宗派的组织尽量保持独立性，上文所述拒绝江南制造局一事也是明证。自1879年傅兰雅出任总编辑以后，就一直主张益智书会要实现"自养"（Self-support）。②所以，1882年之后，益智书会不再要求捐赠③，它主要的收入来源是书籍的销售，依靠销售收入实现了自给自足（后文详述）。

有了这批资金和实物的捐助之后，益智书会很快走上了正轨，稳定地按照原计划编译出版教科书。1878年7月，总干事韦廉臣在《教务杂志》上撰文，列出了益智书会已审定待出版的书目，共计49种④；1879年10月，书目又增加到51种⑤；1880年，《万国公报》上刊载了书会审定的"格致类"教科书42种，这还不包括宗教类的书籍⑥；到了1881年，审定的总书目已达63种⑦。

1890年，总编辑傅兰雅向大会汇报了益智书会13年的教科书出版成果，共计出版或审定认可的教科书105种，188册，另有7种已

---

① A. Williamson, "The School ands Text Book Series", *The Chinese Recorder*, Vol. XII, March–April, 1881.

② "Minutes of the Meetings of the Committee for the Publication of A Series of School and Text-books", *The Chinese Recorder*, Vol. X, November–December, 1879.

③ *Records of the General Conference of the Protestant Missionaries of China*, held at Shanghai, May 7-20, 1890, Shanghai: American Presbyterian Mission Press, 1890, p. 718.

④ A. Williamson, "The Text Book Series", *The Chinese Recorder*, Vol. IX, July–August, 1878.

⑤ "Minutes of the Meetings of the Committee for the Publication of A Series of School and Text-books", *The Chinese Recorder*, Vol. X, November–December, 1879.

⑥ 《益智书会汇资刊书启》，载《万国公报》第13册，台湾华文书局1880年版，第139页。

⑦ *The Chinese Recorder*, Vol. XII, March–April, 1881.

接近完成，3种尚在编写当中。这批教科书是在益智书会的组织之下，通过不同途径完成的：由益智书会直接审定、编写并出版的教科书35种，这其中包括挂图15种40张；由傅兰雅的格致书室（The Chinese Scientific Book Depot）自费出版，而为益智书会认可的31种；由教科书作者自己负全责，或部分责任，然后交给益智书会出版的17种；审定其他适合作为教科书的著作22种，多由编撰者自费出版或交由其他机构出版。① 这批教科书按内容分类见表1—4。

表1—4　　　　　　益智书会出版、审定图书分类

科目	出版书籍	审定书籍	总计
科学类	22	34	56
宗教类	10	5	15
哲学类	2	2	4
历史类	4	0	4
地理类	5	4	9
读本类	3	0	3
音乐类	1	0	1
绘画类	1	0	1
其他类	4	8	12
合计	52	53	105

从统计的结果来看，审定出版的科学类教科书是最多的，这实际

---

① *Records of the General Conference of the Protestant Missionaries of China*, held at Shanghai, May 7-20, 1890, Shanghai: American Presbyterian Mission Press, 1890, pp. 715-717。王树槐先生在他的《基督教教育会及其出版事业》一文中也对益智书会的教科书进行了一个统计，其结果是出版50种，审定48种，共计98种。王先生将格致书室出版的《译者手册》(*Translator's Vade Mecum*) 当中的四种术语表归为一种；将哈波夫妇（Happer）编写的三本《读本》归为一种；未将已审定但尚未出版的三册《从基督教的角度看四书五经》的小册子纳入其中；另外，原有的 *Records of General Conference of the Protestant Missionaries of China 1890* 在统计的时候误将"*Outline Series, Set III*"当成一本书进行了统计，王先生可能没有注意到。故笔者按原件重新统计之后，总数为105种，若按王先生的统计方法，实际应为97种。

上反映了洋务运动以来，近代中国人对西学知识的渴求，而益智书会恰恰满足了中国社会的这种需要。另外，总编辑傅兰雅个人的编辑思想也影响了这一结果，他从 1868 年开始就一直在江南制造局翻译馆工作，专门翻译"格致制器等书"①，1879 年他出任益智书会总编辑时，附加的条件就是"只接受编辑世俗类教科书"②，在这一思想的指引之下，选择编写自己熟悉的科学类的书籍乃是必然。在益智书会审定出版的书籍当中，由他编写的就有 44 种③，而且全是科学类的，可见其影响之大。

但益智书会还是出版了不少宗教类书籍，而且这些书籍基本上全部出自总干事韦廉臣夫妇之手，这实际上正是体现了以传教士为主的教育团体的特性，也体现了传教士与世俗人士所承担的不同使命。早在益智书会成立之初，传教士韦廉臣就撰文指出，益智书会"所编之书，应具有严格的科学性，并利用一切适宜的时机，传播上帝、罪恶、拯救等伟大真理"。④ 此论一出，便引起傅兰雅的不满，此时他已不是传教士，他虽没有公开反对编写宗教类书籍，但主张宗教类与世俗类书籍分开，以便于获取中国人的资助，但这一建议未被益智书会接受，他自己则固执地选择了只编写科学类教科书。⑤ 固执的不只有傅兰雅，从事教育工作的狄考文也对韦廉臣的做法表示不满，他暗指韦廉臣利用担任总干事的职务之便，编写宗教类的书籍，而"宗教类的书籍根本算不上学校用书"；而且，这些宗教书籍多花费巨资，配以彩色插图，印刷精美，只适合满足好奇心，不适合作为学校用书。⑥ 这一"宗教与世俗"的意见分歧，贯穿于益智书会的始终，日

---

① 王扬宗：《傅兰雅与近代中国的科学启蒙》，科学出版社 2000 年版，第 30 页。
② "Minutes of the Meetings of the Committee for the Publication of A Series of School and Text-books", *The Chinese Recorder*, Vol. X, November–December, 1879.
③ *Records of the General Conference of the Protestant Missionaries of China*, held at Shanghai, May 7–20, 1890, Shanghai: American Presbyterian Mission Press, 1890, pp. 716–717.
④ A. Williamson, "The Text Book Series", *The Chinese Recorder*, Vol. IX, July–August, 1878.
⑤ "Minutes of the Meetings of the Committee for the Publication of A Series of School and Text-books", *The Chinese Recorder*, Vol. X, November–December, 1879.
⑥ *Records of the General Conference of the Protestant Missionaries of China*, held at Shanghai, May 7–20, 1890, Shanghai: American Presbyterian Mission Press, 1890, pp. 549–550.

后益智书会的改组也与此相关。

尽管有着分歧,但他们仍对益智书会取得的成果感到欣慰,傅兰雅表示:"尽管我感到我的工作还不够完善,事实上没有人比我更清楚这种不完善,但这是在目前情况下所能取得的最好结果了。"在这期间他们共出版和再版图书3万册,其中半数已经销售出去,余下的库存在美华书馆、格致书室和伦敦会仓库中,由傅兰雅负责打理。① 这也使得他们能够获得一笔不错的收入,并能依靠销售收入,从根本上实现"自养"。1890年,兼任司库的傅兰雅公布了益智书会的收支状况,从中可以窥见一斑②(见表1—5)。

表1—5　　　　1877—1890年益智书会收支状况　　　　单位:两

时间	收入		支出		库存	
1884.3.15（慕维廉）	捐款 利息 售书	4354.91 216.10 895.88	开销	4429.52		
1890.3.31（傅兰雅）	利息 售书	247.47 3702.80	开销 结余	4425.30 562.34	美华书馆 格致书室 伦敦会仓库 尚未付款	1500 2000 1500 500
	合计	9417.16	合计	9417.16	合计	5500

从收支账目来看,1884年之前,由慕维廉担任司库,主要的收入来源靠捐款,只此一项便可大致应付一切开销;教科书事业刚刚起步,所以销售收入并不多。

1884年之后,因慕维廉回国,傅兰雅担任司库,他接手时益智书会尚有存款1037.37两,此后主要的收入是出售书籍,依靠售书、存款和银行利息,就字面来看应付开销也绰绰有余,且尚有结余562.34两,但若将欠款500两完全付清,就所剩无几了。以此来看,

---

① *Records of the General Conference of the Protestant Missionaries of China*, held at Shanghai, May 7-20, 1890, Shanghai: American Presbyterian Mission Press, 1890, p.715.
② Ibid., p.719.

益智书会算是勉强实现了"自养",但也存在不少隐忧。按傅兰雅的估计,库存的书籍价值5000两,从这份表格设计来看,他认为欠款500两是要由库存书籍的销售来付。但他自己也说到,库存的书籍大多没有买家,按照目前的销售速度,起码需要5—10年,甚至更长时间才能销售完毕。① 因而,库存这5000两账目只能算是虚账,益智书会要想继续保持"自养",继续生存,还需另辟蹊径。

在这13年当中,益智书会出版书籍的总销售额是4598.68两,平均每年353.74两。在销售方式上,它所实行的是一种图书代销制度,即在各地寻找代理人帮助它销售,提取一定的份额作为报酬,这也很符合现代的图书供销惯例,当时也通行于其他一些国家。以印度为例,按傅兰雅的说法,印度的书局代销图书,考虑到运费和磨损等因素,通常要在实际价格基础上追加25%—33%作为报酬。② 考虑到益智书会的基督教背景,它的图书在上海由同样背景的美华书馆代销时,提取5%作为报酬。③

早在1879年,益智书会在上海就以美华书馆作为总代理,随后在全国各地,特别是主要的通商口岸设立20个分代理,甚至在日本横滨也设立了分代理,通过代理网络,将益智书会的图书传播到各地。具体的代理分布情况如表1—6。

表1—6　　　　　　　　益智书会各地图书代销点

北京	罗伯茨（Roberts）	厦门	麦格雷戈（Macgregor）
武昌	布赖森（Bryson）	广州	嘉约翰（Kerr）
南京	利曼（Leaman）	温州	斯托特（Stott）
福州	李承恩（Plumb）	镇江	怀特（White）
香港	黎力基（Lechler）	太原	李提摩太（Richard）

---

① *Records of the General Conference of the Protestant Missionaries of China*, held at Shanghai, May 7-20, 1890, Shanghai: American Presbyterian Mission Press, 1890, p. 718.

② Ibid.

③ "Minutes of the Meetings of the Committee for the Publication of A Series of School and Textbooks", *The Chinese Recorder*, Vol. X, November-December, 1879, p. 469.

续表

武穴	瑞斯（Race）	牛庄	麦金太尔（Macintyre）
扬州	摩尔（Moore）	宁波	霍约瑟（Hoare）
台湾	巴克雷（Barclay）	汕头	汲约翰（Gibson）
天津	英约翰（Innocent）	安庆	皮尔斯（Pearce）
九江	赫斐秋（Hart）	横滨	利雷（Lilley）
杭州	塞奇威克（Sedgwick）	上海美华书馆	霍尔特（Holt）

资料来源：此表系根据 *The Chinese Recorder*, Vol. X, November–December, 1879, pp. 469-470；与《万国公报》第 13 卷第 170 页提供的数据完成，在部分译名上参考了孙邦华的《中国基督教教育会与西学东渐》，澳门：《中西文化研究》2004 年 6 月第 1 期。

这些代理人，同样是以英国人为主。代理人虽然如此广泛，但书籍销售是否果真如此？1890 年，傅兰雅公布了一则材料：从 1884—1890 这 6 年间，益智书会平均年销售额是 700 元，其中一半是由美华书馆销售的，另外的一半几乎全部由傅兰雅的格致书室销售。[①] 那么其他的分代理销售多少，就可想而知了。以此说来，益智书会的图书主要还是集中在上海地区传播，对其他地区的影响不如当初设想的那么大。

2. 译名统一

传教士对于译名问题的关注由来已久，早在 1834 年，在广州的在华实用知识传播会（The Society for the Diffusion of Useful Knowledge）就已经开始编订已有的中文科学名词和译名，订立统一的标准，作为该会成员编译西学书籍的参考。1862 年，同文馆成立后，先后翻译西书 30 余种，对于统一译名问题也有注意。1867 年，江南制造局附设翻译馆，由傅兰雅等人负责。傅兰雅认为："译西书第一要事为名目"，"西人在华初译格致各书时，若留意于名目，互相同意，则用者初时能稳妥，后来不必大更改"。所以翻译馆在开办之初就定了译

---

① *Records of the General Conference of the Protestant Missionaries of China*, held at Shanghai, May 7–20, 1890, Shanghai: American Presbyterian Mission Press, 1890, p. 718.

名的原则。尽管如此，翻译馆却未完全遵行，初期发行的书籍并未附中西名词对照表。①

这一悬而未决的问题留给了益智书会，它的另一项工作就是确定统一的译名，这实际上是教科书问题的延伸。如何在编译教科书过程中将新编译的名词与已有的名词相对应，或形象地创造出一个适合汉语表达习惯而又通俗易懂的新名词，摆在了益智书会的面前。与江南制造局相比，这些问题显得更为棘手，因为它要编写的是教科书。益智书会充分地考虑到了这一点，它要求两套教科书的译名必须一致，并要求从现有中文译作和中文原作中搜罗专有名词和科技术语。它建议各类书的作者和译者要提供一份自己所使用的名词、术语中英文对照表，以便汇总信息，制作统一的术语表。它计划分三类：一是艺术、科学和制造类；二是地理类；三是人名类。这些术语表都要制作成册，让参与教科书编写的人人手一册。它还对这三类词汇表的制作做出明确分工，由于傅兰雅在江南制造局和格致书院期间科技术语方面的丰富经验，就让他负责第一类，而由林乐知负责第二类，安排伟烈亚力提供专有名词的词汇表。鉴于在西学译名方面日本对中国的影响，他们还特别安排麦嘉缔（Davie B. Macartee）提供日本人编译的西方著作中的名词术语表，可见其工作安排的细致。②

不久，狄考文在《教务杂志》上撰文，阐述了译名统一的必要性和具体规则。他认为："在大多数情况下，这些科目对中国人来说都是新事物，即便是旧有的科目，也将采用新方法处理，这就使得使用新术语成为必要。"他批评一些作者极力避免使用术语的做法，他说："每一种新的科学都会创造一套自己的术语，把这门学科介绍到中国，就必须将它的一套术语介绍过来。"他还认为虽然中国语言是"僵硬的"，不太适合新术语的表达，但他建议还是要充分利用文言的特性。随后，他归纳出翻译新术语的四条规则：一是简短，不必要求它能包含所有的意思；二是适用，方便在各种情况下使用；三是统一，同类

---

① 王树槐：《清末翻译名词的统一问题》，台湾：《"中央"研究院近代史研究所集刊》1969年第1期，第50—51页。
② "The Shanghai Missionary Conference", *The Chinese Recorder*, Vol. VIII, May – June, 1877.

术语应该协调一致；四是清楚，每一个新术语都要给出确切的含义。①

话虽如此，但真正落实起来，却遇到不少的麻烦。如果说益智书会的教科书出版事业还算完满的话，那么译名统一的工作则显得比较缓慢。首先遇到的问题就是人员不整，益智书会成立不久的1877年下半年，伟烈亚力就因眼病回英国治疗，不久麦嘉缔也去了日本，由他们负责的工作全都落空。②1878年3月，益智书会通知当时的著者和译者，"请于译著时，将名词及术语记下，列表送至该会，审查比较。如不可用，由该会另行拟定，建议著译者。著者译者设仍持原义，则请于该名词之旁注明该会所建议的译名，以备读者参考"③。但一年之后，1879年8月，总干事韦廉臣报告说，他们目前仅收到一份作者提交的术语表。他提醒广大作者注意这个问题的紧迫性，尽快提交术语表，哪怕是不完整的；或者告知是否接受卢公明（Doolittles）以前编写的《英华萃林韵府》④ 第二册上的名词术语表。⑤ 可见韦廉臣此时的焦急心情，并流露出他想以《英华萃林韵府》上的术语表为蓝本出版通行的术语表的打算。

1880年3月，益智书会在上海召开委员会议，韦廉臣就建议采用《英华萃林韵府》中由伟烈亚力编译的数学、天文、机械术语和恒星表；同样，他还建议佛教的名词术语采用《英华萃林韵府》中艾约瑟（Edkins）所编的，道教术语采用湛约翰（Chalmers）所编的。这一建议被会议采纳。慕维廉则建议人名、地名采用英国圣书公会和美

---

① C. W. Mateer, "School Books for China", *The Chinese Recorder*, Vol. VIII, September-October, 1877.

② 王扬宗：《清末益智书会统一科技术语工作述评》，《中国科技史料》1991年第2期。

③ 王树槐：《清末翻译名词的统一问题》，台湾：《"中央"研究院近代史研究所集刊》1969年第1期，第55页。

④ 《英华萃林韵府》(*A Vocabulary and Handbook of the Chinese Language*)，美国公理会传教士卢公明所编的英汉词典，初版于1872年，共两册，分为三个部分，1243页，收录66000个中文词组，涉及175000个中文单词，其中第三部分汇集了寓华西人所提供的专门译名表。详见王扬宗《清末益智书会统一科技术语工作述评》以及福建师范大学林立强的博士论文《美国传教士卢公明与晚清福建社会》当中的相关介绍。

⑤ A. Williamson, "Uniformity of Terms in The School and Text Book Series", *The Chinese Recorder*, Vol. X, July-August, 1879.

国圣经会所出版的"文理"版《圣经》中的译名,也被采纳。傅兰雅展示了在过去几年里所积累的各种科技术语表,并表示希望尽快出版,会议则建议他向北京和江户地区的大学寻求译名表,以完善资料,筹备出版《译名指南》。除此而外,林乐知提交了一份日本历史上的人名、地名及其相对应的中文对照表;傅兰雅还提交了由驻德公使李凤苞编译的常用地理名词表,这是在金楷理(Kreyer)和林乐知二人帮助下完成的,含有25000多个地理名词,最终也被益智书会接受,编入《译名指南》。①

此后,益智书会的译名工作一直没有消息,也没有提出任何新的术语表,更谈不上"统一"二字了。1887年3月,为了扭转这一局面,益智书会决定"没有中英文术语表的图书,一概不予出版"。②但这一措施仍然没有改变在译名上的颓势,直到1890年,仅出版了傅兰雅所编的四份《译名指南》小册子,分别是关于矿物、化学、医药学和蒸汽机方面的。③ 其他方面,均一事无成,有些作者在书后附有译名表,有些作者坚持用他自己的译名,另外一些人只允许委员会有部分的修正权,④ 因而,这种混乱的局面没有任何好转。即便是傅兰雅的四本小册子,名义上是由益智书会出版,但这些术语基本上是在江南制造局期间收集所得,而且是傅兰雅自费在他的格致书室出版刊行,益智书会予以追认的,实际上只不过是挂名而已。

因此,益智书会虽然在译名统一上开了个好头,但取得的进展不大。个中缘由,除了译名本身的困难之外,传教士之间合作的态度也颇为关键。1890年大会上,"学校与教科书委员会"的报告对此问题一再表示歉意,傅兰雅也呼吁设立专门的委员会处理此问题,但伴随着"中国教育会"的成立,益智书会的使命由它继承,传教士们的任务也在此延续。

---

① "Minutes of the School and Text Book Series Committee", *The Chinese Recorder*, Vol. XI, March–April, 1880.

② "School and Text Book Series Committee", *The Chinese Recorder*, Vol. XVIII, April, 1887.

③ *Records of the General Conference of the Protestant Missionaries of China*, held at Shanghai, May 7–20, 1890, Shanghai: American Presbyterian Mission Press, 1890, p. 717.

④ Ibid., p. 714.

从马礼逊教育会到益智书会，传教士以群体的形式服务于中国教育事业持续了半个世纪。在这半个世纪当中，恰逢中国社会和在华传教事业的双重变革，在风风雨雨中传教士积累的创办和经营社团的丰富经验，对于后来者是宝贵的财富。但马礼逊教育会毕竟不是中国教育会的前身，二者没有直接的联系，充其量是在社团的组织与运作方式上具有影响。益智书会也算不上是严格意义上的社团，它是1877年传教士大会的一个常设委员会，并没有自己的组织形态和行动纲领。因此，后来的中国教育会必将在社团组织形式与活动内容上进行较大的调整和规范。

第二章

中华基督教教育会的早期
形态——中国教育会

益智书会名义上是一个教育性的团体，但真正从事教育的工作不多，除了出版教科书之外，它实际上并未涉足其他领域，译名统一也只不过是它的衍生物和副产品。这一状况使它在面对日益发展的基督教教育事业时，基本上无能为力，因此，传教士们渴望有一个纯粹教育性的组织出现。从制度上来说，中国教育会是新成立的组织，也是中华基督教教育会的真正前身，只不过它与益智书会在"人"与"事"上具有渊源。与益智书会一样，中国教育会的成立也有着教育事业发展与理念更新双重背景，另外益智书会本身存在的问题，也直接促成了这一结果。

第一节 中国教育会的成立及其职能划分

一 中国教育会成立的历史背景

1877年大会之后，伴随着在华传教事业的日渐深入，教育事业又出现了新的进展。与1877年之前相比，此时的增长速度无疑更为迅猛，这从《教务杂志》上公布的统计数据可以清楚地看到：1881年，当时共有来华差会32个，传教士及其妻子853人，传教站165个，信徒18516人，学校261所，学生6485名。[①] 1886年，共有差会38个，传教士及其妻子919人，信徒28000人，学生10579名。[②]

---

① "Missionary News", *The Chinese Recorder*, Vol. XII, May-June, 1881.
② "Editorial Notes and Missionary News", *The Chinese Recorder*, Vol. XVIII, March-April, 1887.

而到了1890年，当时统计的差会41个，传教士及其妻子1296人，建立有组织的教会522个，信徒37287人，学生16836名，其中尤以美国北监理会、北长老会、伦敦会、安立甘会、美国圣公会、美部会为多，学生都过千人。① 单从数字来看，在这13年当中，学生数约增长了3倍。而从办学层次上来看，1877年之前，教会学校基本上是以小学为主，中学刚刚起步，更谈不上大学，尽管狄考文早在1864年就创办了登州文会馆，但它仍属于中学的范畴。而在1877年后，中学的数量逐渐增多，甚至出现了最早的一批大学，如1882年，登州文会馆改为学院；1879年，圣公会将上海的英文专修学校扩大为圣约翰书院；1882年，林乐知在上海创办中西书院；1885年，美以美会扩建怀理书院，至1888年，改为汇文书院；1889年，美国公理会在通州创建潞河书院等，基本上后来13所教会大学的起源都要追溯到这一时期。

与之同时，洋务运动的影响也日渐深入，为满足兴办一批军用和民用企业的人才需要，清政府相继兴办了一批以翻译、科技和军事为主的新式学堂，至1890年前后，大约有12所。这些新式学堂大多聘请洋教习，教授西学课程，在满足社会需要的同时，也逐渐改变了人们对西学的看法，更有甚者，一些文人士大夫提出"变通科举，增设艺学科"的建议，② 实际上是要求官方对西学的地位予以肯定。尽管变通科举未能如愿，但在"中学为体，西学为用"的局面下，新式学堂的进展已足以与教会学校分庭抗礼，令教会学校在赢得发展空间的同时，也在为如何提高办学质量、应对新式学堂的挑战做准备。

中国社会的变化和教会学校的发展，传教士有目共睹，他们意识到继续固守宗教的防线已不能满足世俗的意愿，"为传教而教育"的理念虽然一直存在，但"为教育而教育"的新理念也开始抬头。这一趋势仍可从《教务杂志》当中对教育问题的关注中看到：与1877年

---

① *Records of the General Conference of the Protestant Missionaries of China*, held at Shanghai, May 7-20, 1890, Shanghai: American Presbyterian Mission Press, 1890, p. 732.
② 潘衍桐：《奏请开艺学科折》，载高时良《中国近代教育史资料汇编——洋务运动时期的教育》，上海教育出版社1992年版，第635—639页。

之前仅有3篇文章相比,1877—1889年,在这13年时间则出现了32篇教育类的文章,而且讨论的范围广泛,除了教会教育、英语教学之外,更多地涉及了对中国教育的看法。① 这一资料清楚地表明,在传教士的眼中,教育工作已越来越重要,已不再处于被忽视的境地,但重要到什么程度,还要到具体的思想中去分析。

1877年大会后不久,当时正从事教育工作的谢卫楼(D. Z. SheHield)在给公理会的信中谈道:"尽管那些论述教育的文章很好,但我觉得是片面的,因为他们完全没有提出这项分支工作的困难和缺陷。我自己越来越强烈地感觉到,传教士的力量太小,时间太宝贵,以至于对他们来说从事任何形式的不能直接为基督赢得灵魂的教育工作都是不明智的。"② 或许是出于公理会一贯的传教政策的压力,此时的谢卫楼仍对教育工作持保守的态度。但随着他参与教育等世俗活动的日渐增多,这种态度也在慢慢地转变。1882年,谢卫楼的《万国通鉴》完成,该书是用浅文理写成,分为六卷,内容涵盖中国、蒙古、日本、印度以及西方各国的历史,其中包括基督教的起源与基本信条,并特别强调基督教文明与异教文明的对比,可见该书是富有宗教色彩的历史书。时人赵如光在给此书作序时也认为:"西士东来宣传真道,每于圣书而外,多所著作,非徒炫奇,实为传道之一助耳。"③ 即便如此,公理会还是认为谢卫楼参与了世俗的文字工作,而拒绝对此书的出版予以资助。谢卫楼对此事颇为不满,他写信给公理会时反驳说:"我并非主张基督教教育而忽视直接传道的狂热分子,但凭我目前的观察和经验得出这样的结论:我们最可信赖、最有能力的本地助手须由基督教学校培养,在那里从孩童时他们就受到基督教影响。"④ 此书最终是通过个人借贷的方式于1883年在上海美华书

---

① "List of Educational Articles from the Recorder", *The Chinese Recorder*, Vol. XXVI, May, 1895.
② Roberto Paterno, "Devello Z. Sheffield and the Founding of the North China College", in Kwang-Ching Liu, *American Missionaries in China*, papers from Harvard Seminars, Harvard University Press, 1970, p. 50.
③ 赵如光:《万国通鉴·序》,福州美华书局1892年活版。
④ Roberto Paterno, "Devello Z. Sheffield and the Founding of the North China College", in Kwang-Ching Liu, *American Missionaries in China*, papers from Harvard Seminars, Harvard University Press, 1970, pp. 53-54.

局出版,并被纳入益智书会的教科书行列。这一事件表明,谢卫楼的思想已从狭隘转变为对教育工作的宽容,尽管他仍是出于传教的目的。

事情的根本转变发生在1890年,此时谢卫楼已经创办了通州潞河书院,他的传教教育思想日渐成熟,并且需要一种成熟的思想去规划潞河书院未来的发展方向。1890年2月,他在北京传教协会上发表演讲,题目是"基督教教育与其他教务分支工作的关系"。在这次演讲当中他首次系统地阐述了他对基督教教育的看法,他说:"基督教,它所有的活动形式,其最终目标是在人们心中建立上帝之国,基督教教育以它自己的方式去帮助实现这一目标,它是用各种有价值的知识去丰富人们去理解(上帝),扩展人的思想和心灵,指导和规范人的意志。基督教福音和基督教教育的最终目标实质上是一样的,那就是发展真实的人性,因此,教育和宣教,如果受到同一种精神的鼓舞,其结果是一致的,就好比是牧师的左右手。"① 这一思想实质上是将教育与传教摆在相同的位置上,与他以前的保守形成鲜明的对比。他认为基督教教育的最终目标是建立心中的上帝之国,这一点不容置疑,但目前所要讨论的是"时间"和"方法"。他说此次演讲的目的不是颠覆前人,而是强调教育在传教事业中的重要性。1890年传教士大会上,谢卫楼向大会提交了《基督教教育与目前中国的状况及其需要的关系》的报告,文中再次表达了类似的看法:"人们有时很不明智地把教育与传教这两项活动对立起来,如同我们把同一个人的两只手臂对立起来。一切布道工作本质上都是教育的,而基督教教育的最终目标是传播福音。如果基督徒要把教会植根于广阔而稳固的基础上,如果教会要训练一批男女成为人民的智力和精神领袖,那么基督徒必须既能布道又能施教。如果教会要强大起来去战胜根深蒂固的异端邪恶,并成为中国一支有活力、有干劲的精神力量,那么整个教会就必须接受教育。"他提醒大家注意:"虽然我们使基督教迅速传

---

① D. Z. Sheffield, "The Relation of Christian Education to other Branches of Mission Work", *The Chinese Recorder*, Vol. XXI, June, 1890.

播的热情很高，但我们有忽视教育在这项伟大工作中的作用的危险；虽然我们强调上帝通过他的精神必将完成这一工作，但在逐渐展示真理和树立基督教特性的过程中，必须通过教育这个神圣手段来实现，我们也有忽视这一点的危险。"①

谢卫楼的这两篇文章，一篇是从传教的角度，一篇是从中国社会需要的角度，共同讨论了基督教教育的重要性这一主题，这也彻底地表明谢卫楼的思想已经从当初的保守，转变为基督教教育的拥护者。谢卫楼的心路历程仅是一个个案，与他相类似的基督教教育家还有很多。1890年2月，来自厦门的传教士皮齐尔（P. W. Pitcher）在《教务杂志》上撰文《基督教教育——一个福音的要素》，他说："布道是宣布福音的最重要手段，但不是唯一的，教育与医疗好比宣教的左膀右臂，教育必将在中国福音化的过程中扮演重要的角色，因为这是一项针对年轻人的工作，使他们有机会接受前所未闻的基督真理。"他认为现在这项工作应超出教会的范围，扩展至整个异教徒。"我开始工作的时候，以为我们的工作主要是教育信徒家庭，使他们成为有文化的教会人士，然后从他们中间选择本地牧师，但我现在越来越觉得我们的工作不应局限于此，而应进入更广阔的领域。"②

1890年传教士大会上，讨论教育问题的文章共有五篇。狄考文坚持了自己的一贯看法，他在大会上结合自己在登州的办学经验，做了《怎样使教育工作更有效地促进中国基督教事业》的发言："毫无疑问，传教士是为了基督教的利益而兴办教育，虽然教育本身有很大好处，但这并不足以促使教会动用金钱，以及男女信徒去奉献自己的力量。也可以这样断言，基督教传教士必须重视教育工作，无论基督教传播到哪里，它就在哪里激起人们的求知欲，并为满足这求知欲铺平道路，它也就与教育结下了不解之缘。教会到了哪里，哪里就有大

---

① D. Z. Sheffield, "The Relation of Christian Education to the Present Condition and Needs of China", *in Records of the General Conference of the Protestant Missionaries of China*, held at Shanghai, May 7-20, 1890, Shanghai: American Presbyterian Mission Press, 1890, p. 475.

② P. W. Pitcher, "Christian Education a Factor in Evangelization", *The Chinese Recorder*, Vol. XXI, No. 2, 1890.

中小学。无论传教士多么想只从事布道,不过问教育工作,他们总是发现这是不可能的。教育是传教事业的重要支柱,不能漠然视之。"而且他对如何发展基督教教育提出了自己的看法:"一是实施全面的教育,对中国语言文学、数学、现代科学以及基督教真理都要有所了解;二是应用中国语言施教,而不完全是英文;三是在强大的宗教影响下施教。"① 福州的传教士李承恩(N. J. Plumb)结合教会学校的历史认为:"办学与布道哪一种更为可取,我们是不应该有疑问的,两者都应是必不可少、密不可分的。基督教的教诲是最好的说教,学校是最好的教堂。我相信没有学校的话,我们是永远不能取得彻底成功的。"他甚至批评那些对教育工作非议的传教士是"急功近利"。②

在报告之后的小组讨论中,共有18人对此进行了评价和响应,比较著名的有卜舫济、巴修理(W. T. A. Barber)、倪维思(J. L. Nevius)等人。与1877年的情况相比,他们一致地对教育在传教中的地位予以肯定,甚至主张教育与布道平起平坐,而主要的分歧在于教育是否应走向世俗化,特别是英语教学问题。③

以此来看,到了1890年前后,传教士特别是传教士教育家作为一个群体在对教育的态度上发生了转变,由漠视变为重视,甚至要求走向世俗化,这就从思想上消除了他们共同谋求教育事业发展的壁垒。

事实上,面对蓬勃发展的基督教教育,出现了一系列的共性问题,比如教师、课程、教科书等,单一的差会和传教士个人是难以应对这种局面的,他们强烈呼唤有一专门的组织,以群体的力量去协调解决。而原有的益智书会除了出版教科书之外,基本上没有涉及其他

---

① C. W. Mateer, "How may Educational Work be made Most to Advance the Cause of Christianity in China", *in Records of the General Conference of the Protestant Missionaries of China*, held at Shanghai, May 7-20, 1890, Shanghai: American Presbyterian Mission Press, 1890, pp. 456-467.

② N. J. Plumb, "History and Present Condition of Mission Schools and What Further Plans are Desirable", *in Records of the General Conference of the Protestant Missionaries of China*, held at Shanghai, May 7-20, 1890, Shanghai: American Presbyterian Mission Press, 1890, pp. 447-451.

③ *Records of the General Conference of the Protestant Missionaries of China*, held at Shanghai, May 7-20, 1890, Shanghai: American Presbyterian Mission Press, 1890, pp. 496-509.

的教育问题,而且内部矛盾重重,主要成员之间韦廉臣与傅兰雅、狄考文关于科学与世俗教科书之争,傅兰雅与狄考文关于科技译名之争,都给这个团体在处理问题时添设了不少人为的困难,韦廉臣甚至自立门户,创办同文书会(即后来的广学会),专门出版宗教类书籍,以示对益智书会的不满。① 矛盾重重、人心涣散使得客观上必须改组益智书会,使之成为一个更为团结、更有效率、更具教育性的组织。

二 中国教育会的成立及职能划分

早在1890年传教士大会之前,武昌的英国传教士巴修理即在《教务杂志》上撰文指出:"随着中国对西学的渴求,很多传教士团体兴办学校去满足这种需要,但目前在工作和方法上是互相隔绝的时期,没有什么规范的线路描绘出来,教科书仍是不断地用各种不同的术语和文体出版,经常是浪费人力、混淆结果的原地踏步,我们需要统一的规划去摆脱这种混乱的局面。"他认为:"益智书会在这方面已经取得了可喜的成绩,本次传教士大会应在它的基础上进一步深化思想,做出富有远见的规划,使得未来的中国教育凝聚并成型。"② 这实际上是暗指益智书会在协调教育方面发挥的作用不大,必须进行改组。

1890年5月,传教士大会召开,主席慕维廉做了关于益智书会的报告,他说:"此刻,委员会感到必须将它所从事的一切工作,包括所有的财产移交给正在召开的传教士大会,并要求大会采取措施继续

---

① 关于韦廉臣创办同文书会的原因,江文汉在《广学会是怎样的一个机构》一文中说:"后来,韦廉臣认为'学校教科书委员会'的工作范围太狭隘,乃于1887年11月1日在上海创办'同文书会'。"(江文汉:《广学会是怎样的一个机构》,《出版史料》1988年第2期,第32页。)另外,郭爱理在《中国与教育自主》一书中也认为:"益智书会的工作总体上来说是令人失望的,它没有按照原先希望的那样出版一批适合在教会学校使用的教科书,于是,韦廉臣另创同文书会,实际上,同文书会是益智书会的继承者,而不是后来的中国教育会。"(Alice H. Gregg, *China and Educational Autonomy*, pp. 19-20。)以此来看,韦廉臣创办同文书会和他在益智书会的经历有直接关系。

② W. A. T. Barber, "A Public Examination for Western Schools in China", *The Chinese Recorder*, Vol. XXI, No. 3, 1890.

这一工作。我们无须强调这一工作的高度重要性，只是迫切希望它能比过去更有效率。"他希望大会能够任命一个新的委员会，并按照"最有利于达到最终目标的方式进行运作"①。总编辑傅兰雅也表达了类似的看法，他表示："希望看到一个新的委员会，由实际从事教育工作的教育家组成，他们会凭经验知道哪些是中国学校所必需的，哪些是教会学校所必需的。"② 而且，为了避免益智书会出现前述的混乱局面，他还建议新的委员会要制定详细的章程、细则，在制度上对新的委员会进行规范；还提出要建立起自己的仓库、聘请总编辑等具体问题。③

他们的建议获得与会代表的普遍认可，于是大会任命一个专门委员会去考虑具体的细节。这个专门的委员会由傅兰雅、巴修理、李安德（Leander W. Pilchen）、卜舫济、狄考文、福开森（J. C. Ferguson）等12名主要从事教育工作的传教士组成。5月20日，狄考文代表专门委员会向大会提交了最终决议："鉴于目前一个旨在促进中国教育的教育会即将成立，它已包括学校教科书与科技术语等工作，因此，学校教科书委员会的图书、地图、印版以及其财产应全部移交给中国教育会。"④ 此议获得通过。5月21日，大会结束的第二天，中国教育会会员大会便在美华书馆的礼拜堂召开，他们制定了中国教育会的章程、细则；下设执行与出版两个委员会；并任命了相关组成人员。⑤ 于是，中国教育会正式宣告成立。

根据章程，"本会定名为中国教育会"，⑥ 实际上这一名称的更替主要是英文名，中文名仍旧沿用原有的"益智书会"，这可能是某些

---

① *Records of the General Conference of the Protestant Missionaries of China*, held at Shanghai, May 7-20, 1890, Shanghai: American Presbyterian Mission Press, 1890, p. 518.

② Ibid., p. 716.

③ Ibid., p. 551.

④ Ibid., p. xlviii.

⑤ "First Triennial Report of the Educational Association of China", *The Chinese Recorder*, Vol. XXIV, No. 6, 1893.

⑥ J. Fryer, "The Educational Association of China", *The Chinese Recorder*, Vol. XXIII, No. 1, 1892.

学者认为中国教育会不是新"成立"的组织,而是"改组"的重要原因。1902年,中国教育会决定停止使用中文名"益智书会"而用"中国学塾会"代替①;1905年,正式改为与英文名相一致的"中国教育会"②。这是首次实现中英文名称的统一,这一名称一直使用到1916年改为"中国基督教教育会"(China Christian Educational Association)。③

　　章程规定:"本会以提高对中国教育之兴趣、促进教学人员之友好合作为宗旨。"④ 这实际上表明了新成立的中国教育会与益智书会有所不同,它要在教育方面更有所作为。按照后任总干事福开森的说法,教育会的工作主要有三点:"一是编辑适用的教科书,以应教会学校的需求;二是谋教授上的互助;三是探求和解决中国的一般教育问题。"⑤ 事实上,从一开始中国教育会就是这么筹划的,1892年1月,中国教育会委员会在《教务杂志》上公布了教育会的初步活动计划,这份计划就是按照以上三个方面进行设计的:首先是与教科书相关的工作,包括如何完成"学校教科书委员会"的移交,如何制定人名、地名和技术术语表,如何进行正在编写的图书以及继续出版新书等;其次是关于教育信息交流方面的,主张开办一份教育类杂志,但鉴于在目前情况下开办比较困难,准备先在《教务杂志》上开辟教育专栏,教育会也指定专人组织编辑委员会负责此事;最后是关于考试制度方面的,主张引入英国的公共考试计划,来实现对学校教育工作的统一规划,教育会也指定专人来负责实施。⑥ 后来,教育会也陆续设置了一些新的委员会,但主旨都是与以上的三项规划相关。综计历届年会所设各职能委员会情况如表2—1所示。

---

　　① *Records of the Fourth Triennial Meeting of the Educational Association of China* 1902, p. 33.
　　② *Records of the Fifth Triennial Meeting of the Educational Association of China* 1905, p. 4.
　　③ "Editorial Notes", *The Educational Review*, Vol. VIII, No. 1, January, 1916.
　　④ "The Educational Association of China", *The Chinese Recorder*, Vol. XXIII, No. 1, 1892.
　　⑤ John C. Fergusen, "The Work of our Association", *in Records of the Triennial Meeting of the Educational Association of China 1893*, p. 18.
　　⑥ "The Educational Association of China", *The Chinese Recorder*, Vol. XXIII, No. 1, 1892.

表 2—1　　　　　中国教育会附设各职能委员会

年度	1891	1893	1896	1899	1902	1905	1909
委员会名称	出版	出版	出版	出版	出版	出版	出版
	人地名	人地名	人地名	人地名	人地名	术语	术语
			科技术语	科技术语	科技术语		
	公共考试	公共考试	公共考试	课程考试	课程	课程	课程
			教育改革	官话罗马字	官话罗马字	官话罗马字	官话罗马字
					罗马字总委	罗马字总委	罗马字总委
					圣经教育	圣经教育	圣经教育
					幼儿园	幼儿园	幼儿园
					向政府请愿	联合教育建设	联合教育建设

资料来源：*The Chinese Recorder*, Vol. XXIII, No. 1, 1892; *Records of the Triennial Meeting of the Educational Association of China 1893*, p. 5; *Records of the Second Triennial Meeting of the Educational Association of China 1896*, p. 19; *Records of the Third Triennial Meeting of the Educational Association of China 1899*, p. 7; *Records of the Fourth Triennial Meeting of the Educational Association of China 1902*, p. 8; *Records of the Fifth Triennial Meeting of the Educational Association of China 1905*, p. 94; *Records of the Sixth Triennial Meeting of the Educational Association of China 1909*, p. 4. 表格中"委员会"三字省略。1905 年的术语委员会，表示由人地名和科技术语两者合并。

从各职能委员会的设置情况来看，出版委员会、人地名委员会和科技术语委员会，自始至终都存在，可见在整个中国教育会时期，编辑出版教科书事业仍然是重中之重。但中国教育会的工作也决不局限于此，而是涉及了考试、课程、文字、圣经、幼儿园、政府等直接或间接与教育相关的领域，特别是 1902 年之后，这一倾向更为明显，出版工作的萧条与教育事业的兴起也大致以 1902 年为分水岭。

按照章程，中国教育会的组成人员为："会长 1 人，副会长 1 人，总编辑1人，干事1人，司库1人，以及由3人组成的执行委员会和由5人组成的出版委员会。上述人员每三年改选一次。"① 此后，历届三年大会对此做了不少的修改，1893年大会上，修改为"……副会长2人……由3人组成执行委员会，总编辑为当然委员，由7人组成出版委员会"；② 1899年，又改为"……由5人组成执行委员会……由3人组成出版委员会"③；1909年，又再次改为"……总干事2人，其中一人须为中国人……由6人组成执行委员会，其中至少2名是中国人……""除了选出的委员之外，会长、总编辑、总干事、司库、出版委员会主席应是执行委员会的当然委员"④。

  组成人员的一再变化，背后所反映的是教育会工作职能的转变。在中国社会剧烈动荡的清朝末年，增加组成人数，表明了教育会的工作职能比以前繁杂。另外，也恰好证明在民族意识逐渐抬头的年代，外来传教士更替频繁；而增加华人的参与，则又反映了中国教育会自觉的本土意识。

  细则对中国教育会各成员的工作职责做了明确的说明：会长负责主持本会所有会议；副会长在会长缺席时，负责履行会长之职；总编辑负责编辑出版经出版委员会批准的著作，并为执行委员会的当然主席；总干事负责本会会务的记录和一切联系工作；司库负责本会一切收入保管，依执行委员会之命酌支费用，并向年会呈交已审核、签字的账目记录；执行委员会负责筹募资金，签订出版合同，并商承出版委员会，主持购销书籍、派员查账、总管财政等工作，并向年会提交工作往来和出版物数量的详细报告；出版委员会负责所需书籍的筹划，核定书籍的出版、购置和修订，并核定结果报告总编辑。⑤ 中国教育会历届组成人员情况如表2—2所示。

---

  ① "The Educational Association of China", *The Chinese Recorder*, Vol. XXIII, No. 1, 1892.
  ② *Records of the Triennial Meeting of the Educational Association of China 1893*, p. viii.
  ③ *Records of the Third Triennial Meeting of the Educational Association of China 1899*, p. vii.
  ④ *Records of the Sixth Triennial Meeting of the Educational Association of China 1909*, p. 7.
  ⑤ *Records of the Triennial Meeting of the Educational Association of China 1893*, p. viii.

表 2—2　　　　　　　　中国教育会历届组成人员情况

年度	会长	副会长	总编辑	总干事	司库	执行委员会 主席	执行委员会 干事	出版委员会（主席）
1890—1893	狄考文	花之安	傅兰雅	巴修理	冯昌黎	傅兰雅	狄考文	穆尔
1893—1896	潘慎文	狄考文 花之安	傅兰雅	福开森	冯昌黎	傅兰雅	李安德	薛思培
1896—1899	谢卫楼	林乐知 李佳白	潘慎文	赫士	卜舫济	傅兰雅 潘慎文	狄考文	薛思培
1899—1902	李提摩太	福开森 赫士	潘慎文	薛思培	比顿	潘慎文	谢卫楼	薛思培
1902—1905	赫士	威士勒 师图尔	潘慎文	薛来思	比顿	潘慎文	卜舫济	薛思培
1905—1909	师图尔	薛思培 柏尔根 卜舫济	潘慎文	顾斐德 薛思培	贝文 顾斐德 沃克	潘慎文	卜舫济	沃克 开普
1909—1912	卜舫济	刘海澜 李提摩太	窦乐安	薛思培 谢洪赉	顾斐德	窦乐安	卜舫济	开普

资料来源：*The Chinese Recorder*, Vol. XXIII, No. 1, 1892; *Records of the Triennial Meeting of the Educational Association of China 1893*, p. vii; *Records of the Second Triennial Meeting of the Educational Association of China 1896*, p. 2; *Records of the Third Triennial Meeting of the Educational Association of China 1899*, p. vi; *Records of the Fourth Triennial Meeting of the Educational Association of China 1902*, p. 7; *Records of the Fifth Triennial Meeting of the Educational Association of China 1905*, p. 8; *Records of the Sixth Triennial Meeting of the Educational Association of China 1909*, p. vii.

从以上的细则和表 2—2 中可以清楚地看到，中国教育会的组成人员，全部是正在从事或曾经从事过教育工作的教育家，他们主要的工作还是围绕着编辑出版教科书进行的。特别是出版委员会、总编辑、执行委员会这三项紧密相连，总编辑是出版委员会的当然委员，同时也是执行委员会的主席，这就保证了教科书出版工作的顺畅，从制度上避免了以前益智书会总编辑与其他成员因为决策矛盾而执行难的问题。

为扩大中国教育会在中国教育界的影响力，中国教育会还实行会员制，积极吸纳各地教育人士入会。教育会成立伊始，总干事巴修理便发表了一份倡议书，阐述了教育会的宗旨和原则，号召以不同形式致力于教育工作的人们加入教育会。① 章程规定："凡实际上参与教育活动，或正在编写出版教科书的所有基督教会成员，均可申请入会。"② 日后，教育会的会员标准也逐渐宽松，1893 年，章程修改为"凡正在或曾经参与教育活动，或正在编写出版教科书的所有基督教会成员，均可申请入会"③。1905 年，再次修改为"凡正在或曾经参与教学活动，或正在编写出版教科书的所有基督教会成员，均可申请为本会正式会员；其他从事类似活动的非信徒可申请为准会员。只有正式会员才有选举和被选举权"④。

历次年会修改章程，目的无非在扩大会员数量，但会员始终局限于基督教界内部，这一瓶颈始终未能突破，使得外界的非信徒参与程度不高。教育会对如何申请成为会员的程序也有明确的规定："会员交纳会费 2 元，年费 1 元。""凡申请者向司库交纳 3 元，并向执行委员会的干事提交申请，经审议后可成为会员。""凡一次性交纳 20 元会费者，便可成为终身会员。"⑤ 1909 年，修改后的细则又将会员范围扩大至国外，"凡是在中国一次性交纳 100 墨西哥元，在英国 10 英镑，在美国、加拿大 50 美元，便可成为本会荣誉终身会员"。"凡是在中国每年交纳 10 墨西哥元，在英国 1 英镑，在美国、加拿大 5 美元，可成为维持会员。""凡在英国交纳 4 先令，德国 4 马克，美国、加拿大 1 美元者，可成为联系会员。"⑥ 中国教育会历届会员、会费的情况如表 2—3 所示。

---

① "The Educational Association of China", *The Chinese Recorder*, Vol. XXIII, No. 1, 1892.
② Ibid. .
③ *Records of the Triennial Meeting of the Educational Association of China 1893*, p. viii.
④ *Records of the Fifth Triennial Meeting of the Educational Association of China 1905*, p. 4.
⑤ *Monthly Bulletin of the Educational Association of China*, No. 1, May, 1907.
⑥ *Records of the Sixth Triennial Meeting of the Educational Association of China 1909*, p. 8.

表 2—3　　　　　　　中国教育会历届会员、会费状况

年度	会员数	参加年会代表数	会费（元）
1890	35		
1893	73	40	184.09
1896	138	70	434.80
1899	189	95	404.00
1902	249	129	401.00
1905	383	174	425.75
1909	490	162	2842.17

资料来源：*The Educational Review*, Vol. II, No. 7, July, 1909.

从表 2—3 来看，有两点值得注意：一是随着中国教育会的不断发展，会员数呈现递增的趋势，但会费至 1905 年之前，并未有明显的增长，可能是部分会员未如期交纳年费。而 1905 年之后出现明显的增加，这是因为采取了新的举措。据 1909 年司库报告所说"会员散处各地，年费一元，不太好收，于是建议会员或一次交纳数年年费，或一次交纳 20 元成为终身会员"[①]。1905 年终身会员是 18 人[②]，而 1909 年是 86 人[③]，仅此一项就增收 1360 元。二是历届参加年会的会员只有总会员的一半左右，1909 年更是只有 1/3。这主要是因为会员分散各地，交通不便，以 1910 年统计的材料为例，各地区会员分布情况如表 2—4 所示。

表 2—4　　　　　　　1910 年中国教育会会员地区分布

地区	上海	江苏	福建	浙江	广东	湖北	直隶	山东	湖南	四川	盛京	安徽	其他	海外	合计
会员数（人）	104	69	67	45	44	37	32	30	29	25	11	10	38	15	556

资料来源：*The Educational Review*, Vol. III, No. 4, April, 1910.

---

① Records of the Sixth Triennial Meeting of the Educational Association of China 1909, p. 24.
② Records of the Fifth Triennial Meeting of the Educational Association of China 1905, pp. 9–17.
③ Records of the Sixth Triennial Meeting of the Educational Association of China 1909, pp. 9–17.

在这种情况下，参加年会的主要就是上海及其周边地区会员。

由于会员分布比较分散，难以集中到一起，日常的活动方式主要是通过总干事以书信的形式与会员进行联系，因此，会员实际上参与教育会的活动并不多，唯一的途径就是参加每三年一次的会员大会，提交论文，汇报自己的从教经验，就共同关心的教育问题进行讨论，并将教育会的精神通过会员传播到各地。为进一步扩大中国教育会的影响，1909年章程规定："凡是章程为执行委员会所认可的各地方教育会可接纳为本会分会，具体的合作细节由执行委员会制定。"① 这一措施，实际上弥补了原有会员制的不足之处，既壮大了教育会本身的组织规模，也使得会员可以就近入会，增加了会员参与教育会的机会。此后的会员都是以地方教育分会会员的形式出现，数量也大幅提升，这是民国以后的事了。

第二节　中国教育会的主要活动

一　教科书出版

中国教育会成立之后，继续聘请傅兰雅担任总编辑，因此中国教育会时期的编辑思想仍然继承益智书会前期，以编译出版科学类教科书为主，宗教类为辅；教育会直接编译出版为主，审定他人教科书为辅。

1890年传教士大会之后，中国教育会主要工作人员分散各地，工作难以迅速开展，平时只能依靠书信来安排事务。1891年11月，中国教育会下设的出版委员会在美华书馆开会才正式布置了新的出版工作计划，主要有三项内容：一是清理库存，完成"学校教科书委员会"的书籍和财产移交，这两项都由傅兰雅负责进行；二是成立新的人名地名与科技术语两个委员会，分开进行术语统一工作；三是布置新书出版任务。②

---

① *Records of the Sixth Triennial Meeting of the Educational Association of China 1909*, p. 7.
② "The Educational Association of China", *The Chinese Recorder*, Vol. XXIII, No. 1, 1892.

从 1890—1893 年，中国教育会共计出版新书 12 种，其中 6 种为傅兰雅所编辑的自然科学类小册子，如动力、水力、机械、光、热、电等。① 这一状况引起了中国教育会人员的警觉，福开森认为："教科书的范围应该扩大，应当包括医学校和神学校使用的书。这两类学校发展的数目正在不断增加，它们需要得到我们曾给予大学和技术学校同样的大力支持。"② 这一认识实际上是对益智书会的出版书籍集中于自然科学和高级学校表示担忧。因而，在 1893 年举行的中国教育会首届三年大会上，与会代表就对教育会需要什么样的书籍进行了讨论，傅兰雅、福开森、薛思培（J. A. Silsby）、史密斯（Smith）、休斯顿（T. W. Houston）等人均主张教育会需要更多的初级教科书，而且这些教科书要用官话编写，以适合中小学使用。③ 由于总编辑的一贯主张，神学校教科书问题并未涉及。

会后，出版委员会主席李安德向在华教育传教士发出了 600 封征求意见函，让广大传教士自己推荐书目。经李安德对回函进行整理，发现传教士们共推荐了 70 种书籍，其中有 28 种中国教育会正在编写的，另有 9 种是已在出版或正在审定。为此，他号召从事教育工作的传教士共同努力，达成所愿。④ 不久，李安德因病在北京去世，或许是出于他的精神感召，中国教育会在此后的两年中工作进展明显，至 1896 年中国教育会第二届三年大会时，共出版新书 18 种，发行 22800 册⑤，这也成为中国教育会历史上出版新书最多的一段时期。但编辑初级教科书的计划却最终流产，所出之书仍多为中级和高级学校所用，赫士（W. M. Hayes）认为这主要有两个方面的原因："其一，这些教科书主要是高级学校的老师所著，自然会首先满足自身的

---

① "Educational Association of China", *The Chinese Recorder*, Vol. XXIV, No. 6, 1893.
② John C. Ferguson, "The Work of Our Association", *Records of the Triennial Meeting of the Educational Association of China 1893*, p. 19.
③ "Books Needed", *Records of the Triennial Meeting of the Educational Association of China 1893*, pp. 27–28.
④ "Educational Department", *The Chinese Recorder*, Vol. XXV, No. 6, 1894.
⑤ *Records of the Second Triennial Meeting of the Educational Association of China 1896*, pp. 31–32.

需要;其二,其他非从事教育工作的人员所编写的教科书多关注基督教或知识界的需要,而对 15—20 岁之间的中国男女青年就忽视了。"①

1896 年,倔强而又能干的傅兰雅离开中国,辞去中国教育会的一切职务,他与教育会的关系,仅为终身会员和美方的联系人。缺少了傅兰雅的中国教育会在出版方面大伤元气,新任的总编辑无论是在个人精力上,还是在从事出版工作的经验上,均无法与傅兰雅相比,特别是与江南制造局的微妙关系上,傅兰雅曾利用江南制造局便利的条件为教育会服务,他离任之后,这一优势就此中断。受此影响,之后的中国教育会在出版方面进展极为缓慢,举步维艰。1896—1899 年,教育会仅出版新书 2 种,而且全是总编辑潘慎文(A. P. Parker)夫妇所编。② 出版委员会主席狄考文则不愿承认这一事实,他认为造成这一局面的原因有两点:一是出版委员会人员太多、太分散,不方便时常召开会议,讨论教科书事宜;二是因为教育会的版权收益过低,一些作者不愿将书交给中国教育会出版。为此,他建议将出版委员会由 7 人减少为 3 人,并提高原作者的版权收益比例。③ 但这些新措施并未使得教育会的出版情况有所好转,从 1899 年 5 月至 1901 年 12 月,教育会出版新书 2 种④;1902 年至 1905 年仅出版 1 种⑤;而 1905 年之后,则未见有新书出版。也就是说,1896 年之后,教育会总共才出版新书 5 种,新书出版工作呈现明显下滑。

为了扭转出版工作的颓势,迎合不断增长的学生需要,教育会从一开始就对一些需求量大的教科书进行再版,中国教育会时期出版新书以及再版旧书数量如表 2—5 所示。

---

① W. M. Hayes, "Books for Elementary Schools", *The Chinese Recorder*, Vol. XXVI, No. 4, 1895.
② *Records of the Third Triennial Meeting of the Educational Association of China 1899*, p. 11.
③ "Report of Committee on Terminology", *The Chinese Recorder*, Vol. XXX, No. 6, 1899.
④ *Records of the Fourth Triennial Meeting of the Educational Association of China 1902*, p. 23.
⑤ *Records of the Fifth Triennial Meeting of the Educational Association of China 1905*, p. 40.

表 2—5　　　　　　中国教育会出版、再版图书数

年度	出版新书数（种）	再版旧书数（种）
1890—1893	12	13
1893—1896	18	18
1896—1899	2	68
1899—1902	2	83
1902—1905	1	不详
1905—1909	0	15

资料来源：王树槐：《基督教教育会及其出版事业》，台湾：《"中央"研究院近代史研究所集刊》1971年第2期，第381页。

从这一对比可以看出，1896年也是再版图书的分水岭，自此之后，再版图书数量大幅度增多，远远超过出版新书的数量，累计再版数超过200种，1902年更是达到顶峰，再版书籍83种，发行56000册。① 再版的增多说明两点：第一，益智书会前期的书籍很多比较优秀，至中国教育会时期仍然具有很高的需求量；第二，新书出版不振，无新书可用，只能使用旧书。

中国教育会时期出版的教科书，数量虽然不多，但覆盖的领域却很广泛，按内容可分为科学、历史、地理、哲学宗教、拼音等几大类，根据1907年教育会出版的图书目录便可清楚地了解具体情况（见表2—6）。②

---

① *Records of the Fourth Triennial Meeting of the Educational Association of China 1902*, p. 23.
② "Descriptive Catalogue and Price List of the Books, Wall Charts, Maps, &, Published or Adopted by the Educational Association of China", *Monthly Bulletin of the Educational Association of China*, No. 5, 1907, 附录第1—25页。这份目录包括所有1907年之前由益智书会和中国教育会出版的书籍，参考前文益智书会的图书目录，余下便是中国教育会的目录。原目录将数学类与科学类分开。王树槐：《基督教教育会及其出版事业》，台湾：《"中央"研究院近代史研究所集刊》1971年第2期，第383页。

表 2—6　　　　　　中国教育会出版、审定图书类别

科目	出版书籍数（种）	审定书籍数（种）	合计（种）
数学类	5	4	9
科学类	10	13	23
历史类	1	4	5
地理类	4	4	8
哲学宗教类	1	1	2
读本类	3	1	4
拼音类	4	0	4
其他类	6	7	13
合计	34	34	68

与益智书会前期相比，中国教育会出版新书的数量少了 18 种，而代之以再版书籍 200 余种，审定书籍 34 种，中国教育会的出版工作也形成出版新书、审定他人书和再版旧书三分天下的局面。与益智书会前期一样，出版书籍最多的仍然是科学类的，占到约 1/3，如果加上数学类的，基本上有一半。而与之相对应的是哲学宗教类的书籍减少，仅审定出版两本。这显然是与总编辑立足科学书籍的编辑策略有关，虽然有福开森等人倡导增加神学类书籍，但基本上在傅兰雅之后，中国教育会本身新书出版急剧下滑，而再版书籍又多为迎合市场需要的畅销书。1907 年，教育会公布了上一年的畅销书 25 种，其中最为畅销的是罗马文和数学类图书，未见有宗教类书籍。[①]

虽然出版情况严重下滑，但靠着大量再版图书，中国教育会的收益并未受到太大影响，基本上能够实现"自养"，并且还有经济能力去支持中国教育会从事其他活动。中国教育会历年图书销售情况如表 2—7 所示。

---

① *Monthly Bulletin of the Educational Association of China*, No. 4, 1907.

表 2—7　　　　　　　　中国教育会历届收支状况

年度	总收入（元）	销售书籍（元）	印刷支出（元）	库存价值（元）	结余（元）
1890—1893	不详	1572.99	不详	4794.52	738.45
1893—1896	3942.34	2638.80	2109.53	5003.90	1640.25
1896—1899	6697.63	4549.46	6378.37	10854.33	194.48
1899—1902	14420.02	13788.37	9395.32	13336.25	484.23
1902—1905	28047.05	27050.97	18213.94	24944.14	1676.37
1905—1909	28299.70	22176.11	15583.87	25504.37	8362.17

资料来源：*The Educational Review*, Vol. II, No. 10, Oct, 1910.

与益智书会前期一样，中国教育会为了实现"自养"，是不要求其他资助的，它的启动资金是靠益智书会的移交款项、库存书籍销售收入和会员的会费。根据1893年司库的报告，当时移交款项是411.37两（563.52元），这部分资金于1890年10月移交。另外就是会员会费，约200元（实际为184.09元）。① 自此之后，中国教育会的主要收入一直依靠图书销售，这可以从表2—7中清楚地看到，图书的销售收入在总收入当中占有绝对的比例，而主要的支出也是出版书籍的印刷费用，从经费收支上看，中国教育会的主要工作仍然是围绕着教科书的编译出版工作进行的。

但教育会没有新书问世，只靠再版图书支撑的局面，毕竟不能维持多久。1905年之后，销售收入开始减少，教育会的出版工作已经走下坡路。至民国初年，图书的销售急剧下滑，1912—1913年，图书所得不过5532.78元，1914年则仅有2550.22元了。② 或许他们早已意识到会有这样的结局，在1907—1909年，随着终身会员的增多，教育会还在比较富裕的时期，就设立了一项永久基金，在中国香港和

---

① "Educational Association of China", *The Chinese Recorder*, Vol. XXIV, No. 6, 1893.
② 王树槐：《基督教教育会及其出版事业》，台湾：《"中央"研究院近代史研究所集刊》1971年第2期，第383页。

上海的汇丰银行分三次存入6500两①,约8892元,以备教育会将来不时之需,这也是为什么在1909年中国教育会仍有那么多结余的原因。

中国教育会的书籍在上海主要由美华书馆、监理会书局和广学会负责代销,特别是以美华书馆为主,销售的利润是提取实际价格的20%。② 书籍主要存放在美华书馆当中,随着再版书籍的不断增多,销售的任务也越来越重,但销售的状况并不如想象的那么好,库存积压也越来越多,1905年有94种65623册,1909年有105种73746册,这给美华书馆造成了不小的压力。为了促进书籍的销售,1907年教育会决定实行打折促销的方式:凡一次性买20本,按9.5折;100本,按9折;一笔超过50元,也按9折出售。③ 1909年,更是将库存的书籍全部按7.5折出售。④ 这种打折促销的方法效果不佳,教育会书籍仍然难以销售。究其原因,不在于书籍的价格,而在于书籍的内容,就连担任总编辑的狄考文也毫不客气地指出中国教育会的很多书籍已经过时,教育会需要的是能够赢得市场的书。⑤

而能够赢得市场的书是什么?1906年,学部公布了经审查核准的蒙养学堂教科书8种;次年,学部又公布了审查合格的高等小学堂教科书28种;1908年,又公布了审定中等学堂教科书60种。以官方的名义公布审定的教科书,特别是在废科举、兴学堂之后,当然会是人们教科书的首选,其中又以商务印书馆最为突出。商务印书馆从1902—1911年间共计出版图书1006种,而且十分畅销,以1903年出版的国文教科书为例,在不到两周的时间内就销售5000余册。⑥ 学部也多次颁文嘉奖商务印书馆,以表彰其在出版教科书上的贡献。⑦ 在

---

① *Records of the Sixth Triennial Meeting of the Educational Association of China 1909*, pp. 24-26。王树槐先生认为这份永久基金共有7500两,实际上据司库报告显示,1908年6月的1000两因为人员交接而被重复计算。

② "Educational Department", *The Chinese Recorder*, Vol. XXX, No. 6, 1899.

③ *Monthly Bulletin of the Educational Association of China*, No. 5, 1907, 附录篇首。

④ *Records of the Sixth Triennial Meeting of the Educational Association of China 1909*, p. 19.

⑤ Ibid..

⑥ 王树槐:《基督教教育会及其出版事业》,台湾:《"中央"研究院近代史研究所集刊》1971年第2期,第389—390页。

⑦ "Words of Commendation and Approval from the Educational Department of Peking", *Monthly Bulletin of the Educational Association of China*, No. 5, 1907, 附录。

这种情况下，即便肩负起为教会学校提供教科书的中国教育会也禁不住这种诱惑，打破了畛域之别，审定了由商务印书馆出版的适合作为教科书使用的书籍 52 种，而且基本上全是中小学教科书，推荐给教会学校使用，这也正好弥补了教育会在这一方面的缺陷。① 商务印书馆、文明书局等国人自编教科书的兴起，使得西人教科书优势不再，中国教育会的出版工作陷入了深深的困境。

在基督教界内部，此时在出版方面以广学会名声最大，在整个清末共出版书籍 461 种，发行 1168436 册，其中纯宗教和含有宗教意味的书与非宗教的书大约各占一半。② 这要远远超过中国教育会出版的书，虽说二者出版书籍的读者不同，广学会面向中国知识分子，而中国教育会面向学校师生，但很多书籍实际上并无明显的区别。以广学会为例，1890 年列举了待出书籍 32 种，其中世俗类书籍 17 种，但到 1900 年时，仅有 4 种出现在广学会的书目当中，另外 13 种则多为中国教育会所出版或再版。③ 这是在中国教育会的鼎盛时期，后来的情况却正好相反，出于版权收益和影响力的考虑，很多编撰者不仅把宗教类书籍交给广学会出版，而且很多世俗类书籍也流向了广学会。1908 年，时任广学会总干事的季理斐（D. MacGillivray）在《教育月报》上撰文直言不讳地说道："广学会出版的很多书籍都是适合教育会的，因为我们二者都涉及了教育工作"，"广学会应该在中国基督教教育当中扮演更大的作用"。④ 在这种情况下，中国教育会日渐衰落，不少人都认为教育会应该与广学会更密切地合作，甚至有合并的想法，但最终未果，中国教育会面临着生存危机。

在益智书会所编的教科书中，最具规模和最有影响的是傅兰雅编写的《格致须知》和《格致图说》两套丛书。《格致须知》原计划编写 10 集，共计 80 种：第一、第二、第三集是自然科学；第四、第六集是工艺技术；第五集是社会科学；第七集是医学须知；第八、第九

---

① *Monthly Bulletin of the Educational Association of China*, No. 5, 1907, 附录第 26 页。
② 王树槐：《清季的广学会》，台湾：《"中央"研究院近代史研究所集刊》1971 年第 4 期，第 217 页。
③ 同上书，第 208 页。
④ *Monthly Bulletin of the Educational Association of China*, No. 11, 1908.

集是国志须知和国史须知，介绍西方各国的历史地理；第十集是教务须知，介绍世界各大宗教。至 1896 年，前三集已出版，第五集出了几种，第四集尚在印刷。《格致图说》是教学挂图的配套读物，大多译自英国爱丁堡的约翰斯顿兄弟公司所出版的教学挂图及其所配的手册，主要有全体图、天文地理图、百鸟图、百兽图、百鱼图、百虫图、光学图、化学图、电学图、矿石图、水学图等，至他回国之前，共计出了 21 种挂图，10 种手册。此外，比较重要的还有狄考文与邹文立合译的《笔算数学》，这是当时销售量最大的数学书，前后重印达 32 次。梁启超编撰《西学书目表》时曾将部分益智书会出版书籍列入其中，他评价《笔算数学》时认为此书"用俗语教学，童蒙甚便，惟习问太繁"①。

值得一提的是颜永京，他是益智书会在 1900 年之前唯一的华人委员，1889 年他出版了《心灵学》一书，是迄今所见最早的汉译西方心理学著作，在中国近代心理学史上占有重要地位。孙宝瑄读了颜永京的《心灵学》之后，认为"西人格致家渐从事于心性，可谓知本矣"，书中所述心性之用不外"思、悟、辨、记、志、感"等几类，"其言精密"。颜永京还译有斯宾塞的《肄业要览》，也就是《教育学》的一部分，于 1882 年初版，1895 年由益智书会审定，格致书室再版。② 此书出版后，多次被转载或收录，如《湘学新报》、《无锡白话报》、《译书汇编》、《游学译编》、《中外日报》、《日本书目志》、《质学丛书初集》、《西学书目表》、《西政丛书》；有的干脆用新名加以重刊，如《史氏新学记》、《标注斯氏教育论》、《教育学》、《泰西新学记》等。1896 年梁启超在《西学书目表》中列有《肄业要览》，点评此书"有新理新法"。后又在《读西学书法》中说道："颜永京有《肄业要览》一书，言教学童之理法，颇多精义，父兄欲成就其子弟，不可不读之。" 1897 年梁在所辑《西政丛书》收录了《肄业要览》，他在丛书"序"中说："吾既未识西人语言文字，则翘颈企踵仰徯沥于舌人之手，一新译政书出，购之若不及"；"略撷其译本之

---

① 熊月之：《西学东渐与晚清社会》，上海人民出版社 1994 年版，第 485—486 页。
② 同上。

最要者，或家刻本少见者，或丛刻本无单行者，得十余种汇为一编，俾上石以广流通"。可见，梁启超认为此书值得一读。1897年6月30日的《湘学新报》指出："光绪七八年间，此书流传中国。"1902年上海广智书局出版《泰西新学记》，即斯氏《教育论》，《中外日报》刊登广告说此书："具论人生学业轻重得失之要，诚为求实学者之津梁。"① 由此可知，益智书会的书籍在晚清学界产生了重要的影响。

这些书籍在晚清的学校当中也产生了广泛的影响。实际上，这些教科书的作者大多是从事教育工作的传教士，他们所提交给益智书会的书，大多都会在各自的学校中使用，至于在其他教会学校中的推广情况，则限于材料，难以做出准确的评判。1895年，中国教育会出版《教育指南》(The Educational Directory of China) 一书，当中提到12所学校中有9所都在采用益智书会的书。② 除了在教会学校之外，一些书籍还被中国书院、学堂所采用。1902年，清政府颁行新学制，各地纷纷采用新式教科书，这其中有相当一部分，特别是自然科学类教科书是采用益智书会的。据统计，1903年，被采用的就有傅兰雅的《重学须知》、《力学须知》、《电学须知》、《声学须知》、《光学须知》、《水学须知》、《热学须知》、《动物须知》、《植物须知》、《全球须知》、《金石略辨》，狄考文的《笔算数学》、《代数备旨》、《形学备旨》，潘慎文的《代形合参》等书。③

益智书会的出版事业也对国人自编教科书产生影响。西人译书起步较早，经验丰富，即便是商务印书馆这样的名书局也时常向益智书会请教，或将他们的教科书交给益智书会评定，或直接改编益智书会的书。1902年商务印书馆所出版的《最新中学物理学教科书》就注明是由益智书会曾出版的同类教科书改编而成。学部审定商务印书馆出版书籍作为新式学堂教科书之后，商务印书馆对教科书事业更为审慎，1907年，商务印书馆总经理夏瑞芳就给卜舫济写信，希望益智

---

① 李孝迁：《梁启超早年新史学思想考源》，《史学月刊》2007年第3期。
② The Educational Directory of China，参见王树槐《基督教教育会及其出版事业》，台湾：《"中央"研究院近代史研究所集刊》1971年第2期，第384页。
③ 熊月之：《西学东渐与晚清社会》，上海人民出版社1994年版，第485—486页。

书会能够安排人员对商务印书馆出版的各类教科书给予评定。① 以此来看，尽管益智书会后期在教科书方面已经衰落了，商务印书馆仍然看重它的经验和鉴别能力。

也正因益智书会的书籍在晚清时期具有影响，在清末曾出现了不少民间盗印益智书会书籍的事件。1899年，中国教育会在第三届三年大会上就对图书盗版问题进行了专门的讨论，并让潘慎文负责调查此事，甚至要求让英美领事馆和联合法庭来解决此事。②

尽管益智书会所出版的教科书在晚清时期具有一定的影响，但内有编辑人才的缺乏和编撰者的不合作，外有广学会和国人自编教科书的竞争，使得1900年之后的益智书会出版工作内外交困。1910年12月，出版委员会主席卜舫济再次号召广大教育工作者与之合作，并以提高版权收益为诱惑③，但最终仍未能扭转颓势，教育会的出版工作大势已去，如何继续经营益智书会的事业，又再一次引起传教士们的思索。

二 译名统一

鉴于益智书会期间，译名统一工作进展缓慢，而随着大量译作的问世，寻求统一就显得更为迫切。1890年传教士大会上，傅兰雅向大会做了《科学术语：目前的分歧与寻求统一的方法》的报告。报告共分四个部分：一是科学术语与中国语言的关系；二是拟定科学术语的规则；三是现存术语分歧的所在及原因；四是解决分歧的方法。他结合中国翻译西方名著的历史和自己在江南制造局的经验，指出只要充分掌握汉语知识，了解中国历史文化，西方科学就不难用汉语表达。他建议大会组织一个专门的委员会，由中外人士共同参加，拟定统一的译名规则，并切实采取措施编纂中英文对照的术语词典和中文科技词典。他的报告引起了大会的积极讨论，除了狄考文在数学名词上有些意见外，基本得到了大会的认可。传教士大会将这个问题移交

---

① "Letter from the Chairman of the Publication Committee", *Monthly Bulletin of the Educational Association of China*, No. 5, 1907.
② *Records of the Third Triennial Meeting of the Educational Association of China 1899*, p. 11.
③ "New Text Books Wanted", *The Educational Review*, Vol. III, No. 12, 1910.

给中国教育会去解决。①

1891年11月16日，中国教育会在美华书馆召开会议，其中出版委员会对译名统一的工作进行了细致的规划。其决定成立一个下属的人名地名委员会，专门负责人名地名的收集和编订工作，由傅兰雅担任主席，成员有金曼（H. Kingman）、赫士、巴修理、力为廉（W. H. Lacy）、那夏理（H. V. Noyes）等人，后力为廉辞职由施美志（G. B. Smyth）代替。他们拟订的工作计划是：以江代德、谢卫楼、傅兰雅等人编制的地名索引为基础，先编辑英文人名、地名表；然后收集已有的中文译名，分别审定之后加入；根据字母顺序编订一个新的拼音系统，将不确定的人名、地名译出；最后再编订一份总的索引，它应包含圣经和历史上提到的主要名词。②

科技术语的工作则由出版委员会直接进行，以狄考文为主席，成员包括傅兰雅、谢卫楼、潘慎文、李安德等，傅兰雅是唯一参加人名、地名和科技术语两个委员会的人。他们制定了一份科技术语统一工作的总则，大体上与前文所述益智书会的译名工作规划相似，只不过除了已出版的书籍之外，还要求注意手稿和即将出版书籍当中的专门术语，还要在工匠、技师、商人、农民、水陆军官兵等特殊人群中收集新术语，编入索引。总则要求编好的术语表要送给委员会其他成员审定，并将意见回馈给编订者，以做修改。若修改之后仍未能达成一致，则由委员会成员投票决定。术语表制定完毕后，交给总编辑，由总编辑根据字母顺序编订成册，以便出版中英文对照的科技词典。委员会还对各成员的工作进行分工：狄考文负责算术、代数、几何、三角、测绘、航海、解析几何、微积分、水、空气、光学、热学、电学、蒸汽、天文、印刷、机械工具等术语；傅兰雅负责化学、矿物学、气象学、石印术、电镀、化学仪器、物理仪器、铸造、模铸、射击、造船、采矿、工程等术语；李安德负责药物学、解剖学、外科、疾病、地理学、牙科、照相术、地质学等术语；谢卫楼负责精神科

---

① John Fryer, "Scientific Terminology: Present Discrepancies and Means of Securing Uniformity", *Records of the General Conference of the Protestant Missionaries of China 1890*, pp. 531–551.

② "The Educational Association of China", *The Chinese Recorder*, Vol. XXIII, No. 1, 1892.

学、道德科学、政治经济学、政治学、职官、国际法、神学等名词；潘慎文负责生理学、植物学、动物学、音乐（乐器和声乐）、蒸汽机等名词术语。①

或许是时间太短，到1893年第一次三年大会时，教育会的译名工作进展缓慢，术语混乱的局面没有任何好转。福开森曾说："在这本书里，术语是意译，而在另外一本书里，则用音译，还有些书里，甚至用上了当地的方言。如果这些书的对象是一般读者，问题还不大，但如果是用作学校教科书，在很多情况下，就会发现根本不能使用。"他主张像早期耶稣会士那样，从中国本地书籍中寻找可用的术语，另外就是参考日本人的译著名词，而不是一味地自编新名词。②

直至1896年第二次三年大会时，出版委员会才在报告中说尽管他们没有任命特别的委员会，但谢卫楼在人名、地名方面，狄考文、赫士、傅兰雅、潘慎文在科技术语方面都取得了相当的进展（considerable progress）。③ 但这一说法立即遭到傅兰雅的驳斥，他向大会做了《中国科学术语展望》的报告，在报告中他猛烈抨击出版委员会的译名工作。他说："现在科学术语仍然比较混乱，即便是我们教育会的书也是这样，其他的书就更不用说了。难道我们教育会就没有责任吗？我们已经存在了六年，我们本该现在就已出版科学词典了，至少应该包括常用的中英文术语，但结果如何，大家都清楚。"他进一步谴责说，"在第一个三年，那时我还是出版委员会的一员，我们在药物学、化学、矿物学、蒸汽机等方面还做了一些工作，四本词汇表也由我们自费出版了。后来，在地质学、植物学、地理学、生物学、建筑学等方面也做了同样的努力。而到了第二个三年，整个术语工作移交给了新的出版委员会，我不再是该委员会的成员，我以前所有的努力都被抛弃了。我对出版委员会在这段时间做了什么一片模糊，我只知道他们没有出版任何的科学术语词典。"以此来看，教育会到1896

---

① "The Educational Association of China", *The Chinese Recorder*, Vol. XXIII, No. 1, 1892.
② John C. Ferguson, "The Work of our Association", *Records of the Triennial Meeting of the Educational Association of China 1893*, p. 18.
③ "Report of Publication Committee", *Records of the Second Triennial Meeting of the Educational Association of China 1896*, p. 28.

年,确实还没有任何成型的作品问世,出版委员会抛弃傅兰雅的术语不用,而大肆吹嘘自身功绩的做法,更是遭到傅兰雅的痛斥。他还批评那些认为"术语统一的主要困难在于中国语言难以表达西方科学思想"的说法,认为"主要的困难不在语言,而在我们自己"。他呼吁教育会团结起来,共谋术语的统一。①

傅兰雅此论一出,立即引起了诸多的响应,李佳白、皮特、狄考文、赫士、薛思培、何德兰、潘慎文、谢卫楼、万应远(R. T. Bryan)都做了发言,大家一致认为术语统一工作应该进行,但在统一的方法上存在明显的差异。狄考文认为:"中国语言有先天的弱点,这在塑造新名词以提炼新观点上体现得最为明显","使用中文术语又长又繁杂,让人难以明白"。②

实际上傅兰雅与狄考文的矛盾由来已久。狄考文对译名特别是数学术语向来有自己的看法,早在益智书会时期,他就曾撰文指出用"几何"翻译"geometry"不当,建议将"geometry"译为"形学",而用"几何"代表"mathematics"。他赞同伟烈亚力和李善兰关于"algebra"和"arithmetic"的译法,即前者译为"代数学",后者译为"数学"。而"Surveying",他则建议译为"量地法"。此外,他还呼吁在中文数学书籍中使用阿拉伯数字,并建议将数学译著的书写方式由竖排改为横排。实际上,这些意见即便从今天看来也都是很有见地的,但还是遭到傅兰雅的反对。傅兰雅坚持按照中国的语言方式,使用中国数字,为此,在1890年传教士大会上二人还当面发生过争执。后来,他们又为化学元素译名发生分歧。根据益智书会统一译名的规则,元素译名的发音应尽量不同,为此,狄考文和赫士建议傅兰雅对他和徐寿译定的元素名称中发音相同的部分加以改正,以免造成混淆,但傅兰雅坚决不改。对此,狄考文曾抱怨说:"傅先生的这种

---

① John Fryer, "The Present Outlook for Chinese Scientfic Nomenclature", *Records of the Second Triennial Meeting of the Educational Association of China 1896*, pp. 157–161.

② *Records of the Second Triennial Meeting of the Educational Association of China 1896*, p. 163.

态度使统一术语工作无法进行。"① 因此，在这次三年大会上出现针锋相对，也就容易理解了，更何况傅兰雅还是以谴责的口吻发难。狄考文认为最难的是化学术语统一，分歧最大，他甚至开玩笑地说："如果我有权力，我就派人将嘉约翰、傅兰雅、丁韪良、洪特等人抓起来，关到一个小房间里，仅提供面包和水，直到他们认可我的化学术语。"② 由此可见当时的矛盾分歧之激烈。

在那次大会上成立了两个专门的术语委员会，一个是人名地名委员会，由谢卫楼、狄考文夫人、潘慎文夫人、施美志、维恩特等七人组成；另一个是科技术语委员会，由狄考文、潘慎文、傅兰雅、文书田（G. Owen）、师图尔（George A. stuart）、嘉约翰（J. G. Kerr）等六人组成。③ 由于不久傅兰雅去美，这个委员会实际的负责人就是狄考文。

术语统一工作首先是从化学术语打开局面的。由于前期傅兰雅、师图尔和中华博医会在这方面都已做过一些工作，但由于各自固守己见，未能达成一致。1896 年会议之后，传教士深感合作的重要，于是教育会与中华博医会携手合作，联合组成委员会，谋求化学术语的统一，委员主要有教育会的狄考文、潘慎文、师图尔、赫士、丁韪良，以及博医会的嘉约翰、高似兰（D. Cousland）、波特（Porter）、多斯怀特（Aw. Douthwaite）、聂会东（J. B. Neal）等人。④ 经过两年的共同努力，1898 年 2 月，他们在《教务杂志》上发表了《修正化学元素表》⑤，主要由师图尔、赫士拟定，教育会与博医会共同商定，狄考文总其成，当中弃用了不少傅兰雅拟定的化学元素名称。⑥

---

① 王扬宗：《清末益智书会统一科技术语工作述评》，《中国科技史料》1991 年第 2 期。

② *Records of the Second Triennial Meeting of the Educational Association of China 1896*, p. 163.

③ "Report of Publication Committee", *Records of the Second Triennial Meeting of the Educational Association of China 1896*, p. 28. 不久文书田辞职，另由丁韪良接任。

④ C. W. Mateer, "The Revised List of Chemical Elements", *The Chinese Recorder*, Vol. XXIX, No. 2, 1898.

⑤ Ibid..

⑥ 王树槐：《清末翻译名词的统一问题》，台湾：《"中央"研究院近代史研究所集刊》1969 年第 1 期，第 75 页。

此后不久，赫士、狄考文又在此表的基础上，修正了无机化学的名称，于1899年完成，1901年正式出版，名为《协议化学名目》。① 而在人名地名方面，1899年，将蔡平的《地学指略》和谢卫楼的《万国通鉴》中所用的名词编撰完毕，于1900年出版。②

1902年，狄考文、潘慎文、赫士等人又在化学的基础上，集合其他门类，编成了一部综合性的《术语词汇》，于1904年由上海美华书馆正式出版。该书收集了12000多条词汇，厚达510页，相当多的词汇都是新创的，在中文字典里找不到，涵盖了算术、代数、几何、三角、解析几何、微积分、测量、航海、工程、力学、流体力学、气体力学、声学、热学、光学、电学、磁学、化学、冶金、矿物学、结晶学、地质学、地理学、天文学、语法、植物学、动物学、解剖学、生理学、治疗学、药学、心理学、道德哲学、政治经济学、国际法、神学、办公用语、军事、公民学、海关、税务、工具、机械、建筑、印刷、制表、照相技术、仪器等50多个门类，是当时最全的一本术语词典。③

此后一段时间，这两个委员会都继续存在，但因人员不整，有的回国，有的生病，也有的志不在此，因而取得的进展不大。1905年，教育会干脆将人名、地名和科技术语两个委员会合并，组成名词委员会，实际上还是分开工作的。④ 到了1909年，报告说"委员会的术语工作很难说有什么进展"，决定重组名词委员会，由7人组成，其中要有两名中国人和1名日本人⑤，可见他们意识到术语统一的工作需要中国人的参与和日本的经验。

不久，师图尔将狄考文的《术语词汇》加以修订，1910年由监理会书局再版，共计352页。关于此次修订的情况，师图尔在该书的

---

① 王扬宗：《清末益智书会统一科技术语工作述评》，《中国科技史料》1991年第2期，第15页。

② "Educational Department", *The Chinese Recorder*, Vol. XXX, No. 6, 1899.

③ C. W. Mateer, *Technical Terms, English and Chinese, Prepared by the Committee of the Educational Association of China*, Shanghai：The Presbyterian Mission Press, 1904.

④ *Records of the Fifth Triennial Meeting of the Educational Association of China 1905*, p. 94.

⑤ *Records of the Sixth Triennial Meeting of the Educational Association of China 1909*, pp. 41-42.

修订序言当中介绍得很清楚：总体的内容大致不变，只略加删改。由于中华博医会即将编写《医学词汇》出版，于是将原有《术语词汇》中的医学名词删除，只保留常用的医药名词；而将原有的无机化合物名词从正文中删除，只作为附录的形式出现。他还增补了部分生物学、有机化学、矿物学、机械、商业的词汇和一些著名科学家、发明家的名字。他还在附录部分增加了一些新造和生僻字，并进行了解释。① 此后，中国教育会在译名上就少有活动了，它的工作重心也发生了转移，这是下一章的问题。

译名问题是一个多面镜，它所反映的是西学在近代中国传播的多个面向，既反映了西学在中国传播的广度，也反映了中国人认知西学的精度。就整个译名统一进程来看，益智书会和中国教育会时期，尽管译名的工作进展缓慢，但毕竟做了不少的工作，也取得了一定的成果，这对于晚清时期中国人准确地了解西方提供了条件。他们开创的部分译名规则还被中国译者所借鉴，这对于不太熟悉中国语言文字的外国人来说，实属不易。要知道翻译这些名词术语，既需要精通外语，又需要掌握汉语，同时还要对所译学科有较深入的了解，对以传教为职志的这群人来讲，就显得更为难得，因为他们不是职业的翻译家，他们还有更本职的事情要做，译名只不过是他们在繁忙的工作之余所从事的一种副业而已。

除了译名本身的难度和传教士语言上的障碍之外，教育会成员之间意见的分歧也是关键因素，如前所述傅兰雅与狄考文之间的矛盾就是如此。实际上还不止他们二人，傅兰雅与嘉约翰在化学名词上也存有很大的分歧。② 在这种充满矛盾的氛围之下，取得的进展当然不会太大，1896 年，倔强的傅兰雅离开中国，译名问题才出现转机，此是明证。

在此时期，随着一批批海外留学人员的归国，他们掌握了熟练的外语，加之自身的中文水平，逐渐成为译名工作的主流，不仅译英文，而且译日文、德文。1909 年，学部增设编订名词馆，总纂一职

---

① *Technical Terms, English and Chinese*, Prepared by the Committee of the Educational Association of China, Revised by Geo. A. Stuart, Shanghai: The Methodist Publication House, 1910.
② "Chemical Terminology", *The Chinese Recorder*, Vol. XXVI, No. 6, 1895.

由严复担任，负责编订各学科中外名词对照表及各种词典。在他的主持之下，在任三年，"积稿甚多"，至1911年编成了几何、代数、笔算、生物、物理、化学、心理、地理、宪法等科目的名词术语表。① 中国人自己的译名工作日渐成熟，使得传教士们可以从这繁杂而又吃力不讨好的工作当中全身而退。1909年时就有人建议，教育会应当与官方合作，接受学部颁布的术语方案，也只有如此，才能实现统一。② 但由于严复喜欢自立新名，以往的译名多舍弃不顾，③ 因此，中国教育会的译名被学部采用的不多。日后，科学名词的统一工作就由政府推行，通过官方与民间合作的方式解决，传教士的身影就渐渐淡出人们的视线。

三 中国教育会与清末官话罗马字改革

基督教在向中国传播的过程中所遇到的一个普遍的问题是如何实现与中国人的沟通和交流，没有语言文字的交流，耶稣基督的真理就难以进入中国人的大脑。因此，通常的做法是这些传教士卖力地学习中文，成为中国通。但能成为中国通的传教士毕竟是少数，而且中国人普遍的识字率不高。在这种情况下如何迅速地提高这些文盲的识字水平，就成为传教的关键。于是，他们借用了当时西方国家在东方殖民国度普遍采取的一种文字书写与沟通方式——罗马字。何谓罗马字？简而言之，就是将汉字的发音用罗马字母拼写出来，它是一种字母文字，能够为传教士所识别，同时它能拼出汉字的发音，能够为中国人所听懂。

早在明末清初时期，利玛窦、金尼阁等耶稣会士就进行了以罗马拼音文字拼写汉字的尝试。到了晚清时期，随着清廷的传教宽容，罗马字便与传教事业一起从沿海向内地传播，这对于在当地广传福音和

---

① 王树槐：《清末翻译名词的统一问题》，台湾：《"中央"研究院近代史研究所集刊》1969年第1期，第66—67页。

② Fong F. Sec, "The Co-operation of Chinese and Foreign Educationists in the work of the Association", *The Educational Review*, Vol. II, No. 7.

③ 王树槐：《清末翻译名词的统一问题》，台湾：《"中央"研究院近代史研究所集刊》1969年第1期，第67页。

启迪民智都是很有帮助的。其中，中国教育会对于官话区罗马字的改革尝试，也颇具特色。

之所以使用罗马字拼音，按照贾立言的说法："第一，有些方言，有音无字，所以不能写出，这样圣经的翻译就显得很困难，甚至绝不可能。其次，即使有字体可以写出，人们识字的能力也很薄弱，所以有许多人以为若用罗马拼音，那么在数星期之内即可习得，单是这个优点已足令许多人决意采用这个方法了。"① 简而言之，罗马字就是"易翻"和"易学"。这两大特色，无论是对于传教士的"传"和中国民众的"学"，都是一种快捷的文字书写与沟通方式。清末时期罗马文圣经的传播情况，从表2—8、表2—9可窥见一斑。

表2—8　　　　1891—1908 **历年罗马文圣经出版情况**　　　　单位：部

年份	数量	年份	数量
1891	750	1900	16010
1892	500	1901	5450
1893	1813	1902	25595
1894	10200	1903	13700
1895	5290	1904	10233
1896	6740	1905	16549
1897	4500	1906	5412
1898	11089	1907	400
1899	22000	1908	18499

资料来源：John Alfred Silsby, "Report of General Committee on Romanization", *Records of the Sixth Triennial Meeting of the Educational Association of China*, held at Shanghai, May 19–20, 1909, p. 33.

---

① 贾立言：《汉字圣经译本小史》，上海广学会1934年版，第80—81页。

表 2—9　　　1891—1908 年各方言区罗马文圣经出版情况　　　单位：部

方言区	数量	方言区	数量
厦门	28000	官话	13499
广州	9350	宁波	13045
仲家	500	北京	500
福州	26895	上海	3000
海南	2900	山东	500
客家	550	苏州	500
兴化	56000	汕头	10129
建宁	1250	台州	5412
建阳	300	温州	2400

资料来源：John Alfred Silsby, "Report of General Committee on Romanization", *Records of the Sixth Triennial Meeting of the Educational Association of China*, held at Shanghai, May 19 – 20, 1909, p. 33.

从表 2—8、表 2—9 可以清楚地看到，在清末这 18 年间，出版的罗马字圣经共计 174730 部，平均每年出版圣经近 10000 部，特别是 1902 年更是达到了前所未有的高度。而且这些数据主要是根据英美两大圣经公会加上其他机构所出版的，罗马文圣经数当高于这个数字。从分布区域来看，除了官话区、北京和山东之外，其他都处于南方，而且大多是沿海地区，特别是以福建地区最为广泛。

尽管丁韪良、狄考文等人早在 19 世纪 60 年代就已经将南方的罗马字经验传入北方，但在官话区推行罗马字的难度要大很多。其一，与沿海方言区不同，作为清朝官方权威用语的官话，① 在中国北部、

---

① "官话"，俗称北方方言，是清代官场交际用语，按其语言特点分为：华北官话、西北官话、西南官话和江淮官话。通行区域大致为长江以北各省全部汉族地区；长江下游镇江以上、九江以下沿江地带；湖北除东南部以外的全部地区；广西北部和湖南西北部地区；云南、四川、贵州三省少数民族区域以外的全部汉族地区；在某些方言区还存在少数官话变种，如海南岛崖县、儋县的"军话"，福建南平城关的"土官话"，长乐洋屿的"京都话"等。

西部和中部通行，按 1890 年的统计，当时官话区人口有 2 亿 4000 万，① 约占全国人口的 3/4，通行范围广，人数众多。其二，这些官话区域向来是中国传统文化的重心，将汉字看作中国文化的象征，文人士大夫对于外来的罗马字母文字怀有抵触情绪。其三，罗马文字是与基督教传播紧密联系在一起的，传教士到达官话区域的时期晚，势力要比沿海地区薄弱。其四，清末时期的清政府正推行以官话为基础统一普通话的尝试，要求在全国中小学堂教授官话。这些不同的因素交织在一起，使得官话区的罗马字工作更为复杂。一些传教士对于官话罗马字的前景也表示担忧。

华北公理会传教士谢卫楼就曾指出："在华北官话区，人们似乎对罗马字不感兴趣，尽管我们不断尝试，但结果都是以失败而告终，甚至是一些老年妇女都更愿意去学习用汉字书写的圣经和其他书籍。"② 类似的情形也在华西地区出现，来自内地会的传教士麦克慕兰（J. C. McMullan）也曾说道："我并不反对南部方言的罗马化，但我知道很多西部的传教士并不赞成官话的罗马化，因为官话在很多省份广泛地使用，我发现真正想要学汉字的人，除了老人和痴呆之外，在合适的时间内都能学会。"③ 甚至连推行罗马字不遗余力的丁韪良也认为："至今为止，罗马字未能在官话地区广泛应用的原因是官话不同于方言，它是用汉字书写的，而汉字的数量并不多，通过主日学校和基督教小册子学习汉字并不难。"④

类似的看法在传教士内部并不算少，然而官话区巨大的福音市场深深地吸引着传教士，使得这种担忧的声音渐渐远离主流的平台。温州的传教士苏惠廉（William E. Soothill）写道："我极力倡导罗马字，

---

① S. F. Woodin, "Review of the Various Colloquial Versons and the Comparative Advantages of Rome Letters and Chinesecharacters", *Records of the General Conference of the Protestant Missionaries of China*, held at Shanghai, May 7–20, 1890, p. 90.

② Sheffield, "Discussion", *Records of the Second Triennial Meeting of the Educational Association of China 1896*, p. 166.

③ J. C. McMullan, "Discussion", *Records of the General Conference of the Protestant Missionaries of China 1890*, p. 370.

④ W. A. P. Martin, "A Plea for Romanization", *The Chinese Recorder*, Vol. XXXVIII, No. 9, September, 1907.

并高兴地看到说官话的人们愉快地接受它……我认为这很可能会带来中国语言的统一，并随之产生出适合在各地阅读的全国性文学作品。"①

对福音传播的渴望促使他们去探索适合官话特性的罗马字标准。而且官话本身的特性，使得官话罗马字对于整个罗马字改革起着决定性作用，甚至乐观地认为"在所有的方言当中，除了官话可以共同讨论之外，其他的方言都是特定区域内传教士自己的事"。② 因此，提出"最好的计划是官话罗马化，并尽快努力使之成为全国性的通用语言"，③ 这一看法实际上是以官话罗马字统一中国文字，推广普通话的尝试。在这种理念的支持之下，以中国教育会为代表，传教士们掀起了一股统一官话罗马字拼音系统的热潮。

对统一罗马字标准的认识，很早就已经开始，只是当时并没有特指官话。1890年传教士大会上，内地会的戴德生（J. Hudson Taylor）就提出罗马字标准统一的重要性，他认为使用统一的标准，不仅方便了使用者，而且能节约印刷成本。④ 这一提议主要是针对罗马字以各地方言为基础，不便于大规模传播的弊端所提出的。这一建议当时获得大会"方言版本委员会"的积极响应，该委员会提议由12人（分别来自不同的方言区）组成一个"专门委员会"去解决方言罗马字的问题，并特别提出要制定统一的罗马字标准，以适合各种方言的需要。⑤ 后来为进一步促进工作的开展，又将该委员会扩大到15人，其中官话区的代表由1人增加到4人。⑥ 由此可见在委员会的考虑中，官话所占的分量加大。但由于委员会并未就何种方言作为统一罗马字的标准达成一致，使得委员会的工作难以开展，到1902年，人们在

---

① J. A. Silsby, "General Committee on Romanization", *Records of the Fifth Triennial Meeting of the Educational Association of China* 1905, p. 51.

② Douglas, "Discussion", *Records of the General Conference of the Protestant Missionaries of China* 1877, p. 233.

③ Hattie Noyes, "Preparation of Studies", *Records of the Third Triennial Meeting of the Educational Association of China* 1899, p. 86.

④ J. Hudson Taylor, "Discussion", *Records of the General Conference of the Protestant Missionaries of China* 1890, p. 371.

⑤ *Records of the General Conference of the Protestant Missionaries of China* 1890, p. xliv.

⑥ Ibid., p. lxii.

评价这个委员会的工作时认为它"一事无成"。① 于是有人悲观地认为:"设计出适合所有方言的罗马字体系是不可能的,没有什么体系可以做得到,任何尝试去这样做都会阻碍整体的进程。"②

对此,中国教育会干事薛思培却并不以为然,他认为选择何种罗马字标准其实并不重要,因为罗马字的变通很容易,只要掌握了第一种,就可以顺利地从一种体系学会另一种体系,从一种方言学会另一种方言。他认为,以前传教士大会之所以在统一罗马字问题上处于"睡眠状态",是没有赋予他们"全权",他们需要的是一个有权力进行实际运作的委员会,包括人事任免和计划执行。③ 他认为,罗马字改革能否成功的关键有两点:"一是要有足够大的基督教团体能够承担圣经和其他罗马字文学作品的出版工作;二是传教士要对此事充满激情,要就何种体系达成共识,并且要有耐心和决心去实际推广这一达成共识的体系。"④

与传教士大会的"睡眠状态"不同,中国教育会的方案则是以官话为基础,在一定程度上适应了人们将官话发展为民族共同语的需要,同时也赋予了他们"全权"。

1899年召开的中国教育会第三次三年大会上,狄考文向大会提议:"任命一个专门的委员会去筹备官话罗马字统一标准。"该议案获得大会的通过,并决定由美在中(F. E. Meigs)、巴勒、米勒(Luella Minor)、狄考文等四人组成这个委员会,去进行官话罗马字标准的筹备工作。⑤ 但在最初的几年,除了狄考文等人对华北官话区的语音情况做了一些调查之外,该委员会的筹备工作并未取得什么进展。1902年,在第四次三年大会上,正式成立了由美在中、巴勒、

---

① J. A. Silsby, "Romanization in Mandarin", *The Chinese Recorder*, Vol. XXXIII, No. 2, February, 1902.

② "Notes", *The Chinese Recorder*, Vol. XXXIII, No. 2, February, 1902.

③ E. S. Hartwell, "Romanization", *Records of the Fourth Triennial Meeting of the Educational Association of China 1902*, p. 106.

④ J. A. Silsby, "General Committee on Romanization", *Records of the Fifth Triennial Meeting of the Educational Association of China 1905*, p. 53.

⑤ "Minutes of the Third Triennial Meeting of the Educational Association of China", *Records of the Third Triennial Meeting of the Educational Association of China 1899*, p. 6.

布鲁斯（J. P. Bruce）、罗瑞（J. W. Lowrie）、来会理（D. W. Lyon）等五人组成的"官话罗马字委员会"（Mandarin Romanization Committee），全权处理官话罗马字统一标准问题。同时成立由来自各方言区的十名代表组成的"罗马字总委员会"（General Committee on Romanization）去处理全国罗马字标准的统一问题，① 并邀请1890年传教士大会"专门委员会"的成员作为其名誉成员。② 至此，中国教育会的这两个委员会，特别是"官话罗马字委员会"就成为改革官话罗马字的总机关。这两个委员会的成员差旅费由各差会自己支付，所有的罗马字书籍出版费由中国教育会和英美两大圣经公会支付。③

委员会成立之后，就对统一官话罗马字标准工作进行了规划，主要分四个步骤：一是选定一种音系能代表各官话区的发音；二是根据已经选定的音系，编写一份汉字语音对照表，将每一个汉字在各官话区的发音体现出来；三是根据对照表制定一份能体现各官话差别的细则；四是制定一份3000个汉字的标准音字音表。④ 这些完成以后，官话罗马字的标准体系才算初步制定出来。为了便于推广，委员会还建议制定一份介绍这套标准的初级读本，以及根据标准编写的罗马字福音书。

由于前期传教士大会与狄考文等人已经做了一些准备工作，在官话罗马字委员会成员的共同努力之下，一年之后，1903年7月官话罗马字统一标准的初步试行方案就已拟订出来。该委员会主席美在中解释说："这一系统方案并不能算是非常完美，实际上它是一种折中的结果。"⑤ 事实上，尽管同处于官话区，但在不同的区域之间，官话的发音也存在一定的差别，只是不如沿海方言区差别那么明显而已，因而寻找出一个能被广泛接受的标准并不容易。也正因如此，试

---

① "Notes", *The Chinese Recorder*, Vol. XXXIII, No. 6. June, 1902.

② J. A. Silsby, "Meeting of the General Romanization Committee", *The Chinese Recorder*, Vol. XXXIV, No. 4, April, 1903.

③ F. E. Meigs, "Report of Committee on Mandarin Romanization", *Records of the Fifth Triennial Meeting of the Educational Association of China 1905*, p. 54.

④ "Notes", *The Chinese Recorder*, Vol. XXXIV, No. 3. March, 1903.

⑤ F. E. Meigs, "Report of Committee on Mandarin Romanization", *Records of the Fifth Triennial Meeting of the Educational Association of China 1905*, p. 54.

行方案从公布之日起各地就不断地通过书信和公开会议的形式进行多次讨论，甚至是批评。这一状况持续了一年之久，直至 1904 年底，最终的改革方案才正式出台，相关的出版物也相继出现。主要有：《官音罗马字韵府》第 1 卷，主要包括方案的介绍、语音表和一份 6000 字的字音表。《官音罗马字韵府》第 2 卷，主要包括一份第 1 卷中字音表部分的索引，和汉字—罗马字对照表。《罗马字初学》，主要是为方便中国人学习官话标准而制定的简易课程教材。另外，还由英美两大圣经公会出版了根据标准编写的《马太福音》、《马可福音》等福音书。该委员会还发行了一种官话罗马字标准的月刊——《普通文报》，1905 年 1 月创刊。除了福音书由英美圣经公会出版发行以外，其他全部由中国教育会出版，上海美华书馆发行。①

这一罗马字改革方案体现了罗马字改革的"统一性"和"宗教性"两大原则，正如人们在评价这一方案时所说："这项工作的唯一要求是为所有官话区的人提供一种统一的方案，以使得一种作品能够在整个范围内传播，也可为不识字的人提供众多的圣经和其他基督教文献。"②

统一标准制定出来以后，在各地产生了广泛的响应。山东登州文会馆就建议"立刻引入这一新标准"，其他一些教育机构也相继采用。1903 年 8 月，长江流域官话区的代表（从南京到成都，包括湖南在内）在江西牯岭开会，通过一项决议："大会完全认同官话委员会制定的统一标准，大会认为只需经过少许调整就能在长江流域的大部分地区使用。我们希望委员会继续努力完成工作，我们保证只要在工作中使用罗马字就会采用官话标准。"江西南部的内地会传教士库瑞格（Craig）在看到该方案之后，认为除了个别的发音，如"r"在当地读作"j"之外，在江西南部地区也是非常的适用。③

官话罗马字委员会干事来会理曾经收到两封来信，一封是南京的女传教士，她在信中说当她看到试行方案之后，觉得该方案在南京地

---

① "Romanized Mandarin", *The Chinese Recorder*, Vol. XXXVI, No. 3, March, 1905.
② F. E. Meigs, "Some Remarks about the Standard System of Romanization", *The Chinese Recorder*, Vol. XXXVI, No. 2, February, 1905.
③ "The Mandarin Romanized", *The Chinese Recorder*, Vol. XXXV, No. 1, January, 1904.

区非常适合，但她担心在北京地区是否同样适用。恰巧在同一天，来会理也收到了来自北京的传教士来信，信中表达的内容与南京来信惊人的相似，"我们对该方案如此的适合北京地区而感到高兴，但我们担心过于向北京方言让步，就使得该方案在南京地区是否可行成为疑问"①。可见，这一标准在华北官话和江淮官话当中都具有广泛的适用性。

此外，一些传教士个人还介绍了自己在教学中使用官话标准的感受。来自山西的传教士卢特利（A. Lutley）写道："我们才刚开始，但结果是令人满意的"，他说他教的一个班共十名学生，年龄从18到40岁不等，一共进行了18天，每天教一到一个半小时，到第十五天时，他们就已经掌握了《罗马字初学》中的课程，到他们离开的时候，他们就能认识标准里面所有的字了，并能阅读《马可福音》。②来自山东的明恩溥夫人（Mrs. Arthur H. Smith）写道："我第一次教授罗马字，学生们是通过你们的《罗马字初学》来学习的。他们之间就像是一对孪生兄弟，怎么也不能分开"，"我原以为中国的教师会轻视罗马字，但明恩溥的一位秀才老师却对此颇感兴趣，认为通过它可以听到很多的民间故事"③。

官话罗马字标准的书籍在教会内部也十分畅销，以《马可福音》为例，当时教育会的计划是印刷1000册，而到1904年1月，仅仅山西一省就发售了300册。④另据中国教育会的统计，1906年《官音罗马字韵府》一书，成为当年教育会最为畅销的书籍。⑤到1909年，《马可福音》已经发行第二版，而《罗马字初学》的发行量已达4000册。⑥

这些来自不同地域的信息，从江西南部到长江流域，从南京到北

---

① "The Mandarin Romanized", *The Chinese Recorder*, Vol. XXXV, No. 1, January, 1904.

② "Standard Mandarin Romanized", *The Chinese Recorder*, Vol. XXXVI, No. 4, April, 1905.

③ Ibid. .

④ "The Mandarin Romanized", *The Chinese Recorder*, Vol. XXXV, No. 1, January, 1904.

⑤ "Our Most Popular Book", *The Chinese Recorder*, Vol. XXXVIII, No. 8, August, 1907.

⑥ George A. Glayton, "Report of the Mandarin Romanization Committee", *Records of the Sixth Triennial Meeting of the Educational Association of China 1909*, p. 34.

京，从山东到山西，基本上构筑了一幅官话区域图景。类似的案例还有很多，笔者无从考证官话罗马字在具体实施过程中是否真的那么有效以及它所能发挥影响的实际范围。但这些不同的信息对委员会来说却是莫大的鼓舞，有的成员甚至自信地表示这一标准"预示着中国教育新时期的到来"。① 也正因如此，在1907年召开的传教士百年大会上，就充分肯定了中国教育会的罗马字工作："大会深感罗马字对于促进基督教会文字工作的重要，这在很多地方都已经开始了，这种文字是能够最直接触及文盲思想的方式之一。我们感谢教育会制定出了官话罗马字标准，以及各圣经公会和教育会根据标准出版的一些书籍。大会建议使用官话方言的传教士注意这一标准方案，并按这一标准尽快出版一些新的作品。"②

然而在这些辉煌的现象背后，却隐藏着一些危机，不仅仅是对官话罗马字统一标准，而且是对整个在华罗马字工作。在传教士百年大会上，窦乐安（John Darroch）就曾指出：与浙江、福建等方言区罗马字所取得的进展不同，在官话区罗马字的状况是令人悲哀的，而造成这种情况的原因是传教士的漠视。即使官话罗马字委员会在极力推行标准统一工作，他们所能得到传教士的支持也是有限的。③ 以官话罗马字书籍的销售为例，对于各圣经公会而言，"发行罗马字书籍只是他们日常工作的附带，他们并没有打算将这些罗马字书籍以合适的价格向市场做大规模推广"。④ 因此，造成了罗马字书籍在短暂的畅销之后，往往陷于困境。市场上一本罗马字福音书卖到10分钱，而这个价格相当于两本中文全本《新约》的价格。价格太贵，以至于从事教学活动的传教士对罗马文书籍只能望"书"兴叹，甚至某些传教士也发出"买不起"的感慨，更何况一般的普通民众了。书籍销售的不畅在给罗马字改革工作带来巨大的经济压力的同时，也限制

---

① "The Mandarin Romanized", *The Chinese Recorder*, Vol. XXXV, No. 1, January, 1904.
② *Records of the China Centenary Missionary Conference 1907*, p. 521.
③ John Darroch, "Christian literature", *Records of the China Centenary Missionary Conference 1907*, p. 208.
④ George A. Glayton, "Report of the Mandarin Romanization Committee", *Records of the Sixth Triennial Meeting of the Educational Association of China 1909*, p. 34.

了罗马字传播的范围。

　　传教士的漠视只是罗马字危机的内在原因。而外界，自义和团运动以来，国内日益增长的民族主义情绪，使得国人对于这种外来的文字书写方式产生了严重的抵触情绪，从而使中国信徒的支持大不如前。① 此时国内以切音字为代表的拼音文字改革也在如火如荼地进行，使得传教士的罗马字改革不再是一枝独秀。1905 年开始发行的罗马文月刊——《普通文报》，在出版了 39 期之后，就因为发行量锐减而不得不停刊。② 这种内外交困的局面显示，以传教士为主的官话罗马字改革工作已经面临严重的危机，而中国文字改革的任务并未完成，中国政府和人民理应继续探索。

　　《基督教在华传教史》一书的作者赖德烈曾经这样评价罗马字："把圣经引入日常口语当中，特别是用罗马字表达出来，传教士正招惹中国读书人的藐视，其实，如果中国的读书人肯认真去关注那些野蛮传教士的努力，那么无论如何，他们都会觉得这是一场革新，这是一种尝试，将基督教文学传给那些没有时间去学习繁杂的文言，甚至于文字对他们都是一种沉重负担的普通大众，这是一种民众教育的试验，在中国历史上是前所未有的，它代表了基督教给这个国家带来的许多贡献中的一种。"③ 以传教士出身的赖德烈这样去评价罗马字难免有过高之嫌。罗马字的引进确实在局部范围内改善了民众的求知状态，但是其传教的性质，决定了这种文字的使用主要是在教会的范围之内，外界的普通民众所知甚少，这种狭窄的文字交流方式，没有使文盲的识字程度得到较好的改善。在传教士进行罗马字改革的同时，国人自己，包括民间与官方也在不断地推进文字改革，这在一定程度上转移了人们对于传教士所推行的罗马字改革的关注。直至民国初年，政府推行注音字母，以传教士为主的罗马字改革也就慢慢地退出

---

　　① John Alfred Silsby, "Report of General Committee on Romanization", *Records of the Sixth Triennial Meeting of the Educational Association of China 1909*, p. 32.

　　② George A. Glayton, "Report of the Mandarin Romanization Committee", *Records of the Sixth Triennial Meeting of the Educational Association of China 1909*, p. 34.

　　③ Kenneth. S. Latorrette, *A History of Christian Missions in China*, The MacMillan Company, 1929, p. 651.

了历史舞台。

四 中国教育会与清末教育变革

与益智书会时期有所不同，中国教育会还积极参与中国教育事业。在中国教育形势剧烈动荡的清朝末年，以改良中国教育为宗旨的教育会当然不会置身事外，他们从一开始就组织委员会以群体的形式试图参与，但结果却是一厢情愿。

传统中国教育的核心内容是科举制度，中国教育会对于清末新式教育的参与也是从改革中国的考试制度开始的。事实上，在1890年中国教育会成立之前，一些传教士已经对中国考试制度进行了广泛的议论。传教士们普遍认为，中国的考试制度是滞后的、僵化的、制约人的创造力的。但在改革的方向、内容上则存在分歧，如德国传教士花之安（Ernst Faber）主张完全采用德国的学校制度和考试制度；而美国传教士狄考文则主张在现有的基础上加入西学内容，实行改良。由于中国社会对于西方的整体认知尚处于"器物层面"的阶段，上述这些教育上的改良意见，并未引起国内各界人士足够的关注。至19世纪80年代中后期，关于中国教育问题的议论愈来愈多。1886年，《教务杂志》（*The Chinese Recorder*）连载了库思非（C. F. Kupfer）的文章《中国之教育》;[①] 1889年，又连载了李安德的文章《中国新式教育》。他们均认为，中国的旧式教育混乱不堪，引入西方的新式教育是中国教育改革的方向，基督教教育在这方面要有所作为。[②]

1890年3月，英国传教士巴修理在《教务杂志》上撰文指出：应该引入英国的公共考试制度，将原有负责教科书出版事务的益智书会扩大而为考试部，与官方学校进行合作，协商指定统一的教科书，制定公共考试大纲，考试科目涵盖中国经典、英语、数学和自然科

---

① C. F. Kupfer, "Education in China", *The Chinese Recorder*, Vol. XVII, No. 11, 12, 1886.

② L. W. Pilcher, "The New Education in China", *The Chinese Recorder*, Vol. XX, No. 7, 8, 9, 1889.

学，圣经文献列为选考，根据考试成绩颁发证书，等等。① 巴修理这种以统一考试带动统一课程、统一学校制度的思路引起了其他传教士的注意。李承恩建议，采纳统一管理学校和考试的方法，建立指导高年级考试的代表委员会。② 但是，鉴于巴修理的想法仅仅是一种倡议，并未附有详细、明晰的计划方案，同时益智书会又即将全面改组，于是这一计划便留给新成立的中国教育会去完成。

1890年中国教育会成立后，巴修理出任首任干事，这为他全力贯彻公共考试计划的主张创造了重要契机。1891年5月18日，中国教育会在美华书馆召开成员会议，与会人员一致赞成巴修理的公共考试计划，并组建一个专门委员会实施，主席由巴修理担任，成员包括潘慎文、谢卫楼、卜舫济和施美志。③ 具体的工作安排是：先收集在华各类教会学校开设的科目资料；然后据此制订一个能涵盖所有学校科目要求的全面计划；拟定各科所用的教科书书目；根据学习时间的长短，设置不同的课程标准；由各地方负责，每年或半年在各传教中心举行一次统一考试；将宗教科目和英语以外的其他语言列为选考；向达到中国教育会要求的人颁发不同层次的文凭和证书。④ 毫无疑问，这种以在华教会学校为主体，进而覆盖中国所有新式学堂的公共考试，中国教育会自然要在其中扮演主导角色。1892年5月，巴修理还在《教务杂志》上撰文特别阐述该计划的进展情况。⑤ 不久，巴修理因家人病重回国，临行前将此事委托同乡傅兰雅代为办理。

但自巴修理回国之后，该项计划一直陷于停滞不前的状态。1893年中国教育会首次三年大会上，该委员会并未提交任何报告。谢卫楼

---

① W. A. T. Barber, "A Public Examination for Western Schools in China", *The Chinese Recorder*, Vol. XXI, No. 3, 1890.

② N. J. Plumb, "History and Present Condition of Mission Schools and What Further Plans are Desirable", in *Records of the General Conference of the Protestant Missionaries of China 1890*, Shanghai: American Presbyterian Mission Press, 1890, p. 456.

③ "First Triennial Report of the Educational Association of China", *The Chinese Recorder*, Vol. XXIV, No. 6, 1893.

④ "The Educational Association of China", *The Chinese Recorder*, Vol. XXIII, No. 1, 1892.

⑤ "Educational Notes", *The Chinese Recorder*, Vol. XXIII, No. 5, 1892.

受大会所托，对巴修理的计划进行了点评，他认为："该计划是对英国目前正在施行的一些公共考试制度进行调整的结果，太庞杂而又富有技术性，使得难以在中国实施。"因此，他相应提出一些修改的建议：一是在考试科目上，要进行全面的科目研究，从小学、中学到大学，以及神学、医学和技术类专门学校，要区分选修和必修，特别注意英语和圣经；二是在评分机制上，不主张采用百分制，而以"上、中、下"等级制代替；三是要给主考官颁发证件，代表中国教育会在各地方负责举行考试，颁发文凭。① 库寿龄（S. Couling）建议，要给受过西学的人颁发学位；参与教育工作的人要组织考试院；要任命地方主考官，而课程要尽量固定。② 上述建议，使得巴修理原有的公共考试设想不断深化细致，同时又显得更加复杂和模糊。于是，会议决定任命一个新的委员会继续进行研究，成员主要有谢卫楼、库寿龄、狄考文、翟雅各（J. Jackson）、潘慎文等五人。③

或许因为新的委员会感觉到中国在当时情况下实施公共考试根本不可能，因此成员对实施该计划的兴趣一直不高。三年之后，该委员会的工作仍然进展缓慢。委员会成员建议，在中国教育会许可的情况下，先研究两门或者更多的中学和大学课程，然后在此基础上进行考试。他们认为，由具有实际教学经验的人研究出来的课程非常有价值，不仅会对现存的学校提供示范，也会对新建的学校有建议和指导作用。因此，他们要求中国教育会授权任命更多的考试委员。委员会的成员也由五人增加到谢卫楼、潘慎文、库寿龄、施美志、何兰德（I. Taylor Headland）、赫士、翟雅各等七人。④

即便如此，新组成的委员会仍然是毫无建树，在 1896 年召开的

---

① D. Z. Sheffield, "The Educational Association of China and Public Examinations", in *Records of the Triennial Meeting of the Educational Association of China 1893*, Shanghai: American Presbyterian Mission Press, 1893, pp. 40–46.

② *Records of the Triennial Meeting of the Educational Association of China 1893*, Shanghai: American Presbyterian Mission Press, 1893, p. 46.

③ Ibid., p. 5.

④ "Report of the Committee on a Scheme of Examination Under the Supervision of this Association", *Records of the Second Triennial Meeting of the Educational Association of China 1896*, Shanghai: American Presbyterian Mission Press, 1896, p. 16.

中国教育会第二次三年大会上，没有提交任何报告。要知道距离最初的设想已过去差不多十年，在这十年当中中国社会变化万千，甲午战争、戊戌维新，一次次地震撼了晚清知识界，使得教育改革的呼声越来越高，而在此时，一个面向整个晚清中国的考试计划却一再难产，这让中国教育会焦急万分。不过，令人欣慰的是，此时对于中国教育的关心不仅仅只有中国教育会，李提摩太领导下的广学会也曾涉及教育问题，并期待与中国教育会合作。① 经双方努力，1899 年中国教育会第三次三年大会上，中国教育会和广学会合作，联合成立了"课程与考试计划委员会"（Committee to prepare Courses of Study and Plan for General Examination Board），成员有潘慎文、谢卫楼、杰戴（E. F. Gedye）、李提摩太、福开森、卜舫济等六人。②

1899 年 12 月，在中国教育会与广学会的共同努力之下，一个完全独立于中国科举考试制度的公共考试方案就出台了，中文名为《推广实学条例》（Course of Study and Examination Scheme）③。内容包括考试总则、中英文考试科目、中英文教科书目三大项。

总则规定：考试在每年 8 月 20 日进行，考试方式是笔试，考点设在上海、南京、福州、天津、杭州等通商大埠；考生在开考前一个月报名，提交姓名、年龄、职业、住址等资料，报名费 1 元，缺考者不返还；在各考点都要任命一个地方主考官，负责所有考试事宜；考试分为初级、中级和高级，以中、英文两种语言进行，考生在报名时须任选一种；60 分及格，可颁发证书；各地考试的前五名要颁发奖金；考生申请中级考试的必须有初级证书，申请高级考试的必须有中级证书；凡是通过高级考试的要颁发文凭，证明他通过了全部考试；所有考生都要遵守考试规则，违规者取消证书；所有的试卷都在上海印刷，然后密封送达各地方主考官手中，试卷在开考时才能打开，结

---

① Timothy Richard, "Educational Problems of China", *Records of the Third Triennial Meeting of the Educational Association of China 1899*, Shanghai: American Presbyterian Mission Press, 1899, p. 48.

② *Records of the Third Triennial Meeting of the Educational Association of China 1899*, Shanghai: American Presbyterian Mission Press, 1899, pp. 7-8.

③ 《推广实学条例》，《万国公报》1900 年第 132 期。

束时密封交给主考官,写明考试时间、打开时间、密封时间、收回时间,最后由主考官寄达上海。

在考试科目中规定:英文考试主要有数学、自然科学、历史、政治经济学、英语;而中文考试则有数学、自然科学、历史、教育学、政治经济学、国际法、宗教学等。具体的科目安排在初级、中级、高级当中不同。其中,历史类没有中国史,只有世界史,特别是欧洲史;在中级和高级考试中设有宗教学。

在教科书目中,列有各科英文教科书44种,中文教科书24种,大多由益智书会和中国教育会出版。[①]

据此可知,这一考试方案实际上是完全照搬西方近代的公共等级考试。它由中国教育会统一进行,范围覆盖全国主要城市,考试科目完全是西化的,中国经典则基本没有纳入。若不是有使用中文作为考试语言,还真的难以让人相信这是在中国进行的考试。特别是关于世界史、宗教学的考试,集中体现了这一由外来传教士所主导的考试的文化与宗教倾向。作为中国各界人士来说,当然是难以接受,这一计划最终未能实施。但这种新的考试选才方式对中国却有借鉴作用,特别是在科举废除之后,国人无良法以善其后,对西方的公共考试方式曾有议论。

公共考试计划只是中国教育会参与中国新式教育事业的一个侧面,尽管兴致勃勃,却总是进展缓慢,最终的方案也难以落实。传教士意识到仅从考试入手,试图驾驭和改变中国教育的走向是远远不够的,他们必须全面参与到这场变革当中,特别是影响政府的决策,使得中国的新教育按照他们既定的设想前行。

在这方面,中国教育会并不是先行者,在它以群体的行为涉入之前,一些先觉的传教士已经开始为此谋划了,这其中又以李提摩太和李佳白(Gilbert Reid)最为典型。

李提摩太是英国浸礼会传教士,是晚清传教士当中坚决走上层路线的代表人物。早在1890年,他就建议中国应大胆借鉴西方的经验,

---

① *Records of the Fourth Triennial Meeting of the Educational Association of China 1902*, Shanghai: American Presbyterian Mission Press, 1902, Appendix C.

设立新学部，推广新学，"处今之时，为今之学，则不得不就彼之所通者以通吾之所未通，而吾儒诚不能以其异而诿之难畏之也"。"如中国翻然变计，欲广新学，宜特简派亲王游历五洲，遍览各国风俗政事，俾知新学为当务之急，实力讲求，亦设立新学部，再多筹经费，广立书院，从此渐推渐广，人才辈出，为国家宣劳，为海疆保障，大用大效，小用小效，又何难驾出西人上哉。"① 1895年，他再次建议"应请国家增立广学部，将报馆、译书、书院、科目四者皆由学部总揽其成"，"学部为人才根本，应请德人某某、美人某某总之，此二人名望甚高，才德俱备，可与中国大臣合办"②。李提摩太的主张是在总理衙门之下设立新学部，由中外人士共管，总揽新学事务。

李佳白是美国长老会传教士，与李提摩太一样，他也主张走上层路线。1895年8月，他给恭亲王奕䜣写了一封信，信的标题是"中国教育体制急需改变"。他认为，中国传统教育知识面狭窄，只能培养人的记忆力，而不实用；科目单一，只知中国经典，而不知西学课程。因此，他建议中国的学校应分为四级，普通学校或小学应教授读、写、算术和简单的地理知识；地方中学应提供"秀才"课程；各省大学或书院提供"举人"课程；最后才是在京城设立最高等学府提供最高级的课程。他认为，这些不同级别的学校都应通过考试的方式获得相应的学位，普通学校由地方管理，中央则要设立学部统管全国教育。③

这些传教士个人的意见，尽管有些还颇有见地，但个人的力量毕竟有限，而且过于依赖上层官员，使得他们的建议往往又只能建立在现有的教育基础之上，小修小补，显得畏首畏尾。中国教育会汲取了他们的教训，试图以群体的力量，力争更有作为。1896年中国教育会第二次三年大会上，主席潘慎文向大会做了《中国教育会与整个中国教育的关系》的报告。他说："作为基督教教育家的协会，我们要

---

① ［英］李提摩太：《论新学部亟宜设立》，载朱有瓛《中国近代学制史料》第4辑，华东师范大学出版社1993年版，第132—134页。

② ［英］李提摩太：《新政策》，载朱有瓛《中国近代学制史料》第4辑，华东师范大学出版社1993年版，第137页。他所推荐的两人是德国人花之安和美国人丁韪良。

③ "Educational Reform", *The Chinese Recorder*, Vol. XXVI, No. 10, 1895.

在力所能及的范围内，用各种方法掌握中国的教育改革运动，使之符合基督教的利益。"他认为，中国教育会要在以下几个方面做出贡献：一是审定出版教科书。二是为中国引介西方的教育制度。三是为中国各类学校培训教师。四是引入最好的教学和学校管理方法，建立教育科学名词体系。五是他建议中国教育会应组成一个专门的委员会去收集西方先进国家以及日本、印度的公共学校报告，从中选择一种适合中国的折中方案；然后对中国现行的教育体制进行透彻的研究，决定哪些是适合公共学校的，以节约经费，减少不必要的变动；在此基础上制订一个中国的公共学校计划，并将计划通过驻华公使和领事提交给清政府和各省督抚；另外，还要通过当地的报刊宣传，以及传教士、小商贩散发小册子等多种形式使这一计划为中国知识人所知。①

潘慎文的建议获得大会的普遍认可，于是，第二次三年大会成立了一个"教育改革委员会"（Educational Reform Committee），由狄考文、李佳白、李提摩太、花之安、仲钧安（A. G. Jones）、谢卫楼、林乐知、施美志、那夏理、文书田等10人组成。② 委员会成立之后，曾多次进行商议，他们意识到中国的教育改革问题离不开政府，传教士独当一面根本不可行，于是推举林乐知、李佳白、狄考文三人就中国教会学校的现状、创设京师大学堂、改革国家考试制度等问题向政府提交条陈。③ 后来，林乐知起草《教会学校在中国的成就》、李佳白起草《改革中国考试制度议》、狄考文起草《拟请京师创设总学堂议》和《续拟请京师创设总学堂议》，呈送给总理衙门。④ 这些文章都曾在《万国公报》上予以刊载，而传教士等人与国内维新派又素有往来，这就使得中国教育会的改革设想基本通过维新派的思想主张而对中国社会产生影响。百日维新当中，多项与教育相关的改革措施

---

① A. P. Parker, "The Relation of the Association to the Cause of General Education in China", *Records of the Second Triennial Meeting of the Educational Association of China 1896*, Shanghai: American Presbyterian Mission Press, 1896, pp. 39–45.

② *Records of the Second Triennial Meeting of the Educational Association of China 1896*, Shanghai: American Presbyterian Mission Press, 1896, p. 19.

③ "Committee on Educational Reform", *Records of the Third Triennial Meeting of the Educational Association of China 1899*, Shanghai: American Presbyterian Mission Press, 1899, p. 17.

④ 王立新：《晚清在华传教士教育团体述评》，《近代史研究》1995年第3期。

与此有关。

1899年，因广学会也成立了类似性质的组织，中国教育会的"教育改革委员会"进行改组，与广学会联合组成新的"教育改革委员会"，成员有潘慎文、谢卫楼、卜舫济、李提摩太、杰戴等五人。他们的主要工作包含三项内容：一是制定一套全国通用的学习课程；二是拟订一份全国考试计划；三是就公共学校计划，以及其他中国需要的教育改革问题向中国政府递交条陈。[①]

传教士的梦想是美好的，但中国社会变革的进程却并未按照他们的设想进行。一方面，维新运动趋向沉寂，义和团运动骤然兴起，中国社会各界掀起一股强烈的、普遍的排外意识，传教士更是首当其冲成为中国民众谴责、攻击的对象。另一方面，尽管维新运动失败，但因维新运动所激起的维新意识还在，也为清政府痛定思痛实行新政奠定基础，教育改革是其中重要的一环。但让传教士们感到意外的是，新政时期清政府推行的教育新政几乎完全是以日本的新教育为蓝本，西方传教士的改革设想被逐渐排除在外，这使传教士们着实感到失望。

对于中国教育会而言，1902年注定是一个不同寻常的年份，清政府正式颁布以日本教育为模板的新学制。而丁韪良、福开森、丁家立（Charles D. Tenney）、赫士这些英美传教士相继从中国各地官办学堂要职中逐步退出，传教士以英美教育为蓝本绘制的清末教育改革蓝图宣告破灭。他们不但未能像原来所期望的那样在教育改革中发挥作用，反而是受到了排斥，甚至连教会学校培养出来的毕业生因为信仰问题在进入官办学堂和政府部门时都发生了困难。在1902年召开的中国教育会第四次三年大会，也显得格外的低调和沮丧。"中国确实在进步和现代化，但传教士们被排除在外"，成为参加大会代表的普遍感受。[②] 其中，副会长福开森做了《中国教育展望》的主题演讲。他认为，中国政府对教会学校已不再宽容，传教士以前可以进入中国官办学堂并得到重用，而如今却被忽视；政府要求所有官办学堂

[①] "Committee on Educational Reform", *Records of the Third Triennial Meeting of the Educational Association of China 1899*, Shanghai: American Presbyterian Mission Press, 1899, p. 16.

[②] Alice H. Gregg, *China and Educational Autonomy: The Changing Role of the Protestant Educational Missionary in China, 1807-1937*, Syracuse University Press, New York, 1946, p. 44.

学生参加祭孔仪式,而基督教学校因信仰问题一直独来独往,对此敬而远之。这实际上反映了清政府对于西方文明的轻蔑态度,因为清政府一直实行"中体西用"的政策。在这种思想的指引之下,学生将会日益顽固地崇拜中国经典,而忽视西方文明。因此,基督教学校要想有立足之地,就不仅要与官办学堂一样提供优质的教育,而且要在道德和宗教上为学生进入公共社会提供更多的服务。[1] 此外,谢卫楼也向大会做了《基督教教育与中国教育改革之关系》的报告。他认为,中国政府虽然向全世界宣告它渴望获取新知识,但传授新知识的途径却仍是陈旧的;他猛烈批评中国的儒学传统教育,认为只有通过与基督教密切联系的西方教育才能获取新知,使中国进步。他甚至鼓励传教士说:"如果教会人士带着智慧和热情进入教育工作,我们有理由希望基督徒学生作为政府官员、重要学术机构的教师、布道家、演说家和报纸杂志的编辑,将站在中国政治、社会和道德革命的前沿,成为领袖。"[2]

面对日益边缘化的处境,传教士感到他们已不能像以前那样直接引领中国教育改革,而是积极向中国政府争取合法地位,同时大力发展自身的教会教育,提高效率,为中国教育做出示范。在1902年第四次三年大会上,中国教育会又成立一个新的"向中国政府请愿委员会"(Committee to Prepare Memorial to Chinese Government),由林乐知、杨格非、谢卫楼、狄考文、刘海澜(H. H. Lowry)、卜舫济、李提摩太、潘慎文、霍约瑟(J. C. Hoare)等九人组成,负责向政府提交一份请愿书,内容是涉及中国教育会的宗旨和活动,要求清政府取消对基督徒学生进入官办学堂的限制,以及取消基督徒学生参加祭孔仪式等一系列违背宗教信仰的规定。[3] 另外,中国教育会还要求执

---

[1] J. C. Ferguson, "The Educational Outlook in China", *Records of the Fourth Triennial Meeting of the Educational Association of China 1902*, Shanghai: American Presbyterian Mission Press, 1902, pp. 39–41.

[2] D. Z. Sheffield, "Christian Education in Relation to Educational Reform in China", *Records of the Fourth Triennial Meeting of the Educational Association of China 1902*, Shanghai: American Presbyterian Mission Press, 1902, pp. 51–61.

[3] *Records of the Fourth Triennial Meeting of the Educational Association of China 1902*, Shanghai: American Presbyterian Mission Press, 1902, p. 30.

行委员会向欧美差会提交请愿书，希望他们派出专业的教育家来华，负责专门的基督教教育工作，特别是工业教育和幼儿园教育领域。① 此外，大会还特别成立课程学习、圣经导读、幼儿园、罗马文字改良等专门委员会指导和推进教会教育工作，原设的"教育改革委员会"则自动终止。

1902 年 11 月，一份名为"号召外国差会派遣训练有素的教育家来华"的请愿书拟定。该请愿书提出："到目前为止，差会的海外传教政策是只派遣牧师前往传教地区，他们的工作显然主要是宣扬福音，但现在中国的情况发生了很大变化，差会政策应该改变。""随着中国社会对教育的日益重视，我们训练和控制年轻人思想的机会也越来越多，这就需要那些专业人士来掌控，按照最有效的方式来进行。""通过完善和增强教育的功能，未来中国官办教育体制将很可能受我们影响。""在中国，因为政府的保守和非基督化，他们声称按西方的模式复制他们的教育体制，但却难以容忍青年人接受基督教信仰。""所有这些，都要求差会派遣受过训练的教育家来到这里，发展教育工作，捍卫我们作为教育家的合法地位，并指导这个大国的青年人的思想。"② 正是这份请愿书，在西方差会中引发了广泛的反响，美国监理会、美国圣公会、加拿大长老会、美国长老会等先后来信表示支持。③

与获得西方差会的广泛支持不同，请愿委员会寻求清政府认可教会学校的合法地位的过程中历经波折。1905 年第五次三年大会上，林乐知的报告指出该委员会一事无成，被迫解散。④ 新成立"联合教育建设委员会"（Committee on Union Educational Establishments）的主要工作调整为积极寻求在华教会教育之间的联合，提高工作效率，避

---

① *Records of the Fourth Triennial Meeting of the Educational Association of China 1902*, Shanghai: American Presbyterian Mission Press, 1902, p. 33.

② "An Appeal to Foreign Mission Boards for Trained Educators for China", *The Chinese Recorder*, Vol. XXXIII, No. 12, 1902.

③ "Responses to Appeal for Trained Teachers", *The Chinese Recorder*, Vol. XXXIV, No. 11, 1903.

④ *Records of the Fifth Triennial Meeting of the Educational Association of China 1905*, Shanghai: American Presbyterian Mission Press, 1906, p. 48.

免重复建设,实现基督教界内部"合一",并没有将与政府的关系纳入其中。①

尽管请愿委员会的工作陷入停滞,但传教士积极寻求清政府认可的努力并未就此停止。1905年9月,清政府决定废除科举制不久,苏州博习书院就敏锐地致函美国驻华公使柔克义(W. W. Rockhill),询问有关外人学校与中国政府关系的问题。柔克义建议,由中国教育会代表外国教育家与清政府新成立的学部进行直接交涉,以便达成一个让双方满意的结果。② 在1906年2月中国教育会执行委员会会议上,参会人员针对柔克义的建议进行深入讨论,决定组成一个以北京周边人员组成的委员会与学部进行商议,希望学部能够取消对教会学校学生的歧视,给予公、私立学校同等待遇。该委员会成员包括北京的谢卫楼、刘海澜,天津的赫立德(Lavington Hart)三人。后应谢卫楼的提议,又增加梅子明(Ament)、卫理(E. T. Williams)二人。③ 他们的策略是,先由中国教育会与学部直接接触,表明立场;如事不成,再由美国驻华公使柔克义出面斡旋,通过外交途径解决。④ 最终,由于学部坚持独立立场,中国教育会多次交涉未果。于是,柔克义向清朝外务部提出:"会内学堂、书院自行考试毕业生所发之文凭,中国学部应与官立学堂一律同等。又请贵部、学部设法定章,如会内学堂、书院有愿照法办理者,可由学部派员稽查,是否按照奏定章程教授。再,学堂学生或升级或毕业,于其考试时,学部亦可派员观试,使贵国学部知其程度,将有明效。"对此,外务部征询学部意见,学部咨文复称:"本部遵守奏章。"外国人设立学院概不承认,"稽查考试之责,所请毕业升级出身与官立学堂一律办理,碍难照办。"⑤ 至

---

① *Records of the Fifth Triennial Meeting of the Educational Association of China 1905*, Shanghai: American Presbyterian Mission Press, 1906, p. 93.

② "Foreign Schools and the Chinese Government", *The Chinese Recorder*, Vol. XXXVII, No. 3, 1906.

③ "Meetings of the Executive Committee", *The Chinese Recorder*, Vol. XXXVII, No. 6, 1906.

④ A. S. Mann, "Foreign Schools and the Chinese Government", *The Chinese Recorder*, Vol. XXXVII, No. 3, 1906.

⑤ 第一历史档案馆藏:《清朝外务部档案》,案卷号3555。转引自姬虹《北京地区美国基督教教会中学研究》,载《中西文化与教会大学》,湖北教育出版社1991年版,第416—417页。

此，柔克义的请求再次被外务部、学部严词拒绝，中国教育会寻求清政府认可教会学校的努力宣告失败。

1906年8月学部咨文各省督抚，内称："至外国人在内地设立学堂，奏定章程并无允许之文。除已设各学堂暂听设立、毋庸立案外，嗣后如有外国人呈请在内地开设学堂者，亦均毋庸立案。所有学生概不给予奖励。"① 这是学部以咨文形式首次明确清政府对待教会学校的态度，并转饬各省予以参照执行。此后，中国教育会亦不再就此事与清政府进行直接交涉。1909年，谢卫楼说："在目前的情况下，任何向政府寻求认可的努力都会动摇我们的目标，阻碍我们的工作。"② 在华传教士心理转变由此可见一斑，他们的工作重心转为一心一意地谋求基督教教育事业的自身发展。

综观清末20余年中国教育会的各种活动与思想，可以发现这是一群"不务正业"的西方人，他们怀揣着"中华归主"的美梦来到中国传播基督宗教，却试图以自己的西学背景来改造包括基督教教育在内的整个中国世俗教育；这又是一群"野心勃勃"的西方人，为了实现他们拯救异教文明中的东方人的愿望，他们曾经"满怀热忱"地将西方的新式教育引介到中国，进而影响晚清国人以西方教育为中心绘制起中国新式教育宏伟蓝图，从而化解中西文明的冲突；这又是一群"郁郁不得志"的西方人，当晚清国人费尽周折建构起一个新的教育体系之时，传教士们才惊讶地发现在这个新的体系中已难以寻找到自己的立足之地，从中心渐坠入边缘。清朝末年的中国教育会竟要为曾经作为中国新式教育先驱者的基督教教育讨个合法地位与政府周旋，余下的就只有本分地守住他们苦心经营的传教教育事业了。这种从先驱者到追随者的角色转变，个中滋味恐怕只有他们自己才能体会。

---

① 《1906年学部咨各省督抚为外人设学无庸立案文》，载朱有瓛《中国近代学制史料》第4辑，华东师范大学出版社1993年版，第26页。

② "Educational Notes", *The Educational Review*, Vol. II, No. 9, 1909.

第三章

中华基督教教育会与基督教教育体系的形成

1912年中华民国的成立，终止了很多帝制时代的传统，也开创了很多新的制度，但政治上的重大历史事件并不一定会对社会各方面造成冲击。就基督教教育政策而言，民国政府成立初期基本上继承晚清，政府的漠视态度给基督教教育事业留下充足的发展空间，使得基督教教育可以在少受外界干扰的情况下，独立发展自己的小天地。基督教教育会通过改组发展壮大了，构建了一个从中央到地方的组织系统。"巴敦调查团"来了，把中国基督教教育界的声音传到了西方。《巴敦调查团报告书》把自晚清以来中西各方梦寐以求的基督教教育体系也基本勾勒完成了。

第一节 1912年改组

一 改组的历史背景

1912年中华民国成立，教育会第七次三年大会如期召开。历史有时真的是那么巧，于是很多人习惯地把教育会在此次会议上的决策与民国成立联系起来，把教育会改组与应对民国政府的新政策联系起来。事实上，1912年的改组绝不是偶然，它是教育会工作重心转移的必然结果，在1912年之前，有关改组教育会的议论就已经展开，部分措施在1909年大会上就已经落实。

自1902年开始，面对中国官办教育的挑战，基督教教育处于中国教育先驱者的身份受到动摇，传教士们转而专注于基督教教育的自身发展,谋求构建一套独立的基督教教育体系。① 在这样的大背景之下,如何让中国教育会更有效地参与和促进基督教教育体系的建设就摆在了教育会的面前。1902年,教育会第四次三年大会上,一位来自广州的传教士布瑞迪(W. M. Bridie)曾提交一篇文章,题目是《地方教育会与全国总会的关系》,他提出七条设想:一是上海是全国总会的当然所在地;二是地方教育会对全国总会的存在和发展至关重要;三是为发挥更大的影响,应赋予全国总会实权;四是由于全国总会的影响力完全在于其代表的品格和决心,因此教育会应密切总会与地方教育会的关系;五是通过聘请全职总干事和办刊等途径,促进教育会与中国教育的关系;六是中国基督教教育界面临前所未有的机遇,全国与地方教育会应好好把握;七是在全国设立四个地方教育会,即华北——包括北京、天津、华北、朝鲜等地区;华中——包括汉口及其周边地区,以及从南京到汉口之间的地区;上海—包括宁波、苏州、南京、镇江等地;华南——包括广州、香港、汕头、厦门、福州等地。因为当时中国并未出现任何地方教育会,他的设想受到了冷遇,没有任何人响应,但有意思的是后来教育会的改组却基本上是按照这一构想进行的。②

1902年之后,基督教教育事业仍在迅猛地发展。1902年,仅寄宿制学校学生就有5000名,1905年达到15137名,1909年有21785

---

① 关于构建基督教教育体系的问题,学界有不少的研究,如郭爱理、梁家麟、胡卫清教授等人。胡教授认为,"基督教教育作为一个完备的体系必须具备两个要素:一是必须有一个超越宗派的全国性组织,来规划、协调和指导全国的基督教事业,超越原来封闭、独立、各自为政的差会教育体制;二是必须建立起从小学、中学到大学的教育体制,同时以各种专门教育、特殊教育为补充"。结合这些标准,基督教教育体系大致完成于20世纪20年代,而对于起始的阶段,郭认为是在1902年;胡认为是从1890年;梁则认为"十九世纪末启其端,而大备于二十世纪初"。笔者认为基督教教育系统化的进程确实从19世纪末就已经开始,但在1902年之前,以中国教育会为代表,基督教界的主流意见是帮助清朝政府谋求建立一套包括基督教学校在内的教育体制,而不是独立地谋求基督教教育体制,1902年之后,主流的意见才开始转变。参见 Alice H. Gregg, *China and Educational Autonomy: The Changing Role of the Protestant Educational Missionary in China, 1807-1937*, Syracuse University Press, New York, 1946;梁家麟:《广东基督教教育》,建道神学院,1993年;胡卫清:《普遍主义的挑战》,上海人民出版社2000年版。

② W. M. Bridie, "Local Associations and Their Relation to the National Association", *Records of the Fourth Triennial Meeting of the Educational Association of China 1902*, pp. 167-170.

名，其中包括 18 所大学 919 名学生。而日校 1905 年为 42546 名，1909 年达到 54967 名。① 到了 1911 年，各类基督教学校学生总数为 102133 名。② 与之同时，教育会的会员数也从 1902 年的 249 人，增加到 1910 年的 556 人，广泛分布于全国的 20 多个省市地区。③ 伴随着中国基督教教育的发展，一些制约基督教教育发展的问题，也在教育会当中充分地暴露出来，如基督教教育发展的地方化、华人参与和政府介入等新问题。

中国地大物博，地方差异明显，中国教育会局限于上海，在协调全国的基督教教育事业上就显得力不从心，也会制约教育会的进一步发展。而在此时期，福建（1905）、华西（1906）和广东（1909）已渐次成立了地方教育会，这给中国教育会很大的启发，在地方建立教育分会就会自然地将教育会的势力延伸至各地，同时也可以给上海总会繁重的事务减压。于是教育会想起了 1902 年那篇未曾引起重视的文章，并将之重新刊发。④ 1909 年，教育会果断地采取措施，修改章程，吸纳地方教育会成为分会，1912 年教育会改组也延续了这个思路。

另外，自中国教育会成立以来，华人的参与程度始终不高，从它的会员情况可见一斑（见表 3—1）。

表 3—1　　　　　中国教育会历届会员与华人会员数

年度	1890	1893	1896	1899	1902	1905	1909
总会员数	37	73	138	189	249	383	490
华人会员数	0	0	2	1	1	2	9

资料来源：Alice H. Gregg, *China and Educational Autonomy: The Changing Role of the Protestant Educational Missionary in China, 1807–1937*, Syracuse University Press, New York, 1946, p. 46.

---

① Alice H. Gregg, *China and Educational Autonomy: The Changing Role of the Protestant Educational Missionary in China, 1807–1937*, Syracuse University Press, New York, 1946, pp. 42–43.
② *The China Mission Year Book*, 1912, Appendix.
③ "Members of the Educational Association of China", *The Educational Review*, Vol. III, No. 4, 1910.
④ *The Educational Review*, Vol. II, No. 9, 1909.

不仅如此，1909年之前，中国教育会组成当中，除了颜永京曾短暂服务之外，一直未见华人的身影。这一情况，与中国教育会所承载的革新中国教育的使命极不相称。因此，1909年《教务杂志》上出现了一篇文章极力批评中国教育会洋化色彩严重的现象，认为教育会呈现一股死气，不但需要改组，而且要解散，要在一个新的基础上重新开始。① 批评的意见不仅来自传教士内部，中国教育家也向教育会表达了看法。他们认为基督教学校的课程不符合政府标准，教科书陈旧，学生依托教会不求上进，政府不承认教会学校的毕业生等问题，都制约了基督教教育的进一步发展，而要解决这些问题，中国教育会就必须有所作为。他们建议由华人和传教士共同组成联合的基督教教育会来拉近国家教育与基督教教育之间的关系，并由他们联合向学部请愿，要求给予教会学校同等待遇。他们还对新的基督教教育会组织方法和工作职能提出建议。②

在这种情况下召开的1909年会议，对于中国教育会的发展前景就有了比以往更多的关注。福建的皮齐尔做了《中国教育会如何能够发挥更大的价值》的报告，他认为尽管教育会遭受到了不少的批评，还是有存在的价值，教育会完全可以通过更多的个人奉献、密切与会员和政府公务人员的关系以及出版更优秀的教科书体现更大的价值。他建议中国教育会应有一个固定的工作场所，尽职尽责的全职干事，并出版一份一流的刊物来帮助基督教教育摆脱困境。③ 商务印书馆的邝富灼向会议提交了《教育会工作中中外教育家的合作》的报告，更是主张教育会今后的工作重心应放在密切教会学校与政府学校之间的关系上，接受政府教育部门的监督和指导，接受政府的课程、教科书和术语方案。他认为，教育的最终目标是培育公民品格和素养，而

---

① D. L. Anderson, "Has the Educational Association of China Fulfilled its Misssion?", *The Chinese Recorder*, Vol. XL, No. 10, 1909.

② *Records of the Sixth Triennial Meeting of the Educational Association of China 1909*, Part II, pp. 59–61.

③ Pitcher, "How can the Educational Association be made of Great Value?", *Records of the Sixth Triennial Meeting of the Educational Association of China 1909*, Part I, pp. 57–65.

不仅是教会领袖。① 他们两人的建议，特别是邝富灼的看法引起大会热烈的反响。李提摩太认为在跟政府关系的问题上，应尊重中国人，让中国人自己做主去与政府接触，而不是外国人。薛思培认为教育会需要一名得力的华人干事，以及一名英国的干事代表，因为教育会需要聆听不同的声音，而不仅是美国人。布雷恩也认为应给予华人同事更多的管理权。② 于是，1909 年会议修改章程，对华人参与教育会也同样做出了明确的规定。

以此来看，1909 年部分改组的工作已经展开，地方教育会的组织将中国教育会的视野从上海一域转向全国各地；对华人和政府关系的重新审视，又使得教育会把目光从国家教育系统之外，转向国家之内。这种"地方化"和"本土化"的趋向为 1912 年的改组定下了基调，日后的组织变动和职能转移就是沿着这两个方向进行的。

二 改组的进程

1. 改组

1912 年 5 月，中国教育会按照既定的安排，如同往常一样，在上海召开第七次三年大会。新政府的民主共和形象，让传教士充满期待，他们满怀希望地去寻求政府认可基督教教育，以尽快实现进入国家的梦想。在那次大会上，丁韪良、毕来思（C. E. Price）、柏尔根（Paul D. Bergen）三人分别撰文探讨基督教学校与国家教育体制的关系问题，他们均认为寻求政府认可的最大分歧在于宗教教育。③ 李提摩太向会议提交《中国教育会之未来》的报告，他认为中国教育会要跨越宗派性，把主要任务放在发展教育、传播新知上，并主动与新政府接触，承担社会责任，帮助政府进行公共教育，让中国教育会的

---

① Fong F. Sec, "The Co-operation of Chinese and Foreign Educationists in the Work pf the Association", *Records of the Sixth Triennial Meeting of the Educational Association of China 1909*, Part I, pp. 66-71.

② *Records of the Sixth Triennial Meeting of the Educational Association of China 1909*, Part I, pp. 71-74.

③ "The Seventh Triennial Meeting of the Educational Association of China", *The Chinese Recorder*, Vol. XLIII, No. 6, 1912.

宗旨为新政府所知。①

为提高自身效率，满足地方和华人参与的愿望，增强政府认可的信心，1912年会议上中国教育会提出建议性的新章程九条，现译录如下：

一、本会定名为中国教育会。

二、本会以提高对中国教育之兴趣，促进教学人员之友好合作为宗旨，并须知基督教教育的宗旨是发展基督化品格，凡入其范围者，无不竭力改良。

三、本会特设一评议委员会，代表以下各区及后来加入之区：

1. 直隶；2. 山东；3. 浙江、江苏、安徽；4. 湖北、湖南、江西；5. 四川；6. 福建；7. 广东。

评议委员会由各区3名代表组成，其中至少一名是华人。如区内有分会，则分会内自行选举代表，否则以居住于区内之本会会员，以投票方式选出。

四、本会职员，设会长一人，总干事一人，司库一人。以后选举职员都由评议委员会进行，会议每年至少召开一次。评议委员会，以及会长、总干事，代表在华基督教教育事业。

五、执行委员会由会长、总干事、司库3名当然委员和另外4名额外会员组成，他们由评议委员会每三年改选一次。在评议委员会常会之余，他们有权调人弥补缺额。

六、评议委员会会员任期三年，为便于轮换，初选时，举定一人任期三年，一人两年，一人一年。

七、所有的新教教会人员，凡现在或曾经在华从事教育工作，或编写出版教科书之人，都可申请为本会正式会员，其他人从事这些工作的可申请为准会员，只有正式会员才有选举和受职之权。会员资格审定，由执行委员会为之。

---

① Timothy Richard,"The Future of the Educational Assiciation", *The Chinese Recorder*, Vol. XLIII, No. 4, 1912.

八、凡是章程为执行委员会所认可的各地方教育会可接纳为本会分会,具体的合作细节由执行委员会制定。

九、本会章程可在全体会员三分之二通过后修订。

资料来源:*The Educational Review*, Vol. VI, No. 1, Dec, 1913, pp. 1-6。另见贾腓力《中华教育会》,《中华基督教教会年鉴》1914年第1期,第68—72页。

以此看来,建议的新章程有四点与以前有很大不同:一是在宗旨中强调基督化品格;二是在人员配备上去掉了总编辑和出版委员会;三是由各地方代表组成评议委员会成为教育会的权力部门;四是在教育会当中华人参与程度增强。这实际上标志着中国教育会由出版为主彻底转向了以教育为主,由关注中国教育向专注基督教教育转变。

2. 落实

会上选举卜舫济担任会长,贾腓力为总干事,顾斐德(F. C. Cooper)为司库。① 贾腓力是美以美会传教士,长期在美国担任美以美会教育干事,1881年来华,在华北地区从事基督教教育工作,1884年进入四川传教,任美以美会华西区会督,是四川卫理公会创办人之一,1899年担任北京汇文大学理化科教授,1910年出任美以美会中国区教育总干事。他的差会背景和丰富的基督教教育经验赢得了教育会的青睐,1913年正式上任中国教育会总干事。②

会后,教育会向所有会员发出信函征询对新章程的意见,在对回复信函进行整理后,有265票赞成,5票反对,于是新章程获得通过,后经执行委员会同意,在对部分条款略做修改后,1913年12月正式对外公布。略做修正的条款包括第三条:增加"满洲"地区;第五条:执行委员会额外代表增加为6人;第九条:章程修订,须三分之二代表参加,并三分之二通过。③

1914年,教育会再次对相关条款做出修改:一是对章程第三条的区域进行重新划分,将山西、陕西、甘肃加入第一区;将河南加入

---

① "The Advisory Council of the Educational Association", *The Educational Review*, Vol. VI, No. 3, July, 1914.

② 参见 *The Educational Review*, Vol. III, No. 1, January, 1910;刘吉西:《四川基督教》,巴蜀书社1992年版,第608页。

③ "Editorial Notes", *The Educational Review*, Vol. VI, No. 1, December, 1913.

第二区;将云南、贵州加入第五区;将广西加入第七区,这样就真正形成了一个全国性的教育会网络。二是对章程第七条,应部分代表的建议,修改为:"所有的基督教会人士,凡现在或曾经在中国或其他国家直接从事教育或与教育活动有关联的工作,以及现在或曾经编写出版教科书之人,都可申请为本会正式会员,其他人从事这些工作的可申请为准会员。"这一修改就将教育会的会员范围扩大,不再局限于"新教"、"中国"和"教育",但凡天主教、其他国家、与教育工作相关的人都可成为教育会的会员,但基督教的范围始终没有改变。三是章程修改必须由执行委员会提出,以避免随意性,维护章程的权威。①

从1912年5月到1914年5月评议部第一次年会之间,中国教育会的主要任务都是围绕着落实新章程、完成改组工作进行的。1914年5月,由各地方选举的三名代表共同组成了第一届评议委员会,其成员如表3—2所示。

表3—2　　中华基督教教育会第一届评议委员会组成人员情况

第一区	直隶、山西、陕西、甘肃	张伯苓、白赐福、麦美德
第二区	山东、河南	刘光照、韩丕瑞、维礼
第三区	浙江、江苏、安徽	邝富灼、潘慎文、文怀恩
第四区	湖北、湖南、江西	胡兰亭、韩仁敦、麦卡锡
第五区	四川、云南、贵州	杨少泉、吴哲夫、陶维新
第六区	福建	王清河、毕来思、苑礼文
第七区	广东、广西	富森、格林理、韩安妮
第八区	满洲	饶伯森、葛理尔、奥默维拉

资料来源:*The Educational Review*, Vol. VI, No. 3, July, 1914。其中部分代表略有变动,如第一、第二、第四、第五区个别代表为他人顶替,广东、广西的代表是在1915年才产生的。参见 *The Educational Review*, Vol. VII, No. 3, July, 1915。

---

① "Meeting of Advisory Council", *The Educational Review*, Vol. VI, No. 3, July, 1914.

其中，第四、第五、第六、第七区代表由地方教育会自己选出，其余四区则由教育会会员选出。这 24 名代表和教育会的会长、总干事、司库共同组成评议委员会，完成教育会在人事上的重组。这样，1912 年改组的工作就基本完成了，余下的就只有"中国教育会"这个空壳名称了。

3. 正名

教育会的名称承载着教育会的工作旨趣，"中国教育会"反映的是教育会革新中国教育的愿望，而且在当时的中国并未有相类似的组织出现，采用"中国教育会"也未尝不可。但进入民国以来，一方面教育会本身的工作重心已经转移，另一方面在中国社会也出现官方主导下的全国教育会与地方教育会组织，这就使得"中国教育会"这一名称显得不伦不类，因而，如何选择一个恰当的组织名称摆在了教育会同人的面前。根据程湘帆先生后来的说法，1912 年时教育会已改称为"全国基督教教育会"①，1936 年，缪秋笙也认同了这一说法："迨至民国元年，国内新教育运动，已进入相当阶段，本会揆情度势，审时代之需求，知旧名之不当，即于是年自动更名为'全国基督教教育会'。"② 但除此而外，文献中并未有任何地方提到中国教育会改变名称，这可能是程湘帆记错，被缪秋笙所沿用，又或者是翻译上的误差，导致华人理解上的错误，因为早在 1905 年教育会就确定了在名称上中英文统一的原则，而且 1916 年 1 月 *The Educational Review* 上明确讲到教育会中文名为"中国基督教教育会"③，仅一字之差，意思也差不多，教育会没有必要为此大费周折。因而笔者认为"中国教育会"的名称在 1912 年之后仍在沿用，"全国基督教教育会"可能是后人的臆测。不过可以肯定的是英文名称并未有任何变化，仍然沿用了"Educational Association of China"。

在这期间，教育会曾就名称问题进行广泛的讨论，征求意见。很

---

① 程湘帆：《中华基督教教育会成立之经过》，《中华基督教教育季刊》1925 年 3 月第 1 卷第 1 期。

② 缪秋笙：《本会更名"教育协会"》，《中华基督教教育季刊》1936 年 3 月第 12 卷第 1 期。

③ "Editorial Notes", *The Educational Review*, Vol. VIII, No. 1, January, 1916.

久没有在教育会露面的傅兰雅 1913 年底给教育会来信，此时他已是加州大学东方语言文化研究所的教授，他认为没有必要在教育会名称上加入"基督教"的字眼，作为传教士从事基督教工作的团体，一定会是基督教的，没有必要刻意强调。① 1914 年，评议部第一次年会上又有人建议将名称定为"中国基督教教育会"（The Christian Educational Association of China）。② 可见，在名称上争论的焦点是要不要直接体现"基督教"的字眼。1915 年，会长卜舫济又提出了一个新的名称"中国传教士教育会"（The Missionary Educational Association of China），他认为："随着与官方教育会越来越多地接触，比如江苏教育会，以及其他各省的类似组织，我们不应破坏这一友好情感。……采用这一名称并不是指只有传教士才能加入，而是表明我们工作的目标是帮助中国的传教教育事业。"③ 但这些新名称在征求会员意见之后，最多的也仅有 129 票赞成，均未能获得多数通过。④

于是，在 1915 年 4 月底召开的评议委员会第二次年会中，新名称的问题成为大会的重要议题之一。卜舫济重申了他的看法，他说："我们不想与中国人的权利发生冲突，他们有自己的全国和地方教育会。一直以来，我们都称自己为'中国教育会'，而没有表明传教士的性质，这是很危险的。我也不赞成'基督教教育会'的提法，因为这可能隐含着其他团体的人不是基督徒的意思。而采用'传教士教育会'就非常精确了，尽管一些会员不是传教士，但这个团体是由传教士建立的，它的主要目标是建立和维持中国的传教士学校。"《教务杂志》的主编乐灵生（F. J. Rawlinson）则主张采用"中国教育会"（China Educational Association），他认为采用这一名称有三点原因：一是简单明了，其他的名称都太长；二是没有侵夺政府教育会的措辞；三是没有将非传教士排除在外。乐的看法得到了贾腓力、潘慎文的支持，但饶伯森、威尔士（Wells）、开尔伯恩（Kilborn）等人则认为应

---

① "Editorial Notes", *The Educational Review*, Vol. VI, No. 1, December, 1913.
② "Meeting of Advisory Council", *The Educational Review*, Vol. VI, No. 3, July, 1914.
③ "Report of the Second Annual Meeting", *The Educational Review*, Vol. VII, No. 3, July, 1915.
④ Ibid. .

在乐的基础上添加"基督教"字眼,他们认为新名称的主要目的是体现与政府教育会的差别,而不是传教士与非传教士、基督徒与非基督徒、新教与天主教的这些基督教的内部差别。因而,会议决定采用"中华基督教教育会"(China Christian Educational Association)这一中英文相一致的新名称。① 会后,再次征求会员意见,346人赞成,18人反对,新名称终获通过,自1916年1月正式采用。②

至此,1912年的改组任务彻底完成,教育会已经由一个以出版为主,涉足中国教育的团体,一变而为协调基督教教育内部事务,代表中国基督教教育界与政府、差会交涉的总代理。从出版的角度来说,教育会已经没落;而从协调基督教教育来说,一个崭新的教育会帷幕才刚刚拉起。

第二节 地方教育会的兴起

为了完成改组时的构想,中华基督教教育会的第一步工作就是在各地建立地方教育会,而这一步实际上早已悄悄地展开了。1900年以来,义和团运动所激起的民族主义情绪重创了在华传教事业,但义和团运动对中国基督教的冲击主要集中在北方,中国南方受到的影响则不大,特别是在南部沿海地区,基督教传播历史悠久,势力强大,地方教育会就首先在福建、四川、广东等中国南方地区建立。地方教育会的相继出现促成了1912年的改组,而1912年改组又促进了其他地方也建立地方教育会,这是一个互相影响、互相促进的过程。

一 早期的地方教育会

福建独特的地理位置和人文环境,特别是在福州、厦门开埠通商

---

① "Report of the Second Annual Meeting", *The Educational Review*, Vol. VII, No. 3, July, 1915.

② *The Educational Review*, Vol. VII, No. 4, October, 1915。另据1916年1月的 *The Educational Review* 记载,教育会也征求了中国教育界领袖的意见,他们也认为采用"中华基督教教育会"的名称比较合适,"外人团体不应采用理应为中国人使用的名称"。

之后，成为基督教在华传播的一片沃土。位于厦门附近的鼓浪屿是个旅游度假的胜地，在福建的传教士每年夏季都会到此休养，商讨教务。1905年夏天，来自卫理公会、伦敦会、公理会和长老会等四个在福建从事教育事业的差会代表云集于此，商讨有关福建的基督教教育问题，特别是小学教育。他们感到在同一地区单一差会各自为政的局面，使得整个地区的学制、课程、考试、教科书等具体的教学问题非常混乱，而且差会之间缺乏协调，重复建设，浪费资源。在上海虽有中国教育会在处理类似问题，但远水解不了近渴，地区差异严重，交通不便，福建的传教士认为各差会之间有必要进行合作，组织一个属于自己的教育会。于是，1905年8月，福建教育会（The Fukien Educational Association）在鼓浪屿宣告成立，设会长、副会长、总干事和司库各一人，以及由他们和另外三名会员组成的执行委员会，从人员配备上看，与中国教育会基本一致。由于福建教育会仅是解决一省的教育问题，聚集较为便利，其决定每年8月召开年会一次，各成员的任期也为一年，首任总干事由厦门归正会（A.R.M）的皮齐尔担任。会后它征募会员，来自归正会、英国长老会、公理会、英国圣公会、伦敦会和美以美会等六个差会的56名代表成为首批会员，至1909年，它的会员达到了150人，这样福建教育会就成为地方教育会的拓荒者。[1]

与福建地区不同，深处内陆的华西地区，基督教传播要晚近半个世纪；但却后来居上，组织严密，差会间合作的程度较高。1899年1月，华西各差会代表在重庆召开宣教会议，决定联合组成"华西差会评议部"（Advisory Board for West China），成为华西地区，包括云、贵、川三省差会的总协调机关，处理一切华西地区公共传教事务。[2]而教育方面的合作问题也纳入了该评议部的工作议题之内。1905年11月，该评议部在成都开会讨论基督教教育合作事宜，建议各差会接受华西教育的总体合作原则，组织中小学教育委员会拟订中小学合

---

[1] "The Fukien Educational Association", *The Educational Review*, Vol. II, No. 9, September, 1909.

[2] 刘吉西：《四川基督教》，巴蜀书社1992年版，第259页。

作计划，号召母差会对组织华西协和大学工作的支持。① 为响应评议部的建议，会后美国浸礼会、加拿大监理会、加拿大监理会女子传道部、英国圣公会、公谊会、伦敦会、美以美会、内地会等8个差会派出代表组成了中小学教育委员会。1906年10月，中小学教育委员会召开第一次全会，与会各差会代表表达了各自差会对于评议部建议的立场，总体上认可了华西地区的合作原则，并积极响应中小学层面的合作计划，但对于华西协和大学的联合事宜态度略有不同，尚须征求母差会进一步的意见。于是会议决定在中小学教育委员会的基础上，组建华西基督教教育联会（The Christian Educational Union of West China）。② 根据章程，华西基督教教育联会的宗旨是："通过统一课程、教科书和考试等方式，促进华西地区基督教中小学的联合与集中；促进华西协和大学的组织，及其对它的兴趣；促进华西地区在基督教影响下教育效率的全面提升。"③ 为实现以上宗旨，华西教育会下设教育部（Board of Education）承担华西教育会的主要工作，即由各差会代表组成的中小学教育委员会、大学管理部和大学教职员部三方面共同组成，在华西协和大学成立以前，中小学教育委员会实际上承担了华西教育会的主要事务。以此来看，华西教育会的成立初衷主要有两个：一是统一管理华西区基督教中小学教育事务；二是筹备华西协和大学。无论哪一点都与华西各差会密不可分，因此，华西教育会是华西各差会共管的结果。华西教育会的会员也主要从各差会产生，章程对这些差会的权责做了明确规定："凡从事中小学教育工作的差会都可任命一名代表进入中小学教育委员会，他们必须接受华西教育会的课程和考试、毕业规则。""差会必须参与组建华西协和大学。"④ 华西教育会设立会长、副会长、总干事、副总干事、司库和书记员各一

---

① "The Christian Educational Union of West China, Minutes of the First Meeting of the Committee on Primary and Secondary Education"，亚洲基督教高等教育联合董事会档案第277盒，第4388卷，第0098页，简写为RG277—4388—0098，以下类同。

② RG277—4388—0099。

③ "Mission Schools, Colleges and Universities in West China"，*The Educational Review*, Vol. IV, No. 2, 1911.

④ "The Christian Educational Union of West China, Minutes of the First Meeting of the Committee on Primary and Secondary Education"，RG277—4388—0100。

人，首任会长由周忠信（J. Taylor）担任，总干事为陶维新夫人（J. Davidson）。① 华西教育会下设执行委员会，由在成都的人员组成；每年10月召开年会一次，由云、贵、川三省会员共同参加，提交论文，商讨一切华西基督教教育问题。

广东是中国基督教开风气之先的地区，尽管从1850年之后，广州的传教中枢地位为上海所取代，但华南沿海的传教底蕴仍在。以教育事业为例，1899年广东各差会所设立的各级学校总共超过166所，学生在3616人以上，此数约占全国的1/10。② 与其他地区的地方教育会一样，地方差异和交通状况是成立广东教育会的重要原因。1909年3月，在广东基督教学校教职员会议上，与会代表感到差会在办学上负担过重，他们希望能够通过统一学校体制、交流办学思想和吸取其他学校的办学经验等方式，以尽量减轻差会的压力，于是决定成立广东教育会（The Educational Association of Canton）。③ 会后，他们征集会员，拟定章程。1909年4月，广东教育会章程公布。根据章程，广东教育会的宗旨是"促进与提升华南地区的基督教教育"，其主要工作是帮助学校组织统一考试、举办培训班和教职员会议、收集基督教学校统计资料、出版《教育公报》，以营造一种互相帮助和互相联合的基督教氛围。④ 章程规定："凡广东周边的新教教会成员，无论中外，现在或曾经从事教育工作，都可申请为本会活动会员，其他对教育工作感兴趣的人士可申请为联系会员，会员年费为1港元。"⑤ 至1911年4月，有8个差会的54所学校加入广东教育会成为会员。⑥ 广东教育会设会长一人、副会长一人、干事兼司库一人，并由以上三人和两名会员组成执行委员会。首任会长是格林（G. W. Green），副

---

① "The Christian Educational Union of West China, Minutes of the First Meeting of the Committee on Primary and Secondary Education", RG277—4388—0099。
② 梁家麟：《广东基督教教育》，建道神学院1993年版，第153页。
③ "Canton Educational Association", *The Educational Review*, Vol. III, No. 2, February, 1910.
④ "Canton Educational Association", *The Educational Review*, Vol. IV, No. 4, April, 1911.
⑤ "The Educational Association of Canton", *The Educational Review*, Vol. II, No. 5, May, 1909.
⑥ "Canton Educational Association", *The Educational Review*, Vol. IV, No. 4, April, 1911.

会长是尼尔森夫人（C. A. Nelson），来自岭南学堂的葛理佩（H. B. Graybill）担任总干事兼司库。教育会下设计划委员会、学校委员会、交际干事，分别承担组织会议、教师培训、资料收集等工作。与其他地区教育会有所不同的是，广东教育会每年2月、4月、10月、12月召开四次会议，职员选举在每年的12月会议上进行。[①] 由章程可见，广东教育会从一开始就不局限于广东一省，而是整个华南地区，包括广东、广西、香港和澳门，因此章程第十条规定"本会会员应与其他从事教育工作的朋友合作，以组建华南基督教教育会"。事实上，广东教育会也正是按照这一路径发展的，1915年，正式组建了"南中国基督教教育会"。[②]

这些早期的地方教育会大多是在基督教事业比较发达，而且距离上海较远的中心地区自发地出现，这是基督教教育事业发展进一步细化的结果。他们大多借鉴中国教育会的模式，设置职员、征募会员、拟定章程、处理特定领域的事务。如果说中国教育会是在华传教士以个人名义自由组合的团体，他们在主观上是力图避免教育会带有任何宗派色彩，那么地方教育会从一开始就是由差会促成的结果，特别是华西教育会更是差会直接主导下的产物，带有浓厚的差会色彩。这一差别，使得中央与地方教育会有着不同的发展路径，日后改组，教育会的决策靠地方去落实，又使中央教育会不得不受差会桎梏。

二 地方教育会系统的形成

地方教育会的发展，引起中国教育会的重视，其认为中国教育会完全可通过吸纳地方教育会为分会的方式，将中国教育会的宗旨和原则贯彻到地方。而地方教育会也迫切希望与中国教育会建立联系，借助中国教育会的经验和影响力，互通有无，并吸纳其他地区的优秀成果，提升地方教育会的协调能力。中央与地方合作，无论对谁都是一个双赢的决定，于是就有了前述1909年的教育会决议。

---

① "The Educational Association of Canton", *The Educational Review*, Vol. II, No. 5, May, 1909.

② 中山文献馆藏：《南中国基督教教育会第十届年会报告》，出版者不详，1924年，第1页。

决议的公布不光是对现有的地方教育会的认可,而且激励其他地区也成立类似的地方性组织。1911 年 8 月,来自湖北、湖南、江西、安徽、江苏等地的传教士云集汉口,决定成立华中基督教教育联会(Central China Christian Educational Union),覆盖湖北、湖南、江西三省和安徽的部分地区,以杰克逊(J. Jackson)任会长,诺特(C. W. Knott)任总干事兼司库。①

由于中国教育会总部设在上海,设立地方教育会难免会有重复设置之嫌,因而在基督教事业最为发达的华东地区迟迟未出现地方教育会。1911 年 10 月华东区 5 个差会(南监理会、南长老会、北长老会、南浸礼会、北浸礼会)的 10 名代表曾聚集上海,讨论华东区教育联合之事,当时决定成立"联合教育委员会"(Union Educational Commission)组织,范围涉及浙江和苏南的"吴区",主要考虑的是大学层面的联合,部分涉及中小学,由潘慎文任会长,乐灵生任总干事。② 1912 年 6 月,参与的差会增加到 9 个,成员增加到 18 人。③ 1913 年 4 月,为响应基督教青年会的号召,联合教育委员会的工作范围从"吴区"扩大至整个华东四省(江苏、浙江、安徽、江西),并将名称改为"华东教育联合会"(East China Educational Union)。④ 这是在差会推动下华东区域基督教教育的联合组织。

1914 年 2 月,华东教育联合会召集华东地区(浙江、江苏、安徽)基督教教育工作者会议,华东区从事基督教教育工作的 70 余名代表集聚上海,决定成立华东教育会(The East China Educational Association),作为中国教育会的华东区分会。根据章程,华东教育会的宗旨是:"提高对浙、苏、皖三省教育工作之兴趣,促进教学工作者之相互合作,以及中外人士与中国教育会之合作。"与华东教育联合

---

① "Central China Christian Educational Union", *The Educational Review*, Vol. IV, No. 8, August, 1911.

② "A Union Educational Commission", *The Educational Review*, Vol. IV, No. 11, November, 1911.

③ "Union Educational Commission, Minutes of the Second Meeting",上海市档案馆藏:卷宗号 U124—0—3,第 1 页。

④ "Minutes of the East China Educational Union",上海市档案馆藏:卷宗号 U124—0—5,第 13 页。

会主要由各差会教育部派遣代表组成不同，华东教育会采取会员制："所有的新教教会人员，凡现在或曾经在华从事教育工作，或编写出版教科书之人，都可申请为本会活动会员，其他人从事这些工作的可申请为联系会员，只有活动会员才有选举和受职之权。会员资格审定，由执行委员会为之。"为便于组织开展活动，华东教育会设会长、副会长、总干事、司库各一人，并外加3名会员共同组成7人的执行委员会，职员选举在每年年会中进行。首任会长是潘慎文，副会长为邝富灼，总干事为库夫特（J. F. Crofoot）。① 可见，华东教育会是在华东教育联合会的推动下，华东基督教教育工作者的联合组织。按照同为这两个组织的会长潘慎文的说法："二者尽管所涉及的领域基本相似，但却截然不同：其一，华东教育会的组织范围更为广泛，它包括华东地区所有的从事基督教教育工作的人员，而华东教育联合会则仅由各差会2名代表所组成，总数不会超过25人；其二，华东教育会的工作范围是华东区所有的基督教教育事业，而联合会则主要关注各差会大学、中学、小学之间的合作，只需制定一份统一的课程标准就可完成。"② 相比于联合会来讲，华东教育会则少了一些差会参与色彩，突出其"单纯"教育性的一面。自华东教育会成立之后，华东教育联合会就较少活动了，1915年2月华东教育会年会上其提交了一份统一课程方案，之后就未见其身影。而华东教育会成立之后则活动踊跃，发展迅速，一年后会员竟达到了300人。③

但在1915年之前，主要的地方教育会都是在中国南方，北方未见任何端倪。这种情况使得改组之后总会的政策难以通过地方教育会顺畅地在中国北方落实，同时总会也难以通过地方教育会便捷地获取北方的基督教教育信息。为了打破这种地域上不平衡的局面，1915年的评议委员会年会着力讨论了早已规划好的地方教育会格局，特别是北方地区。总干事贾腓力报告说："我们相信各地方教育会将会发

---

① "Minutes of the First Meeting of East China Educational Association", *The Educational Review*, Vol. VI, No. 2, March, 1914.

② A. P. Parker, "Relation of The East China Educational Association to The East China Educational Union", *The Educational Review*, Vol. VII, No. 1, January, 1915.

③ "Editorial Notes", *The Educational Review*, Vol. VII, No. 2, April, 1915.

挥巨大的作用，而全国总会则主要是鼓励各地的教育会相互联络，保持密切联系。"他认为："一般来说，地方教育会应以省为单位。考虑到华东地区交通便利，才使得它能够囊括三个省。通常一个教育会囊括两个或三个省的时候，就难以做好。"因此，教育会决定以省为单位，尽快在华北地区设立地方教育会，一个拟设在直隶，一个在山东，还打算在满洲也设立一个地方教育会。①

率先行动的是山东—河南教育会，与其他地方教育会多为在各省教育工作者会议上讨论成立不同，山东—河南教育会则是差会直接任命专门的委员会研究出来的结果。为响应总会的号召，1915 年秋季山东传道会就任命一个执行委员会去筹备在山东建立教育会分会，1916 年 3 月，这个执行委员会在泰安开会，决定正式成立山东—河南基督教教育会（Shantung and Honan Christian Educational Association）。随后执行委员会便征求山东、河南两省会员意见，1916 年 8 月，山东传道会认可了他们的决定，并要求他们负责筹备第一次年会。② 1917 年 1 月 30 日至 2 月 1 日，首次年会在山东潍县召开，这是两省教育工作者首次聚会，来自 9 个差会的 50 名代表出席。他们议定章程，选举职员，以泰安监理会的韩丕端（P. O. Hanson）任会长，刘光照为副会长，维礼（S. J. Wills）为外籍干事，韩凤纲为华人干事。③ 这样山东—河南教育会才算正式组建。

1916 年 7 月，满洲基督教教育会（The Manchuria Branch of the China Christian Educational Association）成立，会员来自东北三省的苏格兰和爱尔兰长老会，以及丹麦信义会，这个分会不仅隶属于中华基督教教育会，而且每年要向满洲传道大会和丹麦信义会提交报告，内容不仅包括满洲教育会自身发展情况，而且包括全国总会的会议记录，成为满洲差会了解中国基督教教育的窗口。④ 会上选举费德烈

---

① "The Educational Association of China", *The China Mission Year Book*, 1915, p. 383.
② "Report of the Shantung and Honan Christian Educational Association", *The Educational Review*, Vol. IX, No. 3, July, 1917.
③ "Report of The First Annual Meeting of the Christian Educational Association of Shantung and Honan Provinces", *The Educational Review*, Vol. IX, No. 2, April, 1917.
④ "Report of The Manchuria Branch of the China Christian Educational Association", *The Educational Review*, Vol. IX, No. 3, July, 1917.

(J. M. Findlay) 为会长，米斯凯丽（William Miskelly）为总干事。①

为响应以省为单位组建地方教育会的号召，1917年3月31日，湖南从华中教育会当中分出，在长沙成立了单独的湖南基督教教育会，会员来自全省的美国长老会、英国圣公会、美国归正会、循道会、基督教青年会、美国圣公会、挪威传教会、美国遵道会和雅礼协会等8个差会和1所大学。以盖葆耐（Brownell Gage）为会长，林戈尔（W. H. Lingle）为副会长，皮尔洛（W. H. Pillow）为外籍干事，唐山为华人干事。② 湖南教育会的成立出乎总会的意外，因为它打破了改组时将全国分为八区的规划，但也在情理之中，因为总干事贾腓力于1915年6月曾亲自到访华中，并建议"华中教育联会应结束'联会'的局面，分为几个省区，以便发挥更大效率"。③ 湖南教育会的成立就是贯彻了这一主张，日后教育会的建设就沿着以省为单位进行的。

在规划当中排在第一区的直隶、山西地区则是最后组建教育会的，其主要原因，按照总干事贾腓力的说法："山西更愿意组织一个独立的教育会，而不是与直隶一起。"④ 来自北京汇文大学的博晨光（L. C. Porter）也证实了这一说法："我不太熟悉山西的情况，但我认为山西人民更希望组织一个单独的教育会，而不是与直隶连在一起。"⑤ 正是这种原因才耽搁了华北地区组织地方教育会的进程。但在华北地区组织地方教育会乃是势在必行，一方面是由于总会不断地催促，另一方面华北地区的教育界人士对组织教育会热情高涨，特别是清华和南开两所私立学校的教职员对此充满期待。⑥ 1917年8月，华北基督教教育界在北戴河集会，决定成立直隶—山西基督教教育会（The Chihli-Shansi Christian Educational Association），涵盖直隶、山

---

① "China Christian Educational Association Manchuria Branch", *The Educational Review*, Vol. X, No. 4, October, 1918.

② "Editorial Notes", *The Educational Review*, Vol. IX, No. 3, July, 1917.

③ "Report of the Annual Meeting of the Central China Christian Educational Union", *The Educational Review*, Vol. VII, No. 4, October, 1915.

④ "Report of the General Secretary", *The Educational Review*, Vol. IX, No. 3, July, 1917.

⑤ "North China-Chihli-Shansi", *The Educational Review*, Vol. IX, No. 3, July, 1917.

⑥ Ibid. .

西、甘肃和陕西四省，以格雷斯汀（W. H. Gleysteen）为会长，张伯苓为副会长，博晨光任总干事兼司库。①

1920年7月，因河南与山东距离过远，交通不便，难以参与山东—河南教育会事务，于是河南的传教士在鸡公山另行组织河南基督教教育会（The Honan Christian Educational Association），处理河南一省的基督教教育事务，以沃尔德（O. R. Wold）任会长，比利（J. M. Bly）为外籍干事，吴义达为华人干事。②

这样，到了1920年各地方教育会已达10个，分别是福建、华西、广东、华中、华东、满洲、湖南、直隶—山西、河南、山东。具体情况如表3—3所示。

表3—3　　　　　　　　各地方教育会建立情况

建立时间	名称	涵盖地区	首任会长、总干事
1905年8月	福建教育会	福建	高智、皮齐尔
1906年10月	华西基督教教育联会	四川、云南、贵州	戴德生、戴维森
1909年3月	广东教育会	广东、广西、香港、澳门	格林、葛理佩
1911年8月	华中基督教教育联会	湖北、湖南、江西	杰克逊、诺特
1914年2月	华东教育会	浙江、江苏、安徽	潘慎文、库夫特
1916年7月	满洲基督教教育会	东三省	费德烈、米斯凯丽
1917年1月	山东—河南基督教教育会	山东、河南	韩丕端、维礼、韩凤纲
1917年3月	湖南基督教教育会	湖南	盖葆耐、皮尔洛、唐山
1917年8月	直隶—山西基督教教育会	直隶、山西、甘肃、陕西	格雷斯汀、博晨光
1920年7月	河南基督教教育会	河南	沃尔德、比利、吴义达

这样，1920年时，地方教育会的范围已经覆盖了全国的大部分地区，除了宁夏、青海、西藏、新疆由于本身民族宗教情况复杂，以

---

① "Editorial Notes", *The Educational Review*, Vol. IX, No. 4, October, 1917.
② J. M. Bly, "First Annual Meeting of The Honan Christian Educational Association", *The Educational Review*, Vol. XII, No. 4, October, 1920.

及交通极为不便外,基督教势力难以进入,因而教育会势力影响不大。这些地方教育会的组建,既没有按照改组初期的规划将全国设为八区,也没有按照总干事贾腓力的建议以省为单位,而是采取因地制宜的折中方式,或一省或两省或三省联合,最顶峰时甚至出现 11 个分会,成为连接上海与全国的纽带。①

以 1915 年为界点,在这之前,地方教育会多是自发建立;在这之后,新的教育会则多是在总会的监督和帮助下建立的,而早期的地方教育会也全部按照中华基督教教育会的组织模式进行了改组。地方教育会大多模仿评议委员会的方式设置地方的控制会,少数地方也在地方之下再设以市为单位的地方教育会,如华东、华西等,这样就使得 1915 年之后的地方教育会能够与上海总部共同构成一套完整的教育会系统,形成"总会—地方教育会—基督教教育"链条。上海总会不再直接插手具体的基督教教育事务,而由地方教育会代为进行,总会只负责对各地方提出的问题进行综合协调,形成决策,至于地方教育会是否接受,以及各基督教学校是否执行,总会完全无能为力。这种运作方式在充分保障地方自主权的同时,实际上降低了总会干预基督教教育事务的能力,日后教育会必将为此再做打算。

无论如何,从制度上来看,地方教育会格局已经形成,所应做的就是抓住机遇,在总会的统一协调下,并借鉴其他地方教育会的成功经验,与地方基督教学校密切联系,积极开展本地区的基督教教育工作,这主要包括收集教育数据、互通教育信息、联络教育人员、制定课程标准、谋划统一考试、开展教师培训、推荐教科书等,特别是统一考试、统一课程和教师培训这三项内容更是花费了各地方教育会的主要精力,通过这些教育事务,加速了地方教育会区域内的整合。

应当指出,自民国以来,在政府的主导之下,教育会的上述教育整合措施在中国官办教育当中也一直在进行,基督教教育界也曾试图参与到政府的整合当中,但仅停留在试探阶段,未有定论。因此,如何处理好二者关系,给基督教教育一个合适的位置,就潜伏在中国基

---

① 广东地区曾出现两个地方教育会,一个是广东教育会,另一个是 1915 年成立的南中国基督教教育会,但一直不活跃,与总会联系不多。

督教教育界的心里。于是，在教育会的倡导之下，要求欧美差会派出调查团来华，主动地进行调适和定位就提上了日程。

第三节 中华基督教教育会与巴敦调查团

一 巴敦调查团来华的历史背景

随着西方近代以来自然科学的进步，相关自然科学领域的研究成果为社会科学所用。以统计学为例，在社会科学特别是社会调查等问题上得以广泛应用，它不仅能够准确地展现调查结果，也能客观地验证某一理论与地方社会的适用关系。在教育问题上，也是如此，以美国为代表，在1920年前后进行了200余次较大规模的教育调查。这种教育盘点的方式，逐渐从美国传播到邻近的加拿大和其他一些国家，在全球范围内形成一股教育调查的热潮。[①] 在巴敦调查团来华之前，以欧美教育界和差会界为主，曾组织数次对东方国度的教育调查，为他们各自的东方政策服务。1919年，英美差会曾对印度派出调查团，进行过一次教育调查，并出版《印度乡村教育》的调查报告，在中国基督教教育界影响很大。[②]

事实上，对中国的教育调查工作很早已经展开。其中以芝加哥大学东方教育调查团（The Oriental Educational Investigation Commission of the University of Chicago）与中国基督教教育事务最为密切，甚至可以说为后来的巴敦调查团做了铺垫。1908年7月，"为增进东西方教育上的互补，促进人类教育事业共同发展"[③]，由洛克菲勒基金会资

[①] F. D. Gamewell, "Report of the General Secretary", *The Educational Review*, Vol. XIII, No. 3, July, 1921.

[②] H. Milford, *Village Education in India*; *the Report of A Commission of Inquiry*, London: Oxford University Press, 1920.

[③] "The Oriental Educational Investigation Commission of the University of Chicago", *The Educational Review*, Vol. II, No. 2, February, 1909.

助①，芝加哥大学派出了以该校宗教系教授巴敦（Ernest D. Burton）和地质系教授张伯林（Chamberlin）为首的调查团（其中巴敦就是后来 1921 年巴敦调查团的团长），成员主要有：曾在中国工作多年的加州大学东方学教授傅兰雅，巴敦的妻子、女儿、秘书，张伯林的儿子和一名芝加哥大学的中国留学生。这次调查的时间长达 13 个月之久，区域广泛，涉及土耳其、叙利亚、埃及、印度、中国、日本和朝鲜，其中在中国停留的时间最长，自 1909 年 1 月开始，前后有 6 个月，可见中国之行在此次东方调查当中的地位。② 关于在中国调查的具体范围和目标，芝加哥大学校长在调查团临行前特意讲道："对中国教育状况的调查资料，要注意从各个不同的途径收集。你们的报告应当指出这个国家的教育目前正在做的是什么？他们最需要的又是什么？是私人还是官方做的？他们的教育距离设想的目标还有多远？投入更多的教育资源会不会激发中国对于现代文明思想的兴趣？"③ 以此来看，这次调查的范围是包括基督教教育在内的所有中国教育，也正因范围太广，人员和精力有限，此次走马观花式的调查显得比较粗糙，除了巴敦的家人根据在中国的见闻出版了一本《中国的女子教育》之外，并未有什么正式的报告问世。④ 但此次调查却为巴敦本人积累了中国情感和人脉关系，特别是在上海期间，中国教育会曾宴请巴敦一行，并协助巴敦向中国教育会会员发出问卷，帮助收集教育资料，这为日后中华基督教教育会邀请巴敦再次来华打下了基础。⑤

民国成立以来，在政府继续奉行漠视基督教教育的政策之下，中国基督教教育继续安心地谋求构建基督教教育体系。在这一大背景

---

① "E. H. Gressy to Selskar M. Gunn (July 27, 1934)"，RG005—096—0332，据档案显示这也是洛克菲勒基金会首次涉及中国教育事务。

② "Eminent Scholar Tours the Orient"，*The Educational Review*，Vol. II, No. 10, October, 1909.

③ "The Oriental Educational Investigation Commission of the University of Chicago"，*The Educational Review*，Vol. II, No. 2, Februay, 1909.

④ Margaret E. Burton，*The Education of Women in China*，New York: Fleming H. Revell Company, 1911.

⑤ "Reception to Profs. Burton and Chamberlin"，*The Educational Review*，Vol. II, No. 2, February, 1909.

下，基督教教育继续向前发展：1912 年全国基督教学校学生数为 138937 人；1915 年为 172973 人；1917 年为 194624 人。① 1915 年，正当北京政府准备推行"大学区"建设之时，中华基督教教育会也在极力倡导以省为中心的地方教育会建设，更有人提出在北京、南京、广州、成都、武汉等地建立基督教大学中心②，看似大有分庭抗礼之势。但基督教教育则远远没有政府新式教育发展迅速，1912 年官办学校学生人数为 2933387 人；1915 年为 4294251 人；1917 年为 4500000 人。③ 进入基督教学校的学生只占政府新式学堂的 1/20 还不到，与以前相比，已不可同日而语。1917 年，教育部公布第八号令《学校订定考核待遇法》④，则首次将"中外人士创设私立各种学校"囊括在内，此法令看似比较平和，实际上却发出了政府开始寻求干预基督教学校的信号。

此时的中国社会跌宕起伏，1915 年中日"二十一条"的签订更是再次点燃了自清末以来的民族主义情绪，民众指摘的对象由日本扩展至所有在华列强，也包括西方在华基督教事业。在这种情况下，如何正确评估基督教教育事业的现有基础和未来发展方向，显得极为必要。

在此期间，世界传教运动的趋势也在发生重要转变。1910 年爱丁堡普世宣教会议的召开，标志着各差会单独活动的时代已经过去，以"合一"为主题的新时代已经来临。1913 年，国际宣教运动的总干事穆德（John R. Mott）来华，使得在华的传教士和中国教徒深信，要想解决中国的基督教问题，最根本的是要有明确的合一计划和有效的合作。但在此时，中国各地区的教会都没有一个完整的宣教计划，即便是制订计划的资料准备都非常欠缺。因而，穆德在广州期间提出："各差会本部和地方教会人士要想明智地制订一个有效的发展计

---

① 参见《新教育》1922 年 11 月第 5 卷第 4 期。
② J. A. Silsby, "Co-operation in Educational Work", *The Educational Review*, Vol. VII, No. 4, October, 1915.
③ 转引自胡卫清《普遍主义的挑战》，上海人民出版社 2000 年版，第 64 页。
④ 朱有瓛：《中国近代学制史料》第 4 辑，华东师范大学出版社 1993 年版，第 782 页。

划,则有全面了解一切基本事实的必要性。但目前掌握的资料还不足,而收集这些资料则极为复杂。"① 在这种情况下成立的中华续行委办会(China Continuation Committee)就承担了对中国基督教事业进行彻底调查的重任,其中就包括教育事业在内。在这种背景之下,基督教教育界倡导调查之事,势必能够获得中国教会界乃至西方差会的大力支持。

二 中华基督教教育会与巴敦调查团来华的酝酿

作为中国基督教教育界的代表,中华基督教教育会对于西方派遣调查团的关注由来已久。在1914年5月召开的中华基督教教育会评议部第一次年会上,总干事贾腓力报告说几个地方分会表达了要求教育总会着手进行教育调查的愿望。经讨论,教育会认为在目前情况下,单独进行教育调查并不适合,必须得到中华续行委办会的协助。② 但由于1914年的教育会评议部年会的中心工作是落实教育会在1912年的改组计划,教育调查之事并未引起重视,也没有形成任何决议;而中华续行委办会也才刚刚成立,对合作之事也没有任何反应。一年之后,在1915年的教育会评议部年会上,教育会通过决议组织一个以外国教育专家组成的调查团,对中国高等教育的状况进行彻底研究,并请求中华续行委办会的协助。当时教育会建议调查团的成员是英国利兹大学的塞德乐(Michael Sadler)教授、美国芝加哥大学的巴敦教授、美国哥伦比亚大学的萨乐迩(T. H. P. Sailer)教授和一名中国人。③ 会后,各地方教育会在审议总会决议时多表示赞同,福建教育会甚至建议"能否增加女性成员,或组织专门的女子教育调查团"。④ 1916年,中华续行委办会在年会期间对教育会的建议做出了正式回应:"如能办到,应立即从事于去年所决定调查全国教育现状

---

① 司德敷:《中华归主》上册,中国社会科学出版社1987年版,第5页。
② "The Advisory Council of The Educational Association", *The Educational Review*, Vol. VI, No. 3, July, 1914.
③ "Recommendations", *The Educational Review*, Vol. VII, No. 3, July, 1915.
④ "Educational Association of Fukien", *The Educational Review*, Vol. VII, No. 4, October, 1915.

之事。"① 这样，在教育会的倡议和推动之下，教育会与委办会两大国内基督教机构就派遣调查团一事基本达成了共识，但教育会的建议中只提到"中国高等教育"，而委办会则是"调查全国教育"，显示了在调查范围和目标上还有些分歧。

由于当时正处于一战期间，欧美各国忙于应付战时危机，难以顾及其他，派遣调查团之事被暂时搁置。但教育会的建议，在西方差会仍然引起了热烈的反响。1917年初，总干事贾腓力返美休假，在此期间，他收到不少差会的来信，表达了对调查团一事的兴趣，他还特意就此事两次与巴敦进行商议，巴敦本人也表示支持这项活动。②1917年4月11日在纽约召开的北美海外传道会各差会总部联席会议上，这个问题又被提了出来，并获得与会代表的认可。③

1918年4月，一战进入尾声，而经过几年的准备，由中华续行委办会主导的"中华归主"调查计划也正式开始。于是，在当年的教育会评议部年会上，派遣欧美调查团之事被迫不及待地提上了日程。首先提出这一问题的正是中华续行委办会的执行总干事罗炳生（Edwin C. Lobenstine），他在会议上报告了中华续行委办会至今为止在中国基督教事业调查方面所取得的进展，并指出了教育调查和其他基督教事业调查的相互关系，他建议："为促成英美教育调查团尽早来华，中华基督教教育会应尽快采取措施准备来华相关事宜。"④ 路思义（H. W. Luce）认为不管欧美调查团能否成行，都必须对中国基督教教育状况进行调查，评议部应尽早制定调查的目标和方法。苑礼文（A. L. Warnshuis）则认为调查之事应与北美海外传道会联系，并指出调查对于明确在战后新世界中基督教教育地位的重要性。于是，在此次年会上，教育会对如何尽快促成调查团来华做了工作安排：一是与中华续行委办会共同组织"联合委员会"筹备有关调查

---

① 《中华续行委办会述略》，出版地不详，1917年，第89页。
② "Report of the General Secretary", *The Educational Review*, Vol. IX, No. 3, July, 1917.
③ *Christian Education in China: A Study Made by An Educational Commission Representing the Mission Boards and Societies Conducting Work in China*, New York: Committee of Reference and Counsel of the Foreign Mission Conference of North America, 1922, p. 1.
④ "Fourth Meeting of the Advisory Council of the CCEA", *The Educational Review*, Vol. X, No. 3, July, 1918.

团来华事宜;二是收集有关中国教育资料以供调查团使用;三是与北美海外传道会下属的顾问委员会联系,以确认调查团的经费和组成人员。①

4月25日,中华续行委办会执行部通过决议"为迎接国外教育调查团的到来,执行部成立一个下属的委员会与中华基督教教育会执行委员会合作"。②这个"联合委员会"起初由8名人员组成,其中来自教育会的4人,委办会的4人,分别是卜舫济、贾腓力、郭秉文、路思义、罗炳生、施珀衍、德本康夫人和余日章,卜舫济任主席。③几乎与此同时,1918年4月,北美海外传道会顾问委员会的主席詹姆斯·巴敦(James L. Barton)向所有在华从事传教活动的差会总部发出咨询函,征求他们对于派遣教育调查团一事的态度,大多数的差会都回复表示赞成。④随后,他致函中华续行委办会,指出:"近顷若有深表同情于传教事业之教育专家二三人,能代表顾问委员会前来中国协同中华续行委办会,将基督教教育事业详细调查,则其结果对于教务,有永远价值。"⑤这样,由教育会倡导的调查团之事就得到了以委办会为代表的中国基督教界和以北美海外传道会为代表的美国差会界的支持,调查团来华就只是时间问题了。1918年教育会评议会召开年会时,期待调查团能在1919年来华。⑥

---

① "Fourth Meeting of the Advisory Council of the CCEA", *The Educational Review*, Vol. X, No. 3, July, 1918.

② "The Nineteenth Meeting of the Executive of the China Continuation Committee (April 25, 1918)",上海市档案馆藏:U123—0—12,决议第369条。

③ "Edwin C. Lobenstine to F. L. Hawks Pott (May 27, 1921)",上海市档案馆:Q243—1—830,第12页。

④ *Christian Education in China: A Study Made by An Educational Commission Representing the Mission Boards and Societies Conducting Work in China*, New York: Committee of Reference and Counsel of the Foreign Mission Conference of North America, 1922, p. 2.

⑤ 《中国基督教教育事业》,商务印书馆1922年版,第1页。刘贤博士在《巴敦调查团研究》一文中认为:"身为北美传教大会顾问委员会主席的巴敦就曾致函中华续行委办会,……巴敦的意见与中华续行委办会和中华基督教教育会的想法不谋而合,因而被任命为调查团主席。"实际上,此巴敦非彼巴敦,北美海外传教大会的巴敦是James L. Barton,而调查团的巴敦是Ernest D. Burton。这主要是由于1922年商务中文版报告书在翻译时未加区别,所以造成了后人的误会。刘文可见《基督教与中国社会文化:第一届国际年青学者研讨会论文集》,香港中文大学崇基学院宗教与中国社会研究中心2003年版,第87页。

⑥ "Editorial Notes", *The Educational Review*, Vol. X, No. 3, July, 1918.

为了迎接调查团的到来，教育会迅速展开了筹备活动，首先进行的便是全国范围的预备调查，收集教育资料。早在1917年评议会年会上，选举齐鲁大学的副校长路思义为教育会副总干事，当时并未得到美国长老会和齐鲁大学董事会的批准。经过一番交涉，当年8月，美国长老会最终勉强同意路思义为教育会服务一年，薪水由长老会继续支付，在这有限的时间之内，路思义的主要工作就是负责教育调查。[①] 曾作为华东教育会宗教教育委员会的主席，路思义本人一直以来都对宗教教育方面的调查工作颇感兴趣。1918年1月1日，他正式上任教育会副总干事之后，立即投入教育调查工作当中，至1918年4月，他先后调查了菲律宾的马尼拉以及广东地区的教育状况。[②] 因而也就出现了前述年会上，他主张即便没有欧美调查团来华，也要进行教育调查的意见。

1918年4月教育会与委办会共同组织的"联合委员会"成立之后，一切与调查团有关的事务都由它负责，而在教育调查方面，教育会与委办会则是分开进行，结果共享。委办会的调查由司德敷（M. T. Stauffer）总领的"中华归主"调查计划一道进行，其中包括基督教教育工作；教育会方面主要是由路思义负责，因教育会倡导欧美调查团的主要任务是调查基督教高等教育，所以路思义的调查有意识地侧重于基督教中小学、神学校和圣经学校，以求弥补不足。[③] 在1919年4月的教育会评议会年会上，司德敷与路思义同时提交了对基督教学校调查的初步结果，这些结果对后来的欧美调查团具有很高的参考价值。路思义在报告中说他们在15个月的时间里，调查的范围北至奉天，南至广东，西至湖南的湘潭，通过直接访问和调查问卷等形式与大大小小共580所学校取得联系，形成了对中国基督教教育的初步印象，他认为："一、教育工作已经步入新时代，教师、科学知识和教育思想都应该跟上步伐。二、宗教教育应成为基督教教育工作的中心。三、教师们任劳任怨，精神可嘉。四、差会应对教育工作进行更

---

① "Editorial Notes", *The Educational Review*, Vol. X, No. 1, January, 1918.

② "Fourth Meeting of the Advisory Council of the CCEA", *The Educational Review*, Vol. X, No. 3, July, 1918.

③ "Editorial Notes", *The Educational Review*, Vol. XI, No. 1, January, 1919.

仔细的研究。五、基督教学校应联合起来。六、鉴于教育对促进基督教事业的重要性，应投入更多的师资设备。"① 此后不久的1919年6月，路思义辞去教育会的工作返美。他将他的调查结果向北美海外传道会汇报，也通过各种途径向美国差会做宣传，这也加速了调查团来华的进程。② 他在美国期间，利用在哥伦比亚大学师范学院进修的机会，将此次调查的相关资料整理成书，1919年底由教育会出版。③ 此后，他就任燕京大学副校长一职，一直与教育会保持密切联系。

路思义调查仅是教育会筹备工作的一部分，教育会还就存在分歧的调查范围一事与委办会进行了沟通。1918年6月4日，"联合委员会"在上海开会，会议专门讨论了调查团的范围："调查团应该对目前基督教教育为中国男女提供教育的地位进行研究并提出建议，特别要关注：1. 与政府教育的关系；2. 不同层次学校的相互关系和标准化；3. 按照中国人的需要，调整教育体制；4. 发展高等教育。"④ 以此来看，"联合委员会"的意见是将调查范围从高等教育扩展到整个基督教教育。会后，"联合委员会"向北美顾问委员会发出信函，阐述了教育会和委办会形成的一致主张，并利用罗炳生赴美的机会积极游说，力争调查团在1919年底1920年初来华。⑤

可以说，在1919年初，教育会和委办会为调查团来华所做的准备已经非常成熟，然调查团的来华却要拖到两年之后，原因何在？1922年出版的纽约版巴敦调查团报告书只用一句话解释："战争的原因推迟了计划的实施。"⑥ 是否果真如此？一战确实影响了调查团来华的时间，但1918年底战争已经结束，何以推迟了三年之久？假如完全是战争因素，为何1919年却能够向印度派出调查团？故而以战

---

① "Report of H. W. Luce", *The Educational Review*, Vol. XI, No. 3, July, 1919.

② "Editorial Notes", *The Educational Review*, Vol. XII, No. 2, April, 1920.

③ H. W. Luce, *Survey of Middle and Higher Primary Schools*, China Christian Educational Association, 1919.

④ F. D. Gamewell, "Report of the General Secretary", *The Educational Review*, Vol. XI, No. 3, July, 1919.

⑤ Ibid. .

⑥ *Christian Education in China: A Study Made by An Educational Commission Representing the Mission Boards and Societies Conducting Work in China*, New York: Committee of Reference and Counsel of the Foreign Mission Conference of North America, 1922, p. 2.

争为借口难以令人信服地解释这一问题。笔者认为，由于巴敦调查团报告书的出版方正是派出调查团的北美海外传道会顾问委员会，导致报告当中隐藏了一些事实，那就是顾问委员会与差会之间协调不力，才导致了在派遣调查团的经费和人员两大问题上出现拖延。

北美海外传道大会顾问委员会是平信徒海外传教运动的产物，由美国、加拿大地区从事海外传教活动的所有差会共同组成。它是一个研究建议性的组织，承担与海外差会联络，以及协调各差会总部之间关系等任务，为各北美差会的海外传教事业提供决策咨询服务，但没有对差会在行政和经费上的管辖权。1909年4月，随着中国基督教教育事业的发展，顾问委员会曾下设一个专门的"中国教育工作委员会"，以提升差会界对中国教育工作的兴趣，增进与中国基督教教育界的联络。它由委员会的主席、干事等10名成员和另外12名从事教育工作的美国平信徒组成，巴敦就是其中之一。① 所以，在教育会提出派遣调查团一事之后，首先就与顾问委员会取得联系。但顾问委员会并没有决策权，它必须要征求各差会总部的意见，在得到它们认可之后才能成行。这不仅包括调查团来华的总体意向，还包括调查团的人选和经费落实，也都要经过差会同意。这样，调查团来华的一切事务，势必要经过"联合委员会（中）—顾问委员会（美）—差会（美）—顾问委员会（美）—联合委员会（中）"等诸多传达与反馈的越洋程序，其中最为核心的是差会，它们才是最终的主宰者。那么多的差会，一旦协调不力，出现意见分歧，势必影响整个进程。

在人选上，教育会当初提出的三名人选：塞德乐、萨乐迩、巴敦，一名英国人和两名美国人，主要是从教育上来考量的，从1913年至1920年间，*The Educational Review* 上也有多篇文章介绍这三个人的教育思想，但教育会的提名未必考虑到差会能否接受。顾问委员会认为："调查团的成员必须是认同基督教教育，富有经验和学识。"② 毫无疑问巴敦肯定就是这样的人，他在芝加哥大学工作多年，与顾问

---

① "An Important Educational Commttee", *The Educational Review*, Vol. II, No. 9, September, 1909.

② "The Minutes of the Union Committee for China Educational Commission（March 11, 1921）", 上海市档案馆：U124—0—125, 第13页。

委员会关系密切，更重要的是他曾获得过洛克菲勒基金会的支持，在中国进行过教育调查，这样的人选在美国差会界来说，恐怕找不出第二个，而巴敦本人也表示愿意从事这样的工作，芝加哥大学又表示支持，选举他为团长是众望所归。① 其他两名人选，则是学识有余而经验不足，难以获得差会的普遍认可。在这种情况下，顾问委员会一筹莫展，不仅没有提名新的候选人，也没有采取新的选人方式，而是继续与差会交涉、观望和等待。

1918 年 6 月，"联合委员会"决定将调查的范围扩大，要求顾问委员会将欧美调查人员相应增加到 6 人。顾问委员会则模仿印度调查团的人员配制，决定由 5 名美国人，并邀请 1 名英国人组成。② 而且顾问委员会还一改以往在人选上的不作为，决定美国代表由巴敦推荐人选，再由顾问委员会审议，最后由差会酌定；英国人选则直接由不列颠与爱尔兰海外传道会自己决定。③ 这样，顾问委员会便从人选问题的纠葛中脱身。这些人选到 1921 年 3 月才大致拟定，分别是巴敦、巴特菲尔德（Kenyon L. BUtterfield）、麦克康纳尔（Francis J. MaConnell）、伍利、罗素（William F. Russell）、洛克斯比④，但经费问题还没有着落。

按照以往进行调查的经验，调查的经费多是差会自己拨付，或者由某个财团支持，而差会的收入主要来自信徒和美国民众的捐助。但刚刚经历一战，虽说没有影响到美国本土，却转移了民众和财团的注意力，使得与战前相比，美国民众对于海外传教事业的关注度暂时降低。而且派出一个如此规模的调查团，进行一次大范围、长时间的调查，需要的经费也一定比以往更多，这无论对于某个财团还是差会来

---

① *Christian Education in China: A Study Made by An Educational Commission Representing the Mission Boards and Societies Conducting Work in China*, New York: Committee of Reference and Counsel of the Foreign Mission Conference of North America, 1922, p. 2.

② Ibid., p. 2.

③ "The Minutes of the Union Committee for China Educational Commission（March 11, 1921）"，上海市档案馆：U124—0—125，第 12 页。

④ *Christian Education in China: A Study Made by An Educational Commission Representing the Mission Boards and Societies Conducting Work in China*, New York: Committee of Reference and Counsel of the Foreign Mission Conference of North America, 1922, p. 2.

说，在特殊时期都是难以独立承担的，要知道印度的调查团仅由五人组成。为此，"联合委员会"曾下设一个专门的预算委员会，由罗炳生、苑礼文、柏高德（J. T. Prootor）等人组成，负责向顾问委员会提交调查团的预算报告。① 根据他们提交的报告，当时估计调查团的总预算是 35000 美元，其中 15000 美元由在华从事传教活动的差会提供，各差会按份额承担。② 但预算报告并没有指出各差会应该按照怎样的份额承担，也没有指出另外 20000 美元该如何获得，这让顾问委员会很棘手。1921 年 1 月，在北美海外传道大会年会期间，在华从事传教工作的各差会总部代表以及来自中国的传教士一起讨论了调查团的计划，也专门组织一个预算委员会考虑具体的预算方案，提交给顾问委员会审议。根据新的方案，调查团的经费削减为 25000 美元，由三部分组成：一部分经费来自北美地区 16 个差会，共计 15000 美元；一部分来自洛克菲勒基金会，共计 10000 美元；③ 而英国代表的费用由英国教会自己支付。④ 这样，到了 1921 年 5 月，调查团的经费也终于得到了落实。于是，顾问委员会决定调查团于 1921 年秋天来华。

随着调查团来华的日益临近，中国的"联合委员会"也在紧锣密鼓地进行筹备。在 1921 年 1 月的北美海外传道大会年会上，差会代表们曾决定："调查团要考虑到中国基督教教育的所有方面，包括初等、中等、高等以及职业学校，男子与女子学校，以考察其在中国基督教化过程中的作用，以及基督教教育与政府公私立学校之间的关系。"⑤ 这给联合委员会的筹备工作指明了方向。

---

① "The Minutes of the Union Committee for China Educational Commission（March 18, 1921）"，上海市档案馆：U124—0—125，第 8 页。

② "The Minutes of the Union Committee for China Educational Commission（March 11, 1921）"，上海市档案馆：U124—0—125，第 14 页。

③ *Christian Education in China: A Study Made by An Educational Commission Representing the Mission Boards and Societies Conducting Work in China*, New York: Committee of Reference and Counsel of the Foreign Mission Conference of North America, 1922, p. 3.

④ "The Minutes of the Union Committee for China Educational Commission（March 11, 1921）"，上海市档案馆：U124—0—125，第 12 页。

⑤ "The Ninth Annual Meeting of of the China Continuation Committee（May 9 - 10, 1921）"，上海市档案馆：U123—0—11，第 41 页。

1921年3月,"联合委员会"倍感事务繁多,决定将联合委员会的人员从8人增加到10人,由教育会和委办会各选5名代表组成,分别是贾腓力、卜舫济、郭秉文、柏高德、斯维普(Miss V. P. SZe)、罗炳生、施珀衍、邝富灼、余日章和德本康夫人,卜舫济为主席,柏高德为干事。① 同时,他们还请求浸信会让安德森(E. J. Anderson)为联合委员会服务,让余日章帮忙寻找一位华人秘书。② 联合委员会的主要任务有:提名调查团的中国代表;拟定调查路线;与政府及各地教育部门联络;继续收集有关中国教育状况的资料。③ 根据程序,联合委员会做出的任何决定都要经过北美海外传道会的认可。

关于中国方面的人选问题,根据与顾问委员会协商的结果,国外的代表由顾问委员会负责挑选,而国内代表就由联合委员会负责,人数为6人,其中半数应是中国人。④ 结果,1921年3月,联合委员会任命贾腓力、罗炳生和余日章三人组成特别委员会负责提名中国代表时,联合委员会给予的意见是"任命6名或者更多的人参与到调查团之中"。⑤ 最终,他们提名了10名国内代表,分别是贾腓力、罗炳生、司徒雷登、兰伯特、德本康夫人、吴明浚(即吴哲夫)、葛理佩、张伯苓、郭秉文、罗有节,其中张、郭、罗是中国人。⑥

关于调查路线的问题,联合委员会也专门组织委员会进行研究,认为调查团应在8—10个中心区召开地方会议,还将参观一些模范学

---

① "The Minutes of the Union Committee for China Educational Commission (March 11, 1921)",上海市档案馆:U124—0—125,第12页。
② "The Minutes of the Union Committee for China Educational Commission (March 18, 1921)",上海市档案馆:U124—0—125,第9页。
③ "The Minutes of the Union Committee for China Educational Commission (March 11, 1921)",上海市档案馆:U124—0—125,第14页。
④ 同上书,第12页。
⑤ "The Minutes of the Union Committee for China Educational Commission (March 18, 1921)",上海市档案馆:U124—0—125,第9页。
⑥ 《中国基督教教育事业》,商务印书馆1922年版,第3页。

校，调查完成之后，所有成员要召开一次全体会议以准备工作报告。① 1921年3月，苑礼文在与巴敦、各差会商议之后，进一步提出详细的计划：调查团到来之后，首先由联合委员会在上海组织召开一次欢迎会，并对调查团的工作安排进行部署；等所有成员到齐之后，集中调查某一特定的地区，以确定调查的标准和方法；然后，调查团分成若干小组，分别调查不同的地区，并在一些重要的中心区召开地方分会，如北京、长沙、福州、广州、泰安等；最后，等所有地区调查完毕之后，在上海召开总结会议，以准备调查报告和向1922年基督教全国大会提交报告。但对于国内代表是集中到一起与调查团会合，还是各自与调查团会合，联合委员会还要进一步与各代表协商。②

鉴于调查团是以外国人为主，到中国进行如此大规模的调查，势必涉及主权问题，而且调查团也将"与政府的关系"作为此次调查的重要目标之一，巴敦和差会代表建议："联合委员会应主动与政府教育部门接触，做出必要的解释，以避免对调查团的误解。同时，还可寻求政府方面对调查团发出邀请，并在某种程度上与调查团合作。"③ 在这种情况下，联合委员会还组织了一个以邝富灼、郭秉文、余日章三名中国人为主的"与政府教育部门关系委员会"，与教育部进行沟通。他们的任务有：寻求教育部对外来的中国教育调查团发出官方的欢迎和邀请；寻求政府教育部门派出代表与调查团合作；对于调查团所要前往的地区，向地方官员发出通知，要求其提供便利；教育部以及非官方教育团体，为调查团在收集教育资料方面提供便利，并向其展示一些模范学校的信息。他们推举郭秉文专门就此事向教育部以及江苏省教育会、中华教育改进社、中华职业教育社三个重要团体陈述，寻求落实。④

与以上工作相比，联合委员会准备时间最长、最繁重的工作就是

---

① "The Ninth Annual Meeting of of the China Continuation Committee (May 9-10, 1921)"，上海市档案馆：U123—0—11，第41页。

② "The Minutes of the Union Committee for China Educational Commission (March 11, 1921)"，上海市档案馆：U124—0—125，第14页。

③ 同上。

④ "The Minutes of the Union Committee for China Educational Commission (March 18, 1921)"，上海市档案馆：U124—0—125，第8页。

为调查团准备中国教育方面的资料，从路思义调查开始，至调查团来华，差不多准备了四年。这些材料大致从三种途径获得：一是委办会在"中华归主"调查当中获得的教会和政府学校的统计；二是解释性的材料，由联合委员会准备大纲，再由各学校填写；三是由联合委员会直接收集的教育类书籍、报告、文章、杂志、年鉴、大学名录等。应调查团的要求，这些材料要尽可能寄到美国，以便于调查团人员研究和在来华途中使用。① 1921年3月，贾腓力汇报了联合委员会前期材料的收集情况，主要分为十大类：教育统计资料；委办会调查材料；路思义调查材料；《教育季报》；《教务杂志》；教育类书籍；大学报告；*Millard Review*、《华西教会新闻》等期刊；调查问卷；各类模范学校的资料。② 这样，到1921年3月份，"联合委员会"围绕着调查团来华所进行的筹备工作，已大致准备完毕，它在静静等待秋天的来临。

三 巴敦调查团关于中华基督教教育会的建设意见

1921年8月18日，在中华基督教教育会大力推动以及中外各方的共同努力之下，以巴敦为团长的中国教育调查团（China Educational Commission）终于成行，他们乘坐"亚洲皇后号"从加拿大的温哥华起航。华西教育会总干事吴哲夫刚好休假完毕，与之同行，另外还有中华博医会人员、英美差会人士和一些中国留学生，漫长的海上航行，以及与这些人的同行正好给了调查团交流与了解中国的机会。8月29日，调查团到达日本的横滨，在日本、韩国逗留了两周后，于9月12日到达奉天，13日抵达北京。③ 在北京调查团开启了他们的行程。巴敦调查团主要成员的情况如表3—4所示。

---

① "The Minutes of the Union Committee for China Educational Commission (March 11, 1921)",上海市档案馆：U124—0—125，第14页。

② "The Minutes of the Union Committee for China Educational Commission (March 18, 1921)",上海市档案馆：U124—0—125，第8页。

③ *Christian Education in China: A Study Made by An Educational Commission Representing the Mission Boards and Societies Conducting Work in China*, New York: Committee of Reference and Counsel of the Foreign Mission Conference of North America, 1922, p.5.

表 3—4　　　　　　　　　　巴敦调查团成员

姓名	国籍	学历	任职	任职地	备注
巴敦 (Ernest D. Burton)	美国	神学博士	芝加哥大学教授	芝加哥	团长
巴特菲尔德 (Kenyon L. Butterfield)	美国	理学硕士	麻省农科大学校长	马萨诸塞	
麦克康奈尔 (Francis J. McConnell)	美国	神学博士	美国监理会主教， 前任德保文大学校长	宾夕 法尼亚	
伍利 (Mary E. Woolley)	美国	法学博士	美国霍利奥克大学校长	马萨诸塞	女
罗素 (William F. Russell)	美国	哲学博士	美国衣阿华州立 大学教育学院院长	衣阿华	
洛克斯比 (Percy M. Roxby)	英国	文学学士	利物浦大学地理学教授	利物浦	
司徒雷登 (J. Leighton Stuart)	美国	神学博士	燕京大学校长	北京	
兰伯特 (Clara J. Lambert)	美国	不详	福州圣公会女校校长	福州	女
葛理佩 (Henry B. Graybill)	美国	文学硕士	岭南大学附属中学校长	广州	
吴哲夫 (Edward W. Wallace)	加拿大	神学博士	华西基督教教育会总干事	成都	
德本康夫人 (Mrs. Lawrence)	美国	理学学士	金陵女子大学校长	南京	女
张伯苓	中国	文学博士	南开学校校长	天津	
郭秉文	中国	哲学博士	东南大学校长	南京	
罗有节	中国	文学硕士	广州真光女子学校教员	广州	女
贾腓力 (Frank D. Gamewell)	美国	法学博士	中华基督教教育会总干事	上海	
罗炳生 (Edwin C. Lobenstine)	美国	文学学士	中华续行委办会干事	上海	
贝特福德 (Frank W. Padelford)	美国	神学博士	美国北部浸信会 教育部执行干事	纽约	秘书

续表

姓名	国籍	学历	任职	任职地	备注
玛格特·巴敦 (Margaret E. Burton)	美国	文学学士	美国基督教 女青年会总会干事	纽约	秘书，女
麦瑟斯 (Amos M. Mathews)	美国	法学博士	衣阿华州公民	衣阿华	秘书

资料来源：*Christian Education in China: A Study Made by An Educational Commission Representing the Mission Boards and Societies Conducting Work in China*, New York: Committee of Reference and Counsel of the Foreign Mission Conference of North America, 1922, p. 4. 参见《中国基督教教育事业》，商务印书馆1922年版，第3—4页；刘贤《巴敦调查团研究》，载《基督教与中国社会文化：第一届国际年青学者研讨会论文集》，香港中文大学崇基学院宗教与中国社会研究中心2003年版，第88—89页。

在调查团成员中，贾腓力和吴哲夫是教育会的专任干事，其他中国成员均为教育会系统的重要成员和地方教育会的领军人物，他们的入选势必会将教育会对于中国基督教教育的整合经验与各地方教育会掌握的各地区基督教教育发展情况便捷地提供给英、美调查团成员。同时，他们在中国的长期工作经验和人脉关系也能为调查团进入所在地区提供便利。

从9月至11月，调查团兵分两路展开调查，涉及在华及周边众多大中城市，从北到南，分别是奉天、北京、通县、天津、济南、潍县、南京、苏州、上海、杭州、宁波、绍兴、嘉兴、吴淞、福州、厦门、汕头、潮阳、潮州、揭阳、广州、佛山、太谷、太原、平顶山、承德、卫辉、开封、汉口、武昌、汉阳、长沙、郴州、九江、南昌、香港、马尼拉等37个地区。在这些地区，教育会也多有分支机构，与之提供便利。但由于战乱和交通的关系，调查团并没有前往中国西部地区，这是最大的遗憾，而华西的资料也多靠华西教育会以及来自四川的传教士来间接提供。[1]

---

[1] *Christian Education in China: A Study Made by An Educational Commission Representing the Mission Boards and Societies Conducting Work in China*, New York: Committee of Reference and Counsel of the Foreign Mission Conference of North America, 1922, pp. 6-7.

在这期间，调查团访问了 400 多所公私立和教会学校①，还通过会议、参观、演讲等多种形式，广泛地与各地区从事教会教育的人士接触，其中就包括多次莅临各地方教育会，还包括与当时也正在进行教育调查的美国教育家孟禄进行多次会谈，就中国公私立教育问题交换意见。② 他们还收集了大量的文字材料，这些都为撰写最终的报告书打下了坚实的基础。

从 11 月 22 日开始，随着调查的基本完毕，所有成员聚集到上海，开始整理调查资料，商讨拟定报告书。由于前期中华基督教教育会已经做过不少的准备工作，报告书的完成比较顺利。1922 年 1 月 24 日，报告书完成之后，调查团解散，英美人员在经历了近五个月的调查之后回国。

1922 年 5 月，为迎接即将到来的基督教全国大会，北美海外传道会授权商务印书馆首先出版了英文版的巴敦调查团报告书。③ 8 月，中文版的报告书也由商务印书馆出版。同月，北美海外传道会也出版了英文版的报告书。④ 同一个报告书，在同一年出现三种版本，这在出版史上都是少见的，由此可见这次调查以及调查团报告书的重要性。

报告书首次全面系统地总结了中国基督教教育的现状，分析了存在的问题，并提出了解决的建议方案。全书分为七个部分：一是中国教育的现状；二是中国基督教教育的地位、目标和范围；三是教育的具体类型与层次；四是教育上的特殊问题；五是总的原则与建议；六

---

① *Christian Education in China: A Study Made by An Educational Commission Representing the Mission Boards and Societies Conducting Work in China*, New York: Committee of Reference and Counsel of the Foreign Mission Conference of North America, 1922, p. 7.

② "Editorial Notes", *The Educational Review*, Vol. XIV, No. 2, April, 1922.

③ *Christian Education in China*, *The Report of the China Educational Commission of 1921-1922*, Shanghai: Commercial Press, 1922.

④ "Report of the General Secretary", *The Educational Review*, Vol. XV, No. 3, July, 1923, p. 253。商务印书馆版的中英文两种报告书，内容完全一样，但在中文翻译上出现一些错误。商务印书馆与纽约两版英文报告书，内容也基本一致，但纽约版多了一个出版《前言》，商务印书馆版书后多附有三个图表，分别是《中华基督教教育会组织图》、《省教育会组织图》和《全国教育系统组织图》。另外，在货币单位上，商务印书馆版用的是墨西哥元，纽约版是美元。

是各地区的建议；七是教育费用以及教育事业的先决问题。报告书提出："我们清醒地根据近年来中国基督教学校的发展以及正在发展中出现的新机会做出判断，就是要使基督教学校更有效率、更基督化、更中国化，以此为中国和基督教提供一种其他机构所不能提供的服务。……现在是加强中国基督教学校的时期，从那里出来的男男女女将会使中国变成一个基督化的国家。"① "更有效率、更基督化、更中国化"口号的提出为中国基督教教育的发展指明了方向，在中国基督教教育史上具有里程碑的意义，日后中国基督教教育界一系列有关基督教教育的重大决策都与此相关。

报告书在当时的基督教界产生了积极的反响。1922年5月的基督教全国大会就充分肯定了调查团和报告书："我们对英美海外传道大会派出如此有代表性的，具有不同经验和能力的教育家组成的调查团表示感谢。他们也圆满地完成了差会所交给的任务。报告书包含了东西方教育家以及传教士领袖之间的合作。" "用不着对调查团所从事的具体工作以及各类调整意见进行评价，我们就感受到报告书的总体思想，那就是合并与联合所有的基督教教育工作以形成一个全国性的基督教教育系统。我们也同意调查团关于在当前中国的特殊条件下，基督教教育所应采取的必要改变以迎合中国社会的需要。" "我们建议各教会、差会、学校、董事会都要认真学习报告书，以考虑进一步的行动计划。我们还号召教育会与协进会合作，就进一步贯彻落实报告书的远见卓识给予特别和持续的关注。"② 《国际宣教杂志》的主编、英国与爱尔兰传教大会干事奥德哈姆指出："随着政府教育的发展，办学标准的提高和民族意识的增强，基督教教育确实遇到了资金和人员上的困难，但最重要的是缺乏宏大的战略、广阔的视野与把握全局的眼光，而巴敦调查团就力图做到这一点。"③

---

① *Christian Education in China: A Study Made by An Educational Commission Representing the Mission Boards and Societies Conducting Work in China*, New York: Committee of Reference and Counsel of the Foreign Mission Conference of North America, 1922, p. 15.

② *The Chinese Church as revealed in The National Christian Conference*, Shanghai: The Oriental Press, 1922, p. 692.

③ J. H. Oldham, "The Necessity for the United Impact of Christian Forces", *The Educational Review*, Vol. XIV, No. 3, July, 1922.

可见，在以巴敦调查团为代表的西方基督教界看来，构建一个"更有效率、更基督化、更中国化"的基督教教育系统是它希望向中国基督教界传达的信息。而这一系统如何建设却是个不小的考验。调查团报告书认为："基督教的教育事业之范围性质均有待于各国民及各教会基督教徒之协作，且尚须将目前的与将来的事业融会贯通以为一个全中国的连贯的教育系统之基础。""此种之协作必须有一组织，且须有一精详之计划以为此组织之根基。"① 调查团认为构建一个全国性的基督教教育系统需要各方的协作，协作的基础在于是否有"精详计划"的组织。而在当时比较完备的只有中华基督教教育会以及下属的地方教育会组织系统。

但是中华基督教教育会系统却是个松散的基督教教育家联盟，没有实际的权力。报告书认为："基督教的教育经统一之后，其主要之原理当为自由的协作，无一在上之权力，以制定法律并强迫各分子之服从。然在自由动作之时，各教会机关及中国教堂之团体可有一协作的合同，而对此合同彼等嗣后必诚实的履行之也，如此则此统一将不为一徒然的联合而为一有力的协作机关。"② 调查团希望新建的组织系统在自由协作的同时，通过差会与教会的参与和配合，增强履行的效力。于是，一个庞大的基督教教育系统建设计划竟然与教育会系统建设紧密地结合在了一起。

巴敦调查团来华之前的中华基督教教育会系统实际上是以地方教育会为主体的，所有一省或数省的教育事业都由该区的地方教育会研究并提出建议，总会是通过地方教育会代表组成的评议会统筹全局，总会的政策必须通过地方教育会才能落实，整个教育会系统的重心在地方教育会，整个系统显得自由协作有余，但却效力不足。这在早期，教育会的主要方向是在各地方建立教育会，拓展教育会的组织网络之时，大可以此让地方教育会获得充分的发展机会。但到了1920年前后，教育会的势力已经遍布全国，形成了一个巨大的网络，部分教育会如华西、华东搞得有声有色，对总会而言，它的目标已经完

---

① 《中国基督教教育事业》，商务印书馆1922年版，第49页。
② 同上书，第51页。

成。在这种情况下,如何体现总会的权威和效率,并代表基督教教育界给予中国民众一个有作为的形象,就摆在了面前。"现在的事业是一方面促进内部之合作,减少教育上冲突与浪费,俾收最少经济最大效率的效力;一方面代表基督学校接洽政府及一般国家教育领袖,俾教会学校在国家教育系统上,得着私立学校的地位,将来好在这种地位,重定计划,改良方针,努力去补助公家教育之不及。"①

实际上,这个整合的意见,教育会本身也早已觉察。1917年评议会年会期间,总干事贾腓力就说道:"各地方分会组织的完成,意味着教育会完成工作的第一步,下一步将是增强上海总会的实力。"② 1921年4月的评议会年会上提出:"建议执行委员会拟定一份未来十年总会和各地方分会的发展计划,提供给巴敦调查团。"③ 以此来看,改革教育会组织乃是教育会早已定下的决策,巴敦调查团的来华正好给了教育会契机。

不仅如此,后来巴敦调查团对于教育会的主要改革建议,也早已在部分地方教育会当中实施。其中,1920年广东基督教教育会的整合就非常典型。广东教育会认为:"由于没有一个中心的促进机关,致使广东教育会的人员和工作松散,难以发挥效率。"因此,此次广东教育会改组的主要措施就是成立"教育总部"作为教育会的中心促进机关。这个教育会总部的职权有:规划华南地区基督教教育发展;决定总的教育政策;制定学校标准和统一的课程、大纲;考虑并决定广东省内基督教学校合作事宜;认可达到教育会要求的学校;还可以检查系统内的所有学校,向学校董事会以及差会提出建议。以此看来,这个"教育总部"成为广东地区基督教教育的总协调机关。它下设三个分部,即小学教育部、中学教育部和大学教育部,由这三个分部分别负责各自领域的事务,向教育总部汇报,由总部做出决

---

① 程湘帆:《中华基督教教育会成立之经过》,《中华基督教教育季刊》1925年3月第1卷第1期。

② "Editorial Notes", *The Educational Review*, Vol. IX, No. 3, July, 1917.

③ "Sixth Meeting of the Advisory Council of the CCEA", *The Educational Review*, Vol. XIII, No. 3, July, 1921.

策。① 这个教育总部，就成了广东基督教教育会的核心，由它向广东教育会提交报告，一般而言，教育总部的年会时间就定在广东教育会之前。无论是改组的动机，还是设置的形式与内容，这个"教育总部"都与后来的调查团所建议的"董事会"相类似，下设的三个分部与后来的"四组委员会"相类似。这种"教育总部"的模式，在巴敦调查团来华之前，华西、华中、湖南、直隶—山西四个分会也都已建立，只不过名称不太一样，有的叫"董事部"，有的叫"管理委员会"，有的叫"控制部"，有的叫"总委员会"，但所扮演的角色都是地方教育会的促进机关，由差会和学校代表直接组成。

笔者没有直接的证据证明这些地方教育会组织对调查团决策产生影响，但不可争辩的事实是调查团曾经到过这些地方教育会，对其有所了解。广东地区是调查团去过最多的地方，调查团所分成的两支队伍都有人前往调查，而且调查团成员当中有两名广东代表罗有节、葛理佩就分别安排在不同的队伍当中，调查团对广东的情况应该比较熟悉，这两名代表都参与了最终报告书的讨论和撰写。调查团尽管没有去过华西，但他们也的确通过其他途径了解到了华西地区的发展情况，而华西教育会也是公认的联合程度最高的地方教育会②，不太可能不引起调查团的注意。而且华西教育会的总干事吴哲夫就是调查团成员之一，也是调查报告的撰写者之一，他会不会有将华西模式向总会推广的嫌疑？从后来总会调吴哲夫出任副总干事，负责贯彻巴敦调查团方案、完成改组一事来看，报告书建议和总会改组应该受到华西模式的影响。

提出以上这些，不是为了说明教育会总会和某些地方教育会有多么先知先觉，而是以此证明巴敦调查团的某些决策并不完全是外来的西方差会所主导的结果，在某些方面还是直接原发于中国，为调查团所采纳，因此，对报告书建议的原创性，不宜拔得过高。报告书的贡献在于：系统地将中国基督教教育的情况呈现出来，并在这些现实状

---

① H. B. Graybill, "Report of the Kwangtung Christian Educational Association", *The Educational Review*, Vol. XIII, No. 3, July, 1921.

② F. L. Hawks Pott, "Some Principles contained in the Report of the China Educational Commission", *The Educational Review*, Vol. XV, No. 3, July, 1923.

况的基础上，提出建议，影响中西基督教界。

1921年4月，在调查团尚未来华之前，《教育季报》上刊载了一篇文章，题目是《中国教会教育的管理问题》，作者认为中国的教会教育管理主要有两种方式：一种是法律的形式，通过行政上的约束力强制执行；另一种则是协作和自愿的形式，教育会就属于这一种。作者认为教育会应将这两种方式结合起来，既要发挥法律效率，又要发挥协调功能。① 笔者无法考证调查团有没有看过这篇文章，不过有意思的是，巴敦调查团的建议就是围绕着"协作"与"效率"两个方面进行的，而改革的目标就是缺乏"效率"的教育会评议会。调查团认为："应取消从前各区分会代表所组成的评议机关，另行组织董事会。董事会有两种：属于省区的由各教会及教育机关代表组织之，属于全国的由本会的四组委员会代表组织之。"② 调查团保留了教育会原有的中央与地方两级配置，但改变了总会由地方教育会组成的状况，由总会直接设置下属的委员会，与教会学校和地方教育会接触，从制度上保证了总会的权威和措施能够直接实施。

除了体现教育会本身的权威和效率之外，改革的另一个重要目的是迎合基督教教育发展的"分层"趋势。③ 围绕着构建基督教教育体系，民国以来的基督教教育不仅出现了整体的凝聚，而且在内部不同层次的教育形态也出现了凝聚的现象，如中国基督教大学委员会、华东区基督教中学联合会、小学教职员会等特定层次、特定专业的组织。这些组织的成立表明了基督教教育界对于教育分层的需要，中华基督教教育会虽也从整体上考虑过这些问题，但教育会毕竟没有专门的部门对它们进行集中的关注。

有鉴于此，报告书提出了详细的全国与省区董事会组织方案。"欲使各区互相助理，并使全体学校及教育机关联络，促成圆满的合

---

① F. C. Wilcox, "The Problem of Administration in Mission Education in China", *The Educational Review*, Vol. XIII, No. 2, April, 1921.

② 程湘帆：《中华基督教教育会成立之经过》，《中华基督教教育季刊》1925年3月第1卷第1期。

③ F. L. Hawks, "A Brief Sketch of the History of the China Christian Educational Association", *The Educational Review*, Vol. XVI, No. 3, July, 1924.

作，中华基督教教育会当分四部组织之，即高等教育组，中小学教育组，宗教教育组，推广与成人教育组是也。各组设委员会及干事。高等教育委员会由全国基督教大学代表组织之。初等与中等教育委员会由省区教育董事会之代表组织。此四委员会联合而为全国董事会。"全国总会的组织状况，如图3—1所示。

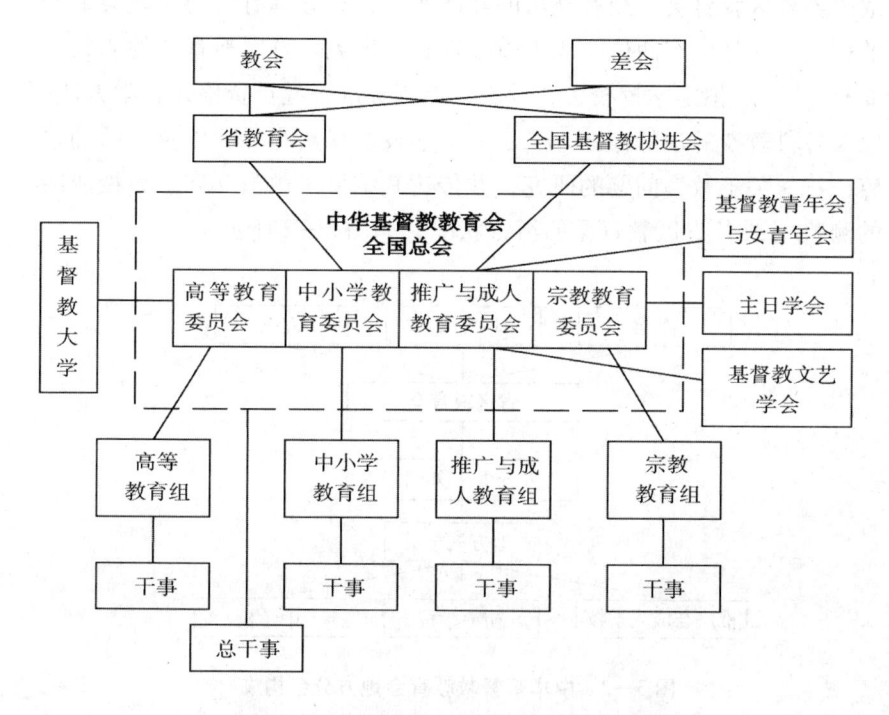

图3—1 中华基督教教育会全国总会构成

资料来源：参见 *Christian Education in China*, *The Report of the China Educational Commission of 1921-1922*, Shanghai: Commercial Press, 1922, Chart 1. 《中国基督教教育事业》，商务印书馆1922年版，第381页。

全国董事会的职权有："一、宣传本会的组织及改进全国基督教教育的计划。二、敦促省区教育会一律组织省区董事会，并商请高等教育机关在规定学区内组织联合大学。三、召集会议，讨论计划的实施及一般基督教教育的改进。四、传播有关改良基督教教育的文字。五、联合省区董事会及其组织与活动，尤须注意下列数事的一致标准：各科的最低限度，教师的培养，学校的视察与指导，教科书的设备，教授结果的测验。"①

在全国总会的框架之下，报告书提出各省区教育会以一省或数邻近之省为单位，主要解决中小学教育问题，涉及少量地方大学。省区教育会以各差会和教会机关在当地从事教育工作者当中选出代表组成。各省区教育会必须有充裕的经济实力，充分享有差会、教会赋予的权利，并且要有两位全职干事办理日常事务。省区教育会的职权主要有："一、拟定学校校舍，设备，课程标准，教员资格，教学方法，以及各科教授的最低标准。二、关于学校的视察指导，以及教师的培养。三、关于教育问题的研究，并传达其结果于教员。四、教授成绩的测验。"② 各省区教育会的组织状况，如图3—2所示。

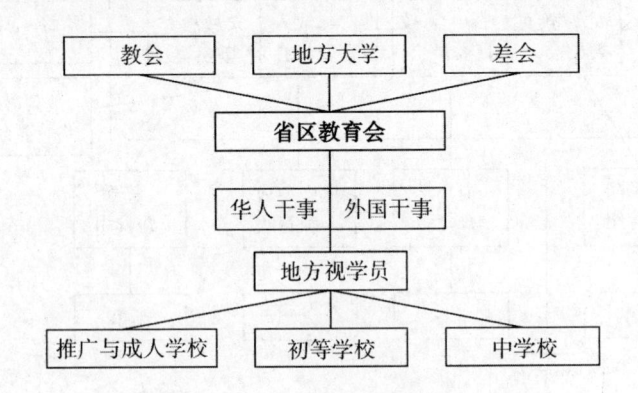

图3—2 中华基督教教育会地方分会构成

资料来源：参见 Christian Education in China, The Report of the China Educational Commission of 1921-1922, Shanghai: Commercial Press, 1922, Chart 2。《中国基督教教育事业》，商务印书馆1922年版，第382页。

调查团还建议为了便于视察和管理，在各省区教育会之下，根据需要也可以分为若干区域，建立一些省区下属的地方教育会。这可从

---

① 程湘帆：《中华基督教教育会成立之经过》，《中华基督教教育季刊》1925年3月第1卷第1期。

② Christian Education in China: A Study Made by An Educational Commission Representing the Mission Boards and Societies Conducting Work in China, New York: Committee of Reference and Counsel of the Foreign Mission Conference of North America, 1922, p. 58.

地理上划分，也可从教区划分。①

对于高等教育之间的协作问题，调查团认为全国应建立六个高等教育区，分别是华北、华东、华中、华南、华西和福建，在每个区都要由一些大学组成高等教育委员会，然后由这些高等教育委员会去实现该区大学工作的联合。而中华基督教教育会则通过高等教育组与这些区高等教育委员会、高等学校发生联系，进而管理整个高等教育事业。②

为了充分体现教育会组织的协作能力和基督教教育的均衡发展，调查团还建议将基督教学校可利用的经费移交一大部分给各教育机关的董事会、各省区教育会和中华基督教教育会管理，而不再由各差会董事部管理。一方面"资助财力薄弱之学校使得固定其全系统中之地位"，另一方面"由鼓吹宣传及集会讨论而促进教育之改良"。③

这样，按照调查团的建议，中华基督教教育会就不仅拥有中央与地方两级甚至三级组织系统，而且通过总会的四个专门委员会直接与差会机关、学校产生联系，避免被架空，同时也通过加大差会和学校这些实体的参与，增强教育会实施的效率。这也形成了在总会之下，有四个专门委员会和地方教育会两个系统去协调基督教教育工作，避免了对地方教育会的过分依赖性。对总会来说，这无疑是个有利于总会集权的改革措施，而相比而言，地方教育会则减少了参与整体决策的机会，变成了单纯的地方教育的协调者和中央政策的执行者。因此，此次改革动作较大的是总会，各分会相对平稳。通过这样一个从中央到地方的教育会系统建设，调查团希望基督教教育体系能够在此基础上构建起来。

四 中华基督教教育会的反应

调查团的建议，引起了中华基督教教育会的高度关注。在1922

---

① *Christian Education in China: A Study Made by An Educational Commission Representing the Mission Boards and Societies Conducting Work in China*, New York: Committee of Reference and Counsel of the Foreign Mission Conference of North America, 1922, p. 58.

② Ibid., pp. 58-59.

③《中国基督教教育事业》，商务印书馆1922年版，第53页。

年4月底召开的教育会评议委员会第七次年会上，巴敦调查团的建议成为会议热议的主题。会议专门成立了一个全国与省区基督教教育改革委员会，负责向评议会提交报告，讨论改组事宜。改革委员会提出了11条改组计划：

  1. 评议会要尽快认可巴敦调查团的改组建议，并采取必要的措施去实现这些建议。各基督教会，要通过差会总部或其他途径提供财力支持，以落实整个改组计划。2. 总会：组织全国基督教教育董事会，有两名总干事，其中一名是华人。总会分为四组：中小学教育组、高等教育组、宗教教育组、推广与成人教育组，每组各有自己的委员会和干事。3. 高等教育组：与中国基督教大学委员会联合考虑成立高等教育组事宜。4. 中小学教育组：由各省教育会派出两名代表、中华基督教教育会总干事、中小学教育组干事和不超过三名的其他代表组成。该组的工作职责包括教师培训。5. 推广与成人教育组：与青年会、女青年会以及其他机关共同组成，评议会要派出四名代表。6. 宗教教育组：组织专门的委员会去讨论成立该组的有关事宜，并拟定一份章程提交给总会。这个专门的委员会由高等教育组2名，中小学教育组2名，青年会、女青年会、主日学会各1名代表组成。7. 各组都要有自己的执行委员会，除了总干事和该组干事外，不得超过5名成员。8. 全国董事会：如果新的改组方案为各地方分会通过，1923年总会就将由四组委员会的成员和干事组成。9. 总会执行委员会：由总干事和5名其他成员组成，在新章程出现之前，仍按旧章程办理，下一年将增加2名女成员。10. 章程：要求各省分会研究更改事项，总会执行委员会草拟具体建议。11. 分会：在没有省教育董事部的地方，现存的地方教育会要尽快设立。地方教育会仍将继续存在，承担会议和总体研究的职能。①

---

  ① "Report of the Committee on National and Provincial Organization of Christian Education", *The Educational Review*, Vol. XIV, No. 3, July, 1922.

这份改组计划书是在调查团报告书的基础上具体细化的结果，教育会日后的整合方向就沿着这个思路进行。

评议会年会召开之后，各地方分会纷纷按照调查团的建议进行改组，在没有设立董事部的地区，各地方分会都先后设立，至1923年主要有山东、河南、福建和满洲教育会。这样，在所有的地方分会当中，除了华东之外，全部都设立了地方董事部，成为地方教育会的促进机关。但全国总会的改组工作相对来说要滞后很多，其原因有四：一是评议会的改组意见，需要经过地方教育会进行审议，以得到地方差会和学校的认可，这需要一定的时间。二是报告书在西方差会出版的时间晚，西方差会尚未对调查团报告做出评价，等待差会的态度也需要一定的时间。三是教育会改组需要一笔庞大的经费，如何落实也需要时间。四是寻找合适的干事人选去贯彻调查团的建议，完成改组同样需要时间。这一过程大致经历了两年，评议会也因为改组的滞后，一直延续到两年之后。

对于地方教育会的态度，部分教育会在报告书一经公布，就迫不及待地按照报告书的建议忙着自身的改组，而对于评议会的改组意见，却需要新一轮的地方教育会年会进行审议，鉴于地方教育会年会的时间大多集中于春节前后和暑期，那么地方教育会的审议结果最早要到1923年评议会年会才能出来。加上部分教育会的改组方案还要经过差会的审议，这一过程所需要的时间就更长了，如福建。福建教育会在1922年8月召开年会，讨论了调查团报告书，大会认为："本会非常赞成巴敦调查团关于组织全国与省教育董事会的建议，但如果没有教会的参与，我们不准备对具体的建议采取单独行动。"① 这样，类似于福建这样的教育会，在差会的意见出来之前，就不能对改组问题采取进一步的行动。好在这些差会对于调查团报告的态度还比较积极，按照总干事贾腓力的说法，在1922—1923年，伦敦会、长老会、监理会这些在华从事教育工作比较多的差会都在年会中专门讨论了报

---

① Henry V. Lacy, "Annual Meeting Christian Educational Association of Fukien", *The Educational Review*, Vol. XIV, No. 4, October, 1922.

告书改组事宜①，这就出现了前面所述，到1923年除了华东之外，地方分会均按计划设立董事部之事。

对于西方差会的态度，随着1922年8月报告在纽约出版，各差会纷纷对报告书发表意见。1922年秋天，总干事贾腓力返美，还专门与各差会总部干事会面，商讨落实报告书的建议事宜。1922年12月，各差会代表在纽约召开专门会议讨论了报告书问题。② 1923年1月，北美海外传道会顾问委员会在宾夕法尼亚召开年会，其间对调查团报告书进行了彻底的讨论，在美国的调查团成员全部到会，并提交报告。大会认为："大会赞赏调查团的工作，号召大家关注报告书，不仅要关注其中所包含的事实，而且要关注他们所提出的建议，因为这些就是未来中国基督教教育发展的基础。大会建议在华从事传教活动的差会重视报告书中提出的问题，以各自形成一个长远的教育政策，指引他们各自的或者联合的行动。"为此，顾问委员会的特别委员会提出以下建议："一、为了现存合作事业的进一步发展，各差会的教育事业应形成一个紧密联系的基督教教育体系。二、鉴于中华基督教教育会是推进这一领域合并与联合的当然与适合的组织，（各差会）应更快更全面地为扩大该组织提供必要的资源。三、（北美）特别委员会要积极与在华从事工作的差会总部合作，从各差会、教育会团体，特别是中国领袖当中，获取他们对于发展基督教教育体系的看法，而最终的意见还是要看北美差会的举措。四、鉴于不同的教育机关都在讨论报告书，如果是长期达不成共识就会使彼此受到伤害，因此建议在同一地区的差会和教育机关开会共同讨论报告书的有关事宜，而该地区的学校要按照达成的调整方案负责执行。"③ 以此来看，差会总体上认可了调查团的工作，而对于如何贯彻之事，差会的意见是由各差会自己决定，这意味着报告书该如何执行存在不少的变数。但对于教育会改组，差会的意见则显得较为一致，它们赞成扩大教育会的改组方案，并要求各差会为此提供必要的资源。这些资源指的主

---

① "Report of the General Secretary of the China Christian Educational Association", *The Educational Review*, Vol. XV, No. 3, July, 1923.

② Ibid.

③ "Editorial Notes", *The Educational Review*, Vol. XVI, No. 1, January, 1924, p. 8.

要就是经费和人员。

在经费上,按照1922年评议会的预算,落实改组之事每年需要资金25000美元①,而1922—1923年度,教育会的总收入是12021.93美元②,这与预算还相差约13000美元,这笔资金制约了改组计划的开展。而到了1923年,随着报告书在美国差会产生积极影响,总干事认为:"差会花费了25000美元用于调查团的工作,很容易想像他们将为实现调查团的建议,每年仍会提供一笔资金去贯彻调查团的决策。"③因而,1923年在中华全国基督教协进会的努力之下,纽约"社会与宗教研究所"(Institute of Social and Religious Research)向教育会提供了6200美元用于落实调查团的建议。④1924年3月,贾腓力又利用前往美国召开监理会年会的机会,积极向差会游说,并争取到"社会与宗教研究所"持续三年,每年12000美元的捐助。⑤这笔捐助对教育会来说无疑是及时雨,因为在教育会看来,他们有信心每年从差会和其他途径再争取到大约12000美元。1923—1924年度,教育会的总收入一下就翻了一番,达到了24944.46美元,其中"社会与宗教研究所"捐助了9692.64美元。⑥这样每年25000美元的改组预算就算有了着落,使得教育会能够拥有充足的财力去保障它的改组计划。

对于人员问题,自中国教育会成立以来就一直在寻找一位全职的总干事,但鉴于教育会是一个非常设性的机构,而且经费有限,一直未能如愿。1905年,美国长老会传教士薛思培担任总干事时,才开始以一半的时间为教育会服务,薪水由美国长老会发放,这也开启了教育会总干事薪水由差会发放的先河,日后教育会外籍总干事的薪水

---

① "Seventh Annual Meeting of the Advisory Council", *The Educational Review*, Vol. XIV, No. 3, July, 1922.
② "Eighth Annual Meeting of the Advisory Council", *The Educational Review*, Vol. XV, No. 3, July, 1923.
③ "Editorial Notes", *The Educational Review*, Vol. XVI, No. 3, July, 1924.
④ Dwight C. Baker, "The New China Christian Educational Association Realized", *The Educational Review*, Vol. XVI, No. 3, July, 1924.
⑤ "Editorial Notes", *The Educational Review*, Vol. XVI, No. 3, July, 1924.
⑥ "Ninth Annual Meeting of the CCEA", *The Educational Review*, Vol. XVI, No. 3, July, 1924.

全部由差会负担。1912年教育会进行改组，聘请长期在华北、华西两地传教的美以美会传教士贾腓力为全职总干事，薪水也照常由美以美会负责发放。但随着教育会日常工作的日益繁重，总干事贾腓力倍感任务的艰巨，需要对教育会在人员上进行补充，他相中了具有"天赋、教育和经验"①的吴哲夫。

吴哲夫是加拿大美道会（Missionary Society of the Methodist Church）传教士，毕业于加拿大维多利亚大学，曾先后在美国、英国、德国进修教育学，1906年来华传教，担任成都卫理公会男校的校长。在此期间他也是华西教育会的重要成员，1911年进入华西协和大学，担任教育科主任；1913年出任华西教育会全职总干事。在他的努力之下，华西教育会成为当时联合程度最高的地方教育会。从这段经历来看，他与总干事贾腓力有很多相似之处，比如二人都是监理宗传教士，二人都在华西进行过传教，二人都担任某个教育会的总干事。这些都是他赢得教育会青睐的重要原因，但最为主要的还是如《教育季报》的编辑所说，"他在华西教育会的成功是赢得这一位置的关键"。②因此，在调查团来华之前，教育会就开始寻求吴哲夫任职教育会的努力。1921年3月，教育会执行委员会向吴哲夫发出了邀请，希望他能出任教育会副总干事，并请求他所在的差会答应让他至少服务两年。在1921年5月的评议会年会上，贾腓力就说道："很多年来吴哲夫对教育会发展颇有想法，我们也与加拿大卫理公会干事和他本人进行过交流。考虑到调查团即将来华，因此，寻求吴哲夫的加入并与调查团合作就显得尤为重要。"③以此看来，从一开始，寻求吴哲夫加入就与教育会改组紧密联系在一起，教育会希望通过吴哲夫与调查团合作，将教育会所欣赏的华西教育会的运作理念与经验传达给调查团，以达到通过调查团实现改组，并扩充阵容的双重目的。但由于工作关系，华西协和大学董事会和加拿大美道会没有立即同意教育会的请求。但吴哲夫入选调查团中国代表成员，却可以将改组的理念顺利地传达给调查团。1922年，调查团工作结束之后，争取吴

---

① "Editorial Notes", *The Educational Review*, Vol. XV, No. 4, October, 1923.
② "Editorial Notes", *The Educational Review*, Vol. XV, No. 2, April, 1923.
③ "Report of the General Secretary", *The Educational Review*, Vol. XIII, No. 3, July, 1921.

哲夫加入一事被提上了日程。报告书指出："增强全国总会的力量是落实其他促进建议的第一要素",在当年的评议会年会上,总干事再次提出邀请吴哲夫出任副总干事之事,并表示"如果某些财务上的问题可作调整的话,吴哲夫是可以到来的"。① 这样看来,争取吴哲夫加入乃是势在必行。1922 年秋,贾腓力利用返美的机会,参加了华西协和大学董事会在费城召开的年会,在他的努力之下,董事会最终同意让吴哲夫前往教育会工作。在这之前,在加拿大美道会海外传道会总干事文幼章(James H. Endicott)的帮助之下,美道会也批准了教育会的请求,并对吴哲夫离开之后华西的工作进行了一些调整。由于工作交接,他们决定吴哲夫要到 1923 年 10 月 1 日才能前往上海就任。② 最终,1923 年 9 月,吴哲夫一家从成都来到了上海。

教育会为什么会如此执着地看中吴哲夫?除了他在华西的成功经验、经营教育会的理念受到贾腓力的赏识之外,还有另外两个原因:一是他是调查团的成员,力促巴敦调查团来华是贾腓力一手倡导的,是他在主导教育会期间最重要的贡献之一,报告书也特别指明了未来教育会的发展方向,所以后来就有人评价说"报告书就非常适合以贾腓力为首的教育会发展路线"③,在这种情况下,贾腓力势必想要一个可靠的人选来帮助他完成调查团的心愿。二是因为吴哲夫和他同是监理宗传教士,监理宗的美以美会此时在极力拓展远东区的传教事务,他们看中了贾腓力在中国的传教经验和判断力,因而有意让贾腓力回国担任美以美会远东区干事。④ 在这种情况下,如何弥补贾腓力的空缺,监理宗自然会优先考虑到拥有同样宗派背景的吴哲夫,这不仅是为了保持监理宗在教育会中的地位,而且出于外籍干事的薪水由所在差会承担,将教育会的人事变动置换为监理宗内部的财务转移,相对来说更容易处理。事实上,自吴哲夫就任之后,贾腓力就基本上

---

① "Seventh Annual Meeting of the Advisory Council", *The Educational Review*, Vol. XIV, No. 3, July, 1922.
② "Report of the General Secretary of the China Christian Educational Association", *The Educational Review*, Vol. XV, No. 3, July, 1923.
③ "Editorial Notes", *The Educational Review*, Vol. XVII, No. 3, July, 1925.
④ Ibid. .

淡出了教育会的舞台，1923年11月他前往印度调研，1924年2月底返回上海①，3月份又返回美国参加美以美会年会②，直到1925年6月回中国辞去总干事职务③。以此可见，贾腓力有意培养吴哲夫作为其接班人，以继续保持他所倡导的教育会路线。

到了1923年底，关于改组的人事、财务、差会、地方教育会等相关事务都已准备完毕，1924年初，改组的具体措施就正式展开了。

1924年4月，教育会通过了新的章程，这份章程又是在1922年评议会改组计划书的基础上细化的结果，是直接指导改组的总纲。章程指出："中国基督教教育事业多由基督教会，差会，或高等教育管理团体办理。为在原定目标上增进实效起见，已经组成的团体有：1. 省或区教育会与董事会，2. 中华基督教高等教育会，以联络各高等教育区内的大学校与专门学校。中华基督教教育会之职权即在联络此项团体，使各学校，各教育机关得为有效的协作。""本会设高等教育组、中小学教育组、宗教教育组与成人教育组，各组得设委员会与干事。此外本会设全国董事会以联贯各组之事业。""省或区基督教教育会之会员已经报告本会者得为本会会员。此外有欲加入本会为会员者应交常年会费大洋2元。"④

章程还明确了四组委员会的产生办法：

（一）高等教育组由中华基督教高等教育委员会与教育会的评议会共同组成，中华基督教高等教育委员会负责执行本会高等教育组的一切职权。高等教育组委员会委员照以下分配法选出：1. 每高等教育区有大学与专门学校教职员一百人以内者可选出代表一人，二百人以内者可选出代表二人，以此类推。2. 信徒在官立私立学校或教育机关任事者三人，此三人应由中华基督教高等教育组每两年推举一次。3. 教育会的总干事副总干事。

---

① "Editorial Notes", *The Educational Review*, Vol. XVI, No. 1, January, 1924.
② "Ninth Annual Meeting of the CCEA", *The Educational Review*, Vol. XVI, No. 3, July, 1924.
③ "Editorial Notes", *The Educational Review*, Vol. XVII, No. 3, July, 1925.
④ 《中华基督教教育会章程》，《教师丛刊》1924年10月第1卷第1号。

4. 中华基督教高等教育委员会的会长与主任干事。5. 特约会员三人。

（二）中小学教育组会员则由每省或区的基督教教育会董事会代表三人，任期三年；教育会总干事副总干事，中小学教育组干事；以及不超过五人的特约会员组成。该组的主要任务之一在促进师范教育。

（三）宗教教育组会员由高等教育组委员会代表三人，中小学教育组委员会代表三人，任期均三年；总干事、副总干事；中华全国基督教协进会代表三人；以及不超过五人的特约会员组成。

（四）成人教育组则由高等教育组委员会代表二人，中小学教育组委员会代表二人，全国基督教青年协会男女两会代表各二人，中华基督教协进会代表二人，任期均三年；教育会总干事、副总干事，以及不超过五人的特约代表组成。各组均设理事会，以帮助各组干事筹划进行各项事宜，理事会应有理事三人至五人。①

章程还在四组委员会的基础上，规划了全国董事会的组成情况。全国董事会由高等教育组委员会代表四人，中小学教育组委员会代表六人，宗教教育组委员会代表三人，成人教育组委员会代表三人，中华基督教协进会代表三人，特约代表（教会差会、官立私立之教育机关之代表）不得超过12人共同组成，全国董事会共有会员31人。全国董事会会员任期三年，每年应改选1/3，职员有会长、副会长、书记、司库各一人，任期三年，任满时，应于全国董事会年会时选出。除总干事外应设各组主任干事，全国董事会各组委员会每年均开常会一次。全国董事会设有执行委员会，委员为会长、副会长、司库、总干事、副总干事，与其他选任的十人，任期均为三年。②

按照章程的规划，新的教育会核心是全国董事会，基础是四组委

---

① 《中华基督教教育会章程》，《教师丛刊》1924年10月第1卷第1号。
② 同上。

员会，在这中间又以高等教育组和中小学教育组最为重要，是组成另外两个组的重要部分。因此，在这四组当中，高等教育组和中小学教育组必须先行组建。

最先成立的是高等教育组，它在章程正式公布之前就已成立了。1924年2月5—7日，中国基督教大学委员会（The Association of Christian Colleges and Universities in China）在南京金陵女子大学召开基督教大学会议，会上讨论了该委员会与中华基督教教育会的关系，齐鲁大学校长巴慕德（Harold Balme）认为有两种途径：一是附属于中华基督教教育会，派出代表参加教育会的评议会或执行委员会，扮演该会高等教育组的职能；二是并入中华基督教教育会当中。巴慕德建议最好是采用第一种，主动与教育会接触，附属于它，成为其高等教育组，这样，基督教大学委员会仍然是自主的，只不过工作和预算要经过教育会批准，委员会的干事必须是教育会的干事之一。对此，参加会议的教育会副总干事吴哲夫表示赞成。[①] 于是此次会议形成决议："中国基督教高等教育委员会应下设一个专门的委员会去组成中华基督教教育会的高等教育组，其成员有：1. 由调查团所规划的六个大学区各派1名代表，并由各大学区按每100名会员有1名代表的比例选出额外代表；2. 由隔年大学会议所选出的3名公私立大学基督徒教育家；3. 教育会的总干事；4. 基督教大学委员会的会长、执行干事；5. 专门委员会自己选出的2名代表。"会议决定由中国基督教大学委员会的执行干事担任高等教育组干事，并向基督教协进会邀请罗炳生出任此职。会议选举李登辉、陶行知、陆志韦三人为公私立大学代表；六个大学区的代表分别是：华北的司徒雷登、李天禄；华中的胡美；华东的郑章成、贝德士、德本康夫人；福建的高智；华南的诚寿怡（Chen Sheo Yi）；华西的史德蔚（J. L. Stewart）。[②] 1924年4月1日，高等教育组正式召开成立大会，以中国基督教高等教育委

[①] Harold Balme, "The Future of The Association of Christian Colleges and Universities, Report of Conference of Christian College and Univeisities, Nanking, 1924", *China Christian Educational Association Bulletin*, No. 3, 1924.

[②] "Report of Conference of Christian College and Univeisities, Nanking, 1924", *China Christian Educational Association Bulletin*, No. 3, 1924.

员会的会长巴慕德兼任主席，经基督教协进会同意，罗炳生为执行干事，他将用半数的时间为高等教育组服务两年。高等教育组的经费由教育会统一安排，各大学团体会员费是每年 50 元，大学会员数是 16 个。① 高等教育组的职责主要有："1. 联系所有基督教高等教育工作，包括决定大学的标准，以及准备一份财务计划与母差会的联合委员会密切合作。2. 通过省教育会等形式，增进与中小学的关系。3. 促进与政府公私立学校的关系。4. 通过方法上的交流促进高等教育各科教学的改进。5. 研究调查团的建议，特别是关于课程方面。"②

紧随其后的是中小学教育组。在 1924 年 4 月的评议会年会上讨论成立中小学教育组，暂以吴哲夫兼任执行干事，田蕴朴为副总干事。③ 根据新的章程，中小学教育组主要由各地方分会的代表组成，各有三名，而且各省教育会的执行干事要尽可能为中小学教育组的成员。④ 因此，中小学教育组是建立在省区教育会的基础之上的，它扮演了以前评议会的职能。它成立之后首要工作就是"敦促各省区所有教育会和办理初等、中等教育机关从速推举代表，组织省区基督教教育董事会，然后由各省区董事会代表组织委员会"⑤。1925 年 3 月 30—31 日召开了第一次全体会议，以朱经农为主席，柏赖义为干事。⑥

1924 年评议会年会时，宗教教育组和推广成人教育组尚未成立，但教育会也下设两个专门的委员会去从事它们的工作，分别以吴哲夫和刘湛恩为主席。⑦ 成员包括宗教教育委员会的海波士（J. S.

---

① "First Meeting of The Council of Higher Education", *The Educational Review*, Vol. XVI, No. 3, July, 1924。1926 年大学会员费增加为 100 元。

② E. W. Wallace, "Report of the Association General Secretary to the Advisory Council", *The Educational Review*, Vol. XVI, No. 3, July, 1924.

③ "Ninth Annual Meeting of the CCEA", *The Educational Review*, Vol. XVI, No. 3, July, 1924.

④ Ibid. .

⑤ 程湘帆：《中华基督教教育会的过去情形及现在计划》，《教师丛刊》1924 年 10 月第 1 卷第 1 号。

⑥ "The Annual Meeting of The China Christian Educational Association", *The Educational Review*, Vol. XVII, No. 3, July, 1925.

⑦ Dwight C. Baker, "The New China Christian Educational Association Realized", *The Educational Review*, Vol. XVI, No. 3, July, 1924.

Helps)、罗威（Johnson Lowe）、布雷克利（Bleakley）、易思培（J. M. Espey）、缪秋笙、沃廷（Minnie Vautrin）、刘廷芳、洪煨莲（William Hung）、司徒雷登、富瑞姆（Murray Frame）；以及推广与成人教育组的刘湛恩和格里芬（J. B. Griffing）。① 1925 年 3 月，程湘帆曾撰文说道："宗教教育组及推广与成人教育组委员会早经成立，近正注意干事人选。"② 可见，由于没有合适的干事人选，这两个组到 1925 年 3 月还没有成立。1925 年 4 月，第十次评议会年会上，决定成立宗教教育组，以来会理为主席，王素义为书记员，缪秋笙为执行干事。③ 由于中华全国基督教协进会也有宗教教育委员会，教育会决定宗教教育组与协进会进行合作，但侧重于学校内的宗教教育问题，因而将宗教教育组的成立会议延迟到与协进会临近的 5 月 11—12 日召开，以便于人员往来。④

到 1925 年 5 月，四个组已经成立了三个，推广与成人教育组则迟迟未见成立。1926 年，第十一次年会记录中提到"成人教育参事会未成立"。⑤ 1927 年，《中华基督教会年鉴》在列举中华基督教教育会职员时只列出了三个组的干事名单，未见推广与成人教育组的踪迹。⑥ 1928 年，第十二次年会时也没有出现其踪影。⑦ 可见推广与成人教育组迟迟没有成立。究其原因，不外乎两点：一是与宗教教育组一样，找不到合适的干事人选。二是由于推广与成人教育组所进行的事业与协进会、青年会等重复，教育会若再成立难免浪费资源。

1925 年 3 月 30 日—4 月 4 日，教育会第十次年会的召开标志着改组工作的完成。这是首次按照新章程组织的会议，四个委员会已成

---

① "Ninth Annual Meeting of the CCEA", *The Educational Review*, Vol. XVI, No. 3, July, 1924.

② 程湘帆：《中华基督教教育会成立之经过》，《中华基督教教育季刊》1925 年 3 月第 1 卷第 1 期。

③ 参见《中华基督教教育季刊》1925 年 12 月第 1 卷第 4 期。

④ "Council of Religious Education", *The Educational Review*, Vol. XVII, No. 3, July, 1925. 当年的协进会年会是 5 月 13—20 日。

⑤ 《中华基督教教育季刊》1926 年 6 月第 3 卷第 2 期。

⑥ 《中华基督教会年鉴》1927 年第 9 期。

⑦ "Christian Educators in Conference", *The Educational Review*, Vol. XX, No. 3, July, 1928.

立三个,全国董事会也组建完毕,教育会一直寻找的中西干事已到位。从日程安排上看,3月30—31日召开四组会议,4月1—2日召开全国董事会,4月3—4日召开地方执行干事与全国董事会执行干事会议,这就充分体现了改组所要追求的以全国董事会为核心,以四个专门委员会与全国、地方与全国为基础,权威与效率并进的新模式。但随着这次改组的完成,教育会本想以此为契机整合各层次基督教教育,进而构建以己为中心的基督教教育系统时,中国社会的局势瞬息万变,使得教育会还来不及以新面貌去落实中西各界的期许,就得仓促应付来自中国社会的新挑战。

　　民初的十年是中国基督教教育迅速发展的十年,在这十年当中,基督教教育界仍在潜心构建一套独立完善的基督教教育体系。民初的十年也是中华基督教教育会组织网络全面拓展的十年,在这十年当中,教育会的势力达到了全国的大部分地区。这两者之间其实存在内在关联:一方面,构建基督教教育体系是一种精英的理想、一种上层的目标,它需要实际的地方教育的协调者和建设者,中华基督教教育会四通八达的组织网络以及充当教育精英与地方教育实践者之间桥梁的角色,恰恰能够满足这种需要。另一方面,中华基督教教育会要在组织上扩充,就要在思想上寻找扩充的依据,而构建自成一体的基督教教育体系,是整个基督教教育界的夙愿,借用这一主流意见,作为教育会建设的指导思想也就顺理成章。巴敦调查团来华为二者之间的契合提供了机会,代表中国的教育会借此契机将早已有之的组织改革理念通过调查团传达给西方,进而影响中西基督教界;而代表西方的调查团则借此机会将中西基督教界长期以来试图构建的基督教教育体系通过教育会的组织平台全面铺开。这对双方来讲是互利共赢的局面,而在当时特殊的基督教教育体制之下,这一局面的取得却主要假手于西人,这一几乎完全脱离中国社会的另类现象,在民族主义的浪潮中必将经历一次次的考验。

第四章

中华基督教教育会与
国家教育体系的融合

巴敦调查团的来华宣告中国基督教界苦心经营的基督教教育体系基本成型,但随之而来的民族主义浪潮却打破了构建自成一体的教育格局的梦想,如何继续寻找基督教教育的归属之路考验着整个基督教界。伴随着中国形势的变化与本色神学思想的成熟,一批本土的基督徒知识分子崛起,归属之路现出新机,基督教教育由自建"独树一帜"的基督教教育体系最终走向共建"大融合"的国家教育体系,合法地解决了基督教教育长期游离于国家教育系统之外的问题,也完善了政府主导的国家教育体系,真正实现了在教育上"大一统"的局面。

第一节 对"收回教育权运动"的回应

20 世纪 20 年代的非基督教运动是多种因素契合的结果,既有外在民族主义、科学主义、共产主义的压力,也有内在的基督教会自我反省所引起的神学革新潮流,这在学界已经有了较多的研究。[①] 作为

[①] 有关研究可见舒新城《收回教育权运动》,中华书局 1927 年版;Ka-Che Yip, *Religion, Nationalism and Chinese Students: The Anti-Christian Movement of 1922-1927*, Western Washington, 1980;[日]山本达郎《中国的反基督教运动(1922—1927)》、罗滋《中国民族主义与 1920 年代之反基督教运动》、杨翠华《非宗教教育与收回教育权运动》,载张玉法《中国现代史论集》第 6 辑,台湾联经出版事业公司 1982 年版;叶仁昌《五四以后的反对基督教运动:中国政教关系的解析》,台北久大文化股份有限公司 1992 年版;查时杰《民国基督教史论文集》,台北宇宙光传播中心 1994 年版;杨天宏《基督教与民国知识分子:1922 年—1927 年中国非基督教运动研究》,人民出版社 2005 年版。

非基督教运动的重要一环，收回教育权运动则更为复杂，它是由教育、科学、社会、伦理、文化、政治、效率、宗教、国权等多种因素交织在一起①，由学生、知识分子、政党参与的社会运动。由于前人在这场运动产生的原因、经过方面都已做过较为细致的研究，本节所关注的重点将放在民族主义的潮流之中中华基督教教育会是如何回应上。

一　民族主义与基督教教育

义和团运动激起了中国人民强烈的民族意识，自此之后源于西方民族主义的思潮在中国崛起，只不过在不同的时期这种民族主义的对象有所不同。一战后，中国人期待已久的废除不平等条约的梦想，伴随着"巴黎和会"和"华盛顿会议"而破灭，中国人在心理上与列强对立的状态始终存在，"打倒列强除军阀"成为各派人士广泛接受的政治主题，在这一政治口号的引领之下，中国人积蓄已久的民族主义能量集体爆发，特别是"广州商团事变"、"五卅惨案"的发生，人们发现幕后黑手都是西方列强之时，中国人激烈的排外意识再次点燃，"收回利权运动"、"废约运动"兴起，基督教会作为列强通过条约在华攫取特权的一部分受到了前所未有的清算。对此，一些教会领袖深有体会，钟可托曾说道："唯其如此，则对于所指为传统的、因袭的、催眠的、不肯革命的、带浓厚西洋色彩的基督教，怒目相向，攻击不遗余力，更至于加以'麻醉人灵性的鸦片烟'、'帝国主义的先锋'、'资本主义的走狗'等詈词。呜呼！冰炭水火，反感至于此极，果基督教义之过欤？"② 王治心也说道："五卅之后，态度为之一变，在共产主义者，则借反对教会之手段，为主义的活动；在国家主义者，则借反对教会为排外之表示。"③ 在此背景之下，作为在华传教事业的一部分，基督教教育也不可避免地受到牵连。

教育权的问题由来已久，20世纪20年代的"收回教育权运动"决不仅仅是非基督教运动的副产品，它所反映的是自20世纪初以来

---

① 舒新城：《收回教育权运动》，中华书局1927年版，第66—72页。
② 钟可托：《年来中国教会概况之观察》，《中华基督教会年鉴》1927年第9期。
③ 王治心：《五卅事变对于教会之影响》，《中华基督教会年鉴》1927年第9期。

国人日益增强的教育主权意识。就目前所见，较早地明确表达"教育权"观念的是1907年8月《外交报》上的一篇文章《论外人谋我教育权之可危》。"国之大政，教养而已。养之事惟一，而教之事有二。有禁之为非者，法制是也；有导之于善良者，教育是也。二者皆国家成立永久之要素，必以本国之人任之，然后有以培其爱国之心，扩其乐群之力，以蕲日进于富强。未有以乙国之人任甲国教育之事，而其国不即于衰弱者也。今之君子，知法制之为我国权，而不可授之外人矣。乃独于教育问题，关系一群之生死存亡，有什伯于行法裁判者，任外力之侵入，而夷然不思所以抵制之。其无乃知二五而不知十乎？"① 该文所指正是晚清政府对于外人设学自由放任的政策。在这之前，尽管对于教育与国家的关系已引起学界的注意，如罗振玉认为"长国家之势力，增生人之智识，必自教育始"；梁启超认为"教育之本旨在养成国民"。② 但清政府认为外人设学不能适合国情民性，在1903年的《奏定学堂章程》中竟没有将外人学校包括在内，1906年学部提出"外人设学毋庸立案"更是对外人设学采取不闻不问的态度，这是丧失教育权的明证所在。所以，1907年《外交报》上的文章算是开启了收回教育权的先河。

民国成立以来，教育主权的观念更为清晰，1923年，周太玄在《教育杂志》上撰文指出："所谓中华民国教育，即是范成中华民国之模型。此模型当由吾中华民族自己产生之，换言之，即应由吾民国国民自行选定与吾辈之历史、习性要求最相适合之教育。此为根本问题之根本要点，应丝毫不容他人之越俎代谋，不许少数之把持垄断，尤不许有作用者插足其间。""国民共有之教育，为国民全体谋福利，为一种公权，实亦一种公共义务。其切近吾人之生活安危，一如公共卫生；其支配一群之治乱兴亡，一如基于民意而来之根本大法，均为

---

① 《论外人谋我教育权之可危》，载朱有瓛《中国近代学制史料》第4辑，华东师范大学出版社1993年版，第687页。
② 璩鑫圭编：《中国近代教育史资料汇编·学制演变》，上海教育出版社1991年版，第148、164页。

一种神圣不可侵犯，不容假借，应随时随地由群众负责监督注意之大事。"①

而就在国人主权意识日益清晰之时，1922年《中华归主》以及《巴敦调查团报告书》的先后问世在中国知识界当中引起了不小的震动，人们惊讶地发现原来教会势力是如此的庞大，这一无心插柳的事件成为国人诟病教会教育的主要素材，这恐怕连教会人士自己也没有想到。周太玄就指责："英美基督教联合会大计划之将吾国划为若干学区，每区设一大学，若干中小学；实因吾国至今尚以教育区域与政治、军事区域相混合，而未有特别之规划，且又无以地域人口为标准之适宜大学以分配于全国，是无怪他人之越俎代谋。"② 余家菊在《教会教育问题》一文中开篇就指出教会教育的三大危害，其所用的材料就是巴敦调查团的报告书。③

此后，对于基督教教育的清算就不绝于耳。1922年3月，曾提出以美育代宗教的蔡元培发表《教育独立议》，他说："教育是帮助被教育的人，给他能发展自己的能力，完成他的人格，于人类文化上能尽一分子的责任；不是把被教育的人，造成一种特别器具，给抱有他种目的的人去应用的，所以教育事业，当完全交与教育家，保有独立的资格，毫不受各派政党或各派教会的影响。"④ 同年7月中华教育改进社在济南开年会，胡适、丁文江、陶孟和提议"凡初等教育（包括幼稚园），概不得有宗教的教育（包括理论与仪式）"。⑤ 少年中国学会1923年10月在政纲中提出："提倡民族性的教育，以培养爱国家，保种族的精神；反对丧失民族的教会教育及近于侵略的文化政策。"⑥ 他们还出版了一本《国家主义的教育》的小册子，里面收

---

① 周太玄：《我国教育之集中统一与独立》，《教育杂志》1923年11月20日第15卷第11号。
② 同上。
③ 余家菊：《教会教育问题》，《少年中国》1923年9月第4卷第7期。
④ 蔡元培：《教育独立议》，《新教育》1922年3月第4卷第3期。
⑤ 《胡适等在中华教育改进社济南年会对于宗教教育的提议案》，《中华教育界》1925年2月第14卷第8期。
⑥ 杨效春：《基督教之宣传与收回教育权运动》，《中华教育界》1925年2月第14卷第8期。

录了很多攻击中国基督教教育的文章。① 1924年中华教育改进社南京年会与1924年10月第十届全国教育会联合会关于收回教育权的议决案，更是将收回教育权运动推向了顶峰。

1924年8月，非基督教大同盟在上海组成，以教会大学退学的学生为主，教会学校迅速成为被清算的主要目标。1924年9月，广州学生收回教育权运动委员会宣言："一、所有外人在华所办之学校，须要经中国政府注册与核准；二、所有课程及编制，须受中国教育机关支配及取缔；三、凡外人所办之学校，不许其在课程上正式编入教授宗教，同时也不许其强迫学生赴礼拜堂念圣经；四、不许压迫学生，剥夺学生之集会、结社、言论、出版等自由。"② 1925年3月，湖南学生联合会致电北京教育部，请求教育部取消教会学校，认为"从国家主权来看，教育为国家的内政，不容他人染指代庖；从民族独立来看，教会学校以办学为手段，以传教为目的，实行帝国主义文化侵略，束缚学生言论，禁止学生参加爱国运动，是洋奴的养成所；从学科的角度来看，教会学校不遵中国教育部章，以圣经为必修科，只重外语，其适合充当洋行买办"③。

1925年6月，全国学联第七次会议通过一项反基督教的决议，要求各省都应成立收回教育权运动特别委员会，并呼吁帮助那些离开教会学校的学生在其他学校重新获得入学资格。1925年圣诞，福州教育当局就对教会学校的学生发表演说："……幸运的收回教育权运动已很上轨道。反基督教运动已组织了一个特别委员会，直接加付责任在我们身上，以净化和排出罪恶。为了这，我们不应有些许的怠慢。在教会学校的学生没有救中国的目的，他们怎么可以有这种欺骗自己的心情呢？我们希望国人的精神就是你们的精神，你们不应做基督徒的牛马，不应为基督教的节庆而奔忙。来参加我们反基督教的游行示

---

① 《国家主义的教育》，中华书局1923年版。
② 《广州学生收回教育权运动委员会宣言》，《中华教育界》1924年9月第14卷第3期。
③ 《湖南学生联合会为取消教会学校事致电北京教育部呈请马代总长》，《教育杂志》1925年3月20日第17卷第3号。

威,支持我们这正确的活动,那么中国的前途有幸了。"①

五卅事件之后,民族主义的情绪更为高涨,清算基督教教育的范围也从教育界扩充到整个社会,1925年12月,有人更是提出了"走入乡村"的新口号。② 不少政党,甚至是基督徒也加入进来,几乎成为一场全民的反教运动。

陈独秀在《收回教育权》一文中写道:"我们认真讨论起来,与其主张'收回教育权',不如主张'破坏教育权'。因为在国民革命成功以前,目下二百五的中国政府和中国教育界,都不会有收回的决心。至于破坏的责任,便不须依赖政府与教育界,只要在教会学校受奴隶教育的二十万男女青年有这样的觉悟与决心。"③ 汪精卫在《国民教育之危机》中主张限制教会学校,理由是:"教会没有权利随意将中国幼年子弟来做信徒的材料;也没有权利于他所办的学校内排斥中国幼年子弟所必需的国民教育。"④ 1925年7月,福州公理会传教士发表文章指出,有不少基督徒加入爱国运动的游行队伍当中;一些基督徒团体甚至没有得到教会同盟的允许,就召开会议表示同情上海的学生运动;信仰基督教的工人也改变态度,相信学生们的宣传;福建基督书院国文系主任竟变成收回教育权运动的领袖。⑤

可见,"五卅"之后对基督教教育的清算,已经远远超出了教育界的范围,甚至连基督徒也参与了进来,成为在强大的民族主义潮流之下中国人民普遍的反帝运动的一部分。无怪乎1926年非基督教大同盟指出:"帝国主义不只是人民、政府的敌人,且是基督教的敌人。"⑥ 在这种情形之下,中华基督教教育会所要面临的与其说是反教运动的压力,倒不如说是反帝运动的挑战。

---

① 转引自[日]山本达郎、山本澄子《中国的反基督教运动(1922—1927)》,载张玉法主编《中国现代史论集》第6辑,台湾:联经出版事业公司1982年版,第201页。
② 同上书,第202页。
③ 陈独秀:《收回教育权》,《向导》1924年7月第74期。
④ 张亦境:《批评非基督教言论汇刊全编》,《真光》杂志社、中华浸会书局1927年版,第106页。
⑤ 转引自[日]山本达郎、山本澄子《中国的反基督教运动(1922—1927)》,载张玉法主编《中国现代史论集》第6辑,台湾:联经出版事业公司1981年版,第202页。
⑥ 同上。

二 与国家主义派的论战

国家主义是一种源自欧洲大陆的政治思想学说，在19世纪末20世纪初随着中国人翻译西学著作以及一批留欧学生回国，这种学说也被介绍到中国。一战之后，全世界范围内掀起了一股民族独立的热潮，国家主义学说也成为竞相追捧的理论基础。在中国也是如此，巴黎和会极大地伤害了中国人民的民族情感，国家主义在中国找到生存的沃土。因此，在一战过后短短的几年之内，国家主义的学说在中国高唱入云，其代表人物有陈启天、余家菊、曾琦、李璜、左舜生、谢循初、周太玄、杨效春等，他们创办了《少年中国》、《醒狮周报》，连《中华教育界》也一度为他们所控制，成为散布国家主义学说的重要阵地，部分言论还被结集出版，如《国家主义论文集》、《国家主义讲演集》、《国家主义的教育》，余家菊还将这一学说进一步系统化和理论化，发展成为中国的国家主义教育学。他们很多留学欧洲，或有欧洲游历的背景，对于欧洲学说极力推崇。因此，韦毅后来在评价收回教育权问题时认为："基督教学校宗教教育的问题所引起的纷争主要是因为双方站在不同的立场上来解读'宗教自由'，传教士站在盎格鲁—撒克逊的立场，而反对者是站在欧洲大陆的立场上。来自美国的认为美国的方法可行，来自法国的认为欧洲大陆的可行。"[①]

之所以选择国家主义派展开论战，除了因为其在当时的影响最大，抨击的声势最强之外，在中华基督教教育会看来，国家主义派主要以学校人士为主，主要关注教育和文化，对政治问题兴趣不大，不具破坏性，容易展开对话。而且国家主义派的部分意见在某种程度上正好是教育会想做的，比如国家主义派认为基督教学校应向政府注册，政府应给予基督教学校私立的地位；改良宗教教育的方法；促进基督教学校的"中国化"，剔除"洋化"色彩，增加华人教师和管理者，提升国文和公民教育的水平等，这些都是中华基督教教育会认为

---

① Sidney K. Wei, "Government Control of Education", *The Educational Review*, Vol. XX, No. 4, October, 1928.

可以达成共识之处。①

论战很早就已经开始，1924 年，中华教育改进社和全国教育会联合会相继提出收回教育权案，不久，中华基督教教育会就在所办的第一份中文刊物——《教师丛刊》中有所反应。主编程湘帆在"小学课程号"上撰文《基督教教育与其今后设施之方针》，他指出：

> 或谓国家为保持其民族之统一，发扬国家之精神，既用其权力规定国家标准，则国家以外之教育，不得存在。这种原则，在取绝对国家主义的教育方针的国中是必须尊重的，但在一定范围之外，比如初等教育以外，仍可自由办理。中国素来承认公私立教育并存的，私人或团体的教育只要在一定范围以内，不违背国家所定的标准，是可以存在的。基督教为社团之一种，所以基督教的教育只要不违反国家的标准，是可以存在的。②

程湘帆认为在国家教育标准之外，基督教教育有存在的余地。此论一出，很快便遭到国家主义派的炮轰，陈启天在文章中反驳道：

> 程先生的话，至少有三点不能自圆其说：一、程先生是不是承认国家应利用教育保持其民族之统一，发扬国家之精神？如不承认，则程先生所谓教育是何种教育？敢问！如其承认，则破坏中国民族之统一，摧残中国国家精神的基督教教育，又何为辩护而不反对？二、中国素来虽承认公私教育并存，却从未曾承认一国之内中外教育并存。中国自清末兴学以来，对于外人所设的学校学生出身在法令上是不承认的，这是一种消极限制外国在华教育事业的办法，绝未承认与公教育可以并存。三、程先生又说在一定范围之外，比如初等教育以外，仍可自由办理。言下之意，初等教育不可任私人自由办理。然而基督教会竟自由办理初等教

---

① Sanford. C. C. Chen, "The Anti-Christian Education Movement", *The Educational Review*, Vol. XVII, No. 2, April, 1925.

② 程湘帆：《基督教教育与其今后设施之方针》，《教师丛刊》1924 年 12 月第 1 卷第 2 号。

育了,做礼拜、读圣经,哪一件是在国家标准之内?我们试查程先生手定的《教会小学课程表》,早会与圣经占课程的第一位,自第一年至第六年每周耗学生时间一百八十分,共九节,既认定初等教育是不能自由办理的,为什么于新学制课程标准以外,定有这种造就外国教民的课程?①

程湘帆在文中还说道:"人民依据宪法上信教自由之规定,可以任意信仰一种宗教,任意满足其宗教上之需要。欲满足其宗教上之需要,故不得不保持其宗教之团体与地位;教育为保持宗教团体之一法也,所以基督教教育在法律上是不抵触的。"② 陈启天则认为:"这话未免将信教自由与传教自由混为一谈,信教是应有绝对自由的,传教是不得有绝对自由的。故各国对于各种宗教多采中立的态度,不许任何教派以教育做宣传的工具,不然就与宪法的精神抵触了。"③

这种针尖对麦芒似的论战不仅体现在报刊上,也出现于公共场所。1924年12月16日,华中师范学校宴请湖北教育界人士,出席的有教育会副总干事程湘帆以及余家菊等国家主义派人士,其间程湘帆发表演说陈述基督教教育的功绩,指责国家主义派的收回教育权主张。他提出:"第一,对于教会学校当取同情的态度,不可存仇视的心理;第二,我是教会学校出身,我自信也爱国;第三,教会学校乃补助公立教育之不足,今后教会教育之所以异于公立学校教育者,惟在宗教教育之一点,教会学校课程要接近公立学校之课程标准。"他的这一说法立刻遭到余家菊等人的一一驳斥,余家菊认为程湘帆的说法多为遁词,避重就轻,他指出:"教会中来华之西人,最大多数固为无赖之徒,最少数中或有以传教之精神而来,无论主张何如,对于

---

① 陈启天:《我们主张收回教育权的理由与办法》,《中华教育界》1925年2月第14卷第8期。
② 程湘帆:《基督教教育与其今后设施之方针》,《教师丛刊》1924年12月第1卷第2号。
③ 陈启天:《我们主张收回教育权的理由与办法》,《中华教育界》1925年2月第14卷第8期。

此等人终当另眼相看。"①

1925年2月,《中华教育界》发行"收回教育权运动号",浩浩荡荡地刊载了11篇力主收回教育权的文章,分别是陈启天的《我们主张收回教育权的理由与办法》、余家菊的《收回教育权问题及答案》、李璜的《伦理教育与宗教教育》、周太玄的《非宗教教育与教会教育》、杨效春的《基督教之宣传与收回教育权运动》、常道直的《对于教会大学问题之管见》、李儒勉的《教会大学问题》、舒新城的《收回教会中学问题》、杨效春的《收回教会师范学校问题》、吴俊升的《收回教会小学问题》、李璜的《法国教育与宗教分离之经过——其用意及其效果》。这些文章全面地阐述了收回教育权的理论基础和各层次学校的收回方法,引起了中国教育界和基督教界的高度重视,促使中华基督教教育会很快就做出了富有针对性的回应。

对于收回的理论基础,陈启天在文章中指出,收回教育权运动主要有五个方面的理由:

> 第一,从教育主权上看应该收回。行政为国家主权的一部分,教育又为行政主权的一部分,故教育是一种主权。凡无本国国籍的外国人不得在本国领土以内设立任何学校教育本国国民。
> 第二,从教育宗旨上看应该收回。一个国家的教育宗旨,至少要培养本国国民,延长本国国命,光大本国国运,任何特殊教育宗旨,不可与此国家教育宗旨冲突,致减少国家教育的效率,抹杀国家教育的根本。现在基督教教育既说明它的宗旨原在传教,即出了教育的范围;又说发展一种基督徒的团体,即不是造就普通国民;又说化中国为基督教国民,更不是造就中国国民了。
> 第三,从教育法令上看应该收回。一个国家的教育标准,与国家教育宗旨的达到,和国家立国精神的保持,是有密切关系的。私教育对于国家标准十分重要之处是应绝对遵从,不十分重

---

① 《余家菊景陶先生教育论文集》,财团法人台北市慧炬出版社1997年版,第278—296页。

要之处才可自由酌量办理。今教会学校对于国家教育标准,竟全反其道而行之,对教会学校不十分重要之处,则按照国家教育标准;十分重要之处,即限制自由传教之处,则不按照国家标准。

第四,从信教自由上看应该收回。信教自由是近代各国宪法上的一个通则,保障这个通则的根本方法,是要教育独立于各种宗教势力之外,即无论何种宗教不得借教育做宣传的工具;无论何级学校,不得含有宗教的臭味,设有宗教的课程,举行宗教的仪式,才能完全办到。自外国教会在中国设学传教,我国人的信教自由完全被教徒剥夺干净,与宪法上规定信教自由的通则根本冲突,非教育权完全收回之后,实在无法办到。

第五,从教育效果上看应该收回。一种教育的效果,能否有益于该种教育所在的社会与国家,可以两件事为断:一是看某种教育对于固有文化的历史遗传能否有所继承选择并发扬光大;二是看某种教育对于国民意识的养成有无帮助或妨害。教会学校是外人设立的,他们本身对中国固有文化绝对无历史遗传,自然不能传授中国固有文化于中国学生;教会学校中当权的是中外教徒,这般教徒对于中国固有文化极其缺乏素养;教会学校存在的理由,是为传教,这种以教育做传教工具,使人相信一种有仪式、有制度的有神教,是中国教育史上从来没有的,不应任其存在,增加青年一种桎梏,妨害思想自由。国民意识的养成在于全国教育自小学以至大学共同的宗旨和一致的精神。而教会学校的宗旨是在造就外国教民,教会学校的精神是住洋房、穿洋服、见洋人、说洋话、读洋书、信洋教,在这种洋气重重,熏染出来的学生,多半成为一个"准洋人"或"准外国人",只足以破坏国民意识。①

陈启天从教育主权、教育宗旨、教育法令、信仰自由、教育效果等五个方面阐述了收回教育权的理由。他从国家统一的理论基础出发

---

① 陈启天:《我们主张收回教育权的理由与办法》,《中华教育界》1925年2月第14卷第8期。

强调国家主权统一、精神统一、法令统一的重要性；强调国家教育主权的神圣不可侵犯性；强调国家教育宗旨和教育标准的唯一性；强调信仰自由的法律权威性；强调国民意识的统一性。对此，一个月后，1925年3月中华基督教教育会在《中华基督教教育季刊》的《本刊宣言》当中针锋相对，逐条进行回应。不过，与国家主义派以国家统一为理论基础不同，中华基督教教育会的理论基础是"自由"。《宣言》称：

  一、依信仰自由之原则而言，信仰宗教为人类本能上的欲望，而信仰自由又为宪法所保障，则吾人依法，得满足此项欲望。然欲此项欲望永久满足而不衰，故不得不维持此法律所保护之宗教的团体的巩固，而提高其地位。因此，故吾人以为信仰基督教暨维持基督教会是有根据的。

  二、依国家主义的教育原则而言，为发扬国家主义，保持国家团体起见，所有儿童，无论在何种情况之下，应一律受一种限度的教育，谓之国民教育。这种限度的教育——造就国民资格的教育——为国家之权利，亦为国家之义务，故国家应当负责。但在国家一时无力办理学校，使所有儿童一律受此教育时，亦得规定标准，监督指挥私人或社团设施之。基督教会既为法律上的团体，所以亦得办理小学校。但在实施国民教育标准，尊重国家主权之外，应使有自由试验之余地。

  三、依德谟克拉西的原则而言，儿童在受统一的国民教育之外，得自由受个别的教育，或职业的，或普通的。在儿童之年龄知能未能独立时，父母得依其信仰上所以为最圆满，最有价值，而不违反法律者教导之，至能独立为止。基督教既为宪法所保障，则其团体的地位如商业团体，实业团体，教育团体相等，基督教设立学校培养宗教领袖，正如商业团体设立学校，培养商业人材，或为个人之职业起见，或为发展团体之地位起见，苟能依照私立学校之条例，于教育，于法令是无碍的。

  四、依私立学校应有自由试验之原则而言，基督教学校宜特别注重其基督化的教育。所谓基督化的教育者即以基督救世之热忧，与其乐于牺牲，勇于服务之精神感化学童，使其得着宗教上的无量力，庶爱国时，不为势利所屈伏，而得忠爱国家到底，一方使其得着基督之牺牲决心与丰富感情，庶服务时，不因险恶环境而缺望，而得服事社会到底。基督教学校假使对于国家社会作更大的贡献，必求其教育上更进一步的基督化，但现在教授宗教的制度与方法必须澈底改造。

五、依教育主权及设施教育，无论内容形式，必合国情之原则而言，基督教学校当努力于澈底之中国化，行政管理必须逐渐参加中国人，至完全由中国人主持之。除特别情形外，教授应以国语行之，国学及社会学科应特别注重，各级学校应一律立案，所以经济责任亦逐渐由中国之基督徒负之。

六、依教育进展之原则而言，吾人深信"进步乃本乎变异与选择"，我国向来公私教育并存，最适合进步公例，且利于公立学校者尤多。私立学校之所以为私立者，必有不同于公立，且多利用此不同之处作种种之试验。公立学校因此一方得私立学校之"变异"的刺激，一方又得"选择"其所试验之成绩的机会也。目下，为公立学校之强大刺激，而足供其效法者，基督教学校也。设斤斤以教育上之"整齐一致"而牺牲此项利益，实为教育之不幸。①

中华基督教教育会从信仰自由原则、国家主义教育原则、民主原则、私立学校自由试验原则、教育主权和教育形式符合国情原则、教育进展原则等六个方面，论证了教会学校具有存在的理由，同时也一一回应了国家主义派的论点。与国家主义派的咄咄逼人相比，教育会的态度则较为谦虚，它承认基督教教育存在需要改进之处。

双方论战的另一个焦点是关于收回的方法，对此，国家主义派认为："应将外国人所办之一切学校（不问教会学校非教会学校）与教徒所办之一切学校（不问外国教徒或中国教徒）一律收回归中国人

---

① 《本刊宣言》，《中华基督教教育季刊》1925年3月第1卷第1期。

与非教徒办理。"① 陈启天将具体的办法分为两项：第一是实行教育上的不合作主义，即凡是中国人特别是教育家，不为教会学校做事，已经在做的尽早离开；凡是中国学生不入教会学校，已经进入的退学转入本国学校，尚未退学的不参加宗教仪式；本国教育团体不与教会学校合作，本国国民和政府不向教会学校提供捐助，凡袒护者，视为全国教育界的公敌。第二是组织中央与省区收回教育权委员会，制定收回教育权法令，呈请政府公布执行。② 很明显，国家主义派的做法是"一刀切"，不存在任何商量的余地，采用软硬兼施的办法不留给教会学校任何空间。

对此，中华基督教教育会副总干事程湘帆撰文指出："依国家主义者的主张，为实现国家主义的教育精神起见，教育应为国家之任务，全国教育尤其是义务教育，一律由国家设施之，惟国家有办理学校之权，就原则而言，我们皆应完全承认。盖不如是，则国家前途与将来国际的地位，难许乐观。然就今日国家力量与教育设施的情况，以及现在公私立学校成绩比较之结果而言，又好像要采取奖励私立学校的政策。盖不如是，则教育普及固然难期实现，即效率方面亦恐有很大的牺牲。故主张收回私人设立学校，一律由公家办理之说，今日言之，似有未合。"他主张："对于外人及外国教会设立的学校，依一般私立学校一律看待"，并通过三种途径逐步收回教育权：一是学校土地权的转移，即使教会学校的产业权转移到本国人手里。二是教育主权的承认，即以严格的条例强迫立案。三是养成公民资格的教育的注重，即严厉监督其公民教育的设施。③ 以此可见，教育会是主张以温和改良的方式收回教育权，很鲜明地体现了基督教教育界的立场。基督教青年会全国总会干事刘湛恩就曾致函陈启天："目前着手方法，与其主张消极的限制，不如以积极的改良。"④

---

① 舒新城：《收回教育权运动》，中华书局1927年版，第73页。
② 陈启天：《我们主张收回教育权的理由与办法》，《中华教育界》1925年2月第14卷第8期。
③ 程湘帆：《收回教育权的具体办法》，《东方杂志》1926年5月25日第23卷第10号。
④ 参见《醒狮》1925年4月18日第28期。

类似的看法还有信徒出身的朱经农，他在教俗两界都颇有影响，曾在政府教育部门任职，此时他是上海沪江大学国文系和商务印书馆编译所国文部主任，也是中华基督教教育会的重要成员，担任教育会执行委员会的委员和中小学教育组的组长。他认为教会学校不过是私立学校的一种，只要能合乎国家所定最低限度的教育标准，就应该有存在的余地，所以教会学校应该注册，受国家的取缔，但不应立刻收回。他提出："1. 任何教会学校都要向中国政府注册，听政府监督和考察，并遵照《新学制课程纲要》办理。2. 教会学校要自动地取消宗教仪式的制度，纯任学生自由信教。3. 教会学校要注重中国固有的文化，不可入主出奴，养成一班纯粹外国化的中国国民。"①

就论战的过程来看，双方紧紧围绕着要不要收回，以及如何收回两个问题展开，争论的核心是"宗教"和"洋化"。在要不要收回的问题上，双方都主张收回，教育会主张收回到华人信徒办理，保留教会学校的存在；而国家主义派则主张彻底收回国人自办，由国家统一管理。在如何收回上，教育会主张渐进的温和改良，用"中国化"剔除"洋化"，但保留教会学校的宗教特色；而国家主义派则主张使用国家法令强制收回。自始至终，国家主义派是处于攻势，而教育会处于守势，比较被动，而且势单力薄，仅有程湘帆较为活跃。

三 《中华基督教教育会宣言》

在民族主义的浪潮之中，基督教教育界势单力薄，中华基督教教育会穷于应付，难以一一回应。在这种情况下，教育会更多是把精力放在反省自身，而没有一味地反击。他们认为："基督教教育界要不为暴力和袭击所吓倒，我们自己对情况缺乏了解要比受到外界的袭击更可怕。""现在所要做的就是反思我们的工作，向民众解释我们的目标、方法和成就，让老师和学生自由讨论。"② 这看起来是一种消极的应对策略，实际上却是收回教育权浪潮之中中国基督教教育发展的尴尬写照。程湘帆认为教育会所要做的"一是密切与政府教育家的

---

① 朱经农：《中国教会学校改良谭》，《中华基督教教育季刊》1925 年 6 月第 1 卷第 2 期。

② "Editorial Notes", *The Educational Review*, Vol. XVII, No. 1, January, 1925.

关系；二是重视中国语言、历史、文学、哲学教育，做好向公众宣传工作；三是向政府注册"①。

1925年4月2日，在教育会首届董事部年会上中华基督教教育会出台了《中华基督教教育会宣言》，代表中国基督教教育界对整个收回教育权运动做出回应，也向中国公众系统地解释了基督教教育的宗旨和原则，以消除误会和偏见。《宣言》从九个方面进行了全面的阐述：

一、基督教学校的特殊功用

基督教学校的特殊功用及其辅助中国公立学校的地方，就是一方面为基督教团体中的儿童设施一种基督化的教育，一方面使一般原入此种教育式的私立学校的人得着求学的地方。

二、德谟克拉西中之私立学校

依德谟克拉西的精神及现今世界上采用德谟克拉西诸国的通例，大概除国家办理公立学校之外，无不予个人或社团有设立私立学校的权利，惟须与公立学校一律遵守国家所定之最小限度，并不得与国家社会的利益有所冲突。

三、私立学校与教育进步

教育的进展乃由于各样异式学校的存在，及办理上有最大的活动自由所致。假使取缔这种活动自由的权利，而限制所有学校，无论巨细，必须按照一致的标准办理，实为国家教育的不利。故私立学校，除遵照国家规定的必要标准外，应予以最大的活动自由，因学校办法愈能活动自由，则教育愈有进步；教育愈有进步，则国家愈受其利。

四、私立学校与信仰自由

私立学校教授宗教是根据信仰自由的原则，这种信仰自由是本国宪法明白规定的，也是民治国家的一个通例，考这种原则的范围，不但个人得依照良心的主张，有自由信仰的权利，也包括

---

① Sanford．C. C. Chen, "The Anti-Christian Education Movement", *The Educational Review*, Vol. XVII, No. 2, April, 1925.

自由教授其子女的宗教的权利。且这种原则皆适用于各种宗教。

五、基督教学校与国家教育系统

中国私立学校应在国家教育统治权之下并为国家教育计划之一部，实为理所当然。但欲这种关系成立，私立学校应向官厅注册，遵守规定的学校法令，成绩标准，并受官厅之监察。此外则为私立学校之活动自由权利，基督教教育当事极愿此项关系成立，借表尊敬国家教育主权的意思。至于基督教学校合并的研究建议性质的教育会，其目的乃为团结内部，增进效率的辅助机关，并非主管机关，尤非代行官厅职权的机关。

六、基督教学校与教授宗教

教育的形式虽有不同，但基本目的则在养成健全人格与道德品行。基督徒相信，他们对于国家前途的特殊贡献，就在这一点。教育行政官厅对于教会学校注册，谆谆以限制宗教的教学，取缔基督化的学校生活为条件，此举固不仅与教授自由和信仰自由的原则不合，且与基督教设学原旨相冲突，而阻碍他们贡献于中国教育上的特殊需要。

七、基督教学校与爱国主义

基督教精神实表现于开明的爱国举动，故与爱国主义并无冲突，基督教学校素以发展学生的爱国心为目的，非然者，谓之不患其事。至于所谓"摧残学生之民族性"或"利用基督教学校以为宣传外国的帝国主义之机关"云云，非但捕风捉影，无此事实，即此种动机亦为基督教教育界中西人士深恶痛绝者。

八、基督教教育应为中国的

基督教学校虽然是外国教会与西洋教士创设的，现在也是他们主理的，但其目的乃在谋本国人民之最大利益，而精神上、内容上、维持上、管理上，均应为中国的。此固中西基督教教育家常常发表的志愿，即素来赞助学校的教会，亦莫不作此想。所幸这种理想已逐渐实现，本国信徒将逐渐取而维持管理之。

九、基督教教育之永久基础

基督教教育之永久基础，系于基督教团体之热心维持及中国

第四章　中华基督教教育会与国家教育体系的融合

健全的舆论，不系于中国与外国所缔结之条约的特别权利。①

就《宣言》内容来看，教育会对于外界的批评意见态度比较诚恳，有的甚至还做出了让步，但有两点值得注意：一是关于宗教教育，主张教会学校拥有宗教教育的特权，但在教授的方法上要进行改良，这是基督教教育维持其特色的底线。二是关于基督教教育的"中国化"，主张基督教教育在精神上、内容上、维持上、管理上均应中国化。但在目前这两个问题同时解决比较有难度，所以他们主张首先解决基督教教育的归属问题，与不平等条约划清界限。在这样一种基本的应对策略指引之下，教育会总会以及省分会纷纷地采取措施，力争在国家教育系统中谋得一个合法的地位。

1925 年的董事部年会通过了一系列决议：针对有关传教士与条约的关系问题，教育会任命一个专门的委员会与协进会合作，研究合理解决这一问题的具体措施；针对学校注册的问题，教育会认为倘若基督教学校的特殊功用没有受注册的影响，基督教学校应在中央或地方注册。② 针对有关教会学校不遵守中国教育标准问题，教育会认为："基督教学校应采用新学制课程，且在精神上文字上两方面均须力谋适合标准。对于大总统明令颁布之教育目的，尤应努力，及求达标纲要上之教育思想与原则。"③

在这之前，1925 年 1 月 15—17 日，由教育会高等教育组干事罗炳生在上海召集基督教大学中国行政人员会议，与会人员有上海的教育会副总干事吴哲夫、程湘帆，北京的刘廷芳、洪煨莲，广东的韦毂，湖南的颜福庆，武昌的韦卓民等人，所讨论的范围涉及收回教育权的方方面面，他们认为作为应对之策，基督教教育应力求"更切的中华化"、"更大的效用"、"更深的基督化"。

对于国文教学问题，他们认为："基督教大学应多注意教授国学：因为大学生在中学中所得之国学基础很有限，故不得不作进一步的训

---

① 《中华基督教教育会宣言》，《中华基督教教育季刊》1925 年 6 月第 1 卷第 2 期。

② "Resolutions of the General Board", *The Educational Review*, Vol. XVII, No. 3, July, 1925.

③ 舒新城：《收回教育权运动》，中华书局 1927 年版，第 87 页。

练。基督教大学应规定国学最低的标准,此项标准应有以下的目的:甲、有文思敏捷而且清顺的能力;乙、有以国文发表大学教育内容的能力;丙、对于固有的国粹,有敏锐的欣赏。为要达到这几种目的起见,课程上必须设置本国的语言,文学,历史,地理及哲学,俾学者得充分练习的机会。一方必有精深研究之中国学者教授之。"对于中西教师待遇问题,他们认为:"在薪俸住宅,子女教养补助金,保险,旅费,医药等问题上都该有公平的制度,此项制度以资格地位为准则,绝不应有国际的区别。"而对于教会学校的唯一特质——宗教教育问题,他们认为:"我们对于宗教在发展人类行为上的价值,有最高尚最坚确的信仰,更深信基督教在这件事上对于中国尤有特别的贡献。宗教教育最要紧的事,就是在能得到最好的效果。因此,我们有以下的建议:1. 在宗教仪式,必有充足的设备,俾得供应中国生活中灵性的需要。2. 宗教的学科必须仔细地选择与组织,务使学生对于基督教发生适当的信仰。3. 在教授与学生的共同生活中,总该使学生得到基督教的精神,改造他们的行为。"①

除此之外,各省区教育会也纷纷按照总会的要求,酌情在地方组织注册委员会,总会又在分会的基础上合组"全国注册委员会",以副总干事程湘帆为会长,会员有余日章、司徒雷登、刘廷芳等人,承担一切立案注册之事。②

通过董事部年会,总会的意见传达到了地方分会,在各分会当中要数华东教育会最为活跃。在1926年7月在南京召开的第十三届年会当中,华东教育会也通过了一系列的决议,"将学校逐渐交归中国人管理";"根据政府所定之课程标准,审定各项课程";"教授英文,须于初中一年级开始。初中高中各级中,除英文科外,须以中文教授,如能用国语则尤佳。请华东各大学考虑,在大学部一年级中,各科除英文外,能否均用本国文教授"③。

从总会和地方分会的回应措施来看,大多针对"洋化"的批评,

---

① 《基督教大学中国行政人员会议》,《中华基督教教育季刊》1925年3月第1卷第1期。
② 同上。
③ 《华东基督教教育会第十三届年会议事日程》,《教育公报》1926年6月20日第4号。

而对于"宗教"的批评所作的回应，除了表示要提高宗教教授的质量，实现宗教科目选修之外，基本上没有什么举措，与外界所要求的宗教与教育分离相去甚远。究其原因，除了宗教是基督教学校存在的底线，是他们坚持的堡垒之外，另外一个重要因素就是基督教界对于收回教育权运动的性质判断。1925年4月在纽约召开的中国基督教教育会议上，司徒雷登提出"非基督教运动更像是一种种族的运动，而不是宗教的运动"，他认为："非基督教运动是一场大规模的，有组织的，有经费支持的对于西方宣传的一种恐惧。因为在中国人看来，在西方势力影响下的中国人，无论在行为方式上还是在个人交往上都出现了西化的趋势。"① 他的这一看法得到了顾子仁的认同，顾子仁认为："在很多年轻的中国人心目中，西方人掌握着统治信条的话语权。在整个远东地区都存在着这种心理——白人统治说。也许你们从没听过这是非基的一条理由，但这对该运动发生着不少的影响。"来自日本的代表何野（Wm. E. Hoy）和印度的爱温（James Ewing）也同意这一看法，他们承认在日本和印度这些东方国度都存在这一种族心理。② 于是，基于对收回教育权运动性质的判断，纽约会议认为"现在已经到了基督教与基督教学校实现本色化的时候了"，但前提是"不危害教会学校的基督化特色"。③ 因此，非基督教运动的首要问题是针对种族上的，是要扭转中国人的这种洋化的趋势，宗教问题成为其次，这样就可以解释为什么教育会的举措主要集中于解决"洋化"。

第二节 程湘帆与基督教教育的本色化

一 程湘帆其人其事

在收回教育权运动的过程中，华人干事程湘帆的上任被视为教育

---

① Chinese Christian Education, *A Report of a Conference held in New York City, April 6th, 1925, Under the Joint Auspices of the International Missionary Council and the foreign missions conference of North America, 25 Madison Avenue, NewYork*, p. 36.

② Ibid., p. 42.

③ Ibid., p. 101.

会本身消除"洋化"、实现"本色化"的重要手段，而程湘帆上任之后，通过办刊和个人交往也确实从事了一些应对外界挑战的努力，这更使我们坚信程湘帆的出现是收回教育权运动的结果。但假若我们将目光放得更远，也会发现，华人干事的出现是教育会梦寐以求的目标，收回教育权运动可能是加速了这一进程，也可能是正好契合。

教育会成立之初，就一直在物色一位全职的干事，但直到薛思培上任之前，传教士都是在自己正常的传教活动之余才从事教育会的工作。随着教育会事务的日益增多，按照以往的业余活动模式，日常的教育会工作就因为人力不足而难以开展。在这种情况之下，1907年的传教士大会就提出"教育会应努力筹集一笔资金去聘请两位外籍干事和两位中国助手，以开展教育会的工作"。① 在1909年的教育会三年大会上，薛思培认为教育会需要一名得力的华人干事，布雷恩也认为应给予华人同事更多的管理权。② 于是，1909年会议修改章程，决定总干事要有两人，其中一个为华人。③ 但由于健康的原因，新选出的华人干事谢洪赉未能就任。④

民国成立之后，寻找华人干事的努力并未中止。1912年新章程规定，评议部的地方代表中必须有一人是华人，这给华人在地方教育会当中占据要职提供了条件。1917年1月，山东—河南教育会临时干事爱丽斯（Emary W. Ellis）给上海总会写信，希望总会能有一份中文教育刊物和一名华人教育干事，总会在回信中说这两项举措都是教育会早已有的计划，但由于资金和人选两方面的问题，至今未能落实。⑤ 或许是因为这封信起了作用，在1917年的评议会年会上总会通过决议："各地方分会要尽快寻找一位全职的华人干事和一位外籍干

---

① *Records of China Centenary Missionary Conference*, held at Shanghai, April 25 to May 8, 1907, Shanghai: Centenary Conference Committee, p. 758.

② *Records of the Sixth Triennial Meeting of the Educational Association of China 1909*, Part I, pp. 71–74.

③ *Records of the Sixth Triennial Meeting of the Educational Association of China 1909*, Part II, p. 7.

④ "Additional Members", *The Educational Review*, Vol. II, No. 11, November, 1909.

⑤ "Editorial Notes", *The Educational Review*, Vol. IX, No. 1, January, 1917.

事，从事各自教育会的日常工作。"① 因而，在这之后成立的地方教育会如山东—河南、湖南、直隶—山西、河南教育会都设有华人干事，华西教育会在 1917 年也选出了自己的华人干事。但总会的华人干事还是没有着落。

1922 年，巴敦调查报告书提出改组之后的全国董事会应有两名总干事，其中一人为华人。自此之后，教育会开始物色人选，再加上社会宗教研究院的资金到位，教育会最终看中了经验与学识并重，活跃于教俗之间的程湘帆。由此可见程湘帆的出现，绝不是偶然的，是教育会事业内在发展的客观需要，但这并不代表他的出现与收回教育权运动没有关联，他所解决的主要问题就与收回教育权运动息息相关。

程湘帆，字锦章，安徽芜湖人，生于清光绪丁亥年（1887 年）五月二十日。早年丧父，靠母亲养育成人，曾就读私塾，13 岁进入江苏镇江福音书院，半年后，由于该院停办，于是转入南京汇文书院（即金陵大学的前身）。1907 年中学毕业后，任安徽宁国府中学堂英文教员。1909 年再次进入金陵大学学习，经过四年的努力，1913 年毕业获文学士学位，并留校担任中学部教员，次年任武昌陆军学校英文教员。1917 年返回南京，任金陵中学国文科主任。②

在当时来说，这已经是一份很不错的工作了，但他并不满足，继续深造。1920 年赴美自费留学，在纽约哥伦比亚大学师范学院学习，主修教育学。1922 年在获教育学硕士学位和师范学校教员证书之后毅然回国，任金陵大学国文系主任和东南大学教育学教授。1923 年秋，离开南京，借调安徽省教育厅，担任第二科科长、省师范学校督导专员，以及各地暑期讲习班讲员。关于其在安徽省政府教育厅短暂服务的原因，根据他自己的解释，是为在东南大学教授《中国教育行政学》课程"得些实地经验来作教授资料"。程湘帆在他的书中说："在这一年内，除办理行政事务，解决行政问题外，我又参考了许多

---

① "Recommendations", *The Educational Review*, Vol. IX, No. 3, July, 1917.
② 于化龙：《本会前总干事故程湘帆先生略历》，《中华基督教教育季刊》1929 年 6 月第 5 卷第 2 期。

不易得着的文件,参加了各种教育会议。"① 在安徽服务的经验所带来的学术成果就是《中国教育行政》一书的问世。

1924 年 9 月,他辞去安徽的工作前往上海,受聘为中华基督教教育会副总干事,并兼任上海大夏大学教授。② 根据程自己的说法,是吴哲夫邀请他出任教育会副总干事一职的。吴哲夫是巴敦调查团的成员,曾参与起草巴敦调查团报告书,他进入中华基督教教育会的任务就是要贯彻巴敦调查团的"更有效率、更中国化、更基督化"目标。而在这三大口号当中,"更中国化"无疑是最重要也是最迫切的,"实现之第一步就是约程湘帆君到会研究、调查及办理教会学校中国化的问题"③。之所以选择程湘帆,主要是考虑到他的宗教背景和学识经验。他是中华圣公会的信徒,而圣公会是当时从事教育活动比较多的西方差会,由他担任势必获得圣公会的支持。他长期在教会学校学习与工作,对教会学校事务较为熟悉。他主修教育学,并在富有中国教育晴雨表之称的东南大学任教,与中国教育界来往密切。因此,在教育会担任副总干事的同时,他与教会、教会学校、中国教育界的关系并没有中断,他是金陵大学校董会成员,是东南大学教授,是中华教育改进社的重要成员,还是好几期《教务杂志》的编委。

在 20 世纪 20 年代,程湘帆发表了很多有关教育学之类的文章,不仅仅在基督教刊物当中,也散见于各大世俗性教育刊物,如《教育杂志》、《中华教育界》、《新教育》等。作为其教育理念的系统表达,程也出版了几本有关教育学的专著,如《小学课程概论》、《教学指导》、《演讲学》、《中国教育行政》、《当前基督教教育之三大问题》等,受到当时教育家的好评。他的教育学理论主要集中于对小学教育问题的探讨,这在其所办刊物中体现得最为明显。他进入中华基督教教育会之后最重要的工作之一就是负责编辑出版一份中文教育刊物——《教师丛刊》,该刊于 1924 年 10 月出版,主要是关于小学教

---

① 程湘帆:《中国教育行政》第 2 版,上海:商务印书馆 1931 年版,第 2 页。
② 于化龙:《本会前总干事故程湘帆先生略历》,《中华基督教教育季刊》1929 年 6 月第 5 卷第 2 期。
③ 程湘帆:《本会之前途》,《中华基督教教育季刊》1927 年 3 月第 3 卷第 1 期。

育问题的。在该刊第 1 卷第 1 号程湘帆发表了一篇文章《教师丛刊编辑之目的及其办法》,在这篇文章中他清楚地指出,该刊的目的是"联络全国教师,研究小学教育问题"。① 该刊的内容每期为一专号,专门讨论小学教育上的某一问题。自 1924 年 10 月第 1 号开始至 1927 年第 11、12 号合刊,一共讨论了 11 个小学教育中的重要问题,分别是中华基督教教育会号、小学课程号、小学国语教学号、中华基督教教育界宣言号、公民教学号、小学算术教学号、小学历史教学号、小学宗教教学号、小学自然科教学号、小学卫生教学号、小学艺术教学号,等等。② 其中第 1 至第 7 号是由程湘帆担任主编,第 8 号、第 10 号分别由缪秋生和宓爱华编辑,第 9 号、第 11 号、第 12 号合刊由张伸编辑,程湘帆校正的,也就是说《教师丛刊》自始至终的整体格调与布局都是程湘帆定下的,这份刊物也就很好地体现了以程湘帆为主的整个编辑群的教育理念。直至 1927 年夏天,当程湘帆离开中华基督教教育会时,《教师丛刊》也以停刊而告终。

长达 450 页的专著——《中国教育行政》,代表了程湘帆在教育学领域的成就,也为他赢得了学者的声誉。在该书的序言当中,程清楚地指出该书的目的是要引导中国教育家:"一、明了今日一般教育行政之趋势及本国教育行政的政策;二、了解本国教育行政制度之沿革及今后问题;三、了解本国教育设施之情况、法令、标准及改进计划;四、觉悟本人将来在教育行政上之地位及拥护、贡献、改造之必要。"③ 在这本书中,他系统地探讨了涉及中国教育行政方面的许多重要问题,全书用 26 章的篇幅集中于五个方面进行阐述,即"中国教育行政之背景"、"中国教育行政之机关"、"学校系统与教育设施"、"教育人员之意义"、"教育行政之问题"。这本书是 20 世纪 20

---

① 程湘帆:《教师丛刊编辑之目的及其办法》,《教师丛刊》1924 年 10 月第 1 卷第 1 号。
② 程湘帆:《中华基督教教育会的过去情形及现在计划》,《教师丛刊》1924 年 10 月第 1 卷第 1 号。
③ 程湘帆:《序言》,《中国教育行政》第 2 版,商务印书馆 1931 年版,第 3 页。

年代少有的几本有关教育行政问题的专门研究之一。①

二 程湘帆的本色化教育理念

1922年巴敦调查团提出中国的基督教教育应"更有效率、更基督化、更中国化"这三大口号之后,中华基督教教育会很快就接受了。在《教师丛刊》第1卷第1号当中,作为巴敦调查团成员和中华基督教教育会副总干事的吴哲夫就曾撰文指出开办这份刊物的目的就是要贯彻基督教教育的三大口号。②

如果说程湘帆在教育学上的成就可以概括为"更有效率"的话,那么在1923年之后的这段时间,程主要关怀的则是"更中国化",通常"更中国化"是对本色化在教育领域的特殊表达。

程湘帆本色教育理念的基础是民族主义。在程湘帆看来,巴敦调查团报告书的主题可以归结为:基督教教育的目标是服务国家。"首以保存国粹而发扬光大之,次则消极地矫正社会遗传上的弱点。"具体而言,基督教教育"是力求适合国家进步之需要的,并不是宣传宗教的教育。是保存国民性中之优点,非摧残国民性的。是吸收西方民族之长处,以补我们所不及,不是造就外国国民之教育。"③ 他为《中华基督教教育界宣言》所做的按语中就解释说基督教以及基督教教育与爱国主义是不相冲突的。④

程湘帆的民族主义情感,自然而然地导致其对中国基督教教育本色化的强调。由于正值非基运动期间,外界对于基督教学校的认识颇有分歧:一部分人从民族性出发认为目前中国的基督教学校"外国色

---

① 程湘帆在教育学方面还发表了一些其他主题的文章,如《小学读法教学的三个问题》,《新教育》1922年11月第5卷第4期;《小学后段应酌量采用指导自习制度》,《新教育》1923年1月第6卷第1期;《外国语言在小学课程上之位置》,《新教育》1923年3月第6卷第3期;《师范学校之各学科教学标准》,《新教育》1923年5月第6卷第5期;《学风之各方面观及整顿之要点》,《中华基督教教育季刊》1925年10月第1卷第3期;《读文教学大纲》,《中华基督教教育季刊》1925年12月第1卷第4期。
② 吴哲夫:《教师服务的机会与教师丛刊发行之缘由》,《教师丛刊》1924年10月第1卷第1号。
③ 程湘帆:《基督教教育与其今后设施之方针》,《教师丛刊》1924年第1卷第2号。
④ 《中华基督教教育界宣言》,《教师丛刊》1925年第1卷第4号。

彩太重，外国化太重，教育当局与学校行政教授上的重要人员大半皆是外国人"，以至于这些基督教学校称为"外国教会的学校，外国人的学校"更适合一些。① 另外一些则从教育性入手认为由外国人主理的基督教学校成就显著，适合中国特殊的需要，也可以为中国学校的发展提供参考。程湘帆认为，中国的基督教学校是以中国人为中心，所办理的中华基督教私立学校，不是外国学校，因为外国人举办的教会学校为外国人和各该政府的利益所办的学校，以及施行文化侵略或政治侵略的外国学校。② 为了消除这种外国化倾向严重的氛围，他主张中国的基督教学校应当与帝国主义分离开来，凡是不平等条约当中涉及保护教民条款的内容，都应该放弃。③

《中华基督教教育季刊》是他在中华基督教教育会任职期间主编的第二份刊物，这也成为他表达本色化教育理念的重要阵地。在其他编辑的帮助之下，程湘帆把这份刊物办成了当时基督教教育界最为重要的一份中文刊物，也是中华基督教教育会的重要喉舌。该刊于1925年3月开始发行，在每期的封面上都会印有该刊的四点原则：贯彻基督教教育之中国化，发挥基督化教育之真精神，宣布科学的各项教育方法，沟通中西的各项教育意见。很显然，基督教教育的本色化是放在首位的。

程湘帆的本色化教育理念是基于两点考虑的：第一，由华人为主管理基督教教育事业，可以消除人们将基督教教育看成帝国主义侵略的工具，以及因此而对教育事业所造成的伤害，甚至可以表明基督教教育不会摧残国民性。第二，基督教教育是基督教事业的核心，是教会的生命，基督教学校决定着中国基督教的前途。如果本色教会是中国基督教的发展目标，那么收回传教士经营的教育事业就是必经的一步。"中国教会不欲收回西国差会经营的事业则已，否则必从教育始。因为没有中国的教会学校，造成中国教会需要之领袖人才，和一般供

---

① 《中华基督教教育界宣言》，《教师丛刊》1925年第1卷第4号。
② 同上。
③ 同上。

给教会经济，建设教会基础的人物，则理想上本色教会将永无实现之日。"①

程湘帆认为，当前中国的基督教教育正处于过渡时期，由外国传教士主办的时期过渡为华人信徒主办的时期，这一趋向是由外国差会自己发动并推行的。② 在他看来，这种转变不仅意味着权利的恢复，也意味着中国信徒在财政上和管理上尽责任的开始。他告诫读者注意这样的问题：现在差会办理的教育事业，大学与专门学校 30 所以上，中等学校 300 余所，小学更是数千余所，收回后的责任将如何应付？这是个非常棘手的问题，他建议组成一些教育管理委员会作为指导和监督中国基督教教育的机关。各个宗派要组织自己的教育管理机关，地方教会也要联合组织教会联合管辖部，去决定各个地方的教育方针，每个大学及规模宏大的中学应特别组织校董会去决定各校自己的政策。同时，他还讨论了差会拨款的分配原则。③ 他意识到在本色化过程当中，会遇到财政和人才上的困难，因此他主张在中华基督教教育会当中暂时采取一种中外合作的管理方式，并在其指导之下去建设中外合作的基督教学校，但中国人在机构当中应占多数。④ 他建议说，为实现"更中国化"的目标，更多的华人信徒进入董事会，更多的华人参与学校管理，更多的华人教师，更多的中国语言文化课程，这些都是必需的，但在转变的过程当中，人才的准备和经济的筹划才是最重要的。"今日实在是我们经济困难，人才有限的时候"，"现在教会学校统全国言之，每年支出何止数百万元，服务人员即以西人论之又何止数千人。即能一旦以大力从心所欲收回一切，试问此数十万学生是否任失其学？"⑤ 毫无疑问，人才和财政上的困难严重地制约着"本色化"的进展，但他仍然矢志不渝地坚持自己的本色化教育理

---

① 程湘帆：《收回差会之教育事业》，《中华基督教教育季刊》1926 年 10 月第 2 卷第 3 期。
② 《中华基督教教育界宣言》，《教师丛刊》1925 年第 1 卷第 4 号。
③ 程湘帆：《收回差会之教育事业》，《中华基督教教育季刊》1926 年 10 月第 2 卷第 3 期。
④ 程湘帆：《本会之前途》，《中华基督教教育季刊》1927 年 3 月第 3 卷第 1 期。
⑤ 程湘帆：《论本届中华教育改进社未成立之限制教会学校入社案》，《中华基督教教育季刊》1925 年 10 月第 1 卷第 3 期。

想。他在《教育季刊》发刊宣言中，就对如何从差会手中收回教育权提出渐进式的步骤："先求宗教行政与教育行政的分立，第二步则求学校管理、行政，及教授用中国人，一方改造其课程内容，使合现在中国的需要。务使宗教行政势力所及的学校，变为独立的私立学校；外国教会的学校，变为中国基督教的学校；外国布道士的学校，变为中国信徒设立的学校；外国色彩最重的教育，变为中国化的教育。"① 在他看来，收回教育权与本色化教育一脉相传。

三　本色化的现实境遇：注册与宗教教育

尽管程湘帆和其他一些华人基督教教育家几乎可以被认为是民族主义者，至少在相当程度上受到民族主义的影响，但在民族主义的浪潮中，他们难以挽救基督教教育的原有模式，教会学校的宗教教育成为中国政府和激进的民族主义者难以忍受的现实。自晚清以来，这种压力就一直存在着，至民国时期更呈加剧之势。1921年4月，北京政府颁布《教会所设中等学校请求立案办法》六条，其中有四条是限制基督教教育的，包括"学科内容及教授方法，不得含有传教性质"。② 1925年11月，北京政府教育部颁布了一份新的私立学校注册法令《外人捐资设立学校认可办法》七条，程湘帆将这七条分为两大类，其中积极的方面有五条："学校应冠以私立；校长或副校长应为本国人；若有校董会，多数为本国人；学校宗旨应依教育部之规定必须教育的；学校课程应依部定标准。"消极的方面有两条："学校不得以传布宗教为宗旨；学校课程遵照部定标准，不得以宗教科目列入必修课。"③ 此时广东国民政府在对待私立学校的问题上则有更严格的限制。④

政府的注册法令颁布之后，中国的基督徒教育家能够接受甚至是支持多数的注册条款，但在个别条款，特别是限制宗教课程和仪式等

---

① 《本刊宣言》，《中华基督教教育季刊》1925年3月第1卷第1期。
② 程湘帆：《中国教育行政》第2版，商务印书馆1931年版，第218页。
③ 程湘帆：《注册问题之经过及解决的焦点》，《中华基督教教育季刊》1926年10月第2卷第3期。
④ 同上。

方面，存在分歧。作为中国人，他们希望自己热爱的基督教事业"更中国化"，而作为信徒，他们也不想放弃"更基督化"的理想。这种两难的境地制约着当时中国基督教界的抉择，教会内的华人教育领袖、宗教界华人领袖、传教士和一般的平信徒都有不同的意见。1926年2月，在上海召开的中国基督教大学联合会第二次会议形成决议，清楚地表达了本国基督教教育界的看法。① 决议要求中华基督教教育会派出由五人组成的一个代表团前往教育部，就注册一事与有关官员进行商议。而实际上在这次会议召开之前，1925年9月，作为"基督教学校注册委员会"会长的程湘帆，就和中华基督教教育会会长刘廷芳、湖南基督教教育会会长赵运文三人前往教育部，与有关官员就注册和宗教教育的问题举行了非正式的会谈。② 根据《教育季刊》编辑的说法，"注册中，最觉困难者为教授圣经问题"，"我们深信现在中国社会最大的需要，在养成一班基督化国民，将来本基督的精神，服务于国家社会。故不得不教授圣经。加以学校所有经费皆由外国热心信徒捐来，假使不授宗教课程，惟恐摇动经费来源"。但政府方面坚持认为："现在教会学校内读书之学生，只有少数是基督教徒，设吾人一律令读圣经，似与信仰自由的原则不合。"③

程湘帆的主要舆论阵地就是他主编的杂志，《中华基督教教育季刊》发刊宣言事实上就表明了他们的目标就是要捍卫宗教教育的权利。

首先，从信仰自由的原则来看，宪法保障了公民宗教信仰自由和宗教教育的基本权利。中国的基督教学校确实存在随意设学、不在政府注册、课程和学校设备未达国家标准等诸多问题；但基督教学校作为私立学校的一种，是在政府无力使得所有儿童都有接受教育的机会的情况下实行的，因此政府应当制定积极的政策去引导私立学校，而

---

① "Government Registration", *China Christian Educational Association Bulletin*, No. 16, 1926.

② 刘廷芳：《会长的使命：为注册事致基督教教育界书》，《中华基督教教育季刊》1926年10月第2卷第1期。

③ 《基督教教育界运动与重要文件》，《中华基督教教育季刊》1925年3月第1卷第1期。

不是用消极的政策去限制，牺牲私立学校的教育宗旨。他们要求政府应允许私立学校在实施国民教育标准、尊重国家主权之外，有自由试验的余地。其次，从民主的原则来看，他们认为儿童在受统一的国民教育之外，有权自由接受个别的教育，如职业教育、信仰教育，父母可以按照自己的信仰原则选择最圆满、最有价值，而不违反法律者教导之，直到独立为止。此外，由于基督教受宪法所保障，基督教团体与商业团体、实业团体和教育团体拥有相同的地位，有权设立学校培养宗教领袖，就如商业团体设立学校培养商业人才一样。《宣言》强调指出，中国的基督教教育意味着"中国的基督教学校，不是外国学校或外国教会学校"，"基督教学校当努力于彻底之中国化"。同时，他们还呼吁应当允许公私立学校之间差异的存在。① 由于程湘帆是这份刊物的主编，他在很多文章当中也表达了同样的观点，可以断定这份《发刊宣言》主要是由他主笔撰写的。

程湘帆在宗教教育问题上所面临的挑战，不仅来自政府，而且还有大力倡导非基督教的国家主义派。1925 年，中华教育改进社年会上，作为国家主义教育的代表人物陈启天向大会提交了一份《限制机关社员资格案》，他提出在中华教育改进社社章第四条增加以下条款："教会学校及教会机关或其他外人所办之学校及团体不得为本社机关社员，其已入社者得暂加允许，但不得有董事被选举权。"其理由是：作为全国教育的领袖机关，中华教育改进社应当实行教育与宗教分离的原则；教育应当由本国人自办，不宜许外人指导之教会学校或教会机关暗中操纵全国教育；董事享有选举和被选举权，不应让外人和教会势力加入。② 陈启天的议案并没有得到大会的认可，其他的一些社员，如陈宝泉和总干事陶行知等人对陈启天的议案进行了一些修正。

尽管如此，程湘帆对此事仍然感到不满，甚至撰文批评改进社内出现的这一议案。他说：国家主义派对基督教学校是"摧残国民性"、"造就外国顺民"、"养成不合社会需要之人才"、"摧残学生爱国心"之类的判断是完全错误的，"教会学校增多，不啻任令他国人

---

① 《本刊宣言》，《中华基督教教育季刊》1925 年 3 月第 1 卷第 1 期。
② 程湘帆：《论本届中华教育改进社未成立之限制教会学校入社案》，《中华基督教教育季刊》1925 年 10 月第 1 卷第 3 期。

共管全国教育"之类的观点更是无稽之谈。国家主义者所提的议案是"凭一部分人目前之感情与血气","至于所宣传之收回教育权仅为宣传而宣传而已"。他指出,教会学校内颇有表同情于国家主义的,他们很努力地求进步,求爱国。事实上基督教学校本身已经为收回教育权做了很多实事,意指国家主义派渲染收回教育权流于空谈。国家主义派之所以攻击这一点,实际上是源于外国的"教育返俗"运动,"但外人之主张系推翻公立学校或由公家补助之学校内教授宗教,所有私人设立之私立学校及不受公家补助之学校仍得根据其'信教自由'的原则,以本人所信仰之宗教,教授同教之子女,并举行他们生活上所需要之宗教仪式"。他坦承现在一部分学生进入教会学校的原因,是由于教会学校比公立学校提供更好的教育条件,而不是为了信仰,所以为了满足这部分学生的公道和利益,教会学校也在寻找可行的解决办法,去处理教授宗教和宗教仪式的问题。① 这篇九页的文章发表之后,似乎并不能平息他心中的愤慨,在《教育季刊》同一期上,他还发表了另一篇短文《我们今日之两大弱点》:一方面社会各界之互相倾轧而不能相谅,一方面少数专制而多数不敢言语。② 毫无疑问,在他眼里陈启天等人就是"少数专制"。在一篇《编辑小言》中,程湘帆也再次表达了对攻击谩骂基督教教育的不满情绪,提醒人们注意百年来基督教教育对中国社会变革所做的贡献,他认为基督教教育正是通过提供社会革新的思想和动议来散播国民革命的种子,促成现在革命运动的实现。③

注册问题争论的结果,是以教会学校宗教课程选修这种调和的形式出现,多数学校也在1927年开始立案注册。然而,随着国民革命的节节胜利,基督教教育又面临着新的问题。自1927年开始,国民政府要求在所有学校当中推行"党化教育"(又称"三民主义教

---

① 程湘帆:《论本届中华教育改进社未成立之限制教会学校入社案》,《中华基督教教育季刊》1925年10月第1卷第3期。
② 程湘帆:《我们今日之两大弱点》,《中华基督教教育季刊》1925年10月第1卷第3期。
③ 程湘帆:《基督教教育与国民革新》,《中华基督教教育季刊》1925年12月第1卷第4期。

育"），向学生灌输"三民主义"思想，服从国民党的统治，基督教教育也受到了限制。尽管基督教学校面临着新的思想与制度上的困难，但基督教教育界在口头上也大多表示遵从。程湘帆在一篇文章中展望1927年《教育季刊》的主张时，谈到党化教育问题，他说："我们相信教育应当自由，且应绝对的自由。教育不自由，则学术无研究。于是真理无由发现，文明进步无由希望。"他认为基督教应当继续支持中国革命，基督教学校也有责任去教授"三民主义"及利于党的学理与实际，而不应宣传不利于党的思想及反革命的行动。但是，作为私立学校，国民政府不能要求其承认与公立学校相同的义务，比如规定学校训育主任必须由政府委派，教授社会学科的教员必须为有一年以上党龄的党员，训育处的经费须当全校经费的1/10，训育处责在宣传革命，监视学校不得教授宗教等，则是完全剥夺私立学校的自由，抹杀其特性。[1] 在另外一篇文章当中，程湘帆试图将基督化教育与党化教育进行比较，他认为二者的区别是"一个是以个人与社会的得救为范围，一个是以民族国家的得救为范围"，但二者"可并行不悖"，"绝无不能相容之理"，基督教并不反对革命，基督化教育对党化教育无害，不仅如此，还能互相促进。现在之所以出现不相容纳的原因有两点：其一，仍以教会学校为外国人的教育机关；其二，仍以教会学校为专门实行宗教的机关。他再次呼吁，政府和国家主义者应消除对基督教教育的偏见，正确评价基督教教育对中国革新所做的贡献，按照民国以来约法和宪法所规定"信仰自由"的原则去对待它。[2]

1927年8月，程湘帆辞去中华基督教教育会的一切职务，出任当时作为安徽省会的安庆市市长，不久，由于健康的原因，他返回上海休养。[3] 1928年夏，他应朱经农的邀请成为上海浦东中学的校长，这

---

[1] 程湘帆：《本刊今年之主张》，《中华基督教教育季刊》1927年3月第3卷第1期。
[2] 程湘帆：《基督化教育与党化教育》，《中华基督教教育季刊》1929年6月第5卷第2期。
[3] 笔者在亚洲基督教高等教育联合会档案当中看到一封赵运文写给吴哲夫的书信，说是由于程湘帆母亲病重，卧床不起，故程辞去工作，返回上海照料母亲。见"T. C. Tsao to E. W. Wallace (September 5, 1928)", RG004—086—1093。

是他最后一份工作,直到1929年4月13日病故,年仅43岁,可谓英年早逝。他被人誉为有经验的教育家、杰出的著作家和基督徒教育家,在"改良国文"、"提倡新学制课程"、"谋求立案问题之解决"、"创办杂志"等诸多方面做出贡献。①

程湘帆在教育会的三年,是华人干事崭露头角的三年,也恰好是收回教育权运动高涨的三年,这使他面临着不小的压力,作为中国人,他要努力捍卫中国基督教教育的本色化;作为基督徒,他也要捍卫其基督化信仰。这种两难的境地,是华人信徒在面对国家与信仰两种不同身份认同时所产生的激烈碰撞,如何处理这种关系,华人信徒显得心力交瘁,在非此即彼的情况之下,程湘帆显然更注重前者。

面临这种两难境遇的不仅有程湘帆,还有缪秋笙、刘廷芳、刘湛恩、赵运文、余日章、赵紫宸等一批受过良好教育的华人信徒,他们都与程湘帆一样,有着相似的求学和职业经历,也有着相似的国家与信仰认同。正是因为有了这些逐步成长壮大的华人信徒,才为中国基督教教育本色化提供了精神动力和智力支持,也为西方的传教者提供了信得过的本色人选。

第三节 中华基督教教育会与中国基督教教育的"国家化"

"国家化",指的是走向国家,进入国家或中央的行政管辖范围之内,但由何处走向国家,就使得"国家化"具有不同的含义和表现形态。就近代中国社会而言,"国家化"主要有两种形式:一是由外到内,由洋到华,这与民族独立紧密相连;二是由下到上,由地方到中央,这又与国家统一息息相关。中国基督教教育领域的"国家化"所指的就是第一种,即将基督教教育从国家教育体系之外纳入国家教育体系之内成为私立学校,由国家收回教育主权,直接行使。王东杰在他的《国家与学术的地方互动——四川大学国立化进程》一书中也讲道:"就目前的研究看,中国大学的国立化(或国家化)运

---

① 缪秋笙:《悼湘帆先生》,《中华基督教教育季刊》1929年6月第5卷第2期。

动,至少存在着两种类型,它们分别和民族主义的两个向度相关。一是对外的,主要例证为教会大学及清华学校(大学)。对他们来说,国家化的目标和表现即是争取学术独立、收回教育权。简言之,要使大学成为'中国的'。……民族主义在'抗议'一面外,还有着'建设'的一面,这一面在大学'国立化'问题上的主要表现,就是如何使一所大学成为'国家的',这也同时带来了中央与地方或私人之间的竞争。"① 这种对外的"国家化"从一开始就与民族主义结合在一起,并伴随着民族主义的进程而不断地发展,其最终目标是进入国家教育系统。就基督教教育而言,这一进程大致持续了30年,20世纪30年代各基督教学校相继向政府注册,成为私立学校,是基督教教育实现"国家化"的标志。作为基督教教育界的代表,中华基督教教育会也扮演了重要的角色,大致经历了"认识"—"尝试"—"落实"三个阶段,在这中间有争有不争,有内争有外争,特别是传教士的复杂态度,更是表明这种"国家化"的趋势不仅仅是中国人才关注的话题。

一 晚清时期教育会对于"国家化"的认识

晚清时期,清政府对于外来的基督教教育采取的是一种漠视的政策,1906年学部颁布"外人设学,毋庸立案"的法令,更是直接以不承认的政策将基督教教育排除在国家教育系统之外。入国无门,此后的基督教教育就在潜心构建一套属于自己的基督教教育系统,这看起来似乎有对抗的嫌疑。即便如此,以教育会为主的一批教育传教士也在不断地表达对进入国家的渴望,只不过表达的程度有所不同,有的希望现在就采取措施继续与现政府交涉,而更多的则把希望寄托在将来。这种渴望既是出于民族主义的压力,也有现实的考虑,最直接的就是政府不承认教会学校毕业生,将影响毕业生的就业与升迁前途。

1908年9月,传教士毕万(H. L. W. Bevan)在《教育月报》

---

① 王东杰:《国家与学术的地方互动——四川大学国立化进程》,生活·读书·新知三联书店2005年版,第2—3页。

上撰文指出:"中国政府在全国范围内实行义务教育的那一天迟早会来临,很可能所有的学校都将实行免费教育,并由政府教育部门进行管理和资助。到那时,政府可能由法令的形式规定只有在政府学校受过教育的人才有资格在政府任职,也可能规定所有的学校都要接受政府的督导,学校的宗教教育很可能成为重要的问题。"他接着指出随着新教育的发展,教会学校可能会面临两种结局:一是由国家教育取代教会教育,完全由国家办理;二是教会教育继续存在,但要按国家教育的标准办理。他指出:"免费的政府教育并不一定意味着不允许私立学校的存在,在西方国家也没有这么做。但有两点是必需的:一是私立学校的学生要获得政府的认可;二是私立学校要有效率,我们的建筑、设备、方法、教科书和教员都要是最好的。"[①] 在他看来,基督教教育走向国家是大势所趋,基督教教育要主动地向国家教育靠拢,以私立学校的形式在国家教育当中谋得一席之地,这一认识基本上与后来基督教教育进入国家教育系统的诉求相一致。

1909年5月,教育会召开第六次三年大会,基督教教育与国家教育的关系就是会议的议题之一,共有五篇文章讨论了这一问题,分别是师图尔的《基督教学校与中国种族、民族运动之关系》、福开森的《中国的公办教育》、卜舫济的《教会学校现在之地位》、安德森的《教会学校与政府教育系统的关系》、丁韪良的《基督教学校如何在国家教育系统中发挥最大作用》。这五篇文章也分别在当年的《教育季报》第5期、第6期上发表。会长卜舫济认为当前基督教教育的工作范围应加以扩大,不要局限在基督教的范围之内,而要为全中国人民服务。他认为,当前基督教教育的最大问题是缺乏标准,从科目到课程再到考试都是缺乏标准性的,而唯一可解决的途径就是按照国家教育的标准办理。[②] 安德森认为:"我们要与政府教育系统发生关系,就要求我们承担使教会学校更少的洋化,更多的中国化的责任。更中

[①] H. L. W. Bevan, "The Future of Mission Schools in Relation to Chinese Educational Movement", *The Monthly Bulletin of The Educational Association of China*, No. 15, September, 1908.

[②] F. L. Hawks Pott, "The Present Status of Missionary School", *Records of the Sixth Triennial Meeting of the Educational Association of China 1909*, pp. 23–33.

国化就会使教会学校更能适合民众的精神和生活的需要,我们的教育也更有效率,我们的影响力也更为广泛。"① 丁韪良则认为基督教教育要想在国家教育中发挥作用,就必须:一是需要足够的财力、人力去发展好现有的基督教学校,以向中国人证明我们在科学、艺术上的成就;二是为中国政府教育培养有能力的教师;三是我们的学生要接触政府开设的特殊课程,如儒家礼仪等;四是在法律上争取到基督徒的合法权益。② 这些文章都从不同的角度阐述了基督教教育进入国家教育系统的必要性以及可供采取的途径。在讨论环节当中,戴维斯就建议教育会作为一个整体要向中国教育部门提交一份请愿书,表达对进入国家的渴望,他认为这样做可以营造良好的政府与基督教教育的关系,而不是单纯地寻求政府认可。③ 曾在中国、印度两国调查教育的巴敦,1909年在教育会演讲时也说道:"对比中印两国的政府教育,明显可以看出中国官方教育管理无效、教学无方、纪律散漫、道德影响缺失。而这一方面,基督教教育正好可以弥补。……教会学校要想提供最大服务,就必须与政府学校保持一致。"④ 这些意见都是希望基督教教育界自主地通过自己的努力去实现进入国家的梦想,相反他们没有对政府提出过多的要求。

与以上的意见相反,李佳白在《中国政府与教育》一文中对清政府的基督教教育政策提出批评,他指出:"外人建立的学校其毕业生不能获得与官方学校一样的认可";"海外留学生回国之后可以参加官方举行的考试,但在中国的外人学校的学生则不可";"外人建立的学校目前也没有机会在学部注册,尽管他们接受了学部的课程,但仍被归为外部学校",这些都是不公正的待遇,他认为学部应该对所

---

① D. L. Anderson, "The Mission School in its Relation to the Government Educational System", *Records of the Sixth Triennial Meeting of the Educational Association of China 1909*, p. 41.

② W. A. P. Martin, "How May Christian Schools Bring Their Influence to Bear Most Effectively on the Educational System of the Chinese Government?", *Records of the Sixth Triennial Meeting of the Educational Association of China 1909*, pp. 45-46.

③ "Discussion", *Records of the Sixth Triennial Meeting of the Educational Association of China 1909*, Part. I, p. 47.

④ Ernest D. Burton, "The Educational Situation in China", *The Educational Review*, Vol. II, No. 9, September, 1909, pp. 1-2.

有学校一视同仁,给所有的学校毕业生颁发学位和证书。① 对政府教育政策的批评,实际上表明他希望政府方面改变目前的政策,接纳基督教教育进入国家的要求。

除了传教士教育家之外,华人信徒也参与到了这场讨论当中,或许是因为此时的教育会本色化的程度本来就不高,华人的声音要相对孤单很多。邝富灼指出教会学校要积极地与官方合作,所有的教会学校都要接受中央与省教育部门的检查,教会学校要采用学部颁布的课程大纲,采用学部审定的教科书。他认为,造成学部不承认教会学校的原因是外人学校的注册请求多由各国驻华使馆提交给外务部,然后由外务部转交给学部,这就成了一种外交问题,因而学部十分慎重,他建议今后的教会学校要直接向学部申请注册。② 教育会在举行第六次三年大会期间,还收到了来自中国教育家的来信,他们认为政府不承认教会学校的原因是教会学校的课程不规范,教科书落后,学生以教会为依托不求上进等,他们建议由中外教会人士组织联合的请愿团要求学部给予教会学校同等待遇;由中外人士组成联合的基督教教育会,促进国家教育与基督教教育的合作。③

由此来看,尽管以教育会为主的华人和传教士都认为基督教教育进入国家教育系统是大势所趋,但出于各自国家立场的不同,传教士认为目前"进入国家"的阻力在中国政府,因为政府不承认教会学校;而华人则认为阻力在教会学校自身,因为他们的办学模式不符合政府的要求。尽管有着分歧,但他们都主张通过教育会组织请愿的方式与政府沟通。

但晚清时期的中国给传教士造成的普遍的保守形象,使得不少的教育会传教士对于在晚清时期能否进入国家持反对或怀疑的态度。如谢卫楼就认为:"我认为目前的政策(基督教教育)是尽可能按照青

---

① Gilbert Reid, "The Chinese Government and Education", *The Educational Review*, Vol. II, No. 11, November, 1909.
② Fong F. Sec, "The Co-operation of Chinese and Foreign Educationists in the Work of the Association", *The Educational Review*, Vol. II, No. 7, July, 1909.
③ *Records of the Sixth Triennial Meeting of the Educational Association of China 1909*, Part. II, pp. 59-60.

年会的思路，通过对个人产生影响，渐渐地产生一种有利于我的氛围，让结果交由未来去说。在目前情况下，任何向政府获取认可的举动，我认为都会越来越模糊我们的思路，而不是促进我们的工作。在目前情况下，基督教男女应接受合适的训导，这将使我们在未来政府态度宽松的状况下获利。"① 谢卫楼明确反对现在寻求政府承认，而寄希望于将来。持类似观点的还有卜舫济，他赞成基督教教育按照国家标准办理，但是不是现在就要实施也是模糊不清的。1911年10月11日，卜舫济给美国驻华公使馆的卫理写信，专门就基督教学校与政府关系的问题询问卫理的看法，信的内容译录如下：

> 中国教育会，我曾担任会长，将于明年5月在上海召开三年大会，其中一项议题是教会学校与政府学校关系问题。在某些场合，人们越来越感觉到教会学校要向政府注册，成为国家教育系统中的一部分。你对日本的情况比较熟悉。从我个人来看，尽管我认为中国迟早也会到那一步，但我对目前是否已经到了这一步并不明了。
>
> 现在我向你请教两件事：一是你认为中国政府有没有可能像日本那样同意认可教会学校？你比我们这些住在京外的人更能知道他们的对教会学校的态度。二是你认为自由主义的教育将会因教会学校放弃目前的特权而成为国家教育系统中的一部分而得到提升吗？当然，要让所有人明白的是如果中国政府能有一个完善的教育系统，教会学校将会逊色不少。建立有效的教育系统的问题是重大的，但目前中国政府做得不够好，在我看来他们还需要很多年去完善，很多年才能给我们造成竞争。如果你能在以上问题上给我一些提示，将会大大地开拓我在明年大会上的思路。②

这看起来是一封征求卫理意见的信，实际上却表明卜舫济认为在目前基督教学校并不急于寻求政府承认，因为在他看来，短期内政府

---

① "Educational Notes", *The Educational Review*, Vol. II, No. 9, September, 1909.
② "F. L. Hawks Pott to E. T. Williams (October 11, 1911)", 上海市档案馆：Q243—1—17，第2—3页。

教育还无法与基督教教育抗衡。他的这一看法在几年之后得到了充分印证，1915年4月，作为会长的卜舫济在教育会年会中说道："上次会议我们讨论了很多与政府接触以获得政府承认之类的话题，但目前我们毫无进展。我们不应以主动的方式要求政府承认，而要耐心等待，直到政府愿意这样做。我不认为目前的教会学校困难重重，我们拥有足够的自由，要我们刻意去追求更多，我们将会很不幸，要掌握我们所不能掌握的，我们将会发现会失去更多有价值的东西。因而，现在我们可以腾出手来，自由地从事更重要的工作。"①

由此看来，晚清时期尽管传教士们对于基督教教育进入国家教育系统的总体趋势普遍看好，但态度各异，有的寄希望于现政府，有的寄希望于教会学校自身的改造，还有的寄希望于将来，寄希望于中国教育成熟之后，寄希望于中国政府主动的"国家化"举措出台。但希望归希望，此时的教育会还停留在认识的阶段，并没有采取什么实际的行动。

二 地方教育会与地方教育界

民国成立之后，教育会对新政府充满期待，期望新政府能够改变过去的基督教教育政策，出台新的法令认可基督教学校，完成他们期待已久的进入国家的梦想。

传教士柏尔根在当年召开的教育会第七次三年大会上说道："在中国我们已经度过了一段危机时刻，新政府已经建立起来了，毫无疑问由满族建立起来的国家教育制度将会得以改变，有可能中国的教育发展将会按照其他国家（英美德日印）那样，随着政权的逐步稳定，政府对于教育工作也会越来越重视，有可能私立学校将会继续存在并与政府教育的课程同步，但总体的趋势是成为国家教育系统的一部分。"他认为："新政府代表着自由主义的思想，它是由多名在海外留过学的年轻人所组成，他们学习过西方的文明，懂得西方的精神，他们去过教堂，聆听过奉献的思想，有的甚至就是福音教会的信徒，

---

① "Report of the Second Annual Meeting", *The Educational Review*, Vol. VII, No. 3, July, 1915.

他们希望给予中国最好的一切。他们懂得基督教的精神和真谛,就会对传教事业既不害怕也不限制,他们将会给予我们完全的自由。新政府将会承担国家教育的责任,如果我们的传教士与新政权保持一致,我们教会学校与政府发生关系并成为其附属将不再会有什么困难。"① 在那次大会上,有多篇文章谈到了政府认可教会学校的问题,如福建教育会的传教士毕来思认为:"认可意味着基督教学校作为国家教育的一部分而赢得尊重,使得基督教学校的学生可以很容易地进入政府学校,反之亦然;承认可以使基督教学校为与政府学校保持一致,而提高效率;承认还可以赢得中国公众的信心,消除偏见;更可以随着中外籍教员的交流而增强基督教教员的影响力。"② 李提摩太更是建议教育会要主动地与新政府进行接触,向新政府派出一个代表团:一是对政府在辛亥革命期间对传教士和外国人所进行的有力保护表示感谢;二是向新政府提供传教士的服务,帮助政府进行公共教育。他认为,一旦教育会的目的为共和政府所理解,晚清时期政府的敌对政策就将消除,教育会与政府将迎来愉快的合作。③

在这一片美好的憧憬之中,从地方教育会开始,各级教育会也纷纷采取措施,迎接即将到来的基督教教育"国家化"。在这方面走在前列的是华西教育会,1913 年,吴哲夫成为华西教育会的全职总干事,他认为:"如果中国实施义务教育,而我们的教育没有效率,不为政府所承认,那么我们这么多年以来一直在努力构建的作为在这个国度传播基督教的最主要的途径——基督教学校体系,将会彻底瓦解。"因此,他主张一方面"不管付出什么代价,教会学校都会与华人一道提供最好的教员、设备和培训",另一方面就是"与政府妥协"。④ 在这种理念的引导下,华西教育会与当地政府和华人的关系日益密切。在 1913 年的成都年会上,华西教育会就宣称他们拥有自

---

① Paul D. Bergen, "Is Recognition of Mission Schools by the Government Feasible or Desirable?", *The Chinese Recorder*, Vol. XLIII, No. 4, April, 1912.

② H. McC. E. Price, "The Advantages and Disadvantages of Government Recognition of Mission Schools and Colleges", *The Chinese Recorder*, Vol. XLIII, No. 4, April, 1912.

③ Timothy Richard, "The Future of Educational Association", *The Chinese Recorder*, Vol. XLIII, No. 4, April, 1912.

④ "Education in West China",上海市档案馆:U123—0—185,第 5 页。

己的华人助手，并与华人助手一起讨论问题；他们还与政府教育官员自由地交换意见，并与其一起庆祝一些重大的政治事件，如大总统就任、新政府为列强承认等；他们还参观政府的模范学校和由华人信徒管理的孤儿院。在那次年会上，他们还接受了政府颁布的新课程，他们认为："政府对教会学校的承认将会在接受了政府的课程之后，接受并不能损害学校的基督教传播与基督教性质，而且本省的教育官员向教育会保证，在政府课程之外任何合理的宗教引导都会被允许。"①在这种情况下，1913年成都协和中学首先获得政府承认，并在四川地区的政府教育部门注册，② 这算是开启了教会学校进入国家的先河。但这只是个特例，是华西地区特定的政治条件下的产物，在当时的全国政治大环境之下，基督教学校仍然是处于国家教育系统之外的，因而，其他地方的教育会基本上还处在观望和试探的阶段。1913年，福建教育会就认为："关于教会学校与政府关系的问题，我们还要等待总会的决定，但在准备政府承认的过程中，福建地方要尽量遵守政府的课程，接受政府的学制标准。"③

地方教育会在等待总会的决定，但总会却在等待政府的态度，而政府方面却迟迟不见回应，从1912年民国成立到1916年袁世凯政权倒台，在这五年当中政府公布了《教育部公布小学校令》、《教育部公布高等小学校令》、《教育部公布国民学校令》、《教育部公布中学校令》、《教育部公布专门学校令》、《教育部公布大学令》、《教育部公布私立大学规程令》、《教育部公布私立专门以上学校认可条例令》等新法令，对新的国家教育系统进行规范和完善，但在这些新法令当中，均未曾对外人学校进行过任何阐述和界定，可见此时的政府在对外人学校的态度上继承晚清，采取漠视的政策，尚未有承认教会学校之意。

在这期间，教育会也并不是无所作为，它也从事了一些向政府靠拢的考虑和准备。1914年评议会年会上，邝富灼在报告政府教育状

---

① "Education in West China"，上海市档案馆：U123—0—185，第1—6页。
② "Editorial Notes", *The Educational Review*, Vol. VI, No. 1, December, 1913.
③ "The Educational Association of Fukien", *The Educational Review*, Vol. VI, No. 1, December, 1913.

况时说："在国家教育系统重组的过程中，重点从高等教育转向了初等教育。"① 政府教育出现的新趋势，引起了基督教教育界的注意，那次年会上对于小学教育的问题就进行了特别的关注，总干事贾腓力认为清末时期（约为1910年）中国的小学入学率只有0.004%，远远低于欧美各国，甚至远远低于印度和巴西，而且大多数的人也只受过小学教育，因此，如何提高小学教育的状况成为民国政府各类教育所共同关心的问题。② 与政府教育一样，此后的几年当中，教育会对小学教育自觉投入了较多的精力，1915年教育会通过决议要求各省教育会考虑如何解决95%的小学生未能进入更高层次学校的问题，③ 此后的两年当中小学教育的问题成为各地方教育会的重要议题之一。除此之外，教育会还颇为关注政府的壬子癸丑学制。1914年5月，教育会讨论基督教教育范围内的学制统一问题，以毕来思为代表的一些传教士主张采用政府的新学制，即"434"学制，初小4年，高小3年，中学4年。④ 1915年，教育会年会认可了这一主张，决定基督教学校也按照政府学制办理。⑤ 总会的决策陆续为地方教育会所认可，得以在全国推行。

在政府的法令出台之前，这些零星的靠拢措施所取得的进展并不大，教育会作为整体与政府的沟通尚未出现，但教育会与政府之外的中国教育界民间组织和个人的交往却悄悄地开始了，其中以华东教育会与江苏省教育会的交往最为典型。

作为华东地区教俗两界各自最大的教育团体，华东教育会与江苏省教育会有着很多共通之处，比如所在地、活动范围、关注的问题、会员的往来等。江苏省教育会成立于1905年，是一个新旧教育交叉的特殊年份，从一开始它就是作为江苏省新式教育的代表出现，在一定时期内甚至代表了整个中国教育界，在晚清民国时期它集中一大批

---

① "Editorial Notes", *The Educational Review*, Vol. VI, No. 3, July, 1914.
② "Meeting of Advisory Council", *The Educational Review*, Vol. VI, No. 3, July, 1914.
③ "Report of the Second Annual Meeting", *The Educational Review*, Vol. VII, No. 3, July, 1915.
④ "Meeting of Advisory Council", *The Educational Review*, Vol. VI, No. 3, July, 1914.
⑤ "Report of the Second Annual Meeting", *The Educational Review*, Vol. VII, No. 3, July, 1915.

有影响的教育家，如黄炎培、唐文治、郭秉文、俞子夷、沈恩孚、袁希涛等，其中不少人还具有宗教背景，如朱有渔、余日章。有学者认为江苏省教育会经历了一个"从单纯的教育性学术团体，逐渐向带有半官方色彩、具备独立性的教育性民间社团"转变的过程。① 不管是官方、半官方或是民间组织，这么一个有影响的教育社团，当然会是中华基督教教育会乐意接触的对象，而且两会的人员往来使教育会具备了与之加强联系的条件，其中最重要的是余日章和郭秉文。

余日章是在牧师家庭出身，自幼便入教成为中华圣公会的信徒，曾就读圣约翰大学，此时正担任基督教青年会干事，他是江苏省教育会的重要成员，是该会所设交际部的总干事，同时也是中华基督教教育会的重要会员，后来担任该会执行委员。这样的身份，使得余日章在两会的关系中扮演特殊的角色。类似的还有郭秉文，他也是信徒家庭出身，父亲是长老会的牧师，他也曾在教会学校读书和工作（上海清心书院），此时他刚从哥伦比亚大学学成回国，先后在商务印书馆和南京高师任职，他是江苏省教育会的副会长，也是华东基督教教育会的副会长，这样的双重身份使他积极游走于两会之间，成为两会联系的关键人物。②

1914年8月，江苏省教育会成立交际部，其宗旨是"促进本会与本省外人教育家和教育机构的互相理解与友谊"，成员有秦汾（上海南洋公学）、郭秉文、朱有渔（圣约翰大学）、杨锦森（中华书局）、徐善祥（商务印书馆）、余日章，以余日章为荣誉干事。③ 而在华外人教育势力最为强大的就是基督教教育，9月23日余日章给教育会总干事贾腓力写信，介绍了江苏省教育会的发展情况以及交际部的有关宗旨和原则，希望两会加强联系，共同促进江苏省的新式教育事业。④ 这对一直以来就渴望与中国教育界建立密切关系的教育会来

---

① 刘方仪：《江苏省教育现代化的推手——江苏省教育会研究（1905—1927）》，博士学位论文，南京大学，2005年。
② 《郭秉文先生年表》，载《郭秉文先生纪念集》，台湾中华学术院1971年版，第1页。
③ Z. T. Yui, "Ten Years of the Educational Association of Kiangsu Province", *The Educational Review*, Vol. VI, No. 4, December, 1914.
④ "Editorial Notes", *The Educational Review*, Vol. VI, No. 4, October, 1914.

说，无疑是个令人振奋的消息。于是，教育会将这封信和余日章撰写的《十年来之江苏教育会》全部刊载到《教育季报》上，以引起基督教教育界的注意。此后，江苏教育会的报告不定期地在《教育季报》上发表；在教育会的帮助之下，交际部向江苏省以及其他省份的外人教育家发出旨在加强中外教育联系的信件，仅 1914—1915 年就发出 500 封，并收到 20 多封外人教育家的回信以及一些教育资料。除此之外，江苏教育会还邀请一些著名的基督教教育家前去演讲，如卜舫济、傅兰雅等。① 两会还互派代表参加对方的年会，江苏教育会举办的一些展览也邀请教育会的人士参加。② 这些措施在密切江苏省教育会与基督教教育界的关系之外，也扩大了基督教教育在中国教育界的影响。

1914 年成立的华东基督教教育会，从一开始就把加强与中国教育界的联系作为其工作的重要内容之一，其宗旨是："提高对浙、苏、皖三省教育工作之兴趣，促进教学工作者之相互合作，以及中外人士与中国教育会之合作。" 1915 年 2 月该会召开年会，选举江苏教育会的郭秉文为副会长。之所以选中郭秉文，除了他的宗教背景和在中国教育界的人脉关系之外，最为重要的是他对基督教教育走向国家的看法与教育会的一贯立场不谋而合。1914 年他在哥伦比亚大学博士论文《中国教育制度沿革史》中就专门讨论到中国政府与基督教教育的关系，他在分析了日本、印度政府的基督教教育政策之后，认为："吾国所当取之方针而最适宜者惟何？曰：须采用承认之制而不干预其宗教教授，惟限以实行一种教育标准而已。""吾国既得日本与印度之经验，并观己国之现状，因知一种承认与管理教会教育制度之不可缓，而其利益又非可以一概而论也。政府若欲创行管理与监督教会教育之法，参以试诸私塾者，庶几近之。政府因经费竭蹶，教育不克扩充，既管理教会而利用之，适可以补其不足。且同时政府得以观教会教育之如何，而知受其教育者非一不知国情，昧于己国生活之人，

---

① Z. T. Yui, "Progress in the Educational Association of Kiangsu Province", *The Educational Review*, Vol. VII, No. 2, April, 1915.

② "Report of the General Secretary", *The Educational Review*, Vol. IX, No. 3, July, 1917.

乃一富于国家思想与完全中国精神之国民也。"① 他的这种几乎为基督教教育辩护的看法非常符合基督教教育界的要求，因此，华东教育会希望通过郭的关系，将基督教教育界的想法传达给中国教育界，进而影响到政府的决策。

不仅是这种人事上的关系，在组织上 1915 年华东教育会决议让它的执行委员会作为一个专门的委员会与江苏教育会合作，② 这样，华东教育会执行委员会和江苏教育会的交际部成为双方直接接触的组织基础。在这两个专门组织的积极运作之下，两会的关系取得了明显的进展。1916 年江苏教育会的会长黄炎培和交际部的杨锦森成为华东教育会的联系会员。③ 在当年的华东教育会年会上，与会人士对华东教育会与政府合作的问题进行辩论，主要是以传教士卫理和郭秉文为代表。卫理认为："我们教会学校是不受政府控制的，所以我们能够自由地试验，采用新课程新方法来引导和帮助政府的学校。我们应该对中国教育做出不同的贡献，而不是仅仅跟着政府的脚步走。我们应该让华人领袖进入董事会，以此与他们保持联系，获得他们的理解。"郭秉文则认为："教会学校可以建立一些模范学校为中国做贡献，教会学校还可以传播西方最新的教育思想和方法。我们应该建立一些渠道使得基督教教育的思想和方法能够传达给中国的教育家。而中学必须在北京教育部注册。"④ 这种传教士与华人的观念差异显然与各自的国家认同有关，但辩论的结果却是郭秉文的观点占据了上风。而他所建议的"渠道"所指的应该是类似于江苏教育会这样的教育社团，所以那次会议建议中华基督教教育会的执行委员会采纳郭秉文的意见，在全国范围内建立这种沟通的渠道。另外，在一些专门的事务，如课程、中学调查等方面，华东教育会都建议要与江苏教育会合作。⑤

---

① 郭秉文：《中国教育制度沿革史》，商务印书馆 1922 年版，第 122—123 页。

② "Annual Meeting of the East China Educational Association, Shanghai", *The Educational Review*, Vol. VII, No. 2, April, 1915.

③ J. W. Crofoot, "Third Annual Meeting of the East China Educational Association", *The Educational Review*, Vol. VIII, No. 2, April, 1916.

④ Ibid. .

⑤ Ibid. .

袁世凯政权倒台之后，政府对于教会学校的政策开始松动。1917年，由奉天开始，政府摆出了认可教会学校的姿态。在当年4月的《教育季报》上，有报道称奉天省教育部门已发布公告要求该省基督教小学注册，而且由于该文告比较宽松，声明注册是自由的，政府只要求接受统一的课程、教科书和教师资格认证，所以一些信义会的教会学校已决定开始注册。① 不久，1917年5月北京政府教育部也公布了"教育部第八号令"，这是首次在政府文告当中涉及在一定程度上认可外人学校及其毕业生，为基督教教育进入国家奠定了法理基础。其内容如下：

> 查京师及各省区中外人士创设私立各种学校往往有学科程度较中学为高，而学校之名称及科目与大学校令第三条或专门学校令第二条未能尽符，然其实力经营亦有未便湮没者。本部为推广教育起见，特将此项学校订定考核待遇之法如下开各条，特此布告。
> 一、此项学校办理确有成绩者，经本部派员视察后得认为大学同等学校或专门学校同等学校。
> 二、此项学校学生修业年限须在三年或三年以上，如设有预科者，其预科修业年限须在一年或一年以上。
> 三、此项学校呈请本部认定时，应将左（下）开事项评造表册，在京师者报本部，在各省区者呈由行政长官转报本部。
> 1. 目的；2. 名称；3. 位置；4. 学科；5. 职员及学生名册；6. 地基及校舍之平面图；7. 经费及维持之方法；8. 开校年月。
> 四、经本部认定后，该校毕业生得视其成绩，予以相当之待遇。②

政府的新法令引起了传教士的积极回应，瑞福恩（H. S. Redfern）就认为："在过去政府对教会学校所采取的是漠视的态度，

---

① "Notes from Manchuria", *The Educational Review*, Vol. IX, No. 2, April, 1917.
② 朱有瓛：《中国近代学制史料》第4辑，华东师范大学出版社1993年版，第782页。

而不是敌对,教会学校被看成是外国的学校,所以政府才不关注也不理睬。现在传教士教育家们将会高兴地看到政府的政策变了,尽管措词还很模糊,但总算看到了政府认可的希望,只要这些学校把握好合适的申请方法。"他建议对政府的法令,基督教教育界如要回应,最好不要单独进行,而是通过各省基督教教育会。①

在这种情况下,教育会加速了与中国教育界的接触。在1917年召开的评议会年会上,受贾腓力的邀请,郭秉文向会议报告了他代表中国政府考察日本、菲律宾两国教育的情况。② 同时,会议还要求华东教育会加快与江苏教育会的联系,促进政府与基督教教育的沟通。③ 华东教育会对此表现积极,经常邀请江苏教育会的成员前来演讲,每年还派出三名代表参加江苏教育会的年会,并邀请江苏教育会的会员加入成为其联系会员。④ 1919年1月,华东教育会更是成立由五人组成的专门委员会去研究政府认可的具体问题,以及华东三省教会学校向本省和中央政府寻求认可的必要步骤。⑤

深处内陆的华西教育会,尽管与政府接触起步得比较早,但此时除了极少数之外,大部分的教会学校仍然为政府所漠视,既不反对也不承认。对于教育部的认可姿态,华西教育会认为:"这肯定会来临的,不管我们喜不喜欢。它将带给我们更多的帮助而不是阻碍,还将破除将基督教学校看成是'外国'学校,基督教学校的学生脱离国民性的指责。"因此,华西教育会要求华西各基督教学校加强与中国政府的联系。⑥

但此时仍有不少的地方教育会对政府认可不抱乐观的态度,如福

---

① H. S. Redfern, "Government Recognition of Mission Schools", *The Educational Review*, Vol. X, No. 4, October, 1918.

② P. W. Kuo, "Report of Visit to Japan and the Plilippines", *The Educational Review*, Vol. IX, No. 3, July, 1917.

③ "Advisory Council Meeting", *The Educational Review*, Vol. IX, No. 3, July, 1917.

④ "East China Educational Association", *The Educational Review*, Vol. X, No. 2, April, 1918.

⑤ "East China Educational Association", *The Educational Review*, Vol. XI, No. 2, April, 1919.

⑥ "West China Christian Educational Union", *The Educational Review*, Vol. X, No. 1, January, 1918.

建教育会在 1917 年 8 月的年会上认为："我们清楚地知道外人在教育上的优势和华人在争取本国资源上的优势，如果两者合作将非常有利于学校的管理。但本会认为教会学校在尚未获得足够的华人资助和拥有训练有素的华人管理者之前，将学校管理权移交给华人是不成熟的。"① 类似的还有华中教育会，1917 年成立了一个"寻求政府认可教会学校委员会"，但在 1918 年 8 月的年会上，却通过决议："寻求政府认可教会学校委员会以及全体会议都认为在目前寻求这种承认并不合适。"② 可见华中教育会对于政府的态度还是疑虑重重。

  1919 年 3 月 26 日，教育部再次公布了《专门以上教会学校毕业生待遇法》。文告称政府将给予专门以上教会学校与其他公私立学校毕业生同等待遇，只要这些学校不以宣教为目的，也不要求在课程中教授宗教，便可向教育部申请。③ 为统一思想认识，中华基督教教育会在年会上将郭秉文选为执行委员会的委员，并在当年的评议会年会上通过决议要求各地方分会慎重考虑政府认可教会学校之事，并向总会报告进展。④ 在总会的要求之下，各地方分会加紧了与政府的沟通工作，或成立专门的"寻求政府认可委员会"，或邀请政府教育家前来演讲。如 1919 年 8 月，福建教育会成立了专门的委员会去讨论获得政府认可的问题；⑤ 9 月，湖南教育会也成立了专门的政府认可委员会，要求华人干事努力获得省政府认可教会学校的条件，并在第一时间将消息通报给湖南教育会的成员；⑥ 11 月，华西教育会在绵州年会期间，就参观了当地的县政府，与县教育专员进行会谈，还聆听了

---

 ① H. V. Lacy, "Report of the Thirteenth Annual Meeting of the Educational Association of Fukien", *The Educational Review*, Vol. IX, No. 4, October, 1917.

 ② "Report of the Eighth Annual Meeting of the Central China Christian Educational Association", *The Educational Review*, Vol. X, No. 4, October, 1918.

 ③ "Government Education", *The Educational Review*, Vol. XI, No. 4, October, 1919.

 ④ "Recommendations", *The Educational Review*, Vol. XI, No. 3, July, 1919.

 ⑤ "The Fifteenth Annual Meeting of the Fukien Christian Educational Association", *The Educational Review*, Vol. XI, No. 4, October, 1919.

 ⑥ W. H. Pillow, "Report of the Fourth Annual Meeting of the Hunan Christian Educational Association", *The Educational Review*, Vol. XII, No. 4, October, 1920.

当地教育名流的演讲;① 1920 年 2 月,直隶—山西教育会年会期间邀请正在访华的杜威演讲;② 1920 年 7 月,河南教育会在成立大会上还邀请河南省教育厅的官员出席。③

而影响最大的仍是华东教育会,1919 年 1 月,华东教育会成立了"政府认可教会学校委员会",在其主要成员葛德基、司徒华林、瑞福恩、郭秉文、邝富灼的努力之下,1920 年 2 月,向华东年会提交了报告。报告指出了寻求政府认可的必要性、认可的条件、认可的方法和教育会目前所要注意的问题。报告认为:"寻求认可最主要的原因是为了扫除教会学校毕业生目前所受到的不公平待遇,尽管他们完成了与公立学校相同的课程任务,但由于不被承认,就不能与公立学校毕业生具备同样的资格,也就造成某些权利和机会享受不到。""政府有权知道教会学校正在做什么,对办得好的学校给予奖励,并检查那些达不到标准的学校,但这一切都要在尊重基督教学校特色的基础上进行。"报告认为,目前没有任何法令是专门针对基督教学校认可的,教育部只发布了一项私立学校的认可法令,而且是针对专门以上学校的,其中涉及宗教教授问题,所以从目前来看,时机还不是很成熟。但这并不代表教育会无事可做,报告认为由于认可的最终决定权不是各省官员,而是教育部,建议在提交正式的认可申请之前,先派出代表前往教育部就有关问题进行协商,为以后的正式认可做准备。报告最后建议中华基督教教育会要组织一次由教育部代表与基督教教育界代表共同参加的会议,继续商讨政府认可的途径,同时建议各地方教育会要培养政府学校与教会学校的和谐关系,使教会学校更为中国民众所了解,营造一种普遍支持政府认可教会学校的氛围。④华东教育会也身体力行,1921 年年会邀请教育部专门教育司司长任

---

① E. W. Wallace, "The Thirteenth Annual Meeting of the West China Christian Educational Union", *The Educational Review*, Vol. XII, No. 2, April, 1920.

② John Dewey, "Address Annual Meeting of the Chihli-Shansi Christian Educational Association", *The Educational Review*, Vol. XII, No. 2, April, 1920.

③ J. M. Bly, "First Annual Meeting of the Honan Christian Educational Association", *The Educational Review*, Vol. XII, No. 4, October, 1920.

④ "Report of Committee on Government Recognition of Christian Schools", *The Educational Review*, Vol. XII, No. 3, July, 1920.

鸿隽参加，① 1922年年会更是建议华东教育会分别加入江苏教育会和中华教育改进社成为它们的团体会员。②

因此，在1921年之前，与政府或中国教育界的接触基本上都由地方教育会在地方范围内进行，特别是以华东教育会与江苏教育会的交往最为突出，而总会与政府或教育界的接触尚未展开，这或许是如华东教育会所讲的"时机并不成熟"。

三　中华基督教教育会与中华教育改进社

受五四运动的影响，民众的民族主义情绪高涨，刚刚经历风潮的政府不敢怠慢。1920年底至1921年初，北京政府相继出台了措施整顿基督教教育，并且将关注的范围从专门以上学校覆盖到了中等学校。1920年11月16日，教育部布告称：

> 查近年以来，外国人士在各地设立专门以上之学校者，所在多有，其热心教育，殊堪嘉许。惟是等学校，大半未经报部认可，程度既形参差，编制时复歧异，以致毕业学生，不得与各公立私立专门学校毕业学生受同等之待遇，滋足惜焉。兹为整理教育，奖励人才起见，特定外国之人在国内设立高等以上学校者，许其援照大学令、专门学校令，以及大学专门学校各项规程办法，呈请本部查核办理，以泯畛域，而期一致。特此布告。③

1921年4月9日，教育部再次颁布训令：

> 查各国教会在我国各处所设中等学校甚多，热心兴学，殊堪嘉许。惟办法或未尽遵照部章程度，遂难一律；且未经本部立

---

① "The East China Christian Educational Association", *The Educational Review*, Vol. XIII, No. 2, April, 1921.
② "East China Christian Educational Association", *The Educational Review*, Vol. XIV, No. 2, April, 1922.
③ 朱有瓛：《中国近代学制史料》第4辑，华东师范大学出版社1993年版，第782—783页。

案，学生毕业后不能与其他公私学校学生受同等之待遇，滋足惜焉。兹由本部订定教会所设中等学校请求立案办法六条，以资遵守。除抄附外，仰即转饬各教会中等学校遵照办理。此令。

教会所设中等学校请求立案办法：

1. 学校名称应冠以私立字样。

2. 中学校应遵照中学校令、中学校令施行规则办理。实业学校应遵照实业学校令、实业学校规程办理。

3. 中等学校科目及课程标准，均应遵照。如遇有必须变更时，应叙明理由，报经该省区主管教育官厅呈请教育部核准。但国文、本国历史、本国地理不得呈请变更。

4. 关于学科内容及教授方法，不得含有传教性质。

5. 对于校内学生，无论信教与否，应予以同等待遇。

6. 违反以上各条者，概不准予立案；即已经立案，如有中途变更者，得将立案取消。①

不仅如此，一些政府的教育官员也通过不同的场合对基督教教育如何进入国家教育系统献计献策。1921年2月，任鸿隽在华东基督教教育会年会上指出："教会学校要与政府学校以及政府的地方教育会等中国教育界的机构取得更为密切的联系。"② 与此同时，教育部长范源濂在直隶—山西基督教教育会上演讲，认为基督教学校与公办学校各有优点，但基督教学校过于强调外语和科学，忽视中国语文、历史和地理的教育。"你们的教育是要培养有用的人才，但如果培养出来的人连自己国家都不大清楚的话，那么你们的教育就不能适应现在的社会生活。"他希望基督教教育要由传教的工具变成促进中国教育制度革命的重要因素，而要做到这一点，就必须：第一，与中国政府有更为密切的联系；第二，与地方教育界有更为密切的联系；第

---

① 朱有瓛：《中国近代学制史料》第4辑，华东师范大学出版社1993年版，第783页。

② "The East China Christian Educational Association", *The Educational Review*, Vol. XIII, No. 2, April, 1921.

三，消除中国民众对基督教教育的误解。①

对于政府方面出现的这一系列新举措，基督教教育界也是积极地回应。华东教育会指出："考虑到西方国家的私立学校对教育的巨大贡献，教育会欢迎教育部采取开放的态度，鼓励在最低要求上采取弹性政策，允许在教育上的试验以做更大的贡献。教育会所属各校并不要求特权，仅是希望用自己的力量去服务中国教育。"② 金陵大学和燕京大学也声称做好了按政府新法令申请认可的准备。③ 而更多的差会则把希望寄托在中华基督教教育会身上，希望教育会能出台一个统一的方案，如中华圣公会在1921年4月的武昌年会上表示："本总议会，将教会学校在中华政府备案事，交予将在上海会议之中华基督教教育联合会顾问部，以备向1922年基督教全国大会提议。"④

从1920年底开始，教育会总会就正式开始了与政府和中国教育界沟通的行程。1920年12月，教育会得知政府的态度开始转变之后，马上派出了一个以葛德基、司徒雷登和刘廷芳三人组成的代表团前往北京，就认可问题与教育部进行协商，他们受到教育部长范源濂的亲自接见，范本人也表示政府方面愿意与教会学校进行接触。⑤ 1921年5月，在评议会年会上，教育会也成立了一个专门的"政府认可委员会"，由葛德基为主席，成员有贾腓力、司徒雷登、郭秉文、邝富灼、刘廷芳和陈中凡，这个专门的委员会成为今后与政府直接对话的机构。⑥ 教育会认为每个地方分会都有权组织一个类似的委员会去考虑各地的认可问题，因为它们知道各地方政府官员的态度，对政府认可法令的执行状况也很重要，但在总会的报告出来之前各地方分会不要采取单独行动。⑦ 言外之意，地方分会可以与地方政府或教育

---

① "Speech Given before the Chihli-Shanxi Christian Educational Association", *The Educational Review*, Vol. XIII, No. 2, April, 1921.

② *The Educational Review*, Vol. XIII, No. 2, April, 1921.

③ Ibid. .

④ 《中华圣公会总议会第四次会议报告书》，上海市档案馆：U104—0—14。

⑤ "Report of the General Secretary", *The Educational Review*, Vol. XIII, No. 3, July, 1921.

⑥ "Six Annual Meeting of the Advisory Council", *The Educational Review*, Vol. XIII, No. 3, July, 1921.

⑦ Ibid. .

家进行接触，但按法令认可之事还要看总会的最终态度。

而事实的情况是，地方教育会此后一直试图采取观望的态度，它们在等待总会的决策，有的地方教育会甚至连自己原有的类似机构也取消了，如华东教育会的"政府认可教会学校委员会"在1922年1月就取消了，其理由是"总会有同样的组织"。① 然而，地方教育会所等待的总会的态度却一直没有下文，这就使得地方教育会一边继续观望，一边又按照自己的方式处理与当地政府的关系，这种在处理事务上的"一致"与"不一致"，正是教育会这种协作性质的团体所不可避免的。

1921年12月，利用巴敦和孟禄来华调查教育的机会，在郭秉文和陶行知的筹划之下，"政府认可委员会"与政府教育人士在北京共同召开了一次会议，出席的有范源濂、袁希涛、严修、陶行知、张伯苓、刘廷芳、司徒雷登、葛德基、孟禄等人，双方就寻求政府认可的问题进行讨论，与一年前政府只表示愿意接触教会学校的态度不同，此次会议讨论到了认可的具体层面，即便在双方分歧最大的宗教课程和宗教仪式上，政府方面也表示考虑让步。②

1922年的巴敦调查团报告书也对基督教教育与政府教育的关系提出建议："基督教教育既不占教育活动之全体，又不能举办其一切可以举办之教育事业，故当极力与政府教育相提携。此种提携之方法，即在一校中分任一部分之职务，或养成教师以供政府学校之用；或为对于国立或其他非基督教学校之学生，施行一种道德上的与宗教上的影响是也。在几种教育及几种教育区域内，基督教教育之目的，如与公立学校相协助，尚较设立单独学校，易于达到也。"③

正当人们以为教育会与政府即将就认可问题达成共识的时候，1922年非基督教运动的爆发使得反教的声音充斥着整个中国，政府方面也备受压力，不再轻易地与基督教教育界人士往来，到1925年之前，教育会与政府之间有组织地接触暂时中断了。基督教教育界主

---

① "The East China Christian Educational Association", *The Educational Review*, Vol. XIV, No. 2, April, 1922.
② "Government Relationships", *The Educational Review*, Vol. XIV, No. 2, April, 1922.
③ 《中国基督教教育事业》，商务印书馆1922年版，第319页。

动地寻求认可，慢慢地为被动地接受"收回教育权"所取代。

这种中断既有外部的原因，也有教育会本身的策略考虑。就外部而言，除了非教的因素之外，另外一个原因就是教育总长范源濂1921年12月被免职。范源濂在民国时期一共做过四次教育总长，分别是1912年7月—1913年1月，1916年7月—1917年11月，1920年8月—1921年12月，1924年1月12日—21日。① 而几个被看作政府对教会学校政策松动的法令都是在他任教育总长期间出台的，如1917年5月的《教育部布告第八号》；1920年11月《教育部布告第十一号》；1921年4月的《教育部训令第一三八号》。其中1920—1921年，范源濂任教育总长一年零四个月，这在北洋政府时期算是任职时间较长的一任教育总长了。在这期间，政府的态度由漠视转为关注基督教教育，相继出台了正式的认可中等以上教会学校的法令，尽管距离双方的各自立场还有一些差距，但教会学校总算找到进入国家教育系统的门径。这些法令的出台显然与教育总长的个人态度有密切关系，站在政府的立场上，他也认为教会学校存在不少的弊病，但他对于加强政府与教会学校的关系持肯定的态度，这在上文已经提过，所以他在任期间，基督教教育界与之来往的频率也较高。而在他之后，这种友好的关系难以保持，教育总长如走马灯似的更换，难以形成一贯的政策。

就内部而言，基督教教育界此时关注的重点不在于法令上的政府认可，而在于与中国教育界的关系。早在1920年，卜舫济就在华东教育会上指出："要看中国政府的教育政策，不能只看政府教育部的法令规程，而要看全国教育会议、教育调查资料、教育杂志和著名教育家的言论，因为教育部更换频繁，受政治影响比较大，难以将其政策一以贯之。"② 可以说卜舫济对于民国政府教育部看得比较深刻，从1912—1928年，整个北洋政府时期共出现37任教育总长（包括未到任的），③ 这种走马灯似的人事更换，以及政策上的朝令夕改，使

---

① 刘寿林：《民国职官年表》，中华书局1995年版，第39—40页。
② "Present Educational Tendencies in China", *The Educational Review*, Vol. XII, No. 2, April, 1920.
③ 刘寿林：《民国职官年表》，中华书局1995年版，第39—41页。

得基督教教育界对于北洋政府失去了信任,迫使他们将关注的对象放在中国教育界身上。

类似的观点还有葛德基,他也认为寻求政府认可的关键不仅是政府的法令,还有个人的关系,特别是与教育部人员和地方政府官员的关系。① 这样说来,教育会更为注重的是"人事关系"而不是"制度法令"。因此,在1922年,教育会的"政府认可教会学校委员会"就改名为"与政府关系委员会",② 这一名称的变化所反映的就是教育会的主要关怀所在。这种"与政府的关系"不仅包括政府,而且包括中国教育界,在教育总长易职之后,更多的还是指中国教育界。1922年,葛德基加入了中华教育改进社,他认为在目前基督教教育不必急于获得政府的正式认可,加入中国教育界的团体可以获得更多的与中国教育家交流、合作的机会,这比获得政府承认更有价值。③

而对于寻求政府认可问题,教育会也并未放弃,1922年报告书说道:"学校之分类及课程之分配则更当极力遵从政府所颁定之制度,而同时又不失基督教的学校之特殊目的为标准。宗教上的自由及某种程度之试验上的自由则为所当保存者。惟吾人当知对于不十分重要之处能适合政府之制度,实于教会教育之影响上大有效果也。"④ 这种"不失基督教的学校之特殊目的"是基督教教育界所能接受的底线,而在此之外的"不十分重要之处"都可以与政府合作,这一基本取向代表了教育会与政府合作的有限范围。在明明知道自己不太可能在"宗教"与"教育"之间找到平衡的情况下,教育会选择了搁置"宗教",而将不太重要的"教育"问题提出,实际上也是一种避实就虚的策略。

这样,教育会很自然地将目标转向了中国教育界,特别是集合了众多教育界人士的中华教育改进社。中华教育改进社成立于1921年,

---

① "Government Recognition of Mission Schools", *The Educational Review*, Vol. XIII, No. 3, July, 1921.
② "Seventh Annnal Meeting of the Advisory Council", *The Educational Review*, Vol. XIV, No. 3, July, 1922.
③ "Government Relationships", *The Educational Review*, Vol. XIV, No. 2, April, 1922.
④ 《中国基督教教育事业》,商务印书馆1922年版,第50页。

它是由新教育共进社、新教育杂志社和实际教育调查社三家合组而成,以"调查教育实况,研究教育学术,力谋教育进行"①为宗旨,它的成立表明南北教育界试图以"统一"的姿态去推进新式教育进程,改变过去一盘散沙的局面。新成立的改进社糅合了各派教育势力,也成为各派势力角逐的竞技场,因此,只要加入了这个团体就相当于进入中国教育的大熔炉。而且在当时存在着加入的可能性。其一,这个团体的性质与教育会基本相似,属于研究建议性的民间团体,尽管它与官方有着某种程度的微妙关系,但始终未将基督教教育势力排除在外,只不过比较边缘而已。在教育会之前,华东教育会、金陵大学、燕京大学等一些基督教背景的组织和个人已经加入。其二,这个团体的很多重要成员都有宗教背景,对基督教教育并不排斥,总干事陶行知就是如此,他是信徒家庭出身,其父是歙县耶稣教内地会牧师,先后在内地会崇一学堂、杭州广济医学堂、金陵大学等教会学校读书,曾任《金陵光》主编,与时任金大校长包文交好,前往美国留学就是受其推荐。②类似的还有郭秉文、程湘帆、梅贻琦、张伯苓等人,在这些人的帮助之下,教育会加入改进社的阻力要小很多。

1922年,评议会年会通过决议要求执行委员会去筹划教育会加入中华教育改进社之事,同时建议各地方分会和学校机关也考虑加入中华教育改进社,寻求与中国教育家更进一步的合作。③ 1924年10月的基督教高等教育会议也通过决议:"中国所有教会高等教育机关,与中华教育改进社合作,并加入该社所组科学教育社。"④ 因此,在1924年的《中华教育改进社同社录》当中,中华基督教教育会、华东基督教教育会、全国青年会协会、金陵大学、金陵女子大学、雅礼大学、齐鲁大学、沪江大学、燕京大学等基督教团体是改进社的机关

---

① 《中华教育改进社之缘起》,《新教育》1924年第5卷第3期。
② 《陶行知年谱稿》,教育科学出版社1982年版,第1—4页。
③ "Seventh Annual Meeting of the Advisory Council", *The Educational Review*, Vol. XIV, No. 3, July, 1922.
④ 《基督教高等教育会议决之要案》,《教育杂志》1924年12月第16卷第12号,附录。

会员，在个人会员当中就有吴哲夫、葛德基、文乃史、德本康、郝映青、郑章成、赵紫宸、刘廷芳、刘湛恩、颜福庆、吴贻芳、朱经农、邝富灼等曾经属于教育会的人士，其中刘廷芳、刘湛恩、郑章成、吴贻芳等人还是改进社下设33个专门委员会的委员。① 不仅如此，教育会还邀请改进社的成员加入教育会成为教育会的会员，1924年高等教育组成立时，教育会就邀请李登辉、陶行知、陆志韦三名公私立教育家成为高等教育组委员，其中陶行知和陆志韦就是改进社成员。②

教育会与改进社的关系不仅体现在组织和人员往来上，而且还体现在具体的事务当中，这里主要以双方合作进行的"德尔满调查"和1924年改进社"收回教育权案"风波为例进行说明。

1."德尔满调查"

19世纪末20世纪初，随着西方实证科学的发展，以欧美实验教育学派为主倡导用科学的方法针对教育问题进行分析和实验，以促进教育成为一门可以量化的纯粹科学，在卡特尔（J. M. Cattell）、桑代克（E. L. Thorndike）等一批欧美教育、心理学家的共同努力下，诞生了一门新兴的教育学科——教育测量学。这种教育测量的方法在当时美国正在兴起的教育调查运动中得以广泛使用，在一些较大的城市如巴尔的摩、纽约、波士顿先后于1912年、1913年、1914年设立了测验研究部，聘请测验专家主持大规模的教育测量，指导学校调查活动的进行。③

民国初年，随着一批中国教育家出国考察新式教育和留美学生回国，这一新的学科被引入中国，其代表人物有余子夷、陈鹤琴和廖世承。1918年，余子夷根据桑代克制定书法量表的有关原则，编制小学国文毛笔书法量表四种，行书、正书各占一半。这是我国第一份自编的教育测验量表，在当时中小学教师中产生了一定的影响，也树立了国人关于教育成果可用客观标准予以考查的观念。陈鹤琴和廖世承则在美国受过专门的教育心理学训练，1919年回国后同时受聘南京

---

① 《中华教育改进社同社录》，中华教育改进社，1924年。
② "Report of the China Christian Educational Association to the National Christian Council 1924"，上海市档案馆：U123—0—14，第91页。
③ 陈选善：《教育测验》，商务印书馆1934年版，第47页。

高师，大力倡导智力测验与教育测验。他们二人合译了《比奈—西蒙智力测验法》及《说明书》，开设测验课程，并首先运用心理测验试测投考南京高师及其附中的学生。同时，他们还转译和编造各种测验量表、著文演讲、到各地学校实施测试，产生了很大影响。1921年，陈鹤琴与廖世承合著的《智力测验法》作为高等师范学校丛书由商务印书馆出版。这本书是他们归国后积一年半教学与试行智力测验的成果，于1920年底完成。《智力测验法》是我国第一本系统介绍智力测验知识的著作，是我国教育测验运动开端的标志。它不仅使一般教育工作者了解到智力测验是怎么一回事，而且了解到一般智力测验从编制测题、制定量表到分析结果的基本过程以及其中所包含的客观性和标准化原则。①

余子夷、陈鹤琴、廖世承等人对测验的倡导，引起了教育界人士的强烈反响，1921年中国教育改进社成立后下设专门的"心理教育测验委员会"，成员有张耀翔、陆志韦、陈鹤琴、廖世承、德尔满（Terman）、刘廷芳、刘湛恩等人，从一开始这就是改进社与基督教教育界人士共同合作的结果。② 在这个委员会的推动之下，中国教育界在全国范围内掀起了一般教育测验运动，仅1921—1922年，散见于国内各主要杂志当中关于测验的文章，已不下五六十篇。③ 在这种情形之下，1922年夏中华教育改进社邀请哥伦比亚大学测验专家麦柯尔（William A. McCall）来华指导中国的教育测验工作。当时成立了专门的编制测验的委员会，由中华教育改进社总干事陶行知负责组织，有30名测验委员分布于全国各地，直接受麦柯尔指导。在该委员会的组织推动和东南大学、北京各大学的协作下，麦柯尔来华期间编制智力与教育测验方案共计40余种，而且还组织人员在全国各地进行测试。④

中华基督教教育会也积极地参与了这场教育测量运动，在这30

---

① 王伦信：《我国标准化考试的引入和初步发展》，《华中师范大学学报（人文社科版）》1997年第2期。
② 《中华教育改进社同社录》，中华教育改进社，1924年，第130页。
③ 周调阳：《教育测量法精义》，中华书局1926年版，第8页。
④ 同上书，第9页。

名测验委员当中，有11人是传教士教育家，还有几名中国委员是在基督教大学工作。1923年评议会年会中，教育会也成立一个专门的"标准化测验委员会"，成员有刘廷芳、刘湛恩、德尔满、陆志韦、陈鹤琴等11人，这些人主要来自各基督教大学和东南大学，而且与改进社的测验委员会多有重复。在教育会的推动之下，他们积极与改进社的委员会合作，将测验的范围延伸至教会学校。①

1923年7月，因工作关系麦柯尔返回哥伦比亚大学，他推荐燕京大学的德尔满教授继续他的事业，德尔满的主要工作就是利用新编制的测验方法进行一次全国范围的学校调查，也包括教会学校在内。如果说麦柯尔来华编制测验标准工作是改进社主导、基督教教育界参与的结果，那么此次德尔满调查从一开始就是改进社与教育会这两个组织合作的结果。

很快，教育会的"标准化测验委员会"也得知了这一消息，它意识到这一全国调查对于基督教学校的意义，于是要求与中华教育改进社协商共同进行此次调查，德尔满成为双方共同认可的人选。1923年8月，教育会"标准化测验委员会"在江西牯岭开会，拟订了调查的具体方案。调查分为若干中心区，每个区由五名来自中国教育界和基督教教育界的人士共同组成，这五人当中两名中外干事由陶行知任命，另外三人由当地教育官员或教育家组成。调查从1923年9月开始，1924年3月结束，前后持续了7个月，范围涉及北京、天津、济南、登州、泰安、南京、芜湖、上海、苏州、杭州、福州、厦门、广州、香港、南昌、九江、武昌、汉口、汉阳、长沙、保定、太原、西安、开封、奉天等25个中心区。参与调查的有24所大学，15所模范中学以及600多所小学，有1000多人参与主持了测验活动，受测的学生达到了11.5万人，其中有1万人是中学生，受测的教会学校学生占1/3。② 调查的结果在《新教育》第7卷第2、3期连载刊出。

这一大规模的调查引起了教育界对于测验运动的注意，将教育标准的科学化方法向教育实践中推广。对于教育会而言，不仅获得了新

---

① T. T. Lew, "The Movement for the Scientific Measurement of Education in China", *The China Mission Year Book*, 1924, p. 289.

② Ibid., pp. 288-296.

的教育调查资料,而且尝试到了与改进社在具体的教育实践过程中进行合作,扩大了基督教教育在中国教育界的影响,也通过行动向教育界证明基督教教育是中国教育的一部分。

2."收回教育权案"风波

有合作也会有交锋,改进社是各派教育势力角逐的竞技场,在各派对待基督教教育问题的态度上就可以鲜明地体现出来。1922年非基督教运动爆发之后,国内对基督教教育也是一片讨伐之声,其中尤以国家主义派最为明显,这在上一章已有讲过。1924年7月,中华教育改进社在南京东南大学召开年会,此时中华基督教教育会已经加入成为其机关社员,在这次年会上,以余家菊、郑贞文、汪懋祖、左舜生、黄仲苏、陈启天、谢循初、金观海、陈时、唐毅、王兆荣、常道直等国家主义派为主的社员联合提出了一份《请求力谋收回教育权案》。他们认为,收回教育权的理由有四:

> 第一,国家设立学校之目的虽多,而国家生命之绵延与国家命运之昌荣乃其目的之一。此可以各国振兴教育之历史证明之者也。若本国之内公然允许他国设立学校,势必有碍国民意识,此可证之国人对日与美感情显有异同而知。第二,一国教育有一国教育之精神,非由久受本国教化熏染者担任其事,势必摧残国性,伤害国魂,何以立国?况外国之在我国办学者或拟于政治野心,或纯为宗教臭味,其努力所求者明明在同化我国乎!及今不图,何以善后?第三,国家立国之要素有三,而主权为其一。近来各国已觉夺我司法权之非,而有撤消领事裁判权之动议。司法权固重要,而关于国性存亡之教育,尤为重要;我教育界,岂可忽之,而忍令外人长此侵夺不加闻问乎?第四,或谓外人在华办学意在助我,岂可反以仇而拒之?殊不知助吾兴学可,而夺我教育权则不可。欧美各国固有接受外人之兴学捐款者,但绝不予以学校管理权,盖其违国家教育之旨趣也。我国华侨在外国之学校以教育自己之子弟,外国且设种种规条横加摧残,岂有外人在我

国内地设学校教育我国国民而绝不干涉之理？①

因此，他们主张：

  一、请求国会及教育部制定严密之学校注册条例，凡外人借学校实行侵略或宣传宗教者，一律不予注册。二、凡未注册之学校学生不得享受已注册学校所享之一切权利，如购地、津贴、文官考试、公费求学、转学及充任教师、官吏等。三、中小学教科书应将教育权之丧失列为国耻之一，直至教育权完全收回之后为止。四、凡不依学校注册条例之学校应限期封闭禁止招收新生。②

这一提案在会议当中引起了激烈的讨论，朱经农说："以教育化中国人为外国国民，自不赞成，然是否信仰基督教，即非本国人？即使如此，则办法方面有商榷，应以取缔为第一步，'收回'当有相当预备，取缔之道，即望外国立小学采中国课程纲要，用中国教师，自可不失国性。'收回'须视力之所能及，今毫无准备，骤言收回，当加斟酌。"他的这一说法立即遭到其他社员的批判，某社员说道："某君谓外国教育不妨国性，以近事言，教会学校对于国耻且取缔，其他可知。"赵叔愚认为："教育当各国自办，外国代办，即将好意，亦减效率，因互相隔膜也。"③

对于国家主义派的提案，范源濂认为对于教会学校应具体对待，不可一概而论。"教会学校问题，假定中国有力自办学校，则教会学校可减少，约翰学校在前不重视中国文等，今日亦注意及之，凡此皆因设法指导。""又有名为教会学校，而实为中国学校者，如岭南大学，经费98%为中国经费。""教会学校与日人设学情形不同，教会在传教，非宣传国家主义，而日人则为文化的侵略，不可不反对也。"陶行知也持类似的观点，他认为："中国教育应由中国人自办，今日所以不能做到者，一因国力薄弱，二因善意帮助与侵略者皆有，不能

---

① 《请求力谋收回教育权案》，《中华教育界》1924年7月第14卷第1期。
② 同上。
③ 《中华教育改进社第三届年会纪略》，《中华教育界》1924年7月第14卷第1期。

一概抹煞。"因此,他建议对国家主义的议案进行修正:"一、请求政府制定严密之学校注册条例使全国学校有所遵循而国家亦可负监督之责。凡外人借学校实行侵略,经调查确实者应由政府勒令停办。二、注册分甲乙两种,凡学校及与学校相类之机关须一律经过乙种注册即报告政府,凡学校按照政府所定课程最低限度办理并无妨碍中国国体情事,经视察无讹者,得行甲种注册。三、凡未经甲种注册之学校不得享受已注册学校之一切权利。四、凡未注册之学校学生不得享受已注册学校学生之一切权利。"陶行知的修正提案获得会议的表决通过。①

陶行知的提议实际上是将"宗教"的内容从国家主义的议案中排除,因此陈启天提议增加第五条:"凡幼稚园小学及中学有宣传宗教课程或举行宗教仪式者,不予甲种注册。"② 最终未果。可见,在改进社当中支持教会学校,或者说主张对教会学校辩证看待的意见占据主流。

"收回教育权案"最终是以修正的方式获得通过,这充分说明两点:第一,对中国教育界来说,通过"收回"的方式实现基督教教育进入国家的梦想是大势所趋。第二,在中国教育界仍有不少支持基督教教育的声音。这一结果的取得固然与改进社所属知识分子的自由独立思想有关,但教育会与改进社所建立的和谐关系也在其中起了重要作用。

在提案的讨论中,无论是朱经农、范源濂,还是陶行知,均与教育会有着密切的交往,这在上文已有讲述,特别是总干事陶行知的意见对于改进社的倾向有明显的指向作用。另外,就是此时即将上任教育会副总干事的程湘帆,他是圣公会信徒,与很多改进社的成员一样都曾在哥伦比亚大学师范学院留学,都是东南大学教育学教授,他与陶行知是同乡、是校友,还是同事。他与黄炎培的私交也不错,1926年他完成《中国教育行政》一书,首先就把书稿交给黄炎培,让其为之作序,黄在序文中评价此书"搜集丰富、根据确实、论议平

---

① 《中华教育改进社第三届年会纪略》,《中华教育界》1924年7月第14卷第1期。
② 同上。

实"。① 他本人与改进社来往也十分密切,是改进社公民教育委员会的主任,同时还是改进社年会期间日报的总编辑,在他到教育会工作之后,仍然保持着与改进社的这种联系。这种种人脉关系都为教育会在改进社当中争取到了有利的生存环境。

这种人脉关系是通过长期以来的学缘、地缘、教缘所共同形成,也是难以被外界的风波所攻破的,所以当改进社内部出现不利于与教育会的关系时,这些人脉关系便会起作用。1925年太原年会期间,陈启天等人提出一个"限制机关社员资格案",他们认为:"教育应与宗教分离,本社为全国教育之领袖机关,全国视瞻所系,不应许教会学校及教会机关加入而默认教会学校,使教育与宗教难于分离。""教育应由本国人自办,指导全国教育之本社,尤因由本国人自办,不宜许外人指导之教会学校或教会机关暗中操纵全国教育。""机关社员有董事选举及被选举权,实为本社之主动机关,不宜让外人及教会之势力加入,否则教会学校及教会机关尽数加入为机关社员,则本社主权有潜移于外人或教会手中之虑,不可不防也。"因此,他们建议在社章第四条中加入:"但教会学校及教会机关或其他外人所办之学校及团体不得为本社机关社员,其已入社者得暂加允许,但不得有董事被选举权。"② 这一直接针对教育会以及教会学校的提案再次引起了改进社的争议,刘瑞恒、赵鸿钧、熊希龄、查良钊等人均发表意见,都不以限制为然。陈宝泉、陶行知两人对陈启天的议案进行了修正补充,陈的修正案为:"但外人所立之学校与机关及凡宣传宗教之学校不得为本社机关社员,其已入社者得仍其旧,但此类机关之代表只得为本社名誉社员。"而陶的修正案为:"凡未经中国法律承认或注册之外人所办及含有政治侵略主义,或强迫学生学习服从党纲与宗教之学校不得介绍为本社机关社员。"很显然,陶行知的修正案再次给教育会和教会学校成为改进社的机关社员留有余地。但最终表决陈的修正案得票38,陶的修正案得票23,均未能获得社章规定出席人

---

① 程湘帆:《中国教育行政》第2版,商务印书馆1931年版,第1页。
② 程湘帆:《论本届中华教育改进社未成立之限制教会学校入社案》,《中华基督教教育季刊》1925年10月第1卷第3期。

数的 3/4，而未能通过，维持原社章。①

从教育会和改进社的关系中可以清楚地看出，尽管在改进社内部有对教育会敌对的声音，这种声音不仅是针对教育会，而且是针对整个基督教教育，但这种敌对的声音是局部的，是改进社内部的派系之争，在陶行知等主要人物的干预之下，最终都未能对教育会造成很大的伤害。什么原因？这要从大的教育背景上来看，20 世纪 20 年代是中国教育模式由日德式向英美式转型的关键时期，在这其中改进社扮演了"推动者"的角色。② 改进社成立的主要目的是以"统一"的姿态去推行新式教育，然而这一"新式教育"的标准却有不同的意见，韦毂就说当时的中国教育界人士"留英的崇英、留美的崇美、留欧的崇欧"，这样就自然形成了改进社内部留美派与留欧派对于新式教育权的争夺。而这些教会学校大多按照美式教育的模式进行，与留美派在新式教育的倡导模式上是一致的。所以改进社内部的主要人物出于争夺教育权势的需要，希望与基督教教育界人士建立密切的关系以壮大声势。因而，改进社对于基督教教育的不同态度的交锋，与其说是"教与俗"、"洋与华"的碰撞，倒不如说是对中国新式教育权的交锋。这也充分证明教育会此时立足于以与中国教育界交往为主，以寻求政府认可为辅的进入国家的策略是成功的，把握住了中国教育界寻求美式教育的总体趋向。但不久，国家法令的强势出台，使得教育会的战略面临着转移。

四 中华基督教教育会与民国政府

1.《外人捐资设立学校之认可办法》公布与各界的反应

1925 年 11 月 16 日，在收回教育权运动的压力之下，教育部颁布了《外人捐资设立学校之认可办法》，这是首次将认可的范围涵盖所有教会学校，并且从法令上给予教会学校以私立学校的合法地位。其内容如下：

---

① 程湘帆：《论本届中华教育改进社未成立之限制教会学校入社案》，《中华基督教教育季刊》1925 年 10 月第 1 卷第 3 期。

② 卢浩：《中华教育改进社：中国近代教育模仿美国的主要推动者》，硕士学位论文，华东师范大学，2003 年。

查外人捐资设立学校，应与本国各私立学校一律待遇，前经本部于民国六年布告第八号订定中外人士设专门以上同等学校考核待遇法，于九年布告十一号申明外人设立专门以上学校准照大学及专门学校各项法令规程呈部核办。又于十年四月间，订定教会所设中等学校请求立案办法，通行各省遵照在案。近来此类学校向所在地之教育官厅商请立案者，日见其多，亟应重订统一办法，以资遵守。兹特规定外人捐资设立学校请求认可办法六条，明白宣布。自此次规定之后，所有民国六年布告第八号，九年布告第十一号，及十年四月间通行之教会中等学校请求立案办法，均即废止。

　　一、凡外人捐资设立各等学校，遵照教育部所颁布之各等学校法令规程办理者，得依照教育部所颁关于请求认可之各项规则，向教育行政官厅请求认可。

　　二、学校名称上应冠以私立字样。

　　三、学校之校长，须为中国人，如校长原系外国之人，必须以中国人充负副校长，即为请求认可时之代表人。

　　四、学校设有董事者，中国人应占董事名额之过半数。

　　五、学校不得以传布宗教为宗旨。

　　六、学校课程，须遵部定标准，不得以宗教科目列入必修科。①

　　这项法令确立了予外人学校以私立学校的地位，并对外人学校的认可原则、学校名称、校长与董事组成、学校宗旨和课程的设置原则等方面做了明确的规定。这项法令一经公布，便引起了轩然大波，其中既有中国教育界人士，也有基督教界人士，包括教会、差会、教会学校和中华基督教教育会。有意思的是对于政府的法令，中国教育界，特别是国家主义派更多的是批评，而基督教教育界更多的是接受。作为基督教教育界的代表，教育会扮演了重要的作用，它通过积

---

① 《外人捐资设立学校之认可办法》，《教育杂志》1926年1月第18卷第1号。

极与政府沟通,影响了这项法令的制定和完善,使得这项法令为基督教界广泛接受,并最终成为基督教教育进入国家的依据。

在这项法令公布之前,整个教育会的工作中心是与中国教育界的交往,但与政府的关系并未中断,1923年教育会下设"注册委员会",刘廷芳是其中重要成员,他利用在北京工作的便利条件,多次与教育部官员进行非正式的交谈。1925年全国董事会成立,由于正处于"收回教育权运动"的顶峰期,教育会倍感注册一事为基督教学校急待解决的重大问题,于是在4月的年会上,教育会通过了一项决定,"各基督教学校应尽快在当地或中央政府注册,但基督教学校的特殊功能不应受注册所影响"。① 为响应总会的决议,华东教育会对华东区苏浙皖三省的基督教中学做了一次调查,共发出109封信征求对注册的意见,收到回复66封,其中赞成注册的48封,反对的5封,另外13封表示还没有决定。②

1925年9月,刘廷芳与程湘帆、赵运文三人一同前往教育部,就注册问题与教育部官员进行协商,受到教育部专门教育司司长的接见。通过交谈,三人认为教育部官员对于近年来基督教教育的进步情形很是隔膜,对基督教教育事业的概念也不以最近的事实为根据。有鉴于此,随后他们共同拟定了一份《近年来基督教教育进步情形》的说帖,再次前往教育部,将此说帖递交教育总长、次长、参事和司长。在这两次会面当中,政府方面认为:"基督教学校若要请求政府注册,必须遵守教育部公布的条例。"而教育会则提出:"政府公布的注册办法过于严厉,几使基督教学校没有遵守的可能。基督教学校是完全以服务中国人民为目的,从事于基督教教育事业的西教士与中国基督徒都是以服务中国为大前提,此外,别无其他作用。至于请求注册与遵守部令,实是今日一般基督教教育家的舆论所归。不过政府公布的办法中,颇有碍难遵守之处,所以希望教育部将此项办法酌量

---

① "Resolutions of the General Board", *The Educational Review*, Vol. XVII, No. 3, July, 1925.

② "Concerning Government Registration",上海市档案馆:Q243—1—17,第44页。

修正，以便遵守。"① 程湘帆、赵运文离京之后，刘廷芳个人又与教育部官员有过几次非正式的会谈。

通过这几次直接会面，教育会将基督教教育界对于注册的意见传达给了教育部，引起教育部人士对现行的注册法令进行反思。而恰在此时，刘廷芳认为："北京等处的基督教学校与西教士，近数月来，对于中国国家问题的态度与行动，颇在一般社会中，尤其是政界中，博得好感。虽然反对运动，对于基督教会、西教士、基督教教育事业大肆攻击，但一般有思想的人们，因鉴于基督教教育当局，对于中国国家问题的宣言与态度，已不为反对运动的流言所动了。"② 因此，在教育会的直接接触和基督教界人士的间接影响之中，政府的态度开始松动，于是就有这项法令的公布。

法令公布之后，中国教育界各方反应不一。北京反基督教运动大同盟认为此项办法过宽，大为不满，并号召全国反对此项办法，认为："此项办法违反教育界的公意，过于偏向基督教学校，使基督教学校过于容易获得政府的承认。一旦基督教学校获得政府承认之后，人民对基督教学校的信仰益发加深，基督教学校的根基益发稳固，于是学校中的宗教宣传永无休止之时，因此不能不反对教育部公布的办法。"③

国家主义派的陈启天认为："我们要批评教部所定的立案办法，先要明白教会学校立案的用意。自从收回教育权成个运动以来，一切教会学校，不但受了个大打击，而且根本发生动摇。于是教会学校为保存他们自己的地位和服务教会学校的个人生活计，不得不想出一条急救法，便是向中国政府立案，取得法律上的资格以缓和反对的空气。有人看破这种用意的急救法，是于教会学校极有利，而于中国极有害的，所以极力反对。从前中国要教会学校立案，他们不肯向中国政府立案，现在却反要求立案了。他们要求立案的用意是在保全教会学校，中国政府允许他们立案的用意如果也是如此，我便极端反对。

---

① 刘廷芳：《会长的使命——为注册事致基督教教育界书》，《中华基督教教育季刊》1926年3月第2卷第1期。
② 同上。
③ 同上。

不过政府允许他们立案的用意如果是以立案的方法收回教会学校，我也相当的赞成。"① 谢循初则认为："教会学校在中国所以成为问题，全在中小学校上，中小学教育是国民教育，与国家前途关系太大，决非外人所能代庖的。今教部计不及此，只规定各等学校认可的条件，而无一字道及不认可的办法，是不啻对所有教会学校说'你办你的宗教教育，若你觉得没有请求认可的必要，请不必来麻烦官厅！'还是一篇官样文章，仍是一种敷衍的故技！离收回教育权差得远呢！"②

吴家镇则直接对谢循初的说法进行回应，他指出："愚意以为部令之'各等学校'即包括中小学校在内，而各等学校，果能遵照此种办法办理，便可承认，否则不能承认，似毋庸另定不认可之办法也。""要之教育部，因时势之需要，遂有'外人捐资设立学校请求认可办法'之规定，在吾人眼中视之，可谓于吾国教育主权之收回大有裨益。不过仅凭一纸公文，聊示限制，而不时行派员，实地考察，其结果或致于'阳奉阴违'、'奉行故事'，当不免于谢先生所云'官样文章'。"③ 赵乃传认为："教部前颁外资学校认可条例，关于中国人充任校长和董事，以及宗教不得列为必修科目，均已明白规定。那末，大家所反对的文化侵略和强迫信教，教部已有相当的限制，就目下的可能范围而论，教部只能如此。只要它能实行它的监督职权，流弊自可逐渐减免了。"④

舒新城认为："政府对于教会学校立案办法之规定，本不自今日始，不过教会学校置之不理而已。此次规定的办法其效力如何，现在虽不能完全证明，但法令全部精神为收回教育权运动的舆论所激成却无疑义。如规定立案必以中国人为代表，中国董事应占半数，须遵照国家所颁各项学校法规请求认可等对于国权国法均曾注意及之，而不

---

① 陈启天：《评教会学校立案办法》，《中华教育界》1926 年 1 月第 15 卷第 7 期。

② 谢循初：《教育部重订外资学校认可新章》，《新教育评论》1925 年 12 月 11 日第 1 卷第 3 期。

③ 吴家镇：《外资学校认可办法与我国教育自主权》，《新教育评论》1926 年 1 月 2 日第 1 卷第 8 期。

④ 赵乃传：《教部取缔私立与外资学校》，《新教育评论》1926 年 2 月 19 日第 1 卷第 12 期。

得以传布宗教为宗旨与学校课程须遵照部定标准之规定，亦曾注意教育与宗教分离之原则，不过'不得以宗教科目列入必修科'一句中含有宗教科目可列为选修科之意义，殊足引起反对。然而即定此法令严格督率教会学校实施已非易事。"①

可见，中国教育界对此法令是褒贬不一的，反基督教同盟明确反对，国家主义派认为此法令对教会学校太过宽松，而其他教育人士则认为法令本身不成问题，如"于吾国教育主权之收回大有裨益"，"就目下的可能范围而论，教部只能如此"，"对于国权国法均曾注意及之，亦曾注意教育与宗教分离之原则"。但中国教育界普遍对于政府的执行能力表示怀疑，如"官样文章"，"无一字道及不认可的办法"，"严格督率教会学校实施已非易事"。在这种情况下，政府又附加文告申明贯彻的决心："近查国内私立学校及外人捐资设立学校，往往不遵本部所颁之各等学校法令规程办理，殊于教育前途影响甚巨。兹特剀切申明所有各种学校关于一切课程、训育、管理事项，务须按照部章，不得擅行违异。如有故意违反者，无论已否经部认可，应即停办，以重学制。"②

对此法令，基督教界的反应也是不一的，程湘帆在《今日之基督教教育三大问题》一文中就指出了当时基督教界所存在的情况："政府鉴于民众声威，不敢姑息，特订注册条例，对外人捐资建立之学校严加取缔，一则为保持国家教育主权，一则为保障教会学校中非信徒学生之信教自由。振振有词。教会领袖态度，一部分坚持宗教教育为最大贡献，教会办学，何能买椟还珠；而另一部分以为教会学校遵例注册，虽不能强迫教授圣经课，而宗教仍有自由宣传之可能。故主张不能一致。"③ 具体而言，基督教界的意见主要分为两派，一派认为："教会设学，既为华人谋利益，自应尊重中国主权，采取法定标准，而受政府监督指挥。"另一派则认为："基督教

---

① 舒新城：《收回教育权运动》，中华书局1927年版，第78页。
② 赵乃传：《教部取缔私立与外资学校》，《新教育评论》1926年2月19日第1卷第12期。
③ 程湘帆：《今日之基督教教育三大问题》，载《中华全国基督教协进会第四届年会报告》，上海市档案馆：U123—0—16，第152页。

学校有特殊功能，政府限制教授宗教，实在妨害基督教教育之特殊功能。"①

华人信徒更多是认同第一种看法，认为此项法令可以接受，不可错过时机。教育会会长刘廷芳就说道："此项办法，乃是基督教学校所能向政府获得的，最有利益的承认条件。""基督教学校一经政府承认之后，便在法定教育系统中，占了一个永久的位置。至于毕业的学生，在资格方面也就没有问题。外界对于办理教育事业的西教士们，一切不公正的批评与毁谤，也将从此无形消灭，而收人才的障碍也从此扫荡一空。所以基督教学校应当急起直追，不可错过时机。""关于强迫宗教教育的问题，鄙人以为应以这个问题本身效率，为取决的标准。假如强迫宗教教育是领导学生信仰基督教的最好办法，那末，无论如何，我们不可放弃这个主张。假如在基督精神上或教学理论上着想，这并不是领导学生信奉基督的最好办法，那末，虽无部定办法，我们也当毅然决然地放弃我们的主张。"② 教育会副总干事程湘帆认为："教育部官员和教育家是以帮助基督教学校的态度来颁布这项法令的，这项法令要比以前的宽松很多，他们认为在教育中有宗教的地位，但反对强迫非教徒信教。""政府人员对教会学校是友好的，他们对基督教教育感兴趣，颁布法令是为了使注册成为可能，也更为容易，新的法令就是友好的表现。"③ 华中教育会会长、华中大学校长韦卓民认为："教部办法六条，其第一至四条，固教育家所承认无置议余地，其第五、六两条仍然以宗教与教育为绝对不能合作。其误会之原因，必由于双方对于宗教观念未能同意。"他认为："目前之难关，不在信仰自由之有无，而在一般人宗教之观念正确与否。使吾国当道与人民，对于宗教得真正了解，切实觉悟宗教无剥夺国性，引人出世之必要，其宗教自由之见解，当然根本上更变，其对于

---

① 《华东教育会之重要议案》，《中华基督教教育季刊》1926 年 12 月第 2 卷第 4 期。
② 刘廷芳：《会长的使命——为注册事致基督教教育界书》，《中华基督教教育季刊》1926 年 3 月第 2 卷第 1 期。
③ "College Conference Report"，上海市档案馆：Q243—1—18，第 57 页。

教会学校之态度，当更为宽大。"①

与华人信徒的观点略有不同，传教士总体上认可这一法令，但对于第五条以及第六条后半部有关宗教教育的限制表示难以接受。教育会副总干事吴哲夫就对第六条表示不满，要求修改，他在华东教育会年会上说："俗话说'尾上有针'，果然，针在尾上。基督教学校，至少是中级学校，注册的困难，就在这一末。国中任何团体皆有对于该团体的子弟，设施一种宗教教育的自由权。若被取缔，就是违反宗教自由的原则。在此项团体设立的学校内，所施的教育，不必完全与公立学校相同，凡愿其子女受这种宗教教育的，皆应当允许，即将宗教课目列入此项学校的必修科目之内，也不为过。"他认为："对于教育部禁授宗教科目的法令，不单违反宗教自由的原则，而且违反教育自由的原则。一般教育界所奉为权威的著名教育家门罗博士，也以为此举与其他民治主义的国家教育趋势不同。此项条例的末条为破坏教育权与宗教权，在此条例束缚之下，基督教学校已无注册的可能，不得不对于本条表示不满，要求修改。"② 燕京大学校长司徒雷登则在一封信中说道："对于注册问题，我已经访问了一些教育官员，我确信这些法令代表了政府认可教育学校的诚意，而且也将促进中国教育家为坚持这些法令而反对那些批评。他们和我一样确信在短期之内或在现有的条件下，是不会再有更宽松的法令出现了，但这并不代表政府就会认真贯彻执行这一法令。……就我个人观点，我认为教会学校不注册也不会有什么重大损失，他们照样可以通过他们固有的价值继续存在下去。"③ 之江大学校长费佩德（Robert Fitch）则认为北京政府的要求违背国际公例，违反宗教信仰自由的原则，只站在学生的立场来看问题，而不顾及学生家长和学校设立人的看法。④

---

① 韦卓民：《关于教会学校立案之教育部新法令》，《中华基督教教育季刊》1926 年 3 月第 2 卷第 1 期。

② 舒新城：《收回教育权运动》，中华书局 1927 年版，第 89 页。

③ "Extracts from A Private Letter for Dr J. Leighton Stuart"，上海市档案馆：Q243—1—18，第 21 页。

④ "From Dr. Robert F. Fitch, President Hangchow Christian College"，上海市档案馆：Q243—1—18，第 112 页。

一些基督教界的会议和组织也对此法令发表意见。1926年1月的穆德会议对此法令做出评价:"基督教学校应作为私立学校的一部分,获得政府的认可,在国家教育系统中占有一席之地,但不得以牺牲基督教教育的特殊功用为代价。我们对政府的友好法令表示赞赏,总体上这些法令是宽松的,对学校的宗教工作保有自由的尺度。但我们对于第五条的含义不是很清晰,要求解释,如果它的意思是学校的目标应是教育性的,而不对其他方面作出限制,如利用宗教实现上述目标,那么教会学校就不难接受。对于第六条,困难很大,这将会给学校注册造成障碍,我们很遗憾同样的自由在其他国家被允许,他们只要遵守最低的课程标准,甚至是有差异的,但在这里却不行,我们希望能够改变。"① 1926年2月的基督教大学隔年会议对该法令也进行了讨论,虽然没有一致的结论公布,但也对部分内容达成共识:第一,中外教育家都希望教会大学注册。第二,要尽快寻找华人校长和董事。第三,大学最高目标是教育性的,因此各大学要采取一切措施去保持高效的教育标准。宗教与教育目标并不冲突,而是实现教育目标的重要手段,如果干预教会大学的宗教活动自由,将会损害其教育效率。第四,对于有关宗教的两款尚有很多的含义未明,应进一步寻求解释。第五,整个事情被中国人将教会学校看作外国学校而复杂化了,"我们不仅要应对政府的法令,而且要应对全国人民的民族情感"。因此,教会学校只有自愿地与政府教育系统发生联系才能为整个基督教运动做出贡献。第六,在目前的复杂情况下难以形成一致意见,各校要自己选择自己最适合的方式,但唯一要求是要保持基督化特色。②

2. 中华基督教教育会的反应与对策

作为基督教教育界的代表中华基督教教育会对此法令的反应也是

---

① *Report of Conference on The Church in China Today*, *The Report of a Conference of Christian Workers with Dr. John R Mott*, Under the Auspices of the National Christian Council of China, 1926, pp. 163–164.

② "Gevernment Registration", *The Christian College in The New China*, *The Report of the Second Biennial Conference of Christian Colleges and Universities in China*, Shanghai College, 1926, pp. 80–81.

非常及时和积极,除了一些个人之外,1925年12月29日程湘帆和吴哲夫代表教育会给所有会员发出了一封公开信,阐述了教育会的基本态度。他们认为,这项法令代表了教育部是以更为宽大的态度(liberal attitude)来对待教会学校。"第一,教会学校不再被看作外国学校,而是以私立学校的名义看待,基督教教育家已经为此付出多年的努力,我们对教部的决策表示赞赏,这将会给基督教学校与国家教育系统赢得良好的关系。第二,有关华人校长和华人董事的要求是较为宽大的决定,任何学校都可以遵守。第三,关于第五条,官方有必要进行解释,按照我们的理解学校的宗旨应该是教育性的,应该在教育的范畴之内,而基督教学校的目标是发展学校的基督化品格,这就不能排除用宗教的手段去实现这个目标。第四,最困难的是第六条,我们必须真实地面对。在这一条并没有限制宗教活动和自愿的宗教教育,唯一的负面要求是限制宗教教育必修。"在这种情况下,教育会认为基督教学校可能采取的途径有三种:一是拒绝注册条款,让学校和学生遭受损失;二是接受注册条款,将宗教科目设为选修,这似乎违背了教育和宗教权;三是认识到政府的友好态度,总体上接受注册条款,但要寻求对第五、第六条进行解释。① 很显然,教育会是倾向于采用第三种方式来应对政府的注册令。在此情况之下,由地方教育会开始,整个教育会系统都在商议如何具体应对,如何具体筹划。

1925年11月28日,直隶—山西基督教教育会执行委员会在北京召开会议,出席的有燕京大学校长司徒雷登、教育会会长刘廷芳、教育部官员吴雷川,以及北京周边地区各教会中学的校长、副校长,其主要议题就是讨论教育部的注册法令。吴雷川向会议逐条解释了法令的含义,他说第六条实际上是为了中和第五条,在教育部的早期讨论中很多人并不赞成有第六条,他说他很有意思地看到非基督教运动的人也在反对这一法令,因为那些人不想让基督教学校受到政府的保护,他担心如果不注册的话,中国基督教教育的形势将非常严峻。最后,直隶—山西教育会决定以投票的方式决定是否按法令注册,结果

---

① "From Sanford C. C. Chen & E. W. Wallace (December 29, 1925)",上海市档案馆:Q243—1—18,第26—27页。

是全部赞成。①

1925年12月2日，湖南基督教教育会执行委员会通过决议：

（一）强烈赞赏教育部的行为。（二）由于教育是基督教学校的宗旨，因此第五条与基督教教育的目标并不冲突。（三）第六条也没有什么严重的问题，教会学校教师的精神和品质是要让整个学校产生基督化的氛围，学校可以让有能力的教师特别组织自愿的圣经学习，我们要意识到此项工作的必要。②

1925年12月3日，华中基督教教育会执行委员会通过决议：

（一）本会赞赏教部新法令在教会学校注册问题上的进步和宽大，我们建议华中教育会所属各校董事会认真考虑。（二）要求本会会长就宗教宣传是教会学校的宗旨作出陈述，并呈交中华基督教教育会，以早作准备，避免各教会和地方教育会在讨论新法令时产生误解和偏见。③

1926年2月9日，华东基督教教育会执行委员会通过下列决议：

（一）一九二五年十一月十六日，教育部所颁之注册条例，情挚而意周，本会无任荣幸。（二）本会重认下列之宣言："教育部所定条例，若与基督教学校之特殊功用不相背违，各基督教学校皆宜立案。"（三）本会接受一九二五年十一月十六日，教育部所颁布之条例第一条至四条，以及第六条之前半部。并催促各校，即日实行。而同时又设法使管理学校之权，多移交于华人。（四）条例之第五条，及第六条，与私立学校之宗教自由，

---

① "Abstract of Action Taken by Various Bodies with reference to The New Regulations of the Ministry of Education for The Recognition of Mission Schools"，上海市档案馆：Q243—1—18，第31—32页。
② 同上书，第29页。
③ 同上。

及教授自由违背。各校欲谋注册之困难,以此为最。(五)本会建议:请中华基督教教育会,呈请中央教育当局,而本会则呈请华东各省教育当局,准华东各基督教学校列宗教为必修之一。(六)磋商未解决以前,在此新颁布之认可办法下,各校暂缓进行注册事。(七)在此磋商时期中,学校之能接受条例第一条至第四条,及第六条之前半条者,须商订暂行认可办法。(八)各校对于此事最好能联合进行,而同城同县之学校,尤宜协力合作。①

1926年2月17日,中华基督教教育会高等教育组会议认为:"基督教教育机关本为中国的利益而设立,故凡为此种机关服务之人,必须遵照本地之法律。惟此机关是为教育中国子弟而设,而中国又为立宪的共和国,故我们主张教会学校应有宗教的自由。"因此,他们建议:"(一)我们催请基督教教育机关,从速实行一九二五年十一月,中国政府所公布之'外人捐资设立学校认可办法'之第一,二,三,四条及第六条之前段,愈速愈佳。(二)由中华基督教教育会选送代表各方面意见者五人,赴教育部,非正式陈述基督教学校愿意注册的意思及当前的困难,并商榷解决办法。(三)基督教教育机关中,凡有觉得能遵照一九二五年十一月十六日,中国政府所公布之'外人捐资认可办法'请求立案者,听便。"② 会后,教育会执行委员会任命朱经农、程湘帆、樊正康、葛德基、吴哲夫、费佩德等六人为向教育部请愿的代表。③

1926年3月,该请愿委员会在上海开会,认为:"第五条原文之意消极,不足表现基督教教育精神,拟请加以解释,或由基督教学校拟定教育宗旨,请求认可。"于是,推举朱经农、程湘帆二人负责起草基督教学校的教育宗旨。朱、程二人认为"兹事体大,非集思广

---

① 《华东教育会之重要议案》,《中华基督教教育季刊》1926年12月第2卷第4期。
② 刘廷芳:《会长通函——为解释部令第十六号第五条事》,《中华基督教教育季刊》1926年10月第2卷第3期。
③ "To Ely(March 23, 1926)",上海市档案馆:Q243—1—18,第46页。

益,难于收效",于是拟定教育宗旨草案,征求基督教教育界的意见。① 当这一切都准备完毕之后,由于北京政府的混乱局势,再加上自 4 月之后教育部没有负责的教育总长,司徒雷登建议推迟请愿计划。②

1926 年 5 月,中小学教育组在年会期间也提出下列议案:

(一)本会赞同高等教育参事会通过之学校注册案。(二)本会赞成高等教育参事会通过选派特别委员到教育部作非正式交涉之议案,并建议请该委员会斟酌采用以下列款之一,作为部案第五条之替换或修正条文。1. 学校不得干涉宗教自由;2. 学校不得强人信仰任何宗教;3. 学校必须有真正的教育宗旨;4. 学校必须有真正的教育宗旨且不得干涉宗教自由;5. 学校宗旨不得违反宗教自由。(三)中华基督教教育会之董事会将学校立案问题,澈底地宣布国内外基督教团体。③

1926 年 5 月,中华基督教教育会董事会年会期间,通过了下列议案:"基督教教育机关本为中国的利益而设,理应遵照中国之法律条例。中国宪法既确定绝对的信仰自由,则其法律条例不能违此根本原则。基督教教育机关大概皆主张学校,惟少数基督教教育家,对于教部一九二五年十一月十六日所颁布之'外人捐资设立学校认可办法'第五条与第六条后段之意义尚不甚明了。"所以,他们提议:"(一)遣派代表到部非正式陈述基督教学校愿意注册的意思及当前的困难,并磋商解决办法。(二)催请基督教教育机关,从速实行一九二五年十一月十六日,中国政府所公布之'外人捐资设立学校认可办法'第一,二,三,四条及第六条前段,愈速愈佳。(三)基督教教育机关,凡能遵照一九二五年十一月十六日,中国政府所公布之'外人捐

---

① 《中华基督教教育会之征求意见》,《教育杂志》1926 年 5 月第 18 卷第 5 号。
② "To Ely (March 23, 1926)",上海市档案馆:Q243—1—18,第 46 页。
③ 刘廷芳:《会长通函——为解释部令第十六号第五条事》,《中华基督教教育季刊》1926 年 10 月第 2 卷第 3 期。

资设立学校认可办法'请求立案者,听便。"①

以此来看,教育会的整体应对战略是:总体接受政府的认可法令,并寻求政府对宗教条款进行解释,而各校是否注册,悉听尊便。

教育会将这一切布置完毕之后,便委托在北京的刘廷芳与教育部吴雷川等人进行接触,筹备请愿委员会进京与政府协商之事。6月22日,任可澄到任接管教育总长之事,而在6月28日,在请愿委员会尚未赴京之时,刘廷芳便以个人名义向教育部提交了寻求解释的呈文。为什么会如此?按照刘廷芳的解释:第一,"部中友人,劝我从速地正式呈请解释,以便由原拟定该六条部案之职员,可以作正确的答复"。第二,"凡教育界中外友人,对于教育事业负责,而且识见素为敝人所钦佩者,皆赞成从速请求解决"。第三,中华基督教高等教育参事会将于7月15—20日举行年会,若在年会之前得到教部解释,该参事会就有重加讨论的机会。第四,燕京大学董事会委派刘廷芳赴美筹商公务,他希望在出国之前得到正式的解释。②

很快教育部就做出了回应,1926年7月6日,教育部公布第一百八十八号部批,专门对刘廷芳的呈文进行解释:"据呈称:'外人捐资设立学校认可办法'第五条,是否专就宗旨立言,与信教及传教自由不相抵触?请求解释等情。查该项办法第五条,系言设立学校,当以部定教育宗旨为宗旨,在校内不应有强迫学生信仰任何宗教或参加宗教仪式之举,于信仰及传教之自由并无限制。"③

部批公布之后,刘廷芳曾有一份声明,称:"此次请求教部解释注册办法第五条,是敝人用大学教授之私人资格,不但和教育会之董事会、参事会丝毫不相关系,就是与特派专办此事之委员会的工作,以及执行干事之任何计划,亦绝无妨碍。"④尽管如此,由于部批是在教育部刊行的《教育公报》上公布,与一般文告具有相同的法律

---

① 刘廷芳:《会长通函——为解释部令第十六号第五条事》,《中华基督教教育季刊》1926年10月第2卷第3期。
② 同上。
③ 《教育部批第一百八十八号》,载《中华全国基督教协进会第四届年会报告》,上海市档案馆:U123—0—16,第142页。
④ 刘廷芳:《会长通函——为解释部令第十六号第五条事》,《中华基督教教育季刊》1926年10月第2卷第3期。

效力,因此,部批所针对的是整个法令的解释,对整个基督教教育界都同样适用,而不仅是对刘廷芳的个人答复。而且,就部批的内容来看,它与教育会中等教育组 5 月份对基督教教育宗旨的建议性替代条款大略相同,所以部批的解释可以看作对教育会的间接回应。自此之后,教育会的请愿委员会也没有再就此事与政府进行沟通,教育会对此法案的努力也告一段落。

在教育会与政府进行沟通的同时,一些教会学校和在华的差会也表达了它们对于法令的意见。美部会海外传道会的干事思传在获知政府应刘廷芳的要求对法令做出了新的解释之后,在 9 月 15 日给吴哲夫的信中说道:"我非常高兴得知这一消息,并发现政府的声明很适合传教士的观点。我们应该扫除基督教学校合法化的一切障碍,清除一切疑问和冲突。刘廷芳的外交才能使得我们相信华人信徒有能力解决这些问题。"[①] 伦敦会中国总会在 1926 年的年会中就指出:"这些政府法令比以前政府所公布的要令人满意得多,尽管还有一些困难存在。……我们欢迎中华基督教教育会关于向北京政府派遣请愿团表达基督教学校期待注册的要求,但同时也要坦白我们的困难,寻求解决的方法。"伦敦会决定接受政府法令,但在第五、第六条得到满意的解决之前,伦敦会将不鼓励目前所属学校注册。[②] 美国长老会登州传道会在 1926 年 5 月的年会上也讨论了注册问题,一致认为应该注册,但目前时机不对,因为教会学校的学生还没有取得进入公办学校学习的资格,教会学校的毕业生也没有取得公民权,所以他们期待政府出台更适合的法令。[③] 1926 年 6 月 16 日齐鲁大学董事会通过决议:"本校建立的目的是服务中国,这就要求我们遵守中国的法律法规。我们相信教会大学应该向政府注册,但不得妨害教会大学所能作出的特殊贡献。在目前政府法令当中的第五、六条还有一些不太确定的因素,因此我们建议:1. 赞成中华基督教教育会有关寻求政府解释的决定;2. 赞成本校有关执行法令前四条和第六条前半部的决定。3. 在不损

---

① "W. E. Strong to E. W. Wallace (September 15, 1926)",上海市档案馆:Q243—1—18,第 111 页。
② "Government Registration of Schools",上海市档案馆:Q243—1—30,第 293 页。
③ "News", *The Educational Review*, Vol. XVIII, No. 4, Oct, 1926.

害本校基督教化目标的前提下,授权本校管理委员会开启必要的注册准备。"① 1926年4月13日,燕京大学托事部在纽约通过决议:"由于政府法令第五条与本大学章程第二条有关本校宗旨的描述相差无几,本会赞成本校向教育部注册的决定。"②

由此可见,在华从事办学的实体差会和教会学校在注册的总体态度上是一致的,都认为基督教学校最终必须注册。但具体到是否按照北京政府的法令注册,态度各异,或注册或不注册,或有条件的注册,这种若即若离的态度使得教育会任何一致性的决定在这些办学实体面前都显得苍白无力,因为它们的态度才是各自学校注册命运的最终决定者。但这些办学实体也并没有将教育会抛弃,事实上很多差会和学校都把教育会当成与政府直接沟通的工具,特别是那样态度不明朗的学校,更是将寻求政府进一步解释的希望放在了教育会的身上,这就使得教育会看似责任重大,实则可供发挥作用的范围很小。

1926年10月,广州国民政府教育行政委员会公布了《私立学校规程》、《私立学校校董会设立规程》和《私立学校立案章程》,对基督教学校的私立地位再次做出明确的规定。如《私立学校规程》:第一条"凡私人或私法团设立之学校,为私立学校;外国人设立及教会设立之学校均属之"。第八条"私立学校,不得以外国人为校长;如有特别情形者,得另聘外国人为顾问"。第十条"私立学校一律不得以宗教科目为必修科,亦不得在课内,作宗教宣传"。第十一条"私立学校,如有宗教仪式,不得强迫学生参加"③。《私立学校校董会设立规程》:第十三条"外国人不得为校董,但有特别情形者,得酌量充任,惟本国人董事名额,须占多数,外国人不得为董事长,或董事会主席"④。日后,南京国民政府大学院对这两项规程进行了修正,但内容变化不大。⑤ 1927年11月19日,北京政府教育部对1925年的《外人捐资设学法》进行了修正,主要是对第三、第五、第六条

---

① "News", *The Educational Review*, Vol. XVIII, No. 4, Oct, 1926.
② Ibid. .
③ 《私立学校规程》,《大学院公报》1927年第1期。
④ 《私立学校校董会规程》,《大学院公报》1927年第1期。
⑤ 《私立学校条例》、《私立学校校董会条例》,《大学院公报》1928年第3期。

进行的，第三条改为"学校之校长，须为中国人，如校长原系外国人者，必须改推中国人为校长，即为请求认可之代表"；第五条改为"学校不得施用宗教仪式，并不得以传布宗教为宗旨"；第六条改为"学校课程，须遵照部定精神，不得以宗教科目列入课程之内"①。就法令条文而言，这些新的政府法令对于教会学校的注册要求要比原北京政府更为严苛。

与不断变动的中央政府的教育政策相比，此时不少地方政府，如广东、湖南、湖北、江苏、浙江、河南、奉天、上海等省市，也有自己独立的一套对待教会学校的政策，不仅有别于其他地方，就是与中央政府也有所不同，例如《湖北省取缔外人设立学校条例》、《汉口取缔私立学校条例》、《湖南取缔私立学校办法》等，当中最为突出的是浙江。1927年6月，浙江省教育厅公布新拟定的《私立学校规程》就是在国民政府教育行政委员会的基础上增加三条。② 1927年6月8日，浙江省教育厅通过《收回外人所办教育事业办法案》，其中第一条："在浙江省境内外人所办教育，无论属诸个人或团体，均应于一九二七年九月一日以前，移交省政府或有中华民国籍之人民，或浙江省政府承认之中华民国籍贯人民所组织之团体接办。"第四条："外人或外人团体，自经移交后，亦得以精神物质，辅助该机关之发达，惟不得担任董事及校长职务。"③ 这两条显然与中央政府的规程不一致：第一，中央政府规程规定只有教育部和各省教育厅才有接收资格，任何个人和团体不得接收，而浙江省却把个人或团体纳入在内；第二，政府规程没有规定外人或外人团体不得担任董事，而浙江省却限制外人担任董事。可见，某些地方政府的注册法令要比中央更为严苛。

有鉴于地方与中央法令的不一致，1927年7月12日，中华基督教教育会向国民政府教育行政委员会呈文寻求中央解释。7月23日，教育行政委员会批示第三十四号做出正式解释："本会对于收回教育

---

① "Regulations Governing Application for Recognition of Schools Established and Financed by Foreigners", *The Educational Review*, Vol. XX, No. 1, January, 1928.
② 《青天白日旗下之江浙皖教育行政》，《教育杂志》1927年6月第19卷第1号。
③ 《浙江：教育权之限期收回》，《教育杂志》1927年7月第19卷第7号。

权无没收财产之意,至于接收私立学校亦须经教育行政机关体察情形核定认可,非团体或个人可以任便接收,方法程序亦当根据政府所颁规程办理。最近本会对于此事业经规定,凡私立学校并其中之教会及外人设立学校准予照章立案继续维持,各界人士及私立学校学生不得借口收回教育权任意破坏者,由各省教育厅布告一体知照有案,毋庸鳃鳃过虑。"①

正是因为如此众多的大政府和小政府都有不同的注册要求,使得各地方的基督教学校不知如何是好,该采用哪个政府的法令向哪个政府注册。在这种情况下,不少的基督教学校都采取搁置观望的态度,期待能有稳定的政府出台稳定的方案,作为稳定的注册依据。例如,美国北监理会在1927年讨论注册问题时就指出:"我们赞成在不妨碍基督教宗旨的情况下注册,但鉴于目前的中国中央与地方政府注册方案的混乱,我们建议推迟监理会学校的注册,直到形势稳定。"②

1928年南京国民政府统一全国,实现形式上的政令统一,在此大背景下,大学院颁布了新的《私立学校条例》,并知照各省贯彻执行。国民政府日后也多次对此条例进行修正,如1933年教育部颁布《修正私立学校规程》,第六条"外国人不得在中国境内设立教育中国儿童之小学";第七条"外国人设立之私立中等以上学校,须以中国人充任校长或院长";第八条"私立学校不得以宗教科目为必修科,及在课内作宗教宣传。宗教团体设立之学校内,如有宗教仪式,不得强迫或劝诱学生参加。在小学及其同等学校,并不得举行宗教仪式";第十四条"校董会有特别情形者,得以外人充任校董,但名额至多不得过三分之一,其董事长,须由中国人充任"③。虽说对外国人设学的层次和宗教教育的限度进行了修正,但对教会学校总体定位并没有多大的改变。所以说,1928年南京政府统一全国,颁布《私立学校条例》,预示着基督教教育能够以合法的形式进入国家教育系统,初步实现了法令上基督教教育进入国家的愿望。

围绕着基督教教育进入国家的进程,一个绕不开的话题就是国家

---

① 上海市档案馆:Q243—1—18,第69页。
② "News", *The Educational Review*, Vol. XIX, No. 3, July, 1927.
③ 《修正私立学校规程》,《中华教育界》1933年11月第20卷第5期。

与宗教的关系,这也伴随着基督教教育"国家化"问题的始终。对政府而言,基督教教育"国家化"就是以"一刀切"的模式将基督教学校纳入私立学校的行列,而不考虑基督教学校的宗教特色所在;但对基督教界而言,他们期待的"国家化"是在保持基督教特色的情况下,进入国家教育系统,以实现基督教教育的"本色化",所以"国家化"与"本色化"分歧的关键是宗教。

章开沅先生在《文化传播与教会大学》一书的序文中有讲:"从20年代后期开始,教会大学陆续向中国政府注册,标志着教会大学决定性地走上本土化的道路……所有这些变化,并非全由民族主义的挑战和政府法令的压力,基督教内部的顺应潮流的趋向与适应环境机制也发挥了明显的作用。"① 这一基督教内部的趋向指的就是"本色化"。何谓本色化?这是一个普世性的神学命题,从19世纪以来,中国基督教界就一直在反思这个问题,到20世纪20年代更是成为中国基督教神学的主流思想。1922年基督教全国大会报告书称:"我们所称为本色的基督教会,一面仍与世界各宗基督教会,在历史上有连绵不绝的关系,一方面是要实在通合中华民族本有的文化和精神上的经验。"② 中华全国基督教协进会的会长诚静怡认为本色化就是"如何使基督教在东方适合东方人的需要?如何使基督教事业,融洽东方之习俗环境历史思想,与其深入人心牢不可破之数千年结晶文化?"③ 王治心认为本色化"就是改造西洋化的教会成为适合中华民族性的中国教会,这种改造并不是动摇基督教的真理,不过使中国古文化与基督教真理融合为一,使中国基督徒的宗教生活,合乎中国民情,而不致发生什么隔阂。"④ 赵紫宸则说:"本色的教会并不是建设在基督教以外的真理上的。他是耶稣基督所启示的真理之守护者。""本色的教会要把基督教和中国古文化所蕴含的一切真理化合为一,使中国基

---

① 章开沅、马敏:《文化传播与教会大学》,湖北教育出版社1996年版。
② 刘廷芳编:《中国教会问题的讨论》,中华基督教静会全国协会书报部1922年版,第14页。
③ 诚静怡:《本色教会之商榷》,《文社月刊》1925年10月第1卷第1期。
④ 王治心:《中国本色教会的讨论》,载《青年进步》第79册,1925年1月。

督徒底宗教生活和经验合乎国土国风，不至于发生不自然的反应。"①

从这些神学家的言论中可以看出，"本色化"相对应的是"西洋化"，主张在西化的教会当中添入中国元素，但"本色"的建构不应偏离基督教信仰的轨道，这是"本色化"的基本底线。这一神学命题自然地延伸到教育领域，那就是"中国化"。什么是"中国化"？按照中华基督教教育会的解释："就是基督教大学不仅在传布西洋文明的优点，并且成为中国文化的中心。至今后所当注意的，即为基督教大学训练青年男女，使他们成为中华民国的优秀分子。对于中国的文化，有精深的了解，敏锐的欣赏，并得于现实生活中实现之。"②可见，"中国化"指的也是在基督教教育当中添入中国元素。在中国基督教界看来，寻求政府注册，进入国家教育系统，就是添入中国元素的一条便捷之路，也是基督教教育领域"本色化"的必由之路。

在这种"本色化"思想的指引之下，无论是本地信徒还是传教士，都积极地主张与政府沟通，实现教育"本色化"。就添入中国元素，进入国家这个角度来讲，他们的要求与政府是一致的。但"本色化"是在宗教的前提之下，而"国家化"则是排斥宗教的，这一点是双方都难以接受的，所以当"本色化"与"国家化"相遇而又互不相让的情况下，双方采取的是一种调和的形式，即宗教课程选修，以规避矛盾，实现暂时的"国家化"，也可以说是有限的"国家化"。日后，国民政府时期的教会学校既是国家权势主导下的学校，也是差会势力主导下的学校，这一奇特的现象恐怕就是这种有限"国家化"的后遗症。

---

① 赵紫宸：《本色教会的商榷》，载《青年进步》第76册，1924年10月。
② 《基督教大学中国行政人员会议》，《中华基督教教育季刊》1925年3月第1卷第1期。

第五章

中华基督教教育会与基督教教育国家化困境

1928年南京国民政府形式上统一中国之后，相继通过《私立学校条例》、《私立学校规程》、《修正私立学校规程》等法令将基督教学校的地位予以规定，基督教学校也由此获得合法的身份进入国家教育系统，收回教育权运动宣告终结，一部分学校开始向政府注册，在这种情况之下，教育会所能够调节基督教教育的范围大为减少。而在教育会内部，受非基督教运动的影响，地方教育会大多处于停滞的状态，使得教育会失去了赖以存在的基础，加之社会宗教研究院的资助即将到期，教育会的形势步履维艰。在此背景下进行的高等教育协作计划最终流产，教育会形同虚设，但仍在苦心经营。新的改组希望重建复兴教育会，但抗战的爆发宣告了梦想破灭，教育会危难的情势加剧。

第一节 经济上的困境：自养危机

一 中华基督教教育会的经费来源

晚清时期，教育会最固定的收入来源是教科书的销售。民国成立以来，尽管教育会所从事的主要事务从教科书出版转向基督教教育，但教科书的销售仍然没有中断，主要是一些教育会新发的小册子和以前库存的书籍，这样在民国初期的这几年，教科书的销售收入仍然是教育会主要的收入来源。从1912年5月到1914年5月，教育会的总收入是8906.79元，而通过美华书馆和监理会书局所销售的书籍收入是5532.78元，约占总收入的62%。[①] 1915年之后，销售书籍的收入份额有所下降，但仍然占有一定的比例（见表5—1）。

表5—1　　民国时期中华基督教教育会历年图书销售情况

年份	书籍销售（元）	总收入（元）	所占比重（%）
1914—1915	2550.22	10314.47	24.7
1916—1917	2023.05	8711.60	23.2
1917—1918	1885.93	12169.12	15.5
1918—1919	2368.14	11513.88	20.6
1920—1921	1403.15	10432.65	13.5
1922—1923	3015.38	12021.93	25.1
1923—1924	2120.35	24944.46	8.5
1924—1925	2013.76	44615.30	4.5

资料来源：根据 The Educational Review 上1914—1925年的历年财务报告所制，货币单位均为墨西哥元。

由表5—1可清楚地看到：在1925年之前，教科书的销售收入每年大致维持在2000元左右，在1923年之前教科书的收入比重大致维持在20%左右。1923年之后，由于总收入的增加，教科书的比重逐渐减少，到了1925年只有4.5%，除去人工、印刷和发行的费用，教科书的净收入就所剩无几了。因此，1925年教育会果断地决定停止进行教科书的出版工作，其理由是："上海出版业的发展，使得本会的出版工作没有必要。"[②] 而教育会在1926—1927年度所做的预算方案当中，对教科书出版所做的预算收入是200元，可见教育会几乎放

[①] "Meeting of Advisory Council", The Educational Review, Vol. VI, No. 3, July, 1914.

[②] "Report of the Executive Committee to the General Board of the China Christian Educational Association", The Educational Review, Vol. XVIII, No. 3, July, 1926.

弃了这一工作。①

另外一项较为固定的收入来源是中华续行委办会以及后来的中华全国基督教协进会的资助。由于 1913 年新成立的中华续行委办会并没有下设教育委员会，因此，续行委办会的教育工作就委托给教育会承担，并因此负责向教育会提供一定的经费支持。1913 年 3 月的委办会执行委员会会议就提出："中华续行委办会要与以上两团体（教育会、博医会）保持密切的联系，尽可能将它们的办公地点与委办会放在一起。如果受到这两个团体的请求，委办会要承担它们的日常工作预算，以避免向母差会重复寻求经费支持。"② 自 1914 年开始，委办会承诺每年向教育会提供 1500 美元的资助，实际上每年资助的数额不等，有可能是汇率的问题，也可能是历年资助确实有差别。具体情况如表 5—2 所示。

表 5—2　　中华续行委办会向中华基督教教育会历年资助情况

年份	1914	1915	1916	1917	1918 年 1—3 月	1918—1919	1920—1921	1922—1923
数额	806.25	3551.25	不详	2383.35	2037.60	1675.15	540.00	2398.80

资料来源：根据 The Educational Review 上 1914—1926 年的历年财务报告所制，货币单位均为墨西哥元。

1923 年之后，中华续行委办会不再向教育会提供资助。

这样，到了 1923 年前后，教育会最为固定的两项收入：书籍和委办会资助都基本上结束了。在这之前，教育会仅有贾腓力一名专任干事，贾腓力的薪水由监理会支付，因而书籍收入和委办会的资助基本上能够维持教育会的正常运转。现在固定收入没有了，而教育会又面临改组计划，就必须另辟蹊径。

---

① "China Christian Educational Association Budget 1926-1927", The Educational Review, Vol. XVIII, No. 3, July, 1926.

② "First Meeting of the Executive of the China Continuation Committee, held in the Astor House Shanghai, March 16th, 1913", 上海市档案馆：U123—0—10, 第 3 页。

另外，从 1919 年开始，在财务报告当中开始出现差会捐助的账单，当年捐助的有美国归正会（Board of Foreign Missions of the Reformed Church）200 美元；美国公理会（Am. Bd of Com. for Foreign Missions）700 美元；美国浸礼会（Am. Baptist Foreign Mission Society）700 美元，换算成墨西哥元是 1917.41 元。① 而 1920—1921 年度，美国公理会、浸礼会、南监理会三个差会捐助总额是 6031.51 元，占当年总收入的 57.8%。② 1922—1923 年度，北长老会、美国圣公会和浸礼会的捐助总额是 2540.96 元，占总收入的 21.1%。③ 1923—1924 年度，捐助的差会增加到长老、圣公、公理、浸礼、归正等五个，共计 6668.18 元，占总收入的 26.7%。④ 而到了 1924—1925 年度，捐助的差会达到了北长老、圣公、公理、北浸礼、归正、基督、南监理等七个，总数是 6617.37 元，占总收入的 14.8%。⑤ 1925 年之后，未见有连续的财务报告，根据 1926 年的预算报告，教育会希望从圣公、北长老、北浸礼、加拿大合一会、公理、南监理、基督会、归正等差会中募集 10300 元，占总数的 26.9%。⑥ 可见，从 1919 年开始，差会的捐款已成为教育会的重要收入来源。

前文已经谈到，为了贯彻巴敦调查报告，纽约社会宗教研究院从 1924 年开始，分三年每年拨款 12000 美元对教育会予以资助，这笔资金成为在书籍销售和协进会资助中断之后教育会的救命稻草，使得教育会可以充裕地利用这笔资金展开活动。如同委办会的拨款一样，社会宗教研究院的拨款也是分批进行的，每次资助额也不相等。1923—1924 年度，资助额是 9692.64 元，占总收入的 38.9%；⑦ 1924—1925 年度，资助额是 22602.88 元，占总收入的

---

① "Report of the Treasurer", *The Educational Review*, Vol. XI, No. 3, July, 1919.
② "Report of the Treasurer", *The Educational Review*, Vol. XIII, No. 3, July, 1921.
③ "Report of the Treasurer", *The Educational Review*, Vol. XV, No. 3, July, 1923.
④ "Report of the Treasurer", *The Educational Review*, Vol. XVI, No. 3, July, 1924.
⑤ "Report of the Treasurer", *The Educational Review*, Vol. XVII, No. 3, July, 1925.
⑥ "China Christian Educational Association Budget 1926-1927", *The Educational Review*, Vol. XVIII, No. 3, July, 1926.
⑦ "Report of the Treasurer", *The Educational Review*, Vol. XVI, No. 3, July, 1924.

50.7%;① 1925—1926 年度，没有统计数字，姑且以 12000 美元计算；1926—1927 年度预算，社会宗教研究院资助 24000 元，占总预算的 62.7%。② 所以，自从获得社会宗教研究院的资助之后，教育会风风光光地度过了三年，不仅可以满足日常所需，而且每年都有大笔结余，如 1924 年，结余 9793.91 元；1925 年，结余 18733.10 元。③

二　社会宗教研究院与自养危机

但社会宗教研究院的资助毕竟不是长久之计，只有三年之期，三年之后怎么办？这个问题很早就有人提了出来，1924 年 5 月资助刚刚开始，吴哲夫在向协进会第二届年会所提交的报告中就指出："研究院的捐款不是永久的，为使得本会已有的工作得以继续进行，本会必须从差会和其他途径获得经费。若本会的事业对于差会是有价值的，差会总该设法供给本会经费才是。"他希望基督教协进会能与教育会合作，提交一份联合的预算案，请求国内外的基督教团体资助。④ 吴哲夫此话既表达了对于基督教协进会中断对教育会的每年 1500 美元资助的不满，同时也提醒教育会不能扬扬自得，必须另寻财路。他把目标锁定在了西方差会的身上，所以就出现了前面所述在研究院不断加大资助的同时，教育会还在不断地争取西方差会的资助，以备不时之需。

在 1927 年 3 月的三年资助即将到期之际，1926 年的董事会年会提出："写信给英美有关传教团体，建议它们与社会宗教研究院接触，希望能获得新一轮的社会宗教研究院捐赠。"⑤ 考虑到中国基督教教育正遭受非基督教运动的冲击，假如中止对教育会的资助无疑是雪上加霜，在西方差会的游说之下，社会宗教研究院的资助到 1927 年 3

---

① "Report of the Treasurer", *The Educational Review*, Vol. XVII, No. 3, July, 1925.
② "China Christian Educational Association Budget 1926-1927", *The Educational Review*, Vol. XVIII, No. 3, July, 1926.
③ "Report of the Treasurer", *The Educational Review*, Vol. XVII, No. 3, July, 1925.
④ 《中华全国基督教协进会第二届年会报告》，上海市档案馆：U123—0—14，第 91 页。
⑤ "Resolutions of the General Board", *The Educational Review*, Vol. XVIII, No. 3, July, 1926.

月暂时并未中止,而是继续资助了两年。

但非基督教运动又是一把双刃剑,它在博取西方差会对中国基督教事业的同情之时,也极大地重创了美国民众对于中国基督教事业的信心,特别是1927年3月的"南京事件",迫使大批传教士离开传教地甚至回国,在美国人看来"中国如果不是崩溃,也至少是一个混乱的国家",于是对中国的兴趣和支持也随之减少,这在客观上影响了社会宗教研究院的决策。①

而此时的西方差会的传教政策也正在转变,1928年3月召开的耶路撒冷大会则指明了未来传教政策的重心是"本色"与"合一"。在教育方面,吴哲夫指出:"教育工作要从以前的以传教士为中心,转变为以教会为中心,整个中国的基督教教育事业要受本色教会的引导。"② 而在这之前,部分中国基督教学校已开始移交管理权与华人,向政府注册,以进入国家教育系统的形式实现教育上的本色化。在这种情况下,西方差会认为,既然差会主导的时代已经过去,中国将迎来本色教会主导的时代,那么中国也应该不再需要传教士以及西方的援助。③ 因而,差会政策的转变也影响了差会的拨款计划。

恰在此时,美国爆发了历史上最为严重的一次经济危机,在幕后支持社会宗教研究院的洛克菲勒财团也出现了财政紧缩的情况,不得不调整洛克菲勒基金会的全球资助计划。1929年1月,洛克菲勒基金会决定中止所有的海外资助活动,只保留一些研究计划,而由社会宗教研究院推行的海外研究工作则继续由其他团体代为进行,而且数额每年仅为2万—2.5万美元。④ 这就意味着社会宗教研究院的工作范围仅限于美国本土,对中国方面的资助势必中断。即使提出新的研究计划,也很难获得超过1万美元的资助,因为洛克菲勒基金会不太可能将所有的海外捐助资金放在中国。

---

① "Editorial Notes", *The Educational Review*, Vol. XXI, No. 1, January, 1929.
② Edward Wilson Wallace, "The Church and Education, the Standpoint of the Jerusalem Conference", *The Educational Review*, Vol. XX, No. 3, July, 1928.
③ "Editorial Notes", *The Educational Review*, Vol. XXI, No. 1, January, 1929.
④ "E. W. Wallace to H. C. Tsao (January 11, 1929)", RG004—088—1214。

第五章　中华基督教教育会与基督教教育国家化困境　　247

这个消息早在 1928 年 10 月就已经传开，当时正在美国的总干事吴哲夫就意识到社会宗教研究院的捐助可能会减少，但没有想到会突然中止，这将意味着教育会因为没有替代的资金而遭受沉重的打击。10 月 19 日，他在给正在教育会工作的执行干事赵运文的信中提到，他见到了社会宗教研究院的总干事费舍尔（Galen Fisher），费舍尔告诉他，不能确定研究院能否继续资助教育会，即使可以的话，也会减少到 9000 美元，且绝不会超过 1 万美元。费舍尔建议吴哲夫在 1929 年 1 月份的研究院董事会议当中提交新的争取资助的计划，在计划当中要含有教育会目前的财务报告以及未来的预算。费舍尔还建议吴哲夫提交在宗教教育方面的计划以增强对研究院的吸引力，因为研究院目前更为关注具体的研究工作，而不是促进计划。①

消息传出之后，在美国的吴哲夫和在上海的赵运文分头开展工作，为 1929 年 1 月的会议争取最后的希望。赵运文一边拟订新的争取计划，一边向华人开展工作，寻求资助。1928 年 11 月，赵运文通过朱经农的关系向商务印书馆寻求 1000 元的资助，赵认为争取华人资助不仅可以解决经费问题，还可以华人参与资助证明教育会的价值，以提高在研究院的胜算。② 1928 年 12 月 28 日，赵运文给社会宗教研究院写了一封长信，阐述了教育会下一年的工作计划和寻求资助的理由。他说："经过美国各大差会和教会学校方面的长期支持，以及相关人员的不懈努力，本会现在已植根于基督教事业当中，并越来越为中国的基督教学校所需要，因此，本会的工作也在不断地进步。目前各级各类学校都在努力地去研究解决新时期中国社会所面临的复杂问题，本会也对宗教教育、高等教育和农业教育等领域的问题感到迫切的需要研究。""在社会宗教研究院的资助之下，教育会能够按照巴敦调查团所规划的那样，开展了很多的工作，并促进相关的差会团体、中国教会和信徒个人去支持教育会的工作。目前，教育会的工作每年需要 24000 元，这大部分是作为职员的薪水。这些甚至不能满足各地分会的工作需求，对于以解决各类问题而言的科学研究工作，

---

① "E. W. Wallace to H. C. Tsao（October 19, 1928）", RG004—086—1127。
② "H. C. Tsao to E. W. Wallace（November 24, 1928）", RG004—087—1176。

如高等教育、宗教教育和乡村教育来说就更显得少。如果没有你们研究院的资金和精神上的支持,教育会将难以开展具体的研究和调查。"他认为,在目前由于基督教学校管理上的重组,教育会将比以前需要更多的支持。随着新的董事会设立,以及新的华人校长和领袖的出现,教育会要为他们提供更多的服务,比如草拟新章程,准备向政府注册,交流新的管理问题的经验,特别是与差会、大学董事会、设立人会和赞助人的关系等方面都需要教育会的参与。作为基督教教育界的代表,教育会还负有与政府联系,将政府的法令传达给基督教教育界;向中国公众做宣传,转变他们对于基督教教育的态度,消除偏见和误解等工作。他说:"目前教育会有两项研究工作正在进行:一是以葛德基为首的高等教育协作计划,计划已制订出来,但还需要完善。另外就是宗教教育工作,教育会所从事的调查、研究和经验交流工作,为各类学校所需要,教育会已经采取第一步的准备工作,还需要一些时间和精力才能完成。在这种情况下,如果中止资助,对于整个基督教教育事业都将是致命的打击。"于是赵运文提出,希望研究院能继续提供12000美元,约24000墨西哥元的资助,其中用于本会日常办公费用12000元,用于宗教教育研究计划的8500元,用于高等教育协作计划的3500元。①

在信中,他还向研究院提交了一份教育会1929—1930年度的最低预算(见表5—3)。②

表5—3　　　　　　　　1929—1930年度教育会最低预算

收入		支出		
社会宗教研究院	24000	干事薪水	华人	6000
			西人	18000

---

① "H. C. Tsao to the Board of Trustees of The Institute of Social and Religious Research (December 28, 1928)", RG004—087—1200、1201。
② "A Minimum Budget for 1929-1930", RG004—087—1202,单位均为墨西哥元。

续表

收入		支出	
拨款	18000	办公人员薪水	12000
目前差会捐款	3200	在中国差旅费	2000
其他差会捐款	1400	休假回国往返差旅费	2200
华人捐款	1300	办公费	5000
高等教育组会员费	1200	图书家具	300
固定资产利息	800	年会	3000
		印刷费	600
		永久基金和杂项	800
合计	49900	合计	49900

与之同时，吴哲夫也在一边争取差会方面的资助，一边撰写报告，准备提交给1月25日召开的研究院董事会议。1月8日，吴哲夫来信称他已争取到纽约中国基督教大学委员会的2000元资助，他认为一旦研究院中止资助，这笔资金可以应付高等教育组的工作。① 除此之外，他还一直打听研究院的消息，以便有针对性地采取措施。但1月11日，费舍尔的来信彻底粉碎了吴哲夫的期待。费舍尔在信中称，他已证实研究院已经决定从3月底完全中止对教育会的资助，他建议吴哲夫完成正在拟定的给研究社院的报告，包含未来五年的活动计划，然后提交给洛克菲勒的私人顾问，他认为洛克菲勒很可能或直接或通过其他组织，对研究院过去所支持的一系列工作继续提供资助。②

事已至此，吴哲夫别无选择，他在董事会召开之前，一边与董事会的重要成员，如麦克康纳尔、巴特菲尔德、巴敦、阿内特（Trevor Arnett）会谈，希望能留住一点机会。另一方面，他写信给赵运文要

---

① "E. W. Wallace to E. H. Gressy（January 8, 1929）"，RG004—088—1210。
② "E. W. Wallace to H. C. Tsao（January 11, 1929）"，RG004—088—1216。

求教育会尽快采取应对措施。他认为在目前情况下，教育会应一方面向差会和华人信徒寻求捐助，另一方面就是缩减开支。他认为缩减开支不能破坏教育会正常的工作，主要是缩减一些办公人员，但不能减少干事，甚至还要增加一名中小学教育干事。他还建议腾出一些房间用于出租，以扩大财源。①

1929年1月25日，研究院召开董事会议，吴哲夫向会议提交了报告。报告总结了过去五年教育会的工作，介绍了教育会正在进行的计划以及未来的新规划。他认为，在过去五年当中在研究院的资助之下，巴敦调查报告的很多措施得到了贯彻，华人领袖的地位也得到提高，基督教学校争取到了在国家教育系统中的私立地位，宗教教育也放在了更为满意的位置上。正因为如此，教育会的工作才有继续存在的价值并有进一步发展的潜力，目前正在进行的工作主要有：一是研究高等教育，近于完成。二是研究宗教教育的自愿方法。三是研究宗教教育的内容和材料。四是学校的基督化标准。五是继续研究小学教育方法。六是继续提供讨论基督教教育问题的平台。拟开展的新计划有：一是研究宗教自由问题，及其对学校的影响。二是研究宗教教育主日学。三是研究牧师培养状况和提高建议。四是研究乡村社会特别的教育需要。这些工作的开展都需要资金的投入。② 尽管这份报告写得全面具体，董事会还是否定了教育会的请求，中止之事无可挽回。

于是教育会按照既定的规划，一边扩大财源，一边紧缩开支。1929年1月18日，教育会执行委员会决定让吴哲夫继续待在美国，专门负责筹款。③ 教育会把希望寄托在几个大研究计划上，其制订了关于高等教育、宗教教育和乡村教育的研究计划各一份，其中高等教育方面需要资金5500元，教育会希望从差会那里获得2000元，从研

---

① "E. W. Wallace to H. C. Tsao (January 11, 1929)", RG004—088—1216、1217。

② "Summary of a Report of the China Chrisian Educational Association to the Institute of Social and Religious Research for the Year 1924-1929", RG004—090—0001、0002。

③ "H. C. Tsao to E. W. Wallace (January 18, 1929)", RG004—088—1223。根据RG004—088—1231吴哲夫给赵运文的信中透露，吴哲夫本想3月初在美国完婚，然后乘船返回中国。

究院获得3500元的资助；对于宗教教育方面，教育会需要资金14500元，其中差会6000元，研究院8500元；需要资金最多的是乡村教育，需要29500元，其中差会12000元，研究院17500元。① 此时，这是一个理想化的数字，实际上很难完成。

在社会宗教研究院决定拒绝继续资助之后，吴哲夫立即与担任世界宣教协会总干事的苑礼文进行商议寻求新的资助方式，他们与洛克菲勒的私人顾问阿波盖特（T. B. Appleget）联系，希望能得到洛克菲勒基金会的直接资助，结果还是被拒绝了。阿波盖特解释说："这一答复是根据其原则而定的，并不是对我们的工作目标缺乏同情。"② 尽管社会宗教研究院这边已没什么希望，但只要有什么消息，吴哲夫还是力求抓住。1月18日，有消息称，社会宗教研究院想资助两个大的计划，即高等教育和宗教教育，共计6000美元。③ 于是，吴哲夫向研究院提交了这两个专门计划的申请，但最终费舍尔证实研究院没有此意，无果而终。④

教育会之所以盯住研究院不放，是有教育会的战略考虑的。吴哲夫认为他们的最终目标是实现教育会的本色化，由外国人为主的团体转变为以华人为主，他说："我期待能继续为教育会服务，但我感到我们应该寻找一位华人执行干事，如果再拖延的话，我会感到我就是绊脚石。我想我应该在华人的领导下进行工作，我希望我能证明我不是一个难办的下属。"⑤ 既然要实现本色化，吴哲夫认为华人不仅要在管理上占主导地位，而且还要在经济上占主导地位，但在目前华人的资助却很少，所以吴哲夫认为教育会应力争洛克菲勒基金会的资助直到能够找到足够的华人资助。⑥ 他认为，在短期内教育会是不会有什么资金问题的，因为在银行还有足够的资金可以支持到1929年下

---

① "Research Budget 1929-1930"，RG004—090—0043—0046。
② "E. W. Wallace to H. C. Tsao（February 18, 1929）"，RG004—088—1243。
③ "E. W. Wallace to H. C. Tsao（January 28, 1929）"，RG004—088—1231。
④ "E. W. Wallace to H. C. Tsao（March 4, 1929）"，RG004—089—1267。
⑤ "E. W. Wallace to H. C. Tsao（January 11, 1929）"，RG004—088—1217。
⑥ "H. C. Tsao to E. W. Wallace（February 21, 1929）"，RG004—088—1248。

半年，但到 1929 年下半年是否能够找到华人资助却很难说，所以争取到研究院的资金就可以帮助教育会渡过难关，也是教育会实现本色战略的保障。

在争取社会宗教研究院的资金一次次受挫之后，吴哲夫将目标瞄准了差会。1929 年 3 月 8 日，在苑礼文的召集之下，世界宣教协会召开了各差会干事会议，主要就是解决教育会的财务问题。吴哲夫和苑礼文一致认为在目前情况下，教育会应该得到资助，他们所能采取的措施就是各差会重新制定预算方案，或者在预算外增加支出，或者通过差会进行特别的捐赠。① 吴哲夫认为在目前的情况下，教育会仍须进行缩减，因为差会本身的经济也比较紧张，如果不缩减而是一味扩张的话，差会也很难提供资助。② 因此，在这之前，由吴哲夫和苑礼文共同制定了一份 12000 元的预算案，提交给了纽约参考咨询委员会审议，然后再由参考咨询委员会转给差会落实。③ 在这之后，吴哲夫先后拜会了监理会女子传教会、圣公会、北浸信会女子传教会、卫理公会、监理会、美部会、长老会、中国基督教大学委员会等差会或组织的干事，希望他们或以资金或以人力对教育会提供帮助。成果也是明显的，监理会女子传教会决定派遣诺林来华为教育会服务；北监理会资助了 2000 元；中国基督教大学委员会捐助 2000 元；北浸信会女子传教会、美部会也打算在目前的基础上各增加 500 美元的资助；④而长老会也通过中国总会向教育会捐助 1400 元。⑤

这样，在美国所能做的工作都已经展开了，吴哲夫希望在国内也能寻找到 6000 元的华人捐助，但国内的情况比较糟糕。1929 年 2 月 9 日，教育会由刘湛恩、赵运文、罗炳生三人组成一个委员会，负责国内的教育会筹款和安排缩减工作。关于筹款，2 月 21 日，赵运文在

---

① "E. W. Wallace to H. C. Tsao（March 9, 1929）", RG004—089—1274。
② "E. W. Wallace to H. C. Tsao（March 4, 1929）", RG004—089—1267。
③ "E. W. Wallace to H. C. Tsao（March 9, 1929）", RG004—089—1274。
④ "E. W. Wallace to H. C. Tsao（March 4, 1929）", RG004—089—1278、1279。
⑤ "To China Council and the Mission in China（March 22, 1929）", 上海市档案馆：U110—0—67，第 29 页。

给吴哲夫的信中说道:"我们尝试从中国得到帮助,但这比较困难,估计很难超过 2000 元。"他说:教育会的章程规定个人会员年费 2 元,但这向来很少真正实施,即便实施这 2 元也仅够担负《教育季报》的费用,而团体会员则主要与各专门教育组和地方教育会联系,教育会难以从会员那边获取更多的收入。三人委员会还与教育部副部长吴雷川进行商议,希望能获得教育部的帮助,但吴雷川认为教育部从来没觉得有必要存在一个单独的基督教教育会,名为"基督教学校委员会"还差不多,予以拒绝。①

开源无门,教育会就想着如何节流。前文所述,赵运文曾提出过一份 49900 元的最低预算案,但在研究院中止资助之后,显然不太现实。1929 年 2 月,教育会又提出一个 25000 元的最低预算案,主要是华人总干事和办公人员的薪水。教育会认为办公人员至少要保留一名会计、一名英文速记员、一名英文打字员、一名中文速记员、一名中文打字员、一名杂工。为了减少办公面积,教育会决定与华东基督教教育会合作,一起办公。教育会还提出两个后备的极端方案:一个是教育会与基督教协进会合并;另一个是将预算压缩到 9000 元,将教育会恢复到 1924 年以前的状况甚至不设华人干事。② 执行委员会立即否决了这两个极端方案,认为教育会应至少保留 25000 元的预算。因为在执行委员会看来,尽管研究院撤资对教育会影响很大,但在目前银行尚有存款 5500 元、差会拨款 4000 元、高等教育组团体会员费 1200 元、中国基督教大学委员会拨款 4000 元,这些还是能够保证 1929 年度的基本预算,充其量 1929 年的董事会年会停开(通常年会需要 3000 元)。③

随后教育会通过了一份 29500 元的预算,这份预算分为基本预算和额外预算,基本预算是维持教育会日常运行的,额外预算是用来开展研究计划的。其中基本预算为 20700 元,具体情况如表 5—4 所示。

---

① "H. C. Tsao to E. W. Wallace (February 21, 1929)", RG004—088—1250。
② "H. C. Tsao to E. W. Wallace (February 21, 1929)", RG004—088—1249。
③ "Editorial Notes", *The Educational Review*, Vol. XXI, No. 3, July, 1929.

表 5—4　　　　　　　1929—1930 年度教育会最低预算

收入：（共计 15500）		支出：（共计 15500）		
北长老会	1400	干事薪水	赵运文	250
圣公会	800		缪秋笙	3000
华北公理会	1000		毕范宇	525
南监理会	1000	办公人员薪水		5844
基督会	200	差旅费		1000
华人捐助	1000	办公费		2755
吴哲夫筹款	3000	会议、娱乐		500
高等教育组上交	800	出版		200
定期存款利息	800	医疗		65
上年度结余	5500	其他		361
		结余		1000

资料来源："China Christian Educational Association Tentative Budget 1929—1930"，RG004—089—1290。

再加上高等教育组的专门预算（从略）5200 元，正好是 20700 元。吴哲夫认为就 1929—1930 年度而言，基本预算是能够保证的，但额外预算就比较困难，这就使得教育会拟开展的一些研究计划难以进行。①

最终，由于应对及时，在中外人士的共同努力之下，1929—1930年度，教育会的总收入达到了 42247 元，尚有结余 9930 元，超出了人们的想象，也化解了这场危机。其中英美差会组织捐助了 21393.71 元，其中包括社会宗教研究院的 2241.15 元和浸信会提供给葛德基的 2875 元薪水。高等教育组收入 11089.33 元，这主要得益于开展高等教育协作计划，这在后文会再做介绍。②

---

① "Editorial Notes", *The Educational Review*, Vol. XXI, No. 3, July, 1929.
② "Statement of Receipts and Payments", *The Educational Review*, Vol. XXII, No. 3, July, 1930.

危机虽然是被化解了，但仍存在不少的隐患。其一，从账目上看，此时教育会最为主要的收入来源是差会的捐助，而差会的捐助不是固定的，一旦出现变故，势必又会酿成新的危机。而这种情况极有可能在教育会身上重演，在1929年之前差会的捐款从未超过1万元，而1929—1930年度则猛增至2万多元，这与吴哲夫筹款有密切关系，而吴哲夫的个人能力也为筹款增添了不少的筹码。1928年2月8日，时任中国基督教大学委员会的总干事加赛德在给葛德基的信中提到："吴哲夫是被证明能够获得差会兴趣和支持的人，而这些影响在当前来说是必不可少的。他已经获得了很多教育家的信任，如罗素、孟禄、伍利、巴特菲尔德等。他与很多大学的董事会都有密切联系，并成功地获得了他们所在差会和大学托事部的信任和支持。"① 因而，吴哲夫是向差会筹款的最佳人选。但1929年底，吴哲夫辞去了教育会的职务，回国出任加拿大多伦多大学维多利亚学院的院长。② 这样，教育会就少了筹款的顶梁柱，差会的捐助就难以保证了。其二，高等教育协作计划，由于各教会大学，特别是华东区的大学相持不下，此时也在走下坡路，是否还会有巨额资助提供给高等教育组，也难以保证。其三，教育会的最终目标是实现本色化，以华人捐助为主，实现自养，但就目前来看，距离"本色"的道路还有很长的距离，来自中国方面的捐助非常之少，而且还遭受政府方面的打压，在这种情况之下，教育会要想维持正常运转，势必依赖西方差会组织，愈依赖距离"本色"愈远，形成恶性循环。因此，从危机中刚刚恢复过来的教育会又面临着新的思索。

第二节 "合一"上的困境：一个流产的高等教育协作计划

一 开展协作计划的历史背景

伴随着在华传教事业的发展，从19世纪末开始，各差会开始兴

---

① "B. A. Garside to E. H. Gressy (February 8, 1928)", RG004—083—0939。
② "Editorial Notes", *The Educational Review*, Vol. XXII, No. 1, January, 1930.

办高等教育，1895年，具备高等教育层面的学校有6所；1905年有13所；1915年有21所；1925年有28所。而从学生数上来说1899—1900年度有127人；1910—1911年度有878人；1919—1920年度有1691人；1925年达到了4256人。① 这样的增长速度远远超出了差会的预期，使得部分差会为教会大学所累，被迫将很大精力投入教会大学当中，而无暇顾及其他宣教事业。有的差会更要同时支持好几所大学，如美以美会参与了7所大学、长老会参与了6所、浸礼会参与了4所、伦敦会4所，② 对这些差会来说负担更是沉重。在这种情况之下，一些差会开始尝试以合作或合并的形式办学，以提高效率，减轻负担。

1904年，长老会和浸礼会将同在山东的山东联合大学、郭罗培真书院和共合医道学堂合并而成山东新教大学。1906年，长老会和美国基督会将同在南京的益智书院和基督书院合并为宏育书院；1910年，宏育书院又与汇文书院合并为金陵大学。③ 1906年，由英国牛津、剑桥大学教授联合其他英美高校的代表发起了以汉口—武昌为中心的中国联合基督教大学建设计划，武汉地区的传教士表示赞成，而长江下游的传教士表示强烈反对。1907年传教士大会和1909年的教育会三年大会都认可了这一联合大学计划，1909年剑桥、牛津大学更是联合派出了以塞西尔主教（Lord William Cecil）为首的代表团来华以推动这一计划。但该计划遭到了不少的反对，反对者认为："第一，联合大学计划将损害现存大学的利益；第二，在中国这么广大的区域一所大学是不能满足全国需要的；第三，跨宗派的大学，如果不能与差会总部紧密联系，可能会散失基督教特性。"最终该计划因得

---

① William Purviance Fenn, *Christian Higher Educational in Changing China*, William B. Eerdmans Publishing Company, 1976, pp. 237-239; *The Christian College in The New China*, The Report of the Second Biennial Conference of Christian Colleges and Universities in China, Shanghai College, 1926, pp. 80-81.

② William Purviance Fenn, *Christian Higher Educational in Changing China*, William B. Eerdmans Publishing Company, 1976, p. 242.

③ [美] 卢茨：《中国教会大学史》，曾钜生译，浙江教育出版社1987年版，第506—509页。

不到差会的支持而作罢。① 这些举措显示，早在 20 世纪初，在中国的基督教高等教育领域就已经出现了协作的迹象。

1910 年，爱丁堡世界传教大学专门对中国高等教育协作问题提出建议："考虑到中国大学教育问题的重要性，委员会认为中华帝国地域辽阔，建立一所中心的基督教大学以服务全国并不符合实际，所以帝国最终需要在不同区域建立这种大学。很显然，同时在帝国不同区域建立这么多大学也是不符合实际的，而且委员会认为有必要保持几个真正出色的大学，因此，在目前也只能在有限的几个地区去尝试发展不同类型的大学。在帝国的任何一个大的区域，当时机成熟可以发展大学教育时，该地区的所有基督教力量都应联合起来共建一所大学。"② 按照当时的建议，中国的基督教大学中心有四个，即北京、南京、成都和福州。③ 爱丁堡大学所提倡的"合一"精神影响了所有宣教事业，此后，协作的意识继续存在于中国各教会大学之中，1916 年福州英华书院与格致书院、三一书院合并而为福建协和学院。1917 年原先由三校合并而成的山东基督教大学与济南学堂合并，成为新的山东基督教大学。1916 年，华北协和大学、华北协和神学院和汇文大学三校合并为新的汇文大学，1920 年华北协和女子大学也加入组成燕京大学。④ 但此时又成立了一些教会大学，使得中国教会大学总数并未减少，按照《中华归主》所统计的 1920 年的材料，当时正规的教会大学有 14 所，另外还有十四五所被列为大学的教会学校，如湖滨大学和华南女子大学等。⑤ 以此来看，1920 年，虽然部分差会通过合并的形式减少了一些教会大学，但总数仍然维持在 28 所左右，这一状况，距离爱丁堡大会所提倡的中心大学建设差距甚远。

所以，1920 年时，北美地区在中国兴办高等教育事业的各差会总部普遍感到中国教会大学规模如此之大，学生数量如此之多，使得

---

① *World Missionary Conference 1910*, *Report of Commission III*, *Education in Relation to The Christianisation of National Life*, Fleming H. Revell Company, 1910, pp. 108-109.

② Ibid., pp. 120-121.

③ [美] 卢茨：《中国教会大学史》，曾钜生译，浙江教育出版社 1987 年版，第 105 页。

④ 同上书，第 506—509 页。

⑤ 《中华归主》下卷，中国社会科学出版社 1987 年版，第 936 页。

它们在资金支持上面临沉重的负担。① 1920年，当年在华14所教会大学设备校产投资357.7万元；常年经费241.7万元，除去传教士的薪水，常年经费最低也得100.2万元。② 加上其他的10多所准教会大学，数目要远远超过这些。笔者尚未查到1920年各差会在华从事各类宣教活动的资金投入总数，但根据雷麦的《外人在华投资》一书所载：1914年美国各差会在华投资总额为1000万元，而1929—1930年美国各差会在华投资总额为2735.572万元。③ 笔者推断1920年前后投资总额大致在1500万—2000万元，就以2000万元计算，教会大学的资金投入也要占总投入的1/4。所以，1922年受差会派遣来华的巴敦调查团也在报告中提倡以协作的形式为差会分忧。

调查团认为："大凡公平无私之人无不承认，近来教会每年用于基督教高等教育之巨额金钱与人力，若就其结果比例之，殊不值得；倘将此项巨额之金钱与人力，重行支配用途，则基督教运动，必有更大之功效，而予中国人民更大之实惠。"而"改善之方法，乃在分配各校之作用，变更其性质，限制其事业，以求效率之增进；并不在乎停闭大学，铲除其根基也"④。调查团对高等教育提出了具体的建议："一、组织六个高等教育区，即华北、华东、华中、华南、华西、福建。二、每个区都要联合为一个整体，要么该区只有一所大学，要么数校联合组织评议委员会以最终合并为一所大学。三、中国基督教大学联合会或者中华基督教教育会的高等教育组要将各区的大学联系在一起，避免重复，尽一切所能增加效率、减少开支。四、要组织大学入学考试部，负责各区所有大学的考试。五、在纽约或伦敦组织联合的委员会或董事部在母国为各大学提供公共服务。六、大学课程四年，承接小学六年，中学六年，对于不适合入大学者提供特别预科一年。大学前两年为普通及预备课程，后两年为专业课程，根据不同学

---

① *The Correlated Program 1930 as adopted by the Council of Higher Education*, China Christian Educational Association, 1930, p.19.
② 《中华归主》下卷，中国社会科学出版社1987年版，第938页。
③ 雷麦：《外人在华投资》，蒋学楷等译，商务印书馆1959年版，第204、226页。
④ 罗炳生：《基督教高等教育之近状及当前的问题》，《中华基督教教育季刊》1926年10月第2卷第3期。

科的需要，专业课可延续一年或两年以上，但文学学士各科必须四年毕业。七、专业课面向所有男女学生开设，至于专科女子教育工作，或男女合校，或另开学校，或通过学区评议委员会与其他学校共同开设。"① 另外，调查团还对六个高等教育区分别提出详细的意见，以供各自区内协作参考。比如，调查团建议在华南和华西维持现有的一所大学；在华北由燕京大学和齐鲁大学合并，成为华北地区唯一的基督教大学，神学院两个地方都办，教育学院和医学院在济南，文理学院在北京；建议华东也成为一个独立的高等教育区域，包括圣约翰大学、金陵大学、金陵女子大学、东吴大学、之江大学、沪江大学、金陵神学院，并由各校派出三名代表组织董事部联合处理各校事务，最终组建华东联合大学；建议在华中建立一所宏大的基督教大学，地点应设在武昌，一切差会团体与教会大学都要协力共建此大学；对于福建，建议福建协和为这一地区唯一从事初级和高级学院工作的大学，高级学院只提供文科、教育和神学中的一种，华南女子大学则附属于福建协和大学。②

报告书提交给英美差会总部之后，总体上得到了总部的认可，但涉及具体的协作事项，各大学托事部以及背后支持的差会态度各异，凡是涉及增强各自学校的建议就受到了欢迎，凡是减少或调整的部分则受到冷遇。③ 例如，1924年武汉地区的文华、博文、博学三校合并为华中大学，但比设想的要小很多；华北地区的合并计划，得到了齐鲁大学董事会的原则批准，但被燕京大学董事会否决；福建地区的华南女子大学对协作计划不感兴趣，福建协和大学仍在进行理科的工作；等等。所以，1926年罗炳生在评价中国基督教高等教育的近况时指出："这四年的进步，并不算快。我们固然没有达到我们理想上的目标，就是事业上所能做的事，亦未尝做到。我们讨论总算极精

---

① *Christian Education in China: A Study Made by An Educational Commission Representing the Mission Boards and Societies Conducting Work in China*, New York: Committee of Reference and Counsel of the Foreign Mission Conference of North America, 1922, pp. 133-134.

② Ibid., pp. 124-133.

③ *The Correlated Program 1930 as adopted by the Council of Higher Education*, China Christian Educational Association, 1930, p. 19.

密,极透彻了,可惜只止于讨论。我们事上应有种种参考,总算征集得很丰富了,可惜只止于征集。"① 言下之意,对高等教育协作计划讨论得多,而实际进展得少。葛德基认为巴敦调查团的协作计划失败原因有三:"一是部分大学认为巴敦调查团是外来的组织,而拒绝接受他们的建议;二是巴敦调查团并未对中国的基督教高等教育状况进行彻底全面的研究,所得出的结论难以令人信服;三是调查团离开之后,并未有人留下来专门履行他们的建议,而造成建议留于纸上。"②

二 中华基督教教育会与高等教育协作计划

中国方面"只增强不减少"的态度,使得原本希望通过协作以减少开支的计划落空,而与之同时,受非基运动的影响,差会方面对华资助面临减少。在这种情况下,各差会以及大学托事部倍感开办如此众多的教会大学的压力。

早在1919年3月,刚诞生不久的燕京大学在北美的托事部就邀请其他一些基督教大学托事部的成员开会,商讨这些大学之间更为广泛的合作,在美国联合进行筹款宣传、联合制定预算以及联合管理财务的可能性。1920年5月,金陵大学托事部成员诺斯(Eric M. North)就首先提出一项协作计划,在协作的目标、内容与进程上都做了具体的规划。1922年10月,经过两年的协商,金陵大学、燕京大学、齐鲁大学、福建协和大学等四所由多宗派联合开办的大学在纽约设立了"中国联合大学中心办公室"(Central Office of Chinese Union Universities)。该办公室的工作职责有:第一,处理各成员托事部的行政事务;第二,处理有关托事部的财务事务;第三,为有关大学挑选教师;第四,为有关大学购运所需要的设备。③

1923年6月,北美地区15所大学托事部和部分差会的代表在纽

---

① 罗炳生:《基督教高等教育之近状及当前的问题》,《中华基督教教育季刊》1926年10月第2卷第3期。

② "The Reorganization of Christian Higher Education", *Council of Higher Education News Shee*, No. 3, June, 1928.

③ 刘天路:《中国基督教大学校董联合会与抗战时期的基督教大学》,载《基督教与中国文化丛刊》第6辑,湖北教育出版社2004年版,第188—189页。

约开会，讨论日益严重的教会大学财务问题，会议考虑组织一个"永久委员会"代表中国基督教大学托事部和差会总部去筹备、进行联合的划一经济征募和联合的划一计划。由于这个"永久委员会"是代表教会大学和差会行使事务，所以会议决定该计划要想成行，必须获得 2/3 以上的大学和差会同意。① 这个征求意见的过程持续了两年多，1925 年 4 月，在纽约进行的有传教士和华人教育家共同参加的关于中国基督教教育的会议中通过决议："为促进中国基督教高等教育的合作与提升，应尽早在北美成立永久委员会。"② 1925 年 10 月永久委员会（又名中国基督教高等教育协作与筹款常备委员会）在纽约正式成立，以司弼尔（Robert E. Speer）为主席，诺斯为总干事，当时加入的大学成员有岭南大学、福建协和大学、金陵女子大学、之江大学、华南女子大学、金陵大学、燕京大学、齐鲁大学、雅礼大学、燕京女子大学等 10 所。③

组织"永久委员会"的目的是解决教会大学的财务问题，也正因如此，它才能吸引教会大学的参与。1923 年 6 月的筹备会议通过决议："对于重大事务上，划一的经济培养必须以划一的经济程序与政策为根基，同时更须各学校依据其教育之责任与机会拟定联合的划一之方针。"1926 年 5 月，在"永久委员会"的第二次会议上，委员会就认为："本委员会更断定十六大学之联合征募，若其所采之程序与政策，如现在之漫无条理，则殊少成功之希望。一大部分之捐助，必由巨大之基金而来，各基金委员会当必要求明确保证各学校全体之事业并不重复，亦不互相竞争，且各校所定之程序，必永远为一完善的教育政策，方能酌量捐助。本委员会以为上述各事在今日尚难实

---

① 《考虑组织常备委员会之会议》，《中华基督教教育季刊》1927 年 3 月第 3 卷第 1 期。

② Chinese Christian Education, A Report of a Conference held in New York City, April 6th, 1925, Under the Joint Auspices of the International Missionary Council and the Foreign Missions Conference of North America, 25 Madison Avenue, NewYork, p. 102.

③ 《划一与促进中国基督教高等教育之常备委员会》，《中华基督教教育季刊》1927 年 3 月第 3 卷第 1 期。

现。"① 可见，从一开始组织"永久委员会"的目的就是解决经济问题，而解决经济问题的基础是制订协作计划。

但"永久委员会"是在美国纽约成立的，与巴敦调查团的状况相似，难免给人以外来组织的形象，所以，从一开始"永久委员会"就意识到这样一种协作计划和联合财务征募离不开中国方面的合作。1923年6月的筹备会议就有决议："本委员会对于基督教大学联合会及其他协作机关所表示之划一中国高等教育之目的与计划，深以为在中国办理高等教育之各董事部与各机关，必须实行通力合作，以促进其事业。"② 所以，1923年7月18日，纽约托事部中心办公室的总干事莫斯（Leslie Moss）给教育会总干事贾腓力写信，阐述了纽约方面试图启动联合筹款的计划，征求中国方面的意见。但贾腓力并没有及时回复，贾腓力希望在不久召开的南京基督教大学年会对此进行讨论。③ 1924年8月8日，莫斯在给教育会副总干事吴哲夫的信中再次表达了这样的意见："本国的至少一部分人强烈地希望和要求中国的基督教高等学校应迅速向美国差会总部提交协作的建议，考虑中美双方共同合作，推动中国基督教高等教育的进程。"④ 1926年5月的二次会议，永久委员会也有类似的表述："关于大学协作计划，本委员会认为目前进展甚微。各校虽有一些合作的迹象，但这些并不能改变全局。巴敦调查团亲自前往中国调查，制订协作计划，尚且不能获得成功，则本委员会的命运可想而知。所以本委员会深觉必须竭尽全力以应付目前所担负之问题，深愿征求中国教育界领袖之意见。"⑤

中国方面的反应也很积极。1924年2月，在金陵大学召开的基督教大学会议上通过决议，对纽约方面的协作倡议进行回应："1. 本会（指中国基督教高等教育联合会）赞成英美母国组建联合的委员会以进一步促进对中国基督教大学的兴趣。2. 本会应与该联合会建立更

---

① 《划一与促进中国基督教高等教育之常备委员会》，《中华基督教教育季刊》1927年3月第3卷第1期。
② 同上。
③ "E. W. Wallace to Leslie B. Moss（April 17, 1924）"，RG004—081—0844。
④ "Leslie B. Moss to E. W. Wallace（August 8, 1924）"，RG004—081—0848。
⑤ "The Reorganization of Christian Higher Education"，*Council of Higher Education News Sheet*, No. 3, June, 1928.

密切的合作，特别是有关财务方面的。"① 在会后不久，1924 年 4 月 17 日，吴哲夫给莫斯的信中表达了即将成立的中华基督教教育会高等教育组愿意在这个问题上与纽约方面进行合作。② 在永久委员会成立之后，1926 年 1 月 25 日，永久委员会的司弼尔和诺斯联合给葛德基来信，希望在中国组织一个团体，以与纽约永久委员会协作，高等教育组则立即主张由它与纽约合作，不必另组团体。③ 1926 年 2 月高等教育组召开会议，进一步对此进行回应："1. 对永久委员会的成立表示欢迎和赞赏。2. 关于联合筹款计划的问题，应由高等教育组统筹进行，而不是由赞成协作的 10 所大学分别进行。3. 将联合筹款计划在 7 月份的高等教育组会议上进行讨论，并要求本组干事去收集和提交制订此计划的材料。"④ 中国方面，特别是高等教育组的热情为永久委员会所察知，"本委员会深觉基督教高等教育参事会亟欲讨论中国各大学联合征募之可能性"。⑤

高等教育组为什么会有如此的热情？按照葛德基的解释，高等教育组认为启动任何一项重组计划，都应该由在中国的大学自己进行，它们有义务承担这种责任，而永久委员会的要求和它们对中国方面的无助，迫使高等教育组不得不采取行动。更为关键的是，协作计划势在必行，如果这些大学不被彻底地组织起来进行此项计划，母国差会有权自己开展协作计划，自己进行必要的财务调整，那样可能对中国的基督教大学更为不利。⑥ 所以，日后高等教育组就成为协作计划在中国的主要推动者，它将与在纽约的永久委员会共同筹划。而且一个在中国，一在美国；一个代表教会大学，一个代表差会的机构规划，

---

① "Report of Conference of Christian College and Univeisities, Nanking, 1924", *China Christian Educational Association Bulletin*, No. 3, 1924.

② "E. W. Wallace to Leslie B. Moss (April 17, 1924)", RG004—081—0844。

③ "Council of Higher Education, Comments on the Minutes by The Secretary of the Council", 上海市档案馆：U124—0—125, 第 61 页。

④ "Resolutions of the Council of Higher Education", *The Educational Review*, Vol. XVIII, No. 3, July, 1926.

⑤ 《划一与促进中国基督教高等教育之常备委员会》，《中华基督教教育季刊》1927 年 3 月第 3 卷第 1 期。

⑥ "The Reorganization of Christian Higher Education", *Council of Higher Education News Sheet*, No. 3, June, 1928.

比巴敦调查团更为高明。

1926年7月15—19日，高等教育组召开会议，就协作计划的问题进行了细致的讨论，最终形成了一系列如何实施的决议，现摘录如下：

> 议决：
>
> 34. 高等教育组应与在美国之永久委员会合作进行高等教育协作计划。
>
> 35. 由永久委员会负责进行的联合促进工作和筹款计划，必须根据中国基督教高等教育协作计划进行，而这项计划须由高等教育组拟定通过。
>
> 36. 上项协作计划经高等教育组通过后，凡愿意接受该计划所提出的各项建议的学校，才可加入联合促进工作和划一经济征募的大计划。
>
> 37. 为拟定此协作计划，应详细研究各大学的下列事业：各校在中国及外国之组成、地理位置及与基督教或其他教育机关的关系、学生来源、学生团体的分析、教育计划、现在达到的程度、学校的精神生活、经济效率、学校的特色、财源、华人信徒的赞助程度、服务的性质与范围、毕业生、未来计划、附属学校、经济需要、女子教育等。
>
> 38. 高等教育组干事应与吴哲夫、程湘帆、华美丽、安特生、伊理等五人所组成之委员会合作，收集各大学的重要资料，并将此重要资料交予中国咨议委员会。
>
> 39. 通告各基督教大学应尽早提供必要的资料。
>
> 40. 中国咨议委员会由颜福庆、李天禄、韦卓民、郝映青以及由上述四人公推之中国人士组成，公推人选必须通函征求高等教育组会员的意见。
>
> 41. 中国咨议委员会应根据第38条所收集到的材料，加以精确的研究，并就研究所得，依照下列各点，建议于高等教育组。A. 现在的基督教各大学对于中国基督教会、一般高等教育和人民之思想生活有何永久价值之贡献？B. 中国基督教会，对于高

等教育者有何种需要？教会学校能供给此种需要，至何种程度？C. 现在基督教大学之程序与计划，应否改变？如何改变？D. 管理权移交中国人后，此项计划受何影响？E. 各校的联合促进工作，应鼓励到何种程度？此项工作中应具何种目标？F. 在基督教高等教育的计划中，量的牺牲和质的增进应至若何程度？在此计划中，应否包含各种程度之学校？G. 基督教大学担任研究院事业，应至若何程度？

42. 请中国咨议委员会协同高等教育组干事、中华基督教教育会之总干事，拟定计划草案。

43. 请中华基督教教育会之执行委员会考虑上述计划，并允许其他各干事协助一切。

……

45. 此项高等教育协作计划应提交纽约永久委员会，请其同意。

……

47. 请高等教育组干事编制上项研究之经费预算，由高等教育组预算下支付，有不足之处请永久委员会协助，至必要时应请有关各学校分担。①

这些详细的计划，概略可以分为"征求、评断、草拟、审查、接受"五个步骤，即：

一、高等教育组干事与中华基督教教育会干事受同一委员会的指导，协力征求各项事实。

二、中国咨议委员会研究征得之事实，并广泛地评断何者为发展中国全部基督教高等教育之最善的计划。

三、中国咨议委员会然后与高等教育组之干事，及教育会干事等，依据上述评案，共同草定一报告。

---

① "Actions recommended by business committee, Correlated Program"，上海市档案馆：U124—0—125，第49—51页。

四、高等教育组应开一审查会，对于该计划经必需的修改后，即采用之。

五、凡接受此计划之学校，方可列入联合筹款计划之中。①

就此来看，协作计划的拟订完全是由在中国的高等教育组负责进行的，永久委员会只在两个层面参与到计划当中，一是计划能否通过要看永久委员会的态度，二是永久委员会提供必要的经费资助。

7月23日，高等教育组很快就将此次会议的详细内容提交给了纽约永久委员会，并希望永久委员会提供1000美元的资助。② 9月24日，永久委员会开会同意了高等教育组拟订的制订协作计划的步骤，但对于资助之事，认为在委员会掌握更为具体的预算和征求各委员的意见之前，做出承诺是不现实的。③ 1926年10月，永久委员会更是派出司弼尔主席来华，与高等教育组就合作的具体事宜进行沟通，司弼尔认为："西方差会界对于高等教育协作计划已经努力了20年之久，起初各校独自进行筹款，但现在发现困难倍增，于是他们集会讨论，共商解决良策。"他建议："一、中国的基督教教育事业应真正地通盘筹划，因为在母国看来，中国各基督教高等学校对于调查团的建议，无一付诸实施。二、一份不畏任何批评和尝试的陈述书必不可少，此陈述书应摆明事实，需要多少资金，不必隐约其辞。"④

在永久委员会批准了高等教育组的行动步骤之后，高等教育组立刻行动起来，首先就是对各基督教大学进行一次全面的调查。在这之前，中华基督教教育会已做过一些调查统计的工作，如吴哲夫的《中国基督教大学统计的报告》（1925），祈天锡的《大学之标准》（1924），葛德基的《中国大学之经济》（1924）、《伦敦之大学与华东之基督教高等教育》（1925）、《中国基督教高等教育之费用》（1926）、《华东

---

① "Council of Higher Education, Comments on the Minutes by The Secretary of the Council"，上海市档案馆：U124—0—125，第66页。

② "E. H. Gressy to Eric M. North (July 23, 1926)"，RG004—081—0854。

③ "Extracts from Minutes of the Permanent Committee for the Coordination and Promotion of Christian Higher Education in China"，上海市档案馆：U124—0—125，第35页。

④ "Conference with Dr. Robert E. Speer"，上海市档案馆：U124—0—125，第27—28页。

中学校标准》（与戚正成合作，1926）、《华东基督教各大学之报告》（1926）、《高等教育费用之研究》（1926）等，① 有这些材料为基础，再加上以葛德基为首的调查团队都是从事基督教教育领域的专家，所以，1927年1月，初步的调查结果就已经制定出来了。② 但由于北伐战争的原因，国内局势混乱，整个调查计划被迫推迟了，1927年8月，调查报告的第一部分才印制出来，随后提交各大学和永久委员会审议，经再次修改之后才正式公布，这一过程大致又持续了8个月，到1928年4月才最终定稿出版。③ 在这两年的时间里，葛德基等人对当时的在华26所基督教高等学校进行了全面的调查，包括9所大学、7所学院、4所神学院和6所医学院。最终的调查报告《中国基督教高等教育》，长达316页，共分10章，即"总论"、"文理学院"、"职业学校"、"研究院"、"基督教品格"、"关系"、"女子教育"、"校产设备"、"财务"、"未来计划"，还有160多个图表，系统全面地对中国基督教高等教育状况进行了总结，也成为制订协作计划的坚实基础。④

根据既定的步骤，调查工作完成之后就是中国咨议委员会工作的开始。按照高等教育组的决议，中国咨议委员会由颜福庆、李天禄、韦卓民、郝映青等四人，以及由以上四人公推的中国人士共同组成。事后经此四人商议，中国咨议委员会应由华人教会领袖、公办学校的华人教育家和教会大学的华人教育家共同组成。1926年10月，当时中国咨议委员会尚未成立，就提出了一份委员会成员建议名单：余日章、陶行知、曹云祥、赵紫宸、朱有渔、黄炎培、颜福庆、李天禄、韦卓民、郝映青。⑤ 受时局影响，调查报告一拖再拖，因之中国咨议委员会的成立也一拖再拖，1928年1月，高等教育组提出推举中国顾问7人组成中国顾问委员会，代替中国咨议委员会，其中4人必须

---

① "Council of Higher Education, Comments on the Minutes by The Secretary of the Council"，上海市档案馆：U124—0—125，第63页。

② "Report of the Secretary of the Council"，上海市档案馆：U124—0—125，第18页。

③ 同上书，第19页。

④ Earl Herbert Gressy, *Christian Higher Education in China, A Study for the Year 1925-1926*, China Christian Edcuational Association, 1928.

⑤ "Conference with Dr. Robert E. Speer"，上海市档案馆：U124—0—125，第28页。

为高等教育组的成员，此7人有权另请特约委员，共商进行办法。这7人是陈裕光、刘湛恩、杨永清、朱经农、颜福庆、陶行知和一名未定的女委员。① 后来高等教育组提名了8名成员，所以中国顾问委员会进一步扩大，由15名成员和12名顾问共同组成（见表5—5）。②

表5—5　　　　　　　　中国顾问委员会组成人员情况

成员		顾问	
陈裕光	金陵大学校长	诚静怡	中华全国基督教协进会总干事
朱经农	教育部官员	秦汾	北京大学理科学长
刘湛恩	沪江大学校长	格林尼	洛克菲勒基金会远东区副总干事
孔祥熙	工商部长	胡适	中国公学校长
陶行知	中华教育改进社总干事	李天禄	齐鲁大学校长
赵运文	中华基督教教育会执行干事	罗炳生	中华全国基督教协进会干事
杨永清	东吴大学校长	吴施德	美国圣公会汉口教区主教
颜福庆	北京协和医学院副校长	余日章	青年会总干事
王素仪	燕京大学教员	赵晋卿	上海中国总商会会员
张伯苓	南开大学校长	韦毂	上海教育局局长
曹云祥	清华大学前任校长	张凌高	华西协和大学副校长
钟荣光	岭南大学校长	周诒春	原清华大学校长
顾子仁	青年会副总干事		
林景润	福建协和大学校长		
葛德基	高等教育组干事		

---

① 《高等教育参事会之重要议决案》，《中华基督教教育季刊》1927年12月第3卷第4期。

② *A Correlated Program for Christian Higher Education in China*, Council of Higher Education, China Christian Educational Association, 1928, p. 28.

从 1928 年 1 月至 5 月，中国顾问委员会分为南北两区多次讨论了与协作计划相关的各项问题，7 月 5 日，调查报告出版之后，南北两区代表又聚在一起综合讨论，为时一周之久，最终形成了协作计划的基本意向。①

通过讨论，中国顾问委员会认为："一个全盘的协作计划必须要建立在可以实践的基础之上；要在学生数只能增长 37% 的情况下，尽可能地争取协作；还要建立一两个研究生和职业教育的中心，特别是在华东地区。"中国顾问委员会建议协作计划要按照英国的组织模式进行，特别是牛津—剑桥联合计划。但由于工作的繁重和资料的限制，没有提出一个详细的财务计划，只是提出了一份 800 万元的最低预算和 2700 万元的最高预算的建议方案。②

1928 年 7 月 13—21 日，高等教育组召开会议，中国顾问委员会正式提交了一份 17 页的建议计划，分为"总论"、"主要原则和标准"、"具体建议"、"财务"四个方面，中国顾问委员会认为："中国的基督教高等教育应作为一个整体来考虑，每一所大学都要成为整体计划的一部分，为实现共同的目标做出最大的贡献；在整体计划当中，每一所现存大学的基本利益都要得以保存。"③ 中国顾问委员会建议在全国建立华北、华东两个研究生教育中心；以及华北、华东、华南、华中、华西五个大学教育中心，这比巴敦调查团减少了一个，主要是将福建并入华南；另外就是要建立华东联合大学。④ 这一建议计划经高等教育组修正后通过，协作计划制订完成。

根据在这之前永久委员会与高等教育组达成的协议，制订协作计划的最终目标是联合筹款，所以高等教育组协作计划的完成才是双方合作的第一步，协作计划还要经过中国各大学董事会和美国托事部、差会的审议，在征求各方意见之后，经过修正，形成最终广泛接受的

---

① "The Reorganization of Christian Higher Education", *Council of Higher Education News Sheet*, No. 3, June, 1928.

② *The Correlated Program 1930 as adopted by the Council of Higher Education*, China Christian Educational Association, 1930, p. 21.

③ *A Correlated Program for Christian Higher Education in China*, Council of Higher Education, China Christian Educational Association, 1928, p. 19.

④ Ibid., pp. 9-17.

方案，才能成为联合筹款的依据。按照葛德基的估计，征求各方意见需要一到两年时间，重新修正也需要一到两年时间，所以联合筹款的出台至少要在两年之后，甚至更长。①

这显然不是永久委员会希望看到的结果，其希望越快越好。1928年1月，永久委员会更名为中国基督教大学委员会（Committee for Christian Colleges in China），它的新任总干事加赛德甚至认为协作计划只需现有加入中国基督教大学委员会的大学同意便可，而不必等待所有学校。所以，1928年3月7日，加赛德在给葛德基的信中就提出："我们完全认同协作计划应包括所有的大学，我们应制订完善的计划，并邀请所有的大学加入，但决定权在它们那儿，假如某些大学还是拒绝，我们该等待多久？"② 这与葛德基的想法正好相反，他认为协作计划应包括所有大学，因此需要多一些时间和精力。③ 在这之前，加赛德制订了一份协作计划的行程表，行程表显示中国基督教大学委员会希望在1929年1月就正式启动联合筹款事务。④ 中国基督教大学委员会为什么会如此急迫？这主要有两个原因：第一，中国的教会大学确实面临着严重的经济压力，1927年8月9日加赛德给吴哲夫、葛德基的一封信中就有讲道："在这个国家，负责为中国基督教大学提供经费资助的每个人都不得不意识到中国的基督教大学正面临着严重的困难，基本上每一所大学都在为寻找继续办学的资金而极力奋争。很明显，在未来的一到两年时间内，西方必须寻找到更多的支持，否则他们就面临着关门或缩减服务的危险。"⑤ 第二，在近东地区七所由美国势力开办的私立大学从1926年开始，也联合启动了一项1500万美元的筹款计划，该计划的实施极大地刺激了中国的基督教大学，使得在争取筹款方面面临着劲敌的挑战，所以永久委员会希望能够抢先进行。⑥

---

① "E. H. Gressy to Eric M. North (January 18, 1927)", RG004—082—0888。

② "B. A. Garside to E. H. Gressy (March 7, 1928)", RG004—084—0986。

③ "E. H. Gressy to B. A. Garside (February 10, 1928)", RG004—083—0949。

④ "Suggested Plan for Working out a Programme for the Coordination of Christian Higher Education in China", RG004—082—0926。

⑤ "B. A. Garside to E. W. Wallace (August 9, 1927)", RG004—082—0891。

⑥ "Report of the Secretary of the Council"，上海市档案馆：U124—0—125，第22页。

在这种情况之下,高等教育组做了两手的准备,一是对内的,征求各教会大学的意见;一是对外的,与中国基督教大学委员会沟通。在1928年7月的高等教育组会议上,就分别对此提出建议:

对内:1. 要求各大学将协作计划连同调查报告一起提交给教职员、董事会以及其他相关人士,以使他们更熟悉全盘计划,明白各自学校的位置。2. 要求各大学根据高等教育组的建议和标准拟定各自更为具体的计划,并在12月1日之前呈交高等教育组。3. 要求中国顾问委员会继续存在,直到最终的调整方案出台。4. 最终的方案拟于1929年初出台。5. 各大学董事会要接受最终的方案,具体细节由各校新组建的机构拟定。若有不同意见,各董事会可将其修改建议带入下次高等教育组会议审定。6. 建议高等教育组干事和顾问委员会成员走访各校董事会,帮助明晰全盘计划和各校的位置。7. 各校应根据试行的最低最高财务计划制订更为细致的财务计划。8. 高等教育组干事在必要时前往美国当面呈交此计划。①

对外:1. 将协作计划提交中国基督教大学委员会审议,但必须声明此计划在正式实施之前,必须获得中国各基督教大学董事会和英美托事部的通过。2. 要求吴哲夫在返美之后敦促中国基督教大学委员会尽快采取准备措施,争取到更多的学校加入。3. 该计划应等到足够多的学校加入才能实施,高等教育组有权决定时机是否成熟,最迟我们会在1929年8月的高等教育会议中提出。4. 建议永久委员会邀请所有那些尚未加入中国基督教大学联合托事部的大学参加会议,商讨协作计划。5. 要求中国基督教大学委员会进一步提供完善协作计划的资金,具体数目由高等教育组的执行委员会决定。②

由此可见,各基督教大学在协作计划的执行上,具有完全的自主

---

① *A Correlated Program for Christian Higher Education in China*, Council of Higher Education, China Christian Educational Association, 1928, pp. 50-51.
② Ibid., p. 51.

权,在中国的大学董事会和在美国的托事部分别是高等教育组和中国基督教大学委员会主要的工作对象,特别是托事部在基督教大学体制当中更是具有最终的决定权。在这种情况下,协作计划的工作中心从高等教育组转移到了中国基督教大学委员会。

在高等教育组制订协作计划期间,中国基督教大学委员会已经开始了与各基督教大学托事部和差会的沟通,特别是在1927年4月,教育会总干事吴哲夫回国休假之后,更是直接地推动这一沟通的进程。在前文曾提过吴哲夫是深为差会所信任的人,所以吴哲夫也早早将协作计划的希望寄托于各差会。1927年12月,吴哲夫在给葛德基的信中就提出希望能将协作计划提交给1928年1月10日亚特兰大北美海外传教大会,这样就可以让各差会集中地讨论协作计划,他认为一旦能够获得差会的认可,协作计划的前景将一片坦途。① 但由于后来协作计划被推迟,吴哲夫的建议未能实现。尽管如此,在亚特兰大会议期间以及会议之后,吴哲夫还是抓住一切的机会与各差会、托事部、教育家和慈善家接触,征求他们对协作计划的意见。而与之同时,中国基督教大学委员会也开始制订面向美国民众的联合筹款计划。②

1928年7月的高等教育组会议通过协作计划之后,吴哲夫被临时借调到纽约中国基督教大学委员会担任执行干事,利用此机会,吴哲夫主持召开了20余次大学委员会或下属委员会的会议,将协作计划的精神传达给了北美地区每一所大学托事部成员和部分差会,并获得他们的大致认可。③ 1928年11月,吴哲夫又前往英国,向英国差会解释协作计划,寻求支持。④ 至1929年初,决定支持协作计划的差会

---

① "E. W. Wallace to E. H. Gressy (December 6, 1927)", RG004—082—0914。

② "Suggested Plan for Working out a Programme for the Coordination of Christian Higher Education in China", RG004—082—0926。

③ *The Educational Review*, Vol. XXI, No. 3, July, 1929. 关于吴哲夫赴美工作的原因,1928年3月7日,加赛德在给葛德基的信中提到:一是个人原因,吴哲夫父亲此时在加拿大病重,使他待在美国照料起来比较方便;二是吴哲夫与美国教育家和差会的密切关系,为中国基督教大学委员会所看重。参见"B. A. Garside to E. H. Gressy (March 7, 1928)", RG004—084—0985。

④ "E. W. Wallace to E. H. Gressy (October 5, 1928)", RG004—086—1118。

和大学托事部有美国长老会、美国归正会、南监理会、美以美会、美国公理会、福建协和大学、金陵女子大学、之江大学、华南女子大学、岭南大学、金陵大学、齐鲁大学、华西协和大学、雅礼大学、燕京大学、湖滨大学、东吴大学等5个差会和12个加入联合托事部的大学，除了圣约翰大学、沪江大学、华中大学和信义大学之外。①

在此期间，中国基督教大学委员会下设了两个专门的委员会，一个是"教育咨询委员会"，主要负责评议协作计划的内容，由英美教育专家组成，以孟禄为主席，成员有巴特菲尔德、麦克康纳尔、贝特福德、罗素、伍利；另一个是"财务咨询委员会"，主要负责筹款事宜，由差会和大学托事部成员组成，以巴博（George C. Barber）为主席，成员有卡萨特（Paul C. Cassat）、迪芬德福（R. E. Diffendorfer）、贾巴尔（Sidney D. Gamble）、奥斯伯（Frederick Osborr）、索里（Samuel Thorne）、沃勒尔（Franklin H. Warner）。② 这两个委员会决定了纽约方面所应采取的一切行动。1929年4月12日，中国基督教大学委员会与"教育咨询委员会"、"财务咨询委员会"在纽约召开联席会议，通过决议："我们相信应该根据中国基督教高等教育协作计划在美国制定出联合筹款的方法，我们乐意也很迫切地希望与各方真诚合作促成此项联合筹款事务。"③ 当时所通过筹款总额是1500万美元。④ 但来自中国方面各教会大学的具体态度，特别是华东区，使得纽约方面的行动一再推迟。

三 中国基督教大学的反应

由于高等教育协作计划涉及所有在华基督教高等学校的切身利益，涉及高等教育资源的重新分配，也涉及各个学校的筹款事务，所

---

① *The Correlated Program 1930 as adopted by the Council of Higher Education*, China Christian Educational Association, 1930, p. 23.
② "The Committee for Christian Colleges in China", *Council of Higher Education News Sheet*, No. 4, July, 1929.
③ *The Correlated Program 1930 as adopted by the Council of Higher Education*, China Christian Educational Association, 1930, p. 23.
④ "Committee for Christian Colleges in China Votes for Joint Financial Campaign", *Council of Higher Education News Sheet*, No. 4, July, 1929.

以从一开始，这些学校都保持高度关注，试图在保持学校既有利益的基础上参与协作计划。也正因如此，它们对于成文的协作计划会有不同的反应。

1. 华北区

对华北，协作计划建议："燕京大学应办成一所具有700人规模的四年制文理科大学，注重教育、新闻、家政等文科专业和研究生教育，它的研究生招生规模是100人，包括一所神学研究院。"对于齐鲁大学，协作计划认为："齐鲁大学应办成具有200人规模的四年制文科大学，兴办满足村镇居民需要的职业课程，为华北、华东地区的基督徒和所有人群提供特有的服务，这包括培训教师、牧师、医生、护士以及其他的社会和宗教工作者，并在此试验解决村镇问题的方法。为落实对齐鲁大学的建议，所施行的一切农业工作都应该与金陵大学农学院建立联系。神学院应继续兴办，医学预科招生100人，医学院招收150人。"①

对此，燕京大学认为协作计划与燕大近年来的实际发展状况基本相符，随即表示赞成。② 而齐鲁大学各方对协作计划的反应存在差异。刚开始，无论是齐鲁大学的教师还是学生都对协作计划产生了误解，他们认为高等教育组的建议是要缩减齐鲁大学的工作范围，只培养乡村工作人员，而将学校原有的标准降低。③ 所以，1928年10月初，当参加高等教育组会议的齐鲁代表向齐鲁大学师生提交一份报告，建议接受高等教育组的建议，并拟定一份旨在服务乡村的全校必修课程，希望在全校范围内实施之时，由于担心添加新的必修课会增加学生负担，降低目前学校课程的标准，很多人极力反对。④ 为此，高等教育组专门派遣罗炳生前往齐鲁大学解释，消除疑虑。⑤ 最终，齐鲁

---

① *A Correlated Program for Christian Higher Education in China*, Council of Higher Education, China Christian Educational Association, 1928, p. 22.

② William Purviance Fenn, *Christian Higher Educational in Changing China*, William B. Eerdmans Publishing Company, 1976, p. 178.

③ "H. C. Tsao to E. W. Wallace (November 24, 1928)", RG004—087—1177。

④ "Shantung Christian University and Rural Education", *The Educational Review*, Vol. XXI, No. 1, January, 1929.

⑤ "H. C. Tsao to E. W. Wallace (November 1, 1928)", RG004—087—1151。

大学师生大多主张接受面向乡村的建议，但要对建议的具体细节进行调整。随后，齐鲁大学征求文理、医、神三个学院的意见，它们也认可了"在调整的基础上总体接受"的思路。1928年10月29日、11月6日，齐鲁大学校董会正式通过决议："本会总体上赞成协作计划中有关本校的建议，接受计划中有关现有的医生、护士、牧师、教师等职业规划应该继续并加强的建议，一些新的活动内容将会随着教师薪水和方法的改进而逐渐增加。只要资金允许，我们赞成学校设立乡村生活部，作为研究、试验和展示乡村生活的平台。我们建议文理学院尽快增设教育系，增强乡村教育学课程；社会学系要增加乡村社会学和乡村经济学课程。作为协作计划的一部分，我们建议要尽快增设家庭经济学系、公共医学系，神学院要增强乡村教会学系和宗教教育系的建设。"这些建议很快就为齐鲁大学设立人会所接受。①

齐鲁大学校董会的做法为纽约中国基督教大学委员会所认可，因为该会的重要人物加赛德、孟禄等人都主张齐鲁大学应成为乡村工作的中心。加赛德认为，齐鲁大学的进一步发展可以"通过文学院为乡村和小城镇提供领导者的方式实现专门化"。孟禄也认为："齐鲁大学应成为各类乡村工作专门人才的培养场所，包括教师、牧师、保健人员、农业专家和医师。为有效促进这类工作的开展，齐鲁应获得更多的帮助和投入。"② 但关键的问题是齐鲁大学的做法是在保持甚至是扩充现有学科的基础上去完成协作计划所建议的乡村构想，这与高等教育组所提倡的"缩减"、"合并"的初衷背道而驰。所以于1929年1月，葛德基在给孟禄的信中就指出："齐鲁目前仍存在的困难是文科院系坚持认为应在扩充现行文科计划的基础上才能开展农业计划，而我则认为现行的文科计划应该是调整而不是增加一个新的。"③孟禄则对此进行回应："齐鲁应制定一个渐进的实施方案，而不是大

---

① "Shantung Christian University and Rural Education", *The Educational Review*, Vol. XXI, No. 1, Jan, 1929.
② "B. A. Garside to E. H. Gressy (April 16, 1928)", RG004—084—1019。
③ "E. H. Gressy to Paul Monroe (January 16, 1929)", RG004—088—1221。

学院系的剧烈变动。"① 实际上是认同了葛德基的看法。

之所以出现高等教育组与齐鲁大学的分歧,是基于对齐鲁的现实考虑——经费不足。1929年1月孟禄、司徒雷登、葛德基、赵运文等人访问齐鲁大学,他们认为齐鲁目前最严重的问题是高级学院的资源不足,启动乡村工作需要资金2000美元,而在目前齐鲁根本拿不出。因资金的限制,齐鲁也难以聘请到合适的从事乡教工作的人员,司徒雷登曾提出可以让燕京大学的乡村教育专家福戈(Paul Fugh)为齐鲁服务,但齐鲁校长李天禄则认为齐鲁没有资金可以聘请到这样的专家。在这种情况下,赵运文建议齐鲁应增强它的中学和初级学院,从高中三年级开始设置选修课,使得它的学生可以接触教育、神学、医学等职业课程。葛德基甚至建议齐鲁的高级学院应削减一些院系。但李天禄认为如果齐鲁去增强它的初级学院,就没有什么可以去从事高级学院的工作了。② 可见,现实的原因直接影响到了教会大学对协作计划的贯彻落实程度,哪怕它们已经口头上认可了。

2. 华中区

对华中,协作计划建议:"华中地区的各大学应组建成一所联合的或中心联合的大学,拥有学生200人,开设少量商业管理方面的专业课程。涉及的相关大学有文华、博文、博学、雅礼、湖滨和信义。"③ 这一建议与华中地区各校的想法不谋而合,因为在这之前文华、博文、博学三所位于武汉的学校已于1924年合组了华中大学,只是由于差会背景和地理位置等因素使得雅礼、湖滨、信义三校被搁置下来。协作计划公布之后,雅礼协会立即表示总体上认可雅礼合并到华中的建议,但在具体细节,如进入华中的代表席位人数上尚有分歧。美国归正会在1928年10月的费城会议上,也讨论了湖滨合并到华中的问题,也主张湖滨合并到华中,并建议合并之后在雅礼的校址上开办联合中学,将湖滨的设备用于开办农业学校和师范学校。④

---

① "H. C. Tsao to E. W. Wallace (January 18, 1929)", RG004—088—1224。
② "H. C. Tsao to E. W. Wallace (January 18, 1929)", RG004—088—1224。
③ *A Correlated Program for Christian Higher Education in China*, Council of Higher Education, China Christian Educational Association, 1928, p. 24.
④ "E. W. Wallace to E. H. Gressy (October 5, 1928)", RG004—086—1122。

1928年11月，雅礼大学托事部正式通过了合并计划。同月，在得知美国方面的差会同意将雅礼、湖滨合并到华中的意见之后，在吴哲夫的积极沟通之下，英国的伦敦会和卫理公会两个支持的差会也同意加入。① 这样，除了信义大学之外，所有涉及华中大学的差会都同意了合并的建议，于1929年9月新的华中大学成立。

3. 华西区

对华西，协作计划建议："华西协和大学应该是一所四年制的大学，拥有学生300人，开设侧重于教育和乡村工作方面的专业课程，还要有一所神学院和一所100人的医学院。"② 由于华西协和大学是华西地区的唯一教会大学，不存在与其他学校合并的问题，这一建议也很适合该地区构建以华西协和大学为中心的大学建设计划，所以从一开始就得到华西协和大学校长毕启、副校长史德蔚，以及美国托事部的亚德等人的支持。③ 协作计划公布之后，1928年10月30日，华西协和大学托事部很快就同意了这一计划。

4. 华南区

对华南，协作计划建议："福建协和大学和华南女子大学应尽可能地密切合作，避免重复。两校应组成联合委员会研究合作的具体问题，并将结果在下次会议上公布。他们各自开设四年制的大学，拥有学生200人，以及少量职业课程，一种适合男生，一种适合女生。""岭南大学应办成四年制的文理学院，拥有学生400人，着重商业管理方面的专业课程。它还应在政府和其他资金渠道的帮助下，从事农业方面的职业工作，这些工作要与金陵大学农学院建立联系。"④

对此，福建协和大学托事部在1928年11月表示赞成协作计划，但要获得差会的批准，一些具体的问题还要与高等教育组协商。⑤

---

① "E. W. Wallace to E. H. Gressy（November 5, 1928）", RG004—087—1153。

② *A Correlated Program for Christian Higher Education in China*, Council of Higher Education, China Christian Educational Association, 1928, p. 24.

③ "Eric M. North to E. H. Gressy（June 4, 1926）", RG004—081—0851。

④ *A Correlated Program for Christian Higher Education in China*, Council of Higher Education, China Christian Educational Association, 1928, pp. 23-24.

⑤ "E. W. Wallace to E. H. Gressy（November 9, 1928）", RG004—087—1159。

这些具体的问题主要指的是在福建协和大学成立农学院一事，此事在协作计划中并未体现，所以福建协和大学非常不满，但又不能直接否定协作计划，因为一旦否定，就失去了合并华南女子大学的机会，这是一个两难的选择，最终是有条件地接受了。福建协和大学期待与华南女子大学组织联合委员会提出两校合并的方案，以在高等教育组的修正计划中体现。但华南女子大学在最后时刻因为担心合并会失去女子学院的特征，而否定了两校的合并方案，使得福建协和大学的如意算盘落空。① 以此来看，福建两校对于协作计划的心情是复杂的。

而岭南大学，由于其本身并不是严格意义上的教会大学，它的经费来源除了少量来自差会之外，很大一部分是来自政府拨款、华人信徒、本地士绅、华侨的捐助以及学生交纳的学杂费。例如，1927年岭南大学从广东省政府获得拨款10万元，1928年26万元，而1925—1926年差会给16所文科大学总共拨款20.9万元，所有的捐款包括传教士薪水在内才86.5万元。② 这一数字，很鲜明地指出了岭南大学在争取本地资源上的优势，所以它对于通过协作计划进行联合筹款之事，不如其他教会大学那么积极。1928年协作计划公布之后，岭南大学没有采取任何举措。③

5. 华东区

对华东，协作计划建议华东区各大学要重组为集中式的联合大学（Centralized federated University），这个联合大学又分为若干的中心和次中心。主中心设在上海，包括一所研究生院、专业学院和金陵、东吴、圣约翰、沪江、之江等校文理学院的高级部分。文理学院高级部分的联合可以是整个学院，也可以是学院的一部分，组成之后每所学院都可保持其独立性，包括学院的种类、名称、管理、教员、校园、教会、宗派风格和关系网络。主中心大学校园包括中心图书馆、实验

---

① William Purviance Fenn, *Christian Higher Educational in Changing China*, William B. Eerdmans Publishing Company, 1976, p.178.
② "E. H. Gressy to E. W. Wallace (October 30, 1928)", RG004—086—1145.
③ William Purviance Fenn, *Christian Higher Educational in Changing China*, William B. Eerdmans Publishing Company, 1976, p.178.

室、礼堂、行政楼、各专业学院和研究生院。与主校园相邻的是几所文理学院联合的校园。联合可以采用各成员单位组织议事会的形式进行，教学工作可以按一所大学进行，学生生活可以分开。次中心设在南京，金陵女子大学开设独立的四年制女子教育，而金陵则开设农学院和文理学院的初级部分。另外，在东吴、之江、圣约翰、沪江等校原址也形成其他的中心，开设文理学院的初级部分和高级中学。鉴于建设这么一所高度集中的联合大学需要一段时间，高等教育组建议：华东各大学可以按照华东基督教大学评议委员会的建议先行筹备；联合大学的议事会和董事会先行制订高级学院和研究生工作的协作计划；所有建筑物的建设要符合集中式联合大学的发展需要，除非经议事会评定不会损害集中式联合计划。①

这样一个全盘调整的计划，恰恰是在华东区这么一个经济发达、生源充足、学校众多、牵涉差会背景复杂的地区，所以，计划一经公布便在华东基督教教育界引起了不小的震动，反对之声四起。最先表态的是圣约翰和沪江大学，它们明确表示不欢迎这种集中式的联合。南京方面的金陵和金陵女子大学，态度不明确。公开表示支持的只有东吴和之江大学。② 在这种情况之下，高等教育组将希望寄托于纽约中国基督教大学委员会，希望纽约方面可以从中斡旋。

但纽约方面一开始就对这种集中式的联合产生了误解，其一直主张协作计划要在现有的基础之上进行联合，而华东的集中联合方式却是要对华东各校进行一个大迁徙大重组，甚至有建立新大学的迹象，这就使其非常担心，担心与制订协作计划的初衷南辕北辙。所以，1928年9月26日、10月3日，中国基督教大学委员会连续两次开会讨论华东问题，表示总体上赞同华东联合的思想，却又表示担心这么一个庞大的计划难以获得各大学的支持，特别是难以寻找到这笔庞大的资金。③ 按照估计光建立这么一个华东联合大学需要50万—100万

---

① *A Correlated Program for Christian Higher Education in China*, Council of Higher Education, China Christian Educational Association, 1928, pp. 22-23.
② "E. H. Gressy to E. W. Wallace (September 12, 1928)", RG004—086—1100。
③ "E. W. Wallace to E. H. Gressy (October 5, 1928)", RG004—086—1117。

美元的资金,① 这显然超出了基督教大学委员会的接受范围。因此,中国基督教大学委员会甚至主张回复到巴敦调查团的建议当中,各大学仍在原地开办,但要建立华东联合大学,组建华东联合大学董事会,寻找合适的办学地点,先行将各校研究生工作移植过去,待联合大学成熟之时,各校才考虑将整体搬迁过去。② 这实际上是想在各大学和高等教育组的协作计划之间寻找到一个折中的方案。

鉴于纽约方面的折中主张,以及纽约的建议对各基督教大学所能造成的实际影响,1928年10月30日,葛德基特意给纽约基督教大学委员会写信澄清高等教育组的主张。他在信中指出:"一、你们的委员会很自然想到要回复到巴敦调查团的建议当中,但调查团在报告中已明确表明华东地区最理想的方案就是我们目前所筹划的,只是由于资金问题,当时才没有付诸施行。二、沪江、东吴、金陵等校近年都在实行扩张计划,都需要相当数额的资金,如果这些学校仍是分开的,我们就没有办法限制它们。三、协作计划预计会使学生数增加37%,这就意味着华东地区将会增加550名学生,这比目前任何一所华东大学都要多,这就需要增加设备和资产投入。如果将这些学校集中在一起,就会比分散在4个城市的6个地点要有效率得多。四、自巴敦调查团之后,中国的形势出现了重要的变化。巴敦调查团主要是由外国人组成,所讨论的问题也主要是在外人管理之下或洋化色彩之下的,由此造成的结果是有关高等教育的计划为巴敦调查团和外国人所接受,但不一定能获得中国人的认同。但现在华人掌握了管理权,中国顾问委员会也更能了解中国公私立学校的发展状况。因此,高等教育组制定的华东方案更为符合中国实际。"③ 11月12日,葛德基再次给纽约基督教大学委员会的加赛德写信,指出:"华东区的协作方案主要分两步:一是组织华东联合大学;二是按照中国顾问委员会和高等教育组的意见,将原有的校园全部或部分地转移到一个新的地方。"④

---

① "E. W. Wallace to E. H. Gressy (October 5, 1928)", RG004—086—1121。
② "E. W. Wallace to E. H. Gressy (October 5, 1928)", RG004—086—1120。
③ "E. H. Gressy to E. W. Wallace (October 30, 1928)", RG004—086—1144、1145。
④ "E. H. Gressy to B. A. Garside (November 12, 1928)", RG004—087—1164。

对于葛德基的意见，纽约方面并没有直接的回应，加赛德后来给葛德基的信中对此做了解释："简而言之，每个人都认为无论是协作计划的原则和具体内容都应该来自中国而不是美国。每个人都在尽量避免通过书信、讨论或委员会决议等方式去使计划的制订出现两难，或是给予你压力，使得计划的制订按照美国方面的建议进行。但我们不得不面对的事实是：当协作计划在中国被接受之后，有必要对它进行仔细的研究，征求美国差会、教育家和捐助人的意见。不时的，我们会以非正式的方式谈到某些建议会被接受和不接受，但我们也尽力避免作总的陈述。我认为美国方面唯一可以对中国方面施加压力的地方就是鼓励形成一个更为完美的计划，而不用阐明进一步的计划在什么地方，除了传达一些信息，比如哪些可能会被西方社会所接受或反对。"① 按照他的说法，纽约认为中国方面的事务应由中国自己决定，纽约方面是不想以任何形式对中国的协作计划施加直接的影响。尽管加赛德如此解释，但由于纽约基督教大学委员会的特殊身份，他背后所代表的是大学托事部，是美国差会甚至是美国社会，是中国基督教大学的"太上皇"和"财神爷"，这就使得纽约方面所传达的任何一点点信息都对中国的基督教大学产生重要影响，这不是加赛德极力辩解所能避免得了的。

事实上，在纽约方面拒绝回应的同时，华东区的基督教大学自己却做了回应。到1928年11月，圣约翰大学董事会正式决定接受华东联合大学计划，但明确反对将文理学院的初级和高级分开的做法；沪江大学董事会也接受了联合大学计划，并选出了进入联合大学的沪江代表，但对于整个华东集中计划，要看新成立的华东联合大学董事会的意见；金陵和金陵女子大学没有发表任何声明，它们赞成联合大学计划，但对集中计划持保留意见，声称要等到联合大学董事会成立之后再做决定；东吴和之江则继续原来的主张，赞成整个计划。② 这样说来，所有大学都赞成葛德基计划的第一步——组建华东联合大学，然后由联合大学自己去决定进一步的集中事务。所以，葛德基迫不及

---

① "B. A. Garside to E. H. Gressy（May 13, 1929）", RG004—090—0004。
② "E. H. Gressy to B. A. Garside（November 12, 1928）", RG004—087—1164。

待地表示要在1928年底之前完成组建联合大学之事。①

正当中国方面暂时就联合计划达成一致，准备付诸实施之时，差会的因素开始显现出来，使得中国方面暂时的和谐天平被打破，联合计划又被推迟了几个月。华东区基督教大学涉及的差会达到17个，不同的差会有不同的差会策略，协调这些差会本身就很有难度，更不用说让部分差会为协作计划做出牺牲了。在这些差会当中，最重要的有三个：圣公会、浸信会和长老会，这些大的差会政策对于各自大学具有决定性的影响。圣公会，特别是圣约翰大学校长卜舫济在其中的影响力，使得圣公会方面对于集中计划持抵制的态度，特别是将文理学院一、二年级与三、四年级分开的做法。②卜舫济本人更是始终反对集中的联合计划，他曾公开承认他对华东联合比较悲观。③沪江虽然名义上通过了联合计划，但不久刘湛恩就收到南浸会的信件，明确反对联合大学，这使得他本人非常犹豫。④沪江大学董事会的四名浸信会代表也表示沪江应该在研究生教育等联合方面做出贡献，但这些单靠沪江是完成不了的，他们担心联合计划最终会走向合并。⑤而之前一直赞成整个华东联合计划的之江大学，在1929年初也收到南长老会的信件，表示沪江大学要按原有的方式进行，它不赞成注册、协作计划等一切改革措施，并准备向北长老会陈述它准备撤除一切改革计划。⑥

1928年12月，受差会和托事部的委托，"教育咨询委员会"的主席孟禄来华，他在华东各大学会议上就对华东区目前的做法进行了批评，他指出："无论是华东联合大学还是集中式联合的最初计划都是纸上谈兵，不会给美国的设立人和托事部构成吸引力。"⑦他提出另外一套思路，即把金陵大学除农学院之外整个搬迁到上海，名字改成"华东基督教大学"或"华东大学"；要求东吴提供它在上海的法

---

① "E. H. Gressy to E. W. Wallace (October 5, 1928)", RG004—086—1115。
② "E. H. Gressy to E. W. Wallace (March 7, 1929)", RG004—089—1272。
③ "E. W. Wallace to H. C. Tsao (September 18, 1928)", RG004—086—1105。
④ "E. H. Gressy to E. W. Wallace (February 21, 1929)", RG004—088—1253。
⑤ "E. W. Wallace to E. H. Gressy (October 19, 1928)", RG004—086—1128。
⑥ "E. H. Gressy to E. W. Wallace (March 7, 1929)", RG004—089—1273。
⑦ "H. C. Tsao to E. W. Wallace (January 18, 1929)", RG004—088—1223。

学院校园，使之成为新大学的一部分；让圣约翰大学负责新大学的医学院。他认为之江肯定会参与，就是沪江问题多些，可让其参与联合计划，办一个商学院、新闻学和教育学院。① 虽然多数华人同意孟禄的建议，但由于老校长包文、福开森等人的强烈反对，孟禄的建议没有获得金陵大学校董会的通过。② 包文表示，他并不是反对孟禄的意见，但前提是华东区的其他大学也都这么做。他还表示，目前的师资条件有限使得高级学院搬动比较困难。加上卜舫济表示圣约翰大学是不会考虑集中的联合计划的，孟禄的建议最终搁浅。③

这样，在部分差会的反对和孟禄的调解失败声中，华东的联合计划被再次推迟，因之整个协作计划和筹款计划都被推迟。1929年4月，纽约中国基督教大学委员会召开会议，孟禄代表"教育咨询委员会"提交了华东问题的报告，经审议之后，大学委员会最终表示："接受'教育咨询委员会'提交的'华东情况报告'，并指出华东问题的尽快解决是协作计划进一步前行的关键。""由于本委员会坚持华东大学的具体计划应由中国方面自己完成，所以本会没有在华东问题的解决备忘录中提出任何建议，而是将有关事实提交给高等教育组。"④ 1929年4月10日，财务咨询委员会通过决议：在获得参与协作计划的各大学、高等教育组、英美托事部、合作差会团体和由教育专家组成的"教育咨询委员会"普遍认可之前，联合筹款计划是不能启动的。1929年4月12日，又进一步提出："在目前我们不认为计划已经足够成型，可以提交给美国民众。我们认为在美国方面采取进一步行动之前，协作计划应得以修正和完善，并为相关学校所认可，这样才不致危害到我们后面的筹款活动。"⑤ 这样看来，华东问

---

① 转引自刘家峰《未竟之梦：华东联合大学始末》，载《基督教与中国社会文化——第一届国际年青学者研讨会论文集》，香港中文大学崇基学院宗教与中国社会研究中心2003年版，第152—153页。

② "E. H. Gressy to E. W. Wallace (January 16, 1929)", RG004—088—1219。

③ "H. C. Tsao to E. W. Wallace (January 18, 1929)", RG004—088—1223。

④ *The Correlated Program 1930 as adopted by the Council of Higher Education*, China Christian Educational Association, 1930, pp. 22-23.

⑤ "The Committee for Christian Colleges in China", *Council of Higher Education News Sheet*, No. 4, July, 1929.

题影响到了整个协作的进程，而且纽约方面把解决华东问题这个烫手的山芋又还给了高等教育组。

尽管华东计划被搁置了，但高等教育组寻求解决的努力并未中止，因为各个大学至少在成立华东联合大学这第一步计划上是一致的。从1929年3月开始，葛德基就在物色华东联合大学的校长人选，东吴大学是华东各大学当中唯一自始至终支持整个华东计划的学校，因之东吴大学校长杨永清是担任这一重要职务的最佳人选。但由于杨永清此时正在美国访问，葛德基表示一切要等到杨永清回国之后。① 1929年4月，杨永清回国，于是华东区的七所大学（包括金陵神学院）的代表在上海开会，决定在保持各校现有发展的基础上首先成立华东联合大学董事会，而成立联合大学之事由董事会再做决定。② 1929年4—7月，联合大学董事会多次集会，起草章程，拟订行动计划，并选举杨永清为校长、葛德基为副校长。③ 到1929年11月，华东各大学董事会也都表决同意组成联合大学董事会。④ 华东联合大学董事会的成立只是万里长征的第一步，而有关成立联合大学的师资、设备、校址、课程设置等实质性问题并未解决，这些得不到解决，董事会实际上也就是一个空壳。联合大学成立都成问题，就更谈不上集中式的联合了。

在纽约方面搁置、华东方面搁浅的双重阻力之下，1930年1月，高等教育组在经历了一系列的沟通与等待之后，通过了修正之后的新协作计划，因为在高等教育组看来，不能因为华东一区的难产而将整个计划流产。葛德基在当年2月14日给加赛德的信中就说道："华东地区的阻碍并不能阻止其他地区在协作上的进程，但协作计划的完成还是要等待华东地区。"⑤ 这样说来，新的协作计划是在搁置华东问题的争议的基础上建立的，那么这个新协作计划也当然是不完整的。

从1928年7月高等教育组通过最初的协作计划，到1930年1月

---

① "E. H. Gressy to E. W. Wallace (March 7, 1929)", RG004—089—1272。
② "E. H. Gressy to B. A. Garside (April 19, 1929)", RG004—089—1322。
③ "E. H. Gressy to B. A. Garside (July 18, 1929)", RG004—090—0030。
④ "Excerpts from Letter of Mr Gressy (November 7, 1929)", RG004—090—0041。
⑤ "E. H. Gressy to B. A. Garside (February 14, 1930)", RG004—091—0065。

的修正协作计划,一晃就让高等教育组等待了两年半,现在修正的协作计划仍然是不完整的,这就把难题摆在了高等教育组的面前,是继续等待,还是寻求美国方面干预? 高等教育组选择了后者,1929年11月7日,葛德基在给中国基督教大学委员会的信中说道:"我认为下一步就是我前往纽约,提交高等教育组通过的协作计划,以及各大学通过的决议。"① 因为葛德基深知只有美国差会的压力才能使华东各大学态度转变。

事实上,早在1928年的协作计划通过之后,葛德基就已经提出前往纽约基督教大学委员会解释整个协作计划,但遭到了纽约方面的阻止。因为纽约方面觉得没有必要,第一,纽约方面认为"如果葛德基觉得有必要来美的话就是对我们这边的工作不满意";第二,"高等教育组已经有吴哲夫在美了,由于经费紧张的原因,没有必要让两人都在这"②。但到了1930年初,吴哲夫已经离开美国,出任加拿大多伦多大学维多利亚学院院长,高等教育组已经无人在美进行协调了。而且从1929年下半年开始,美国经历了史上最严重的一次经济危机,各差会忙于本土事务,难以顾及其他。在这种情况下,葛德基赴美还有唤醒美国方面对协作计划重新关注之意。于是,在1930年4月,葛德基赴美,在中国的协作事务暂时停顿。③

按照先前高等教育组与中国基督教大学委员会达成的协议,最终的协作计划出台之后,紧接着就要就进行联合筹款,但这场席卷欧美的经济危机竟然持续了三年之久,到1932年才渐渐恢复元气。所以葛德基在美期间收获不大,筹款计划先是推迟,后来最终放弃了。这就使得协作计划失去了原有的价值,不能达到筹款的目的,各基督教大学自然不愿意去贯彻执行了。1931年秋,各差会开始减少对协作计划的经费资助,协作计划也就难以进一步开展了。高等教育组仍在继续努力,但由于得不到大学和差会的支持,它在基督教大学的协调与合作方面也就再也没能发挥什么效力,更不用说集中式联合,遏制

---

① "Excerpts from Letter of Mr Gressy (November 7, 1929)", RG004—090—0042。
② "B. A. Garside to E. W. Wallace (July 28, 1928)", RG004—085—1061。
③ "E. H. Gressy to B. A. Garside (February 14, 1930)", RG004—091—0065。

重复和竞争了。①

1932年美国差会派出"平信徒调查团"来华调查整个宣教事业，针对当时正处于煎熬之中的高等教育协作计划提出建议："我们赞成巴敦调查团有关协作计划的建议，鉴于目前的障碍被证明是难以逾越的，我们进一步建议在美国支持中国基督教大学的各差会团体要授权给一个专门的有资格的委员会，让它去代表所有团体去进行此计划，但前提是这种重组的设想要在国内产生影响。"② 鉴于此次平信徒调查团在美国社会的影响力，这项建议实际上也代表了美国社会对中国高等教育协作计划的普遍看法——主张按照巴敦调查团的建议进行协作，但能否协作要看协作计划能否打动这些差会。以此来看，差会方面并未完全放弃协作计划。与之同时，1932年纽约的中国基督教大学委员会改组为中国基督教大学校董联合会（Associate Board of Christian Colleges in China），而美国经济也开始复苏，这一切都将点燃高等教育组重拾协作计划的希望。

1932年7月，校董联合会通过决议要求上海地区的校长聚集在一起研究一份更为协作的计划，建议上海地区减少校园的数量。③ 同年11月，加赛德给葛德基来信希望高等教育组着重解决以下三个问题："1. 尽一切可能使得上海以外的大学立即施行协作计划，那些地区目前已经作了彻底的研究，并得到了中外人士的支持。2. 尽可能在不破坏其独立性的基础上，促使上海地区的大学研究出合适的协作方法。3. 向母国提供一切所需要的信息。"④ 以此说来，新成立的校董联合会在华东联合无望的情况下，希望缩小联合的范围，以上海联合代替华东联合，将整个协作计划分为上海和上海之外分别解决，这一思路是对华东各校的妥协，从现实考虑也比以前的整个华东集中式联合更容易落实。

---

① William Purviance Fenn, *Christian Higher Educational in Changing China*, William B. Eerdmans Publishing Company, 1976, p. 179.

② Qrville A. Petty, *Laymen's Foreign Missions Inquiry*, *Regional Reports of the Commission of Appraisal*, *China*, Vol. II, Supplementary Series Part One, Harper & Brothers Publishers, 1933, p. 145.

③ "E. H. Gressy to B. A. Garside (July 27, 1934)", RG005—096—0328。

④ "B. A. Garside to E. H. Gressy (November 14, 1932)", RG004—092—0150。

按照这一新的思路，1933 年 1 月，高等教育组召开会议，葛德基对协作计划进行了重新布置，他着重强调四点：一是在现有资源上的合作；二是与校董联合会合作；三是对具体的协作项目进行更彻底的研究；四是工作重心从制定转向运作。对于华东计划，主张废除华东联合大学的建设构想，而转以华东基督教大学联合会替代。①"现有资源上的合作"是巴敦调查团的观点，"与校董联合会合作"就是与华东妥协，"废除华东联合大学建设构想"就预示高等教育组前期工作的失败。这是一次全面反思的会议，也是一次妥协的会议，反思与妥协的结果竟然是回到十多年前的老路上，这是葛德基不得不面对的残酷现实。

1934 年 1 月，根据妥协的思路，高等教育组又推出了新修订的 1933—1938 年的五年协作计划。② 自此之后，葛德基及其高等教育组虽然继续存在，但对协作计划渐渐疏离了。1936 年 7 月，葛德基在给加赛德的信中说道："事实上，我在教育会是孤独一人，在过去的两年当中，为了维持教育会的继续存在和参与其他活动的关系，我们不得不令人诽谤地忽视了对大学的关注。"③ 这样看来，到 1934 年高等教育组为协作计划有系统的努力基本上已经结束了，此后一些零星的举措一直延续着，但再也没有新的计划问世，直至抗战爆发。

在此期间，一些基督教大学仍在通过不同的途径从事协作的尝试，但最终都以失败而告终。经过两年的尝试，校董联合会倡导的上海联合模式宣告失败。④ 根据新修正的协作计划，华东地区的研究生工作分为两个部分：一是金陵与金陵女子大学；二是之江、东吴、圣约翰、沪江，但因圣约翰此时尚未立案，所以没有同意。⑤ 1934 年 7 月，在东吴校长杨永清的提议之下，东吴、之江、沪江三校校长决定将东吴、之江两校的高级学院迁移到沪江与之合并，而东吴、之江原

---

① "E. H. Gressy to B. A. Garside (March 3, 1933) "，RG004—092—0166。
② *The Correlated Program for Christian Higher Education in China 1933-1938, as Revised by the Council of Higher Education*, Jan 19-20, 1934, China Christian Educational Association.
③ "E. H. Gressy to B. A. Garside (June 11, 1936) "，RG005—100—0553。
④ "E. H. Gressy to B. A. Garside (July 27, 1934) "，RG005—096—0328。
⑤ "Request to Mr. Selskar M. Gunn (July 25, 1934) "，RG005—096—0335。

有的校园设备用来开办高级中学和专科学校，预计三校高级学院的合并可以减少 33%—50% 的支出，而减少下来的部分就可以用于三校共同事业的发展。为此，他们联合请求洛克菲勒基金会的资助。① 葛德基也就此事专门给洛克菲勒基金会写信，希望洛克菲勒基金会能够满足三校的要求。② 1935 年 6 月，葛德基又给杨永清写信，建议他与穆德联系，因为穆德有很多途径可以争取到资金。③ 但最终都没有下文。

遇到挫折的不止华东地区，在燕京大学和岭南大学也是如此。燕京大学从协作计划一开始讨论就表明了自己的态度："支持一切旨在避免重复、提高高等教育效率的计划，而不愿在任何前提下与其他学校一起参与联合的学校管理和资金筹募。"④ 所以燕京赞成协作计划，但反对以协作计划作为联合筹款的基础。这一态度是基于燕京在中国基督教大学中的优势地位所言的，1922—1927 年，燕京的办学经费达到了 760 万元，其中新设备投入 360 万元，捐款 400 万元，这一数目是华东区六所大学的总和。⑤ 所以燕京反对联合筹款和联合学校管理是有自身的利益考量的。除燕京本身的利益考量之外，还有司徒雷登本人的权力考量，他不希望燕京过多地受到西方差会的控制，而如果实行协作计划，进行联合筹款就必然受差会制约。1933 年 1 月，司徒雷登与罗炳生会谈时，就建议取消协作计划，恢复到巴敦调查团之前的状况，他认为："所有教会大学的控制权已转交给了国外的部门，他们拥有全权，所有的资金都为他们所支配。"葛德基认为司徒雷登所指的是燕京近来的变化，燕京选举季理斐为副校长，长期待在纽约负责筹款，但季理斐不满于只负责财务，而是要求处理燕京在美国的一切事务，这让司徒雷登感到很愤怒。在葛德基看来，司徒雷登一直就在寻求更多的教育控制，希望减少差会控制燕大，而季理斐的

---

① "Request to Mr. Selskar M. Gunn（July 25, 1934）", RG005—096—0335。
② "E. H. Gressy to Selskar M. Gunn（July 27, 1934）", RG005—096—0332。
③ "E. H. Gressy to Y. C. Yang（June 21, 1935）", RG005—097—0430。
④ E. H. Gressy, "Criteria of Higher Educational Programs", RG004—095—0267。
⑤ "E. H. Gressy to E. W. Wallace（October 30, 1928）", RG004—086—1144。

做法无疑与司徒的愿望相悖。① 所以司徒雷登就以取消协作计划相制衡，使得差会方面的权力不会过大。

到了1934年，当一切协作计划的制订完成，正面临落实之际，燕京就提出："现有的联合向西方筹款的计划，从道德上不仅是无理由的，而且是无用的。在中国进行类似的努力将会破坏竞争，而且不太可能会有更多的支持。"司徒雷登说道："对这个问题的讨论已进行了十多年，在这段时间内，受经济和其他因素的影响，协作计划被讨论了一遍又一遍，很显然，再进一步调查和争论已没有必要。燕京的态度是各大学应通过组织有效的权威机构形成一个独立的、平等的基督教高等教育体系，以尽可能促进中国人民的福祉。如果各校仍保留自己不同的计划和独立的身份，协作计划就没有意义，进一步讨论也没有价值。"② 由此可见，燕京是反对联合筹款的，但又不想背负破坏协作计划的骂名，所以就拿协作计划向华东地区妥协开火，以达到中止协作计划、削减差会影响力的目的。

岭南大学在协作计划一开始就持保留意见，未采取任何措施。1930年修正之后的协作计划公布之后，岭南大学董事会的态度是："岭南校董会同意协作计划，但还应获得美国设立人会和托事部的认可，因为他们自己无法进行筹款活动。"③ 这本应是一个在中国基督教大学运作模式中司空见惯的决定，却因岭南大学的特殊性引起了一场争执。岭南并不是严格意义上的教会学校，它并不是哪个或哪几个差会所办的，而是由具有差会背景的独立个人所开办，除了差会提供资助之外，资金很大一部分是来自华人。所以在协作计划当中，要不要继续体现岭南的特殊性就摆在了面前。对此，中国基督教大学校董联合会的意见是："由于岭南大学在华人捐助上的特殊地位，协作计划必须申明岭南要扩大在中国和海外华人中的捐赠。"④ 这一额外的附加要求使得岭南要比其他学校承担更多的责任，与协作计划提倡的"平等原则"相违背，这是岭南大学校董会所不能接受的。岭南大学

---

① "E. H. Gressy to B. A. Garside (January 9, 1933)"，RG004—092—0130。
② E. H. Gressy，"Criteria of Higher Educational Programs"，RG004—095—0267、0268。
③ "E. H. Gressy to W. K. Chung (March 13, 1933)"，RG004—094—0249。
④ 同上。

校长钟荣光就提出:"我们不需要一个以纽约为中心的计划,而是要以中国为中心的计划。"① 高等教育组也不同意纽约方面的意见,他们提出:"岭南大学应与其他大学一样参与协作计划,包括未来的规划和财务。"② 所以,由于中美双方对于岭南的问题未能达成一致,使得岭南能否落实协作计划存在变数。在这种情况下,葛德基开始斡旋,1933年9月8日,他给钟荣光写信,希望岭南整体上加入协作计划,因为一旦岭南出现变数,将使整个协作计划功亏一篑。③ 对此,钟荣光没有直接回应,倒是岭南大学的校监香雅各(James M. Henry)告诉葛德基岭南大学董事会不想加入协作计划的真正原因是不想与差会发生过多的关系。④ 因为在他们看来高等教育组没有最终的决定权,纽约校董联合会才有修改协作计划的权力,他们担心高等教育组为纽约所约束,所以对于高等教育组的斡旋采取回避的态度。

除此之外,岭南也存在一个利益分配的问题,这是由农学院问题引起的。在1930年的协作计划中农学是以金陵大学农林科为中心的,到了1933年,高等教育组将岭南大学农学院加入进去成为两个可供考虑的方向。但1933年的纽约校董联合会却提出建议认为南京是唯一的中心,这就极大地限制了岭南在协作计划中的份额。⑤ 校董联合会一再对岭南做出不利的举措,使得岭南非常愤怒。因此,岭南校董会决定拒绝派出代表参加高等教育组有关农业问题的特别委员会,他们指出:"岭南并不反对在中国的协作,他们所担心的是高等教育组在财务上为纽约所控制。"⑥ 他们认为:"作为一个完全中国人的学校,他们不愿意加入一个由纽约控制的计划当中。"⑦

对于岭南的态度,加赛德在给葛德基的信中表示,纽约方面不愿

---

① "E. H. Gressy to B. A. Garside(March 3, 1933)", RG004—092—0166。
② "E. H. Gressy to W. K. Chung(March 13, 1933)", RG004—094—0249。
③ "E. H. Gressy to W. K. Chung(September 8, 1933)", RG004—094—0251。
④ "James M. Henry to E. H. Gressy(October 20, 1933)", RG004—094—0258。
⑤ "E. H. Gressy to B. A. Garside(February 16, 1934)", RG004—095—0290。
⑥ "E. H. Gressy to B. A. Garside(January 24, 1934)", RG004—095—0280。
⑦ "E. H. Gressy to B. A. Garside(February 16, 1934)", RG004—095—0290。

妥协。① 在岭南与纽约互不相让的情况下，高等教育组所能作为的空间不复存在，协作计划在岭南也搁浅了。

燕京与岭南为与纽约差会划清界限，而最终拒绝协作计划的做法，当然是由两校自身的利益决定的，因为二者在争取国内外资助上具有优势，它们不愿将这些优势与其他学校共享，这是一个权力的问题。而隐藏在权力的背后的却是基督教教育与中国社会关系的新变化，自1927年之后，各基督教大学（除了圣约翰）纷纷向政府注册，实现"国家化"。但"国家化"却是把双刃剑，它使得基督教大学获得更多的本地资源，特别是政府资源的同时，需要与差会斩断关系，至少要有斩断的迹象。燕京与岭南的做法就是如此，它们都已经向政府注册，因此，就必须做出已经"国家化"的姿态，向中国民众和政府摆出"中国化"的形象，以获取更为丰厚的本地资源，这要比差会给予的多得多，这是一种眼光，也是一种战略。从这个角度来看，协作计划乃是基督教大学在"差会"与"国家"之间进行选择的牺牲品。

1937年抗战爆发，为这些基督教大学提供了协作的外在条件。金陵大学将部分专业、金陵女子大学、东吴大学、之江大学等几所学校先后迁往上海公共租界的大陆商场，在战时的特殊条件下，它们与圣约翰、沪江开始了短暂但密切的合作。不久，金陵、金陵女子又迁往成都，剩下东吴、之江、沪江、圣约翰四所大学，在高等教育组的建议之下，它们组成了"上海联合大学"，共同开展四校工作。类似的情形也在华西地区出现，内迁的各基督教大学也都与华西协和大学开展协作，共渡难关。在抗战的大背景下，这些基督教大学自觉地实现了1933年纽约校董联合会的建议，但这个联合只是战时特殊条件下的产物，是形势所迫，并非出于这些大学的主观愿望，葛德基和基督教大学校董联合会都认为，一旦条件改善，他们还是愿意回到各自的校园，很难保持持久的联合。抗战胜利之后，各基督教大学返回各自的校园，各自开展独立的办学工作，葛德基的预言成为现实，战时短暂的协作宣告终结。在此期间，伦敦、纽约各方，特别是1945年9

---

① "B. A. Garside to E. H. Gressy (February 26, 1934)", RG004—095—0297。

月在校董联合会的基础上新组成的中国基督教大学联合董事会①也都提出新的协作方案，但都无果而终，高等教育协作计划终究成为一场未竟之梦。②

四 协作计划流产的原因分析

前后持续40年的高等教育协作计划，一波三折，最终是以失败而告终，个中缘由耐人寻味。以下对此进行总结。

第一，从运作机制上看，中国基督教高等教育的运作模式是差会以及差会主导下的大学教育，只有它们才是从事实际办学的实体，对此，葛德基曾有较为清楚的认识。他说："协作计划最难的是获得大学董事会的支持，只有获得他们的支持，协作计划才能进行。我认为高等教育组通过的协作计划在获得差会和大学的支持之前都是不确定的。"③高等教育组协作计划涉及高等教育组、永久委员会—中国基督教大学委员会—中国基督教大学校董联合会—中国基督教大学联合董事会、差会、基督教大学等相关各方，这些相关实体站在各自的立场，协调起来本身就是一件难事。中华基督教教育会的性质决定了高等教育组只有研究建议的功能，而没有贯彻执行的权力，高等教育组是计划的制订者和信息的传达者，纽约委员会是计划的决定者，差会和大学才是最终的落实者，所以就出现了高等教育组拟订了一个个计划方案，但结果是要么在纽约委员会那里搁浅，要么被差会和大学否决的状况。

第二，从开展动机上看，协作计划的主要目的是为了筹款，也正是在这一点上，各大学纷纷加入进来，都想分取一杯羹。为了筹款，

---

① 校董联合会一直存在，直到1950年3月全国大学院系调整后才正式解散，它的资产、债务和日常事务在此之前已经移交给了联合董事会。联合董事会的规模日益壮大，后随着一些东亚、东南亚的基督教大学相继加入，1955年改名为亚洲基督教高等教育联合董事会（United Board for Christian Higher Education in Asia），成为管理海外中国基督教大学遗留校产的唯一实体机构，直到今天它还继续存在着，在香港中文大学设有它的办事处。

② 刘家峰：《未竟之梦：华东联合大学始末》，载《基督教与中国社会文化——第一届国际年青学者研讨会论文集》，香港中文大学崇基学院宗教与中国社会研究中心2003年版，第157—162页。

③ "E. H. Gressy to B. A. Garside (February 10, 1928)", RG004—083—0949.

美方的要求是精简机构、提高效率，但各基督教大学立意相反，它们是要扩展，这与开展协作计划的根本宗旨是相悖的。所以就出现了一方面各大学同意协作计划，另一方面又按照原有的方式大行其道这种不一致的局面。1930年之后，当筹款之事无望时，不只是华东地区，就是其他地区的岭南、燕京也都群起反对。

第三，从人物关系和思想上看，高等教育组的协作计划是葛德基一手操办的，而他与纽约方面的关系远远不如吴哲夫，1928年协作计划出来之后，葛德基曾想前往美国亲自陈述，但遭到纽约的拒绝；1930年吴哲夫辞去纽约的工作之后，协作计划开始走下坡路，也是明证。而在思想上，葛德基倡导的协作计划，其根本是大学的标准化，这一思路与崇尚自由的美国教育是冲突的。吴哲夫曾给葛德基写信表示明确反对大学标准化，而崇尚大学的自由。[1] 持类似观点的还有孟禄，他也表示不希望看到某一个机构将很多基督教大学集中到一起，不希望干涉各个学校的个性，他主张大学应允许多样性，而不是标准化。[2] 这些思想上的差异，使得计划不太可能被广泛接受，也降低了计划的权威性。

第四，从计划的进程上看，协作计划最主要的阻力是在华东地区，为什么会如此？按照吴哲夫的解释："华东各大学自己冷淡，不愿意为具体的工作牺牲。"[3] 这实际上所反映的是在无私的传教事业背后，传教机构之间激烈的权力争夺。华东是中国最为富裕的地区，华东地区聚集了中国最多的基督教大学，同时华东地区的学校也以高昂的学费而著称，特别是圣约翰大学。葛德基曾说过华东地区的大学可以通过学费解决1/3甚至是一半的办学经费，但这样的数目在华东以外的地区很难达到，甚至只能达到1/8。[4] 而协作计划是个均衡分配的方案，是建立在教育标准化的基础之上的，只考虑教育发展，不考虑经济差异，所筹集的经费将很大部分分配给经费不足的大学，相比而言华东地区就分配得少。所以就出现了在富庶的华东地区，办学

---

[1] "E. W. Wallace to E. H. Gressy (February 11, 1928)", RG004—083—0957。
[2] "E. W. Wallace to E. H. Gressy (March 9, 1928)", RG004—084—0991。
[3] "E. W. Wallace to E. H. Gressy (January 29, 1929)", RG004—088—1233。
[4] "Editorial Notes", *The Educational Review*, Vol. XXII, No. 2, April, 1930.

经费充足，不想协作，而在其他地区，办学经费不足，很想协作的局面。这是本地资源上的差异，在国外资源上也是如此。按照葛德基的说法，到 20 世纪 30 年代，中国各基督教大学每年从北美地区获得的经费总数约有 100 万美元，但属于差会正常拨款的只有 49%，剩下的 51% 全靠捐助、基金或其他特殊来源，[①] 而在争夺这 51% 的资源上燕京、岭南、圣约翰等校具有优势。这种利益的分配不均，制约了华东、燕京、岭南等校对计划的热心。

第五，从基督教教育与中国社会的关系上看，此时正处于一个转型期，各基督教大学纷纷以立案注册的形式进入国家教育系统。进入国家就意味着将有更多的本地资源可以获得，但本地资源的获得要求基督教大学有"中国化"的形象，而协作计划却处处受制于纽约、受制于差会，所以就有人提出"我们不需要一个以纽约为中心的计划，而是要以中国为中心的计划"。这一提法，反映了人们要求协作计划体现中国特色，按照中国社会的意志拟定，但高等教育组显然难以做到。在这种情况下，各基督教大学通过拒绝协作计划，与西方差会划清界限，实质上也是在"西方"与"中国"之间做出了符合中国社会发展的清醒抉择。

以此说来，高等教育协作计划的失败是注定的，但通过协作计划却可以清楚地看到中华基督教教育会与基督教学校、差会的复杂关系。

对教育会而言，基督教学校是其重要的组成部分，教育会的存在离不开各学校的参与，但二者的关系却是以会员制的协作形式存在，并不具有行政上的上下级关系。因此，作为会员，学校有参与教育会日常活动的义务，但协作的形式使得双方没有形成一种契约关系，学校就有接受或拒绝教育会决策的权利。这种关系在协作计划一事当中明显地体现出来，教育会的高等教育组制订的协作计划无论是在制订的过程中，还是制订出来以后，都征求各基督教大学的意见，但基督教大学态度各异，或接受，或拒绝，或保留，最终协作计划没有被执行，高等教育组除了改善和劝说之外，基本上不能对各大学有所作

---

① E. H. Gressy, "The Present Status of the Correlated Program", *The Educational Review*, Vol. XXV, No. 1, January, 1933.

为，对各大学的政策有实质的影响，可见这种松散的会员制协作关系是没有约束力的。

对教育会而言，差会的影响力是无处不在的，教育会的主要成员是由差会派遣的，教育会的经费在一定时期内也是由各差会捐助的，教育会的重大决策也要得到差会的支持和认可，这是中国式的基督教学校运作模式所根本决定的。但差会的影响力大多是以整体的面貌出现在教育会之中，单一的差会是不愿意对教育会施加强势的影响的，因为这是一个跨宗派的组织，各派都要遵守约定俗成的规则，也正因如此教育会才会在中国存在这么久。比如1923年美国长老会中国总会提出要将吴哲夫的薪水从700美元增加为2000美元，但遭到美国长老会差会总部的反对，其给出的理由是："对于中国各差会的联合事业，我们一贯是不单方面采取行动的。"① 另外，对于教育会所倡导的一些重要活动需要差会支持时，教育会直接联系的往往是一些差会共组的团体，而不是单个差会，比如巴敦调查团一事，教育会是与北美海外传教大会参考与咨询委员会合力促成的；协作计划一事是教育会与纽约永久委员会合作的产物，无论是北美海外传教大会还是永久委员会都不是差会。但这两个团体背后的仍然是差会，教育会与之合作的任何决定都要逐一获得单个差会的认可。所以教育会与差会若即若离的复杂关系，使得教育会要想推行任何一项决定都不太容易。

因此，学校与差会是教育会的动力，没有它教育会就失去前行的基础；学校与差会也是教育会的锁链，正是因为有了它教育会才被束缚住了手脚。这种矛盾的、尴尬的关系笼罩在教育会的周围，笼子有多大，教育会就有多大，个中滋味只有教育会自身才能体会。

第三节　组织上的困境：1934年改组

一　改组的原因

社会宗教研究院的撤资造成了教育会经济上的困境，高等教育协

---

① "To the China Council and the Mission in China"，上海市档案馆：U110—0—57。

作计划的流产造成了教育会的威信下降,在此情况之下,教育会不得不重新思考它的存在方式,改组势在必行。与前两次改组有所不同,此次改组既是基督教教育事业面临转型的需要,也是教育会本身的危机迫使它不得不进行改组的无奈选择,其主要目标是"压缩"与"重建"。

就教育会的工作内容而言,受非基督教运动的影响,整个中国的基督教教育事业都面临着一个转型的问题,使它不得不面对如何处理与国家的关系问题。自1925年开始,基督教教育界进行了不少的讨论,自1927年开始,不少基督教学校也陆续开始采取行动,它们以私立的形式进入国家教育系统,取得了合法的地位。到了1934年,七年过去了,多数基督教学校已经注册,并实行自愿的宗教教育制度和宗教课程选修;所有的基督教学校都有华人管理者,而且在董事会当中华人占据多数。在这种情况之下,如何处理在国家教育系统内的基督教教育问题又成为整个基督教教育界面临的新课题。对于教育会而言也是如此,按照总干事缪秋笙的说法:"在前期内,本会主要工作为:一、提倡基督教学校的立案问题;二、促进国人多为基督教学校的行政人员;三、研究自由制的宗教教育实施;四、计划基督教高等教育的通力合作办法。几年来,本会同工切磋商榷,召集开会,函征意见,专诚拜访,无非为欲实现上述诸目标而已。现在且不问其成绩如何,但该项工作总算可告一段落。"[①] 以此可见,教育会在从事的工作上面临着转型。

就教育会的工作性质而言,尽管1922年改组中成立"董事会",使得教育会的工作效能有所提高,但始终是"研究"与"顾问"性质的,"只有研究建议的作用,究无立法实施的能力"。[②] 这与教育会这种团体的性质是分不开的,教育会就是一个自由组合、自愿加入的团体,对基督教学校没有任何行政上的隶属关系,这就使得教育会的工作效能始终不能得到保证,而探讨如何提高就成为永恒的话题。1934年1月,《教育季报》的总编就指出:"今天的教育会也需要一

---

① 缪秋笙:《本会改组会议》,《中华基督教教育季刊》1934年3月第10卷第1期。
② 程湘帆:《中华基督教教育会成立之经过》,《中华基督教教育季刊》1925年3月第1卷第1期。

个比以前的'顾问'与'协作'的性质更能发挥作用的董事会"①，实际上就是指出"董事会"工作效率仍然不高。因此，如何改组董事会就成为此次改组的重要目标。

就教育会的组织而言，前两次改组，无论是评议会还是董事会的制度设置，其基础都是地方教育会。但从1927年开始，除了华东教育会之外，多数地方教育会都处于停止或不活跃的状态，如河南教育会早在1925年年会上，中小学教育组就建议其取消，加入邻近的地方教育会，到了1926年年会时就正式取消了；② 湖南、山东、满洲、华西几个教育会因受时局的影响也一度停止；广东、福建、华中、华北几个教育会虽一直存在，但活动很少。在这种形势之下，总会的基础发生了动摇，工作难以开展，从1927—1933年这七年当中，教育会仅召开了两次年会。由此可见，地方分会的衰微直接影响了总会的正常运作，要想振兴总会势必要从重建地方教育会着手。

就教育会的财务状况而言，因受上文所述社会宗教研究院撤资的影响，教育会只得一方面缩小工作范围，另一方面寻求新的经济来源。至1933年底，受世界经济危机的持续影响，经济来源得不到保障，而教育会的工作范围也缩小到极致，在这种情况下，如何在保持教育会效率的前提下简化教育会的组织，就显得尤为必要。

由于以上这些原因，教育会不得不对今后的工作进行打算。1933年10月，执行委员会对改组的问题进行过一番讨论，最后决定于1934年1月16—18日召开正式的改组会议。③

二 改组与重建

1934年1月，会议如期召开，来自各差会组织，华东、华中、福建、广东四个分会，以及教育会的执行委员会人员等42人出席。经过三天的会议，他们认为"本会有继续存在的必要，惟其董事会则须重行改组，以振刷会的精神，增加会的力量"，他们还提出教育会今

---

① "Editorials", *The Educational Review*, Vol. XXVI, No. 1, January, 1934.
② "Field Reports", *The Educational Review*, Vol. XVIII, No. 3, July, 1926.
③ "Editorials", *The Educational Review*, Vol. XXVI, No. 1, January, 1934.

后工作的三点目标："一、完成基督教高等教育通力合作计划；二、充实基督教中等教育；三、力求更切实的基督化生活。"①

对于董事会，他们认为新的董事会应从各差会和教育会分组代表中共同选出，董事会每两年召开一次会议，董事会下属的执行委员会由 11 人组成，他们有权进行落实，这就从人员和制度上尽量保证教育会的工作效率。新的董事会构成如图 5—1 所示。

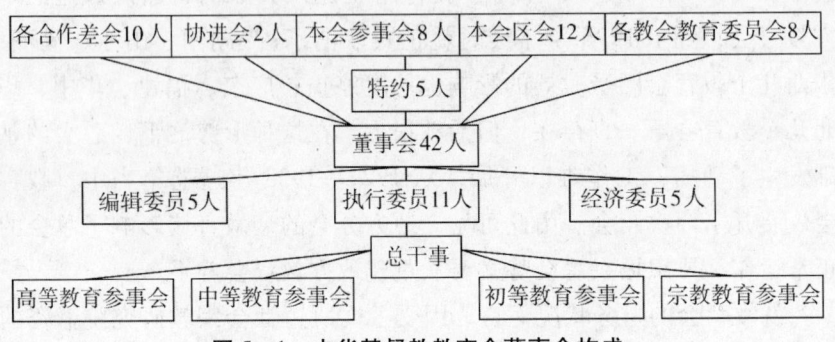

```
┌──────────┬────────┬──────────┬──────────┬──────────────┐
│各合作差会10人│协进会2人│本会参事会8人│本会区会12人│各教会教育委员会8人│
└──────────┴────────┴──────────┴──────────┴──────────────┘
                       │
                    特约5人
                       │
                    董事会42人
                       │
    ┌──────────┬──────────┬──────────┐
    │编辑委员5人│执行委员11人│经济委员5人│
    └──────────┴──────────┴──────────┘
                       │
                     总干事
                       │
┌──────────┬──────────┬──────────┬──────────┐
│高等教育参事会│中等教育参事会│初等教育参事会│宗教教育参事会│
└──────────┴──────────┴──────────┴──────────┘
```

图 5—1　中华基督教教育会董事会构成

资料来源：《中华基督教教育会改组会议纪录》，《中华基督教教育季刊》1934 年 3 月第 10 卷第 1 期。

由图 5—1 可知，相比以前的董事会 31 名成员，其中四个分组 19 名代表，差会特约代表不超过 12 人的人员配置，此次董事会的人员规模有所扩充，而且扩充的人员基本上全是差会的代表，可见此次改组着重于差会的参与性。而原有的教育会代表全部出自总会的四个组，现在的四组代表减少为 8 人，增加了地方代表 12 人，使得地方代表可以直接地参与到董事会的决策当中，而不仅仅是参加中小学教育组，其目的则是促进地方教育会的重建。

会议选举缪秋笙为总干事兼任宗教教育组干事，葛德基为高等教育组干事兼任中等教育组干事，这实际上将人员尽量精简。或许是人员太少，工作压力过大，1934 年 8 月，缪秋笙辞去了总干事的职务，只保留宗教教育干事，他将主要精力放在对神学院和教会大学培养教

---

① 缪秋笙：《本会改组会议》，《中华基督教教育季刊》1934 年 3 月第 10 卷第 1 期。

牧人员状况的调查上。① 此后的两年多，教育会的总干事一职就一直悬空，直到1936年底，教育会聘请了广州真光中学校长何荫棠为总干事兼任中等教育干事为止。② 在此期间，缪秋笙甚少过问教育会的日常事务，只有葛德基一人在唱独角戏。

对于财务问题，教育会看得非常清楚，"本会最大问题，还是经济。本会名虽为中华基督教教育会，而实际上本会的经费，还是依赖西方教会的挹注。用友邦的钱，来办国内教育事业，于情于理，总说不过去。何况西方经济问题，目今处于悲惨的景象，教会筹募日益艰难。"在这种情况下，他们认为"除决议暂时改组外，还希望与其他全国基督教机关，能作更进一步的，更澈底的，通盘筹划的改组"③。这种通盘筹划的改组指的就是与其他全国性的组织进行合并。事实上，这一问题早就有人提出，1929年，在社会宗教研究院撤资之后，教育会和协进会都收到英美差会有关两会经济上合作问题的来信，它们认为撤资给教育会造成了很多的困难，而两会合作，甚至是合并将大为缓解目前的经济窘境。两会为此还组织了联合委员会商议此事，但协进会认为目前两会合并不切实际也没有必要，因为教育会是一个由会员自愿组织的团体，成为一个正式的全国性教会机关的下属部门不太合适；而且当时协进会正在进行五年计划，需要扩展工作，在不能减少教育会人员的情况下，通过合并减少开支不太可能，最终未果。④ 但到了1934年，五年计划已经结束，这使得双方合并成为可能，教育会于是重提合并之事，以减少开支，并组织专门的委员会去具体落实，在教育会看来，这才是长久之计。

对于中等教育问题，教育会认为应加强中小学教育组的建设，并希望尽早寻找到专职的中等教育组干事。⑤ 在前期的四个分组当中，只成立了三个，其中以高等教育组与宗教教育组最为活跃，都有自己

---

① "News", *The Educational Review*, Vol. XXVI, No. 5, November, 1934.
② "Editorials", *The Educational Review*, Vol. XXVIII, No. 3, June, 1936.
③ 缪秋笙：《本会改组会议》，《中华基督教教育季刊》1934年3月第10卷第1期。
④ "The Bulletin of the National Christian Council, No. 34, November, 1929"，上海市档案馆：U123—0—127，第6页。
⑤ "Editorials", *The Educational Review*, Vol. XXVI, No. 2, April, 1934.

的专任干事,推行各自领域的研究计划。但中小学教育组却显得比较平淡,曾有两位中小学教育组的干事,但都不超过一年,在这种情况下,中小学教育组很难有所作为。究其原因,除了找不到合适的人选之外,最为重要的就是各地方教育会的式微,使得中小学教育组失去了存在的基础。1930 年,监理会的女传教士卢爱德(Ida Belle Lewis)接替吴哲夫出任教育会的外籍干事,其主要的工作就是编辑英文《教育季报》和重建小学教育。① 在她的努力之下,教育会于 1932 年 3 月正式出版了以小学教育问题为主旨的刊物《研究小学教育的通讯》,该刊是以特约小学教育专家以通讯的形式解答各项小学教育问题,为小学教师服务②,至 1937 年,共出版 6 卷 48 期,在小学教育界产生了一定的影响。除此而外,1933 年 2 月,小学教育组首先从中小学教育组当中独立出来,这使得中等教育组成了孤家寡人。因而,成立中等教育组,寻找中等教育干事就成为此次改组的重要目标。在改组之前,1933 年 4 月,教育会执行委员会就决定让高等教育组干事葛德基兼任中等教育执行干事,他的工作就包括了重建中等教育组。③ 1933 年下半年,葛德基前往北方地区,与各基督教中学进行交流,为重建做准备。④ 1934 年 4 月,当改组会议通过了加强中小学教育组建设的决议后不久,中等教育组就在上海召开成立会议,拟定章程。它由各地方教育会、各差会教育部、大学教育系和中学教员共同组成,执行干事仍然为葛德基。⑤

与重建中等教育组密切联系在一起的就是重建各地方教育会,改组会议认为地方教育会应该重建,并应得到加强。对此,葛德基认为:"教育会的作用发挥是通过地方分会人员访问具体的学校所建立起来的教育会与学校的关系,仅仅是接受决议并提出建议是不够的,必须有具体的人员前往不同的学校,并实际促成具体的事务,如果没

---

① *The Educational Review*, Vol. XXII, No. 3, July, 1930.
② 《研究小学教育的通讯》1932 年 8 月第 3—4 期合刊。
③ "Middle School Notes", *The Educational Review*, Vol. XXV, No. 2, April, 1933.
④ "Editorials", *The Educational Review*, Vol. XXVI, No. 1, January, 1934.
⑤ "Middle School Notes", *The Educational Review*, Vol. XXVI, No. 2, April, 1934.

有地方教育会，这种联系就很难建立起来。"① 而在当时的地方教育会当中，仅有华东教育会还在正常运作，其他教育会如华中、闽北、华北、华南教育会都不太活跃，华南教育会更是将它们的活动与岭南大学和广东基督教协进会放在一起。② 在这种形势下，教育会认为重建工作应首先从这几个不太活跃的地方教育会开始。由于中等教育会组与地方教育会的特殊关系，地方教育会的重建与中等教育组基本上同时展开，也主要是由葛德基负责进行。葛德基认为以前 11 个地方分会太多了，最理想的应是 5 个。③ 在他的努力之下，从 1934—1936 年之间，华北、福建、广东、华中四个分会相继重建④，1938 年华西教育会也得以重建。⑤

1936 年 1 月，教育会正式改名为"中华基督教教育协会"，英文名相应地改为"China Christian Educational Union"。在此之前，1935 年 12 月，《教育季刊》的编辑发行单位就已经改为"中华基督教教育协会"了。⑥ 关于此次改名的原因，缪秋笙说道："本会虽居于基督教教育界之领袖地位，而对于各校行政，则并不与问，仅以友谊关系相互协助。民国二十年一月七日，立法院通过教育会法，规定'教育会以研究教育事业发展地方教育为目的。'如此，'教育会'三字竟成法定名词；再就本会事工而论，虽亦以研究教育事业为前提，但并不以发展地方教育为目的。故本会之名义与实际，就今日政府新颁法令而观，似觉尚有欠缺之处。本会董事会干部同人审议至再，卒有今日再度更名'教育协会'之举，所以符功令，而含有进促全国基督教教育事业之意义焉。"⑦ 以此来看，教育会此次改名是出于政府

---

① "Council of Secondary Education"，*The Educational Review*，Vol. XXVI，No. 3，July，1934.

② "Editorials"，*The Educational Review*，Vol. XXVI，No. 2，April，1934.

③ "Middle School Notes"，*The Educational Review*，Vol. XXV，No. 2，April，1933.

④ "E. H. Gressy to W. C. Fairfield (May 5, 1936)"，RG005—099—0522。

⑤ "Reorganization of Szechuan Christion Educational Association"，*The Educational Review*，Vol. XXX，No. 4，Nov，1938.

⑥ 参见《中华基督教教育季刊》1935 年 12 月第 11 卷第 4 期。

⑦ 缪秋笙：《本会更名"教育协会"》，《中华基督教教育季刊》1936 年 3 月第 12 卷第 1 期。

法令的压力，教育会自觉自身"协作"性质与政府法令不符，主动更改，以向政府示好，其目的是希望向政府注册以获得政府的支持。

就整个改组来看，此次改组的重点在于压缩开支和人员，重建中等教育组和地方分会，这本身就是一个悖论，因为重建势必要增加开支和人手。尽管是一个两难的决定，教育会也试图去尝试。对于压缩开支，教育会希望与其他组织合并以减少开支，1936年更是主张向政府注册以获得政府的支持，但最终未果；而在人员上面，教育会本想压缩人员减少开支，但结果却造成了无人可用，董事会因此也一直未能组织起来。从这个角度来看，这次改组并未取得预期的效果。但从重建的角度来说，教育会却也部分地实现了预期的目标，比如它对今后的教育会的工作中心有了新的构想；它重建了中等教育组和部分地方分会，使得教育会出现了复苏的迹象，但此时的教育会所面对的是国家教育系统之下的基督教教育，可供它们有所作为的空间已经非常窄小。

所以，从整个进程来看，这次改组基本上是不成功的，它试图挽救教育会于垂死之间，教育会也的确因此出现过短暂的复苏。正当教育会准备重整旗鼓，恢复往日雄心伟志之时，突如其来的抗日战争重创了教育会的组织与活动，使得教育会不得不面临新的抉择。

第六章

抗战时期的中华基督教教育协会

抗日战争的爆发重创了中华基督教教育会的组织与活动，使其与其他文教机构一样经历了漫长的迁移过程。在此期间，教育会利用其沟通中西、沟通教俗的特殊性，组织人力与财力，从事中学救助、大学规划、宗教建设等活动来展现自己作为中国基督教教育领导者应尽的义务。战后教育会完成回迁与重建，踌躇满志以图东山再起，但无奈时过境迁，教育会步履维艰。

第一节 战时迁移

1937年7月，全面抗战爆发后，为躲避战火的纷扰，树立对国家忠诚的形象，不少的教会学校都选择了迁移。以1938—1939年度的基督教中学为例，在当年统计在册的196所基督教中学中，有96所经历过迁移，其中33所迁入上海租界、16所迁往四川、12所迁往中国香港、3所迁往中国澳门、4所迁往云南，另有28所在省内迁移。①迁移的主要方向有两个：一是后方；二是外国保护区。在上述的96所迁移中学当中，迁往外国保护区的48所，迁往后方的48所。中学如此，大学也一样，至1939年，13所新教大学中有11所经历了迁

---

① Kiang Wen-han, "The Educational Trek", *The China Christian Year Book 1938-1939*, p. 196.

移，其中迁往上海、香港两地的外国保护区5所，迁往后方的6所。① 于是战时的上海和华西成为中国基督教教育的中心，以上海为例，1939年上海集中了4所基督教大学，学生3333人，占全国的54%；40所基督教中学，学生7231人，占全国的15%。② 可见，基督教学校的特殊身份使得它们在选择办学地点和迁移方向上比国立学校占有优势，战时的上海租界成为基督教学校，乃至教会机构的云集之地。

抗战开始后，上海地区教会机关急忙将办公场所迁往公共租界，而中华基督教教育会的所在地——上海市圆明园路169号，就在靠近外滩的公共租界之内，教育会也因此逃过一劫，还如往常一样表面上平静地在租界内办公，尽管此时的租界已经越来越多地充满着彷徨甚至是绝望的气氛。此时的教育会刚经历过改组与调整，在组织上正积极筹建地方教育会，在工作上正密切与协进会、广学会、宗教教育促进会等教会机关合作推进学校宗教教育工作。③

此时的教育会仍然实行"董事会—执行委员会—地方分会"三级管理体制，但加大了差会、教会机关人员参与的比重。抗战爆发时，董事会曾一度保持活动，以福建协和大学校长林景润为主席，钟荣光、司徒雷登为副主席，黄溥为干事，富勒（G. V. Fuller）为司库。执行委员会是教育会的常设机构，由来自各基督教大学和教会机关的11名成员组成，执行委员会设总干事一名，并下设三个附属委员会，缪秋笙为总干事，三个附属委员会分别是高等教育委员会，以葛德基任总干事；中等教育委员会，以何荫棠任总干事、葛德基任副总干事；宗教教育委员会，以缪秋笙任总干事、诺林（Mabel R. Nowlin）

---

① 《全国基督教大中学迁移近况》，《中华基督教教育季刊》1940年3月第16卷第1期。这13所新教大学中，只有燕京和华西暂未迁移，沪江、东吴、圣约翰、之江迁往上海租界，岭南迁往香港，福建、华南迁往福建内陆，金陵、金女大、齐鲁迁往华西，华中迁往云南。

② 杨永清：《战后中国学校教育之动态》，《中华基督教教育季刊》1940年3月第16卷第1期。

③ Ching-Jun Lin, "Christian Educational in China", *The China Christian Year Book 1936-1937*, p. 219.

为副总干事。① 这三个附属委员会在战时，特别是"珍珠港事件"之前一直保持活动，除中等教育委员会干事何荫棠因战争阻隔难以到上海赴任，1938 年秋教育会另选原华东基督教教育会干事赵传家接任之外，② 这三个委员会的干事在战时都没有改变。1939 年，为促进战时基督教学校宗教教育工作的开展，促进教会学校校友参与教会事务，执行委员会又新设了两个下属的专门委员会，即中学宗教工作委员会和教会与校友关系促进委员会，分别聘请马鸿纲和吴高梓为干事。③ 这样，执行委员会的规模和业务开展在战时反而得到了进一步的充实。此外，执行委员会还设有三名海外联络干事，分别是贾腓力、罗炳生和吴哲夫，协助教育会在英美拓展业务。④

此时的地方教育会已有五个，华西正在教育会和四川基督教教育界人士的共同努力之下准备恢复。1938 年 7 月，四川基督教中等学校教育研究会在成都开会，除了讨论学校行政、教学、宗教教育等问题之外，与会代表认为在战时中国教育中心西移，各基督教学校宗教教育工作组织涣散的状况下，重新组织四川基督教教育会，以联络四川（包括西康）的基督教学校，共谋教育事业发展与改进尤为必要。⑤ 于是，会议推举张凌高、袁柏樵、杨重熙等 15 人组成执行委员会，聘请鲍文年为总干事，主持会务。四川基督教教育会恢复之后，积极开展活动，服务于教会学校、教会及地方，成为教育会及外界了解四川基督教教育事务的窗口。以 1939 年度为例，四川基督教教育会的工作就包括了拜访各地学校及教会、协助各校推进宗教教育、促进全川学校彼此联络、收集介绍各种书报及其他有关资料、举行年会

---

① "Directory of China Christian Educational Association", *The Educational Review*, Vol. XXIX, No. 4, November, 1937.

② C. C. Djao, "Program of Work for Council of Secondary Education of the C. C. E. A.", *The Chinese Recorder*, Vol. LXX, No. 10, October, 1939.

③ Chester S. Miao, "Christian Education in China", *The China Christian Year Book* 1938–1939, p. 219.

④ "Directory of China Christian Educational Association", *The Educational Review*, Vol. XXIX, No. 4, November, 1937.

⑤ Lettie A. Archer, "Reorganization of Szechuan Christian Educational Association", *The Educational Review*, Vol. XXX, No. 4, November, 1938.

及其他会议讨论各种教育问题、随时协助各校应付非常局面、征求个人会员、推行本会文字事业、刊印《华西教育》月刊和《儿童》半月刊、协助四川基督教协进会主办的基督教精神总动员运动、调查康陕滇黔四省的基督教教育状况等十余项内容。①

除了四川之外，其他的几个分会在抗战初期也十分活跃，特别是华东、福建和广东。华东教育会在其干事赵传家的领导之下，于华东沦陷区开展征求会员、通传各校消息、刊印《华东教育》月刊、举办教师进修会、协助各校举办合作事业、组织小学教师研究会、协助救济工作、联络其他团体、办理团体及个人委托事项等工作。② 福建教育会则在邱道根的带领下，积极从事协助各校宗教活动、协助各校增进效率、协助各校解决难题、举办会议、访问学校、刊印《教育讯息》、协助各校指导毕业生升学就业、收集介绍各校优良行政及教学方法、办理学生救济、协助闽北基督教学生联合会事务、联络上海总会及各地分会、编制各种图表报告、办理日常及各校委托事项。③ 广东教育会则主要从事推动征求荣誉军人服务人员工作、推动节约建国储蓄金运动学校组工作、举行联校礼拜、教师进修班、示范教学、举办宗教教育同工座谈会、行政分组讨论会、中小学校长座谈会、训导工作人员座谈会、有系统的宗教演讲、设立宗教图书室、组织各科教学问题研究会、介绍教学名著、各校教职员人数调查、各校宗教课程课本及宗教教育实施计划调查、协助学生救济委员会、协助中华全国基督教协进会香港办事处办理一切事务。④ 可见，在抗战初期，尽管各地遭受战火的威胁，地方教育会的活动仍在有条不紊地进行着，但随着战争的不断推进，这些地方教育会的组织与活动也不可避免地受

---

① 鲍文年：《四川基督教教育协会工作报告》，《中华基督教教育季刊》1939 年 12 月第 15 卷第 4 期。

② 赵传家：《华东基督教教育协会一年来会务报告》，《中华基督教教育季刊》1939 年 9 月第 15 卷第 3 期。

③ 邱道根：《福建基督教教育协会二十八年度工作大纲》，《中华基督教教育季刊》1939 年 12 月第 15 卷第 4 期。

④ 《广东基督教教育会二十九年度工作大纲》，《中华基督教教育季刊》1940 年 12 月第 16 卷第 4 期。

到波及和影响，珍珠港事件之后，多数地方分会结束了它们的活跃期，除了福建与华西之外，甚至很难发现它们的身影。①

抗战初期教育会在上海租界的彷徨中度过了两年，1939年秋德国人入侵波兰宣告第二次世界大战全面爆发，上海租界的气氛空前紧张起来，教育会开始担心在租界还能待多久。此时，整个国家的重心已经迁往西部，成都已经成为上海之外的另一个基督教教育中心，这里无疑将是教育会可供选择的方向。在这之前，教育会高等教育委员会干事葛德基已多次前往华西地区调研。1938年3月，为制定全国性的战时基督教高等教育政策，葛德基首次前往国统区调研，此次调研涉及广州、长沙、武汉、西安、成都、重庆等地，基本覆盖了尚未沦陷的南部中国。葛德基在调研报告中提出要在西南、东南地区另建两个大学中心的建议。② 一年后，葛德基再次访问华西，并在重庆见到了蒋介石夫妇及国民政府的六七位部长。③ 蒋介石在会见葛德基时说：

> 在这国家危亡的时刻，中国人民深为过去十九个月以来世界各地的朋友不断的同情与支持所感动。基督徒们日益表现出他们对物质世界以及饱受伤痛的中国人民精神生活的关注。特别是传教士，更是毫不犹豫的甚至是做出个人的牺牲来拯救中国人的伤痛。此时此刻，我想再次表达我个人以及中国人民对那些源源不断的来自基督教世界的对中国人民正义的抗战事业的自发援助的赞赏。我们坚信中国人民必将渡过难关，赢得胜利，我们更加坚信正义必将战胜邪恶，无论是个人、国家还是国际社会都是如此。④

教育部部长陈立夫还特意给葛德基写信：

---

① E. H. Gressy to Dr. Winfield (Feb 24, 1942), RG11—005—110.
② E. H. Gressy to B. A. Garside (Feb 12, 1938) (Feb 15, 1938), RG11—005—102.
③ E. H. Gressy to B. A. Garside (March 11, 1939), RG11—005—104.
④ "Statement of Generalissimo Chiang Kai-Shek" (Feb 21, 1939), RG11—005—105.

葛德基

高等教育组干事，中华基督教教育会

先生：

请转达我们对去年通过中国基督教大学联合董事会给我们的基督教大学捐款 30 万美元的捐助者，以及正在尝试筹集更多款项的全国紧急委员会的有关人士的诚挚谢意！

中国政府和人民欢迎并感激那些对大学捐款，许多人充分表现出他们的怜悯并为我们提供一切帮助。我们对上海地区基督教大学以及成都地区的医学院联合都非常满意，我们希望这一联合的方式能够推广至其他中心地区。

教育部部长：陈立夫①

或许是这两次调研的切身体会，或许是在重庆受到官方的礼遇，此后的葛德基逐渐将目光投向了西部。1940 年 12 月，葛德基偕夫人经中国香港前往华西，并将他的办公地点常设在成都，他计划用一年的时间来访问四川的基督教学校，考虑到战时葛德基在教育会的地位，此次葛德基前往华西，实际上已经表明教育会组织重心迁往了华西，尽管上海的办公场所不变，华人助手们还继续在那里办公。② 一年后，葛德基的调研期满，可此时珍珠港事件爆发，回迁上海已无可能，于是战时教育会的组织重心彻底留在了成都。

为了应对可能恶化的战争局势对教育会的影响，1941 年 5 月 13 日，教育会的执行委员会在成都召开会议，会议接受了葛德基关于在华西组织紧急委员会的建议，这个委员会由吴贻芳、陈裕光、张凌高、刘书铭等七人组成，一旦出现紧急情况，这个委员会就要发挥作用。③ 1941 年 12 月 13 日，珍珠港事件爆发后，教育会担心的紧急时刻终于来到，紧急委员会开始在成都启动，它在战时充当了教育会执行委员会的角色，主要服务于国统区的基督教学校，由华西协和大学

---

① Chen Li-fu to E. H. Gressy (Feb 22, 1939), RG11—005—105.
② E. H. Gressy to B. A. Garside (Dec 4, 1940), RG11—005—107.
③ J. M. Tan, "Report of the China Christian Educational Association, September 1946-March 1947", 上海市档案馆：U124—0—125, 第 134—135 页。

的张凌高任主席,葛德基任执行干事。① 于是,葛德基便同时担任教育会执行委员会干事和高等教育委员会干事,在战时危难格局之下,紧急委员会的其他成员多专注自身事务而难以顾及其他,教育会多由葛德基一人唱着独角戏。执行委员会规定,日后所有用于教育会方面的援助资金将全部寄达成都,② 这就意味着战时教育会的组织重心、人事重心和财务重心全部迁移至成都,上海就只剩下一个空洞的办公场所而已,这种状况一直持续到了战后。1943年5月高等教育会议召开之后,梅贻宝被选为高等教育委员会干事,主要负责教育重建和联络政府,葛德基则另兼任中华全国基督教协进会的副总干事,他在教育会唱独角戏的局面有所缓和,但未见明显好转。③

战时教育会尽管遭受波折,但始终没有中断,究其原因,除了教育会有关人士的努力之外,与校董联合会及其背后的西方差会的支持分不开,它们除了负责向教育会派遣必要的办事人员之外,还负责向教育会提供资金援助。抗战爆发后,教育会的本土收入来源大幅缩水,根据葛德基的估计,华北方面的捐助减少80%,华东减少60%,福建减少80%,这对处于风雨飘摇中的教育会来说无疑是致命的打击。④ 但好在来自校董联合会和西方差会的及时、持续的捐助,缓解了教育会的资金压力(见表6—1)。

表6—1　　　　　战时教育会接受西方捐助情况

年度	中华基督教教育会		高等教育委员会	合计(美元)
	(校董联合会捐助)(美元)	(美部会捐助)(美元)	(校董联合会捐助)(美元)	56532.83
1937—1938		750	5000	5750
1938—1939		750	5000	5750

---

① J. M. Tan, "Report of the China Christian Educational Association, September 1946 - March 1947",上海市档案馆:U124—0—125,第135页。
② E. H. Gressy to C. A. Evans (January 7, 1942), RG11—005—110.
③ E. H. Gressy to Charles. H. Corbett (June 19, 1943), RG11—005—111.
④ E. H. Gressy to Charles. J. Bwald (October 12, 1937), RG11—005—101.

续表

年度	中华基督教教育会		高等教育委员会（校董联合会捐助）（美元）	合计（美元）
	（校董联合会捐助）（美元）	（美部会捐助）（美元）		56532.83
1939—1940	2500	500	4000	7000
1940—1941	2800	500	4900	8200
1941—1942	2500		4000	6500
1942—1943	3000		4000	7000
1943—1944	5000		4000	9000
1944—1945	941.96		6390.87	7332.83

资料来源：根据亚联董缩微胶卷档案 RG-005 中数据统计而成。

第二节 战时中学救助

战争对于基督教学校的影响不仅表现在正常的教学秩序受到干扰、师生的人身安全得不到保障、学校迁移中的师生流亡，还表现在战争所引发的经济困境。在这方面基督教大学的状况要明显好于中学，因为它们有校董联合会的持续援助，抗战八年的时间当中，校董联合会共计为基督教大学募集财政援助 11211568 美元。① 而基督教中学的状况却要糟糕很多，它们不仅面临着迁移费用增加、通货膨胀、货币贬值、物价飞涨的压力，还面临着西方差会捐助逐年减少的实际困难。根据教育会的统计：战后五年内，无差会津贴的中学已由战前的 33 所增加到 64 所，即便是享有差会津贴的学校，它们所接受的经

---

① 刘家峰、刘天路：《抗日战争时期的基督教大学》，福建教育出版社 2003 年版，第 203 页。

费数目也在逐渐减少。① 以 1938—1939 年度 178 所基督教中学的收入情况为例（见表 6—2）。

表 6—2　　　　　　　　　基督教中学收入情况

	数额（元）	占比（%）
学费及其他教育经费	1858726.81	71
捐赠	145415.32	6
差会拨款	315291.57	12
杂项收入	286524.33	11
合计	2605958.03	100

资料来源：Chester S. Miao, "Christian Education in China", *The China Christian Year Book 1938-1939*, p. 215.

由表 6—2 可知，差会的拨款所占的比重甚小，为了弥补经济上的困难，各基督教中学只能多收学生或增加学费，但"此项办法均足使教会中学原有之精神减色"。② 在此种情况之下，如何帮助基督教学校渡过难关，而又不失基督教学校的精神，考验着社会各界人士包括中华基督教教育会。

在这方面，各地方教育会，特别是沦陷区的地方教育会走在了前面，它们大多将社会救济纳入各自的工作范围之内，或单独组织，或协助其他社会救济机构进行，有的是单纯的学生救济，有的是综合性的社会救济。以华东教育会为例，它们的社会救济工作包含两部分的内容：一是筹款救济中学师生，如 1938—1939 年度，华东教育会总干事赵传家就曾联合张文昌、邱丽英等人向留美友人募集救济费 1500 余元，然后拨付给中学教职员 15 人，共计 500 余元；小学教师 6 人，共计 200 余元；补助苏州孤儿院、南京金女大补习学校、明德

---

① 杨永清：《战后中国学校教育之动态》，《中华基督教教育季刊》1940 年 3 月第 16 卷第 1 期。

② 同上。

女校等校开展救济工作，共计 200 余元；补助中学生 3 人，共计 60 元，总数约 1000 元。尽管数量不多，但对于那些接受救济的人员来说无疑是雪中送炭。除此之外，华东教育会还协助各慈善机构推行难民教育工作，如协助华东联中劝募清寒学生补助金、协助红十字会办理上海市难民教育、协助上海难民协会征募难教经费、协助慈联总会办理难教、协助儿童保育会推行教育、协助萌太太举办平民服务社等等。①

中华基督教教育会由于战时人力不济，疲于奔波，在战时的救济工作主要是为基督教中学师生筹集救济款项。对于学生的救济工作，教育会很早就已经注意到了。1937 年 11 月 6 日，葛德基在给纽约校董联合会总干事加赛德（B. A. Garside）的信中就提到学生救济工作是目前需要考虑的问题，并建议从校董联合会即将要募集的 25 万美元紧急援助基金中拨出一部分用于学生救济。② 此事发生在基督教学校迁移之前，教育会主张的学生救济范围应主要集中于上海地区。此后教育会便在上海刊登广告，告之教育会愿协助各地流亡学生进入上海继续学习的计划，并建议在上海设立学生救助中心。随后更提出一份总额为 3 万美元的基督教学校师生救助计划，覆盖上海、华东、安徽及内地的基督教中学。③ 尽管教育会在与校董联合会的交涉中不断地提出基督教中学对于大学的重要性，但由于此时校董联合会对能否筹集到分内的大学紧急援助资金都没有把握，中学就更难以顾及了，对教育会的建议与要求予以了拒绝，教育会的首次中学救济计划也由此胎死腹中。④

此后，校董联合会的筹款进展要明显好于预期，它们在美国组成了一个有 70 多名精英人士的"中国基督教大学全国紧急委员会"，并在纽约、波士顿、费城、芝加哥、洛杉矶、西雅图等地设立分会，专门负责中国基督教大学的筹款事务，在它们的努力之下，至 1938 年 4

---

① 赵传家：《华东基督教教育协会一年来会务报告》，《中华基督教教育季刊》1939 年 9 月第 15 卷第 3 期。
② E. H. Gressy to B. A. Garside (November 6, 1937), RG11—005—101.
③ E. H. Gressy to B. A. Garside (December 11, 1937), RG11—005—101.
④ B. A. Garside to E. H. Gressy (January 24, 1938), RG11—005—102.

月已筹集 17.5 万美元的紧急基金。① 这就使得教育会可以重提旧事，再次提出一项 1 万美元的学生救助计划，校董联合会最终接受，但只拨款 3800 美元。② 尽管如此，这笔基金的取得是教育会在学生救济工作上不小的胜利。

　　进入 1939 年之后，各基督教学校多完成第一轮迁移，迁移中师生流亡、生活难以保障的情形普遍存在。为此，教育会还特别组成了一个由刘廷芳、白约翰、缪秋笙、谢颂三等四人组成的学生救助工作委员会，计划筹集 5000 元，用于救助基督徒、教牧子女、孤儿、在校生、临近毕业生、新生等特殊的学生人群。由于该计划主要服务于各基督教大学推荐的学生，对中学帮助有限。③ 因此，1939 年 7 月，教育会总干事缪秋笙提出从校董联合会的紧急基金中拿出 1500 元，专门用于救助高中学生，特别是高中毕业生，为纽约所同意。尽管此次对大中学的救助基金仍然不多，但各校的学生反映良好，除燕京大学外，各校学生踊跃申请。④

　　1940 年底，教育会迁往成都之后，对于中学救济工作继续坚持，而且具有扩大的态势，不仅救助学生，也救助教师。1941 年 1 月 14 日，教育会执行委员会就提出为基督教大中学生设立一项总额为 1 万美元的奖学金，用于促进国统区的学生救济工作。⑤ 1940—1941 年度，校董联合会另设 5000 美元的中学救助专项资金。⑥ 珍珠港事件后，学生救济工作更是刻不容缓，1942 年成都的教育会紧急委员会启动，向校董联合会提出了 5000 美元的特别救助基金，并组织一个专门的委员会负责这笔基金的发放工作，这个专门的委员会就是后来"联合援华会中学救济委员会"的前身，教育会的葛德基一直担任这

---

① E. H. Gressy to S. M. Gunn (April 8, 1938), RG11—005—102.
② B. A. Garside to E. H. Gressy (June 29, 1938), RG11—005—102.
③ Chester S. Miao to C. A. Evans (July 15, 1939), RG11—005—106.
④ Chester S. Miao to C. A. Evans (July 15, 1939); C. A. Evans to Chester S. Miao (Aug 15, 1939), RG11-005-106。燕京大学校长司徒雷登认为燕大的学生境况较好，故燕大放弃申请的机会。
⑤ J. M. Tan, "Report of the China Christian Educational Association, September 1946 - March 1947", 上海市档案馆：U124—0—125, 第 135 页。
⑥ C. A. Evans to E. H. Gressy (November 26, 1941), RG11—005—109.

个委员会的执行干事。它在战时几乎为所有的基督教中学提供过援助。①

在国统区,战时中小学教师的流失情况也引起了教育会的充分注意。以四川地区的加拿大女子传道会为例,1940年该会所属104名中小学教师有62名流失。② 为此,1941年3月,教育会总干事缪秋笙分别致信校董联合会和北美海外传教大会远东委员会,希望它们能够在1941年提供2万美元,为2000名中学教师提供救助,这项工作将由教育会附属的中等教育委员会和五个地方教育会负责。③ 然而,此时国内飞涨的物价指数使得教育会不得不一再提出追加它的救助金额,④ 1941年6月,葛德基提出中学教师救助的资金应增加至3万美元;⑤ 1941年7月,缪秋笙在美时又向校董联合会提出追加至4万美元。⑥ 或许是因为难以忍受教育会不断追加的预算,校董联合会最终否决了这一计划。⑦

珍珠港事件后,事情有了转机,校董联合会同意向教育会拨款5000美元用于中学教师救助,此事给了教育会莫大的信心和鼓舞。12月29日,教育会执行委员会决定组成一个专门的委员会来处理中学救助问题,这笔救助金将用于提高基督教中学全职教师的薪水待遇,为保证发放的公平公正,照顾到地区差异、学校差异和个体差异,教育会向国统区的各基督教中学发出问卷,征询各校财务状况和教师生活状况,然后在此基础上进行统计、分类、分配,这项工作一直持续到1942年7月。⑧ 考虑到国统区共有100余所基督教中学,各校经费从3000元到2万元不等,这笔救助资金很显然是杯水车薪,

---

① J. M. Tan, "Report of the China Christian Educational Association, September 1946 - March 1947",上海市档案馆:U124—0—125,第135页。

② Memo, RG11—005—108.

③ Chester S. Miao to B. A. Garside (March 4, 1941), Chester S. Miao to L. J. Shafer (March 4, 1941), RG11—005—108.

④ Chester S. Miao to B. A. Garside (October 26, 1941), RG11-005-109.

⑤ E. H. Gressy to B. A. Garside (June 30, 1941), RG11—005—109.

⑥ C. A. Evans to E. H. Gressy (July 28, 1941), RG11—005—109.

⑦ C. A. Evans to E. H. Gressy (September 4, 1941), RG11—005—109.

⑧ E. H. Gressy to C. A. Evans (Oct 15, 1942), RG11—005—110.

解决不了太大问题。教育会重申了需要4万美元教师救助基金之事。①然而这4万美元追加款却最终落空，1942年7月17日，校董联合会来信指出至今为止没有收到任何捐助是用于基督教中学教师救助的，也没有任何计划是关于基督教中学的。②为什么此时竟有如此的变故呢？是不是校董联合会已经中止了对基督教中学的救助计划呢？

原来，此时的重庆已经成立了一个具有官方背景的对华援助机构——"美国顾问委员会"（American Advisory Committee），校董联合会认为除了国统区之外，还有大量沦陷区的学生需要救助，而沦陷区周边已经有了它们的救助计划，教育会看起来不太需要了。于是校董联合会将原本拨给教育会的37500美元转给了重庆，由美国顾问委员会另组中学救济委员会来负责处理包括基督教中学在内的所有中学救助事务。③不久，中学救济委员会成立，由包括葛德基在内的五人组成，他们计划筹集资金74万美元来处理中学救助问题，其中10万美元用于救助政府公私立中学，54万美元用于救助美国基督教中学，还有10万美元用于英国中学。④此后，在中学教师救助问题上，就由重庆的中学救济委员会统一进行，教育会逐渐淡出。从1941—1943年，在教育会的配合之下中学救济委员会共计向国统区的105所中学2200名教师拨款77500美元，平均每人每年发放350元；而1943—1944年，中学救济委员会拨款20万美元，平均每位教师发放1000元。⑤在这种情况下，校董联合会认为中学救助事务应交给差会办理，教育会甚至是校董联合会自身都没有必要参与了。⑥

战时教育会的中学救助工作充满了艰辛与坎坷，与美方的筹款交涉体现了教育会的执着与坚持，或许就整个结局来看，教育会实际筹集到的救助款项并不多，对于广大基督教中学来说是杯水车薪，但它的临危不乱、积极进取的精神为基督教界同人所感动，更是以实际行

---

① E. H. Gressy to Winfield（Feb 24, 1942），RG11—005—110.
② C. A. Evans to E. H. Gressy（July 17, 1942），RG11—005—110.
③ E. H. Gressy to C. A. Evans（Oct 15, 1942），RG11—005—110.
④ E. H. Gressy to C. A. Evans（April 1, 1943），RG11—005—111.
⑤ E. H. Gressy to C. A. Evans（Dec 24, 1942），RG11—005—110.
⑥ C. A. Evans to E. H. Gressy（Feb 5, 1943），RG11—005—111.

动指明了基督教学校应该努力的方向。难怪中华全国基督教协进会在战后总结时说道:"该委员会在这时期最大的贡献还是基督教中等学校的救济,没有这种救济恐怕许多学校不得不关闭,许多好的教员不得不离开我们。"①

第三节 战时大学规划

对于基督教大学的整体规划早在战前就已经开始,1928年教育会附属的高等教育委员会曾出台一份"通盘协作计划",后经多次修改,由于该计划涉及各校的切身利益,特别是联合筹款,各方关注较多,分歧较大,最终未果。然而抗战的爆发却在某种程度上为实现通盘计划的目标创造了条件,教育会对大学规划再次充满期待。

抗战爆发后,金陵大学、金陵女子大学、东吴、之江等校部分专业相继迁往上海公共租界,在这里它们与上海的高校开始了短暂的联合,教育会将自己在上海的办公场所捐献出来用作各大学的联合办公室。② 1937年11月,教育会在上海组织了一次基督教大学会议,参加者主要有教育会干事葛德基、缪秋笙、赵传家,以及圣约翰、沪江、东吴、金陵、金陵女子、齐鲁、燕京、上海女子医学院等学校代表,讨论的议题之一就是战时状态下的大学规划,涉及各校的合并与调整。会议认为上海地区的大学要联合与互助,在国统区还要另建基督教大学中心。③ 为落实大学会议的精神,1938年1月教育会召开高等教育委员会会议,会议指出要在上海、西南、东南三地建立大学中心,同时为制定全国性的战时大学政策,会议委派葛德基前往国统区调研。④

在上海,为促进基督教大学中心的建设,教育会多次向校董联合会提出捐助资金,用于上海地区七所大学的联合实验室、图书馆、租

---

① 《中华全国基督教协进会第十二届年会报告书》,1946年12月,第15页。
② E. H. Gressy to B. A. Garside (December 30, 1937), RG11—005—101.
③ E. H. Gressy to B. A. Garside (November 26, 1937), RG11—005—101.
④ E. H. Gressy to B. A. Garside (February 15, 1938), RG11—005—102.

金、运输费、家具建设。① 此后，教育会更是提出 15000 美元用于筹建上海联合大学（又称基督教大学上海协会）。② 在教育会的积极运作之下，1938 年夏，上海联合大学正式组建，当年秋季招生 2500 人（后增加到 2702 人），约占全国总数的 40%—50%，远远超过上年度上海七所大学招收的 1768 人，这对于上海中心的建设而言是可喜的进展。在联合大学，各校行政、教务、财务密切协作，每周三举行执委会及校长联席会，学生可以使用联合的图书馆、实验室、诊所，也可以互选课程（当年就有 200 人），部分院系如教育学、心理学、商学开始联合办公，至于其他的各校师生联谊会、联合运动会就更多了，联合大学也多次举行联合毕业典礼。③ 这着实让教育会看到了希望，为通盘协作计划奔波了 10 余年的葛德基也发出"花费很多时间，利用当前的危机和机会来促成合作是值得的"的感慨。④ 花费的其实不止时间，还有金钱。从 1937—1941 年，校董联合会一共拨款 86500 美元用于上海联合大学的建设，支持的力度不可谓不大。⑤ 在成都，从 1939 年开始，四所基督教大学开始采用联合的课程表，在课室的使用和学生的跨校选课上都取得了进展。⑥ 通盘计划在上海和华西地区的一时成功，让基督教教育界人士充满期待，有人说道："这次国难实际上促成了教会的合作，尤其是上海及华西二处大学的协合，今后并拟在沿海及内地，分区成立集团组织，求更进一步的合作，以尽基督教教育，对于建设新中国的贡献。"⑦

---

① E. H. Gressy to B. A. Garside (January 22, 1938), RG11—005—102.

② E. H. Gressy to S. M. Gunn (April 8, 1938), RG11—005—102.

③ E. H. Gressy to B. A. Garside (September 29, 1938), RG11—005—103.

④ 转引自刘家峰《未竟之梦：华东联合大学始末》，载《基督教与中国社会文化：第一届国际青年学者研讨会论文集》，香港中文大学崇基学院宗教与中国社会研究中心 2003 年版，第 158 页。

⑤ R. J. McMullen to E. H. Gressy (May 12, 1939); E. H. Gressy to B. A. Garside (June 26, 1939), RG11—005—106. B. A. Garside to E. H. Gressy (January 22, 1941), RG11—005—108.

⑥ Chester. S. Miao, "Some facts about Christian Education", *The Chinese Recorder*, Vol. LXX, No. 10.

⑦ 杨永清：《战后中国学校教育之动态》，《中华基督教教育季刊》1940 年 3 月第 16 卷第 1 期。

然而事情的发展远远不如他们想象的那么乐观，由于各校的办学传统不一，对于通盘协作计划向来有不同意见，此次合作不过是战争使然，一旦战争形势和缓，他们还是希望回到各自的校园，如圣约翰大学的一部分师生在1939年就已经从公共租界回迁至梵王渡。① 即便是在各校联合的蜜月期，矛盾也是不断地出现。首先是联合造成的办学拥挤问题，1938年春季，上海公共租界内化学实验室每周竟然要接纳800—1200名学生前来做实验，各校师生苦不堪言，实验质量自然难以保证。其次是对办学经费的分配问题产生分歧，1937—1938年度，校董联合会一共拨款30万美元，上海联合大学招生数量占全国的40%—50%，却只分配到21000美元，仅占总数的7%，这让加入联合大学的各校着实恼火，争执不断，以至协调人葛德基都放出话来"各校自己想办法"。② 再次是联合中激烈的竞争关系，上海的四所大学一起办公，每周都会召开联合的校长与财务会议，但各院系之间却展开了激烈的竞争，都希望把自己做大做强，而不是牺牲，一旦有实力进行独立运作，就会撤出协作。上海如此，成都也一样，学生互选课程本来可以节约资源、取长补短，但成都五校却竞相兴办一些自己没有或薄弱的专业，其目的显然不在当下协作，而在明朝回迁。③

这实际上预示着，在表面的合作现象背后有许多深层次的分歧是难以通过外在协调的方式弥合的，战争和物质刺激都是落实协作计划的外在因素，真正的联合应该靠学校自己。或许1941年1月22日，校董联合会给葛德基的一封信能够说明问题：

> 上海地区四所基督教大学的未来联合政策是什么？……过去10到15年的经验已经清楚地表明，美国的组织要想找到这个问题的答案，或帮助大学找到答案，往往会导致更大的灾难。我们很容易从纸上找到看起来不错的方案，但这种尝试不仅无用，而且有害，除非由各大学自己提出要求。更糟糕的是我们提出一些

---

① 《全国基督教大中学迁移近况》，《中华基督教教育季刊》1940年3月第16卷第1期。
② E. H. Gressy to B. A. Garside（September 29, 1938），RG11—005—103.
③ E. H. Gressy to Charles. H. Corbett（December 3, 1943），RG11—005—112.

妥协的方案，以增加资金和物质上的捐助作为换取他们支持协作计划的奖赏。我想真正的联合不应采用贿赂的方式。大学自己应该要有联合的欲望，而不是物质上的利益刺激。只有大学自己愿意真诚持久的合作，扩大资助才有可能。①

尽管如此，教育会对于大学规划的努力却始终没有中断。1939年4月，教育会在香港组织召开基督教大学校长会议，对基督教大学的战时办学方针和战后重建问题进行了规划，考虑到战争态势不明，会议认为目前的规划主要是短期的。②珍珠港事件后，上海基督教联合大学解散，教育会的工作中心也由上海转移至成都，主要从事成都、邵武、坪石、大理四个新的基督教大学中心规划工作。③

1943年春，欧洲战场的形势开始好转，做长期规划的时候到了，英美援华机构开始讨论中国基督教大学的战后重建问题。1943年2月，中国基督教大学校董联合会在纽约成立了一个"战后规划委员会"，希望与伦敦的类似组织合作，全面规划中国基督教大学的未来，但最终的决定权在中国。④ 与之同时，在伦敦的中国基督教大学联合委员会也组成了类似的组织。1943年10月，英美双方在纽约还召开了一次联席会议，共同商讨中国战后规划问题。⑤ 英美两国的大张旗鼓引起了教育会的注意，当年5月在重庆、成都召开高等教育委员会战时首次会议，会上对战后规划问题做了集中的讨论，如如何回迁、如何合并、重建资金等，尽管会议没有对保留哪些学校、保留学校的类型、选址等问题形成结论，但达成了一个共识："集中保留几个有影响力的大学。"⑥ 会上也成立了一个"战后规划委员会"，由葛德基、芳威廉、朱经农、梅贻琦、桂质庭、陈文渊等人组成，朱经农任主席。于是，此时竟有三个"战后规划委员会"同时存在。考虑到

---

① To E. H. Gressy (January 22, 1941), RG11—005—108.
② E. H. Gressy to B. A. Garside (April 26, 1939), RG11—005—105.
③ E. H. Gressy to C. A. Evans (February 19, 1942), RG11—005—110.
④ Charles. H. Corbett to E. H. Gressy (February 23, 1943), RG11—005—111.
⑤ Charles. H. Corbett to E. H. Gressy (September 13, 1943), RG11—005—112.
⑥ E. H. Gressy to Charles. H. Corbett (June 19, 1943), RG11—005—111.

校董联合会指出战后规划的决定权在中国，教育会要求自己的战后规划委员会要对中国基督教大学的现状进行重新调查和研究，然后在此基础上提出规划方针与建议。①

此后，这三个战后规划委员会分头开展工作，先后提交了不少的报告草案。教育会的战后委员会从1943年底展开调查工作，至1945年夏完成报告，送交各大学评论。随后召开的战后高等教育委员会议做出"基本接受"的决议，并将此报告及会议纪要送交各大学、差会和纽约、伦敦委员会审议。纽约的委员会对这份报告十分赞赏，建议校董联合会接受这个报告，于是在1946年5月校董联合会年会上，最终批准了以教育会的规划报告为蓝本的战后重建计划。②

对于中学规划，教育会战时所作不多。1945年初，教育会组织了由长老会传教士卫礼士（Ralph C. Wells）、真光中学校长何荫棠、华中大学教育科教授黄溥、万县卫理中学的里查德森（Thomas A. Richardson）等人组成的中等教育调查团，走访了四川地区的21所中学，并在这些中学就教学方法、学校管理、财务问题、宗教教育、女子教育、公民教育、战后重建等问题进行了调研。③ 其中，卫礼士提出在战后重建当中，各中学要与教会建立密切的联系，各教会都要组织自己的教育部负责本教会的复员工作。"凡有全国组织的教会，应由最高的教会团体组织该教会的基督教中学委员会。在该委员会指导之下设干事部，执行该委员会的议决案，从事于该公会中等学校的计划与管理工作。凡未有全国组织的教会，可用地方组织由各地方的董事部，在董事部之下设一干事部，负责计划与管理该地方的基督教中等学校。"④ 这一思想在战后基督教中学重建当中被采用。⑤

---

① E. H. Gressy to C. A. Evans (November 13, 1943), RG11—005—112.

② 刘家峰、刘天路：《抗日战争时期的基督教大学》，福建教育出版社2003年版，第235—236页。关于此报告的内容，也可参见此书第236—243页。

③ J. M. Tan, "Report of the China Christian Educational Association, September 1946—March 1947",上海市档案馆：U124—0—125，第135—136页。

④ 卫礼士：《战后基督教中等学校的改造》，《会讯》1947年1月15日第1卷第1期。

⑤ J. M. Tan, "Report of the China Christian Educational Association, September 1946 - March 1947",上海市档案馆：U124—0—125，第136页。

第四节　战时宗教建设

呈现"宗教性"是基督教学校有别于普通学校的重要标志,然自1927年以来各基督教学校在政府法令的压力之下纷纷立案注册,成为国家教育系统之内的私立学校,而政府对于私立学校的宗教问题有着明确的规定:"私立学校,不得以宗教科目为必修科,及在课内作宗教宣传。宗教团体设立之学校内,如有宗教仪式,不得强迫或劝诱学生参加,在小学及其同等学校,并不得举行宗教仪式。"① 于是,在世俗化的巨大冲击面前,学校基督化特色的维持是项令人苦恼的问题。根据江文汉先生的分析,战前基督教大学平均只有30%—40%的学生是基督徒,教员中传教士所占人数不足1/3,中国教员中的基督徒不足25%。② 中学状况也不容乐观,战前基督教中学基督徒比例约为35%,选修宗教课程的只有33%。③ 于是,在世俗化面前如何提升学校的宗教水准考验着整个中华基督教界,在抗战之前就已经开始了。

1931年7月,为促进家庭、学校、教会中的宗教教育工作,中华全国基督教协进会联合中华基督教教育会组成了中华基督教宗教教育促进会(The National Committee for Christian Religious Education in China),教育会宗教教育委员会总干事缪秋笙任促进会总干事。④ 其主要工作有:一是唤醒基督徒男女工作人员在宗教教育事务上的新觉悟与理想。二是联合教会、教会学校及基督徒家庭等方面的宗教教育委员会,分工合作,向同一目标迈进。三是鼓励并协助各教会机关合办短期训练学校、暑期学校及其他有效力的训练机关,使义务人员以及

---

① 《私立学校规程行将修正》,《中华基督教教育季刊》1939年6月第15卷第2期。
② Kiang Wen-han, "Secularization of Christian Colleges in China", *The Chinese Recorder*, Vol. LXVIII, No. 5, 1937.
③ Chester S. Miao, "New Trends in Christian Education", *The Chinese Recorder*, Vol. LXXII, No. 2, 1941.
④ Alice Gregg, "Religious Education", *The Chinese Christian Year Book 1934 – 1935*, p. 247.

领薪人员,都能享受相当训练。四是创作、宣传、出版、完善宗教教育课程、书籍与教材,并协助各文字机关刊印并推销宗教教育应用的文字与教材。① 20 世纪 30 年代,促进会组织了一系列活动,如调查大中学师生宗教生活、组织学校基督徒团契、开办宗教培训学校、收集编写宗教素材与书籍等,对丰富学校的宗教教育活动起了推动作用。

作为教育会下属的高等教育委员会,在战前也花费了很多时间来讨论基督教大学的宗教生活问题。1936 年 1 月,在高等教育委员会年会上,还设立了一个专门的基督教大学宗教生活委员会,由来自各个大学的 10 名成员组成,他们期待与宗教教育促进会和基督教大学合作共同研究世俗化所导致的一些问题。② 一年以后,这个专门委员会提交报告,认为世俗化是个普世问题,各校都应组织专门的委员会负责应对世俗化对大学生活的影响,校董联合会还应派出专员进行指导;同时他们还提出校董联合会和金陵神学院紧密协作,为大学教员和学生提供一笔奖助金用于改善大学宗教生活。③

抗战爆发后,在战火中师生们过着颠沛流离的生活,委员会成员经常不在一起,宗教活动自然难以稳定地开展起来,加上各校为缓解办学经费的压力,大量招收非基督徒学生,造成了校园基督化氛围空前地紧张,世俗化充斥着整个校园。这在学生的选择专业上也可以看得出,1936—1937 年学生选择最多的是化学专业,其次是农学、经济学、生物学和医学;而到了 1939—1940 年,学生最多的是经济学,其次是化学、工程学、教育学和医学,包括哲学、宗教在内的人文科学持续垫底。④ 这一方面反映出战时的青年学生怀抱科学救国的理想,但从另一方面却反映出学校的宗教热情正在衰退。所以,如何应对战争加剧的世俗化危机,恢复宁静的基督化校园是基督教教育界面临的

---

① 《中华基督教宗教教育促进会略述》,1933 年,上海市档案馆:U123—0—30。
② "Council of Higher Education", *The Educational Review*, Vol. XXVIII, No. 2, April, 1936.
③ "Council of Higher Education", *The Educational Review*, Vol. XXIX, No. 2, March, 1937.
④ Chester S. Miao, "New Trends in Christian Education", *The Chinese Recorder*, Vol. LXXII, No. 2, 1941.

残酷现实。

除了世俗化之外，抗战时期基督教教育还面临着爱国主义形象的重塑问题。战前，在民族主义思想的影响之下，国人对于基督教学校的"洋化"色彩曾展开激烈的批评，基督教教育一度被与"爱国"、"卖国"问题挂上了钩。抗战爆发后，内迁是国民政府的决策，尽管对于基督教学校，国民政府没有严格的要求，大多数学校仍然决定按照政府的要求行事。但还是有一些学校没有按政府的要求去办，要么就近迁入外国租界寻求庇护，要么待在原址不动，使得人们再次怀疑基督教学校的爱国形象，有的甚至质疑基督教学校与侵略者是否存在妥协。在这特殊关头，如何通过宗教教育，造就良好的基督化人格，贯彻基督教救国的理念，也是基督教教育界需要给国人交代的问题。1939年香港基督教大学校长会议召开时，《申报》曾发表评论："我们认为基督教的人格，最主要的就是为保卫真理正义为拯救人类道德而不惜牺牲的斗争精神，这种精神正与我中华民族今日为解放中国与拯救世界和平而坚决抗日的斗争精神，并无二致，因此我们谨敢期许今后基督教教育界能够协力于民族的自尊心自信心的提高，协力于国民精神总动员的推行。"①

由此，抗战时期的世俗化趋势和爱国主义形象塑造都需要基督教教育界投入更多的精力，作为教育界的代表，教育会自然责无旁贷，无论是总会还是分会在抗战时期都保持了高度的关注。四川基督教教育会一经成立，便将协助各校开展宗教活动作为自己的工作重心之一，其负责开展的活动有：调查各校宗教活动情形；促进教会与学校的联络；联络青年会学联会及其他服务学生的团体；举行基督徒教职员退修会；组织与辅导各校基督徒学生团契；介绍宗教书籍和刊物等。② 类似的还有福建教育会，它也举行了一些协助学校的宗教活动，如调查各校宗教活动情形、促进教会与学校联络、协助各校学生青年会工作、辅导各校基督徒学生团契、办理流动文库介绍宗教书籍、组

---

① 《全国基督教大学会议的收获》，《中华基督教教育季刊》1939年6月第15卷第2期。

② 《四川基督教教育协会二十八年度工作大纲》，《中华基督教教育季刊》1939年6月第15卷第2期。

织宗教教育工作团到校开展工作等。① 这些地方教育会的活动无疑对促进学校的宗教活动、提升学生的基督化人格大有裨益。

与地方分会实际参与学校的具体宗教活动有所不同，总会则主要侧重于宏观上的调查、研究、协调与决策，具体而言就是任命专门的委员会去从事宗教调查、促进校友参与教会事务、宗教课程建设、中国宗教研究以及探讨基督化人格教育，等等。

1939年春，教育会组织了中学宗教工作委员会，由马鸿纲负责，他的主要工作是收集整理编写宗教教科书和组织基督徒教师团契。② 从1939年4月1日至7月7日，马鸿纲用3个多月的时间调查了包括重庆、成都在内的四川8个地区16所中学的宗教生活状况，其中包括四所从沦陷区迁去的学校。同年10月，马鸿纲提交了他的调查报告《中学宗教工作》。在这份报告中，他提出了包括培养学生兴趣、组织师生团契、丰富宗教读本、增加资金投入、设置奖助金、加强校际沟通等14项加强宗教工作的建议。③ 为促进校友参与教会工作的热情，1938年教育会设立了教会与校友关系促进委员会，一年以后教育会聘得吴高梓为执行干事，这项工作正式开展起来。促进委员会邀请基督教大中学的校友参与到教会工作当中，并通过校友去帮助教会寻找学校人才培养与教会发展需要的关联。为便于在各地开展校友工作，教育会还在上海、重庆等地设立促进分会，各分会可以根据需要设立自己的组织和干事，如上海分会在1940年9月拥有了自己全职的专任干事。④ 此外，为促进学校宗教课程的建设，教育会在1940年设立了一个宗教课程委员会，共由八人组成，除了教育会干事缪秋笙、赵传家、马鸿纲之外，还有顾惠人（华东联合中学校长）、沈体兰（上海麦伦中学校长）、陈熙仁（华东联合中学宗教主任）、葛继

---

① 邱道根：《福建基督教教育协会二十八年度工作大纲》，《中华基督教教育季刊》1939年12月第15卷第4期。

② Chester S. Miao, "Christian Education in China", *The China Christian Year Book 1938-1939*, p. 219.

③ H. K. Ma, "Religious Work in the Middle Schools", *The Chinese Recorder*, Vol. LXX, No. 10, 1939.

④ Chester S. Miao, "Christian Education in China", *The China Christian Year Book 1938-1939*, pp. 220-221.

恩（上海中西女子中学宗教主任）、张仕章（上海青年协会书局编辑）等人，由顾惠人任主席。宗教课程委员会的主要工作有：至各校从事宗教课程的调查；现有宗教课本的选择与介绍；编译现在所缺乏的宗教课本；征求各校在教材方面的合作。①

各方的努力取得了一定的成效，学生对于基督教的兴趣有所提升。1939—1940年，基督徒中学生的比例已经回升到42%，选修宗教课程的学生占到了43%。齐鲁大学的教授斯坦东（Prof. Stanton）写道："到处都向教会敞开了大门，学生都做好了接受福音的准备，在过去的18个月当中，在长达6000公里的旅途中，在20所大学中，我们看到的是普遍的欢迎。学生坦然地表达怀疑，自由地提问，但绝没有反对和不友好的批评之声。"② 笔者无从考证在迁徙中以上数据的准确性，也无从考证斯坦东言论的普遍性，更无从考证以上成就的取得与教育会的直接关联，但教育会为学校宗教工作所做出的杰出努力与贡献是不争的事实。

抗战期间，教育会在宗教上所做的另一项工作就是组织中国宗教研究会（Institute for Research in Religion in China），促进有关中国宗教问题的学术研究工作。这项工作的筹备从战前的1936年就已经开始了，在1936年1月的教育会高等教育委员会年会上，通过决议：为促进中国人信仰问题的研究，深化现有中国宗教研究工作者之间的合作，决定成立中国宗教研究会，筹备工作将由执行委员会进行。会议决定：在筹备期间，高等教育委员会要提名不超过20名组成人员（其中主要包含大学以外的人员），他们应该居住在中国，能够参与到研究会的实际工作当中。无论中外人士，只要从事相关研究的人员都可以成为其会员，只不过国外会员享受不到正式成员的一些特权。这个研究会应该是独立的组织，但可以选择依附于高等教育委员会或是协进会。此外，研究会还要发行刊物。教育会给出了三年筹备期，

---

① 马鸿纲：《基督教中学宗教课本的调查与介绍》，《中华基督教教育季刊》1940年3月第16卷第1期。

② Chester S. Miao, "New Trends in Christian Education", *The Chinese Recorder*, Vol. LXXII, No. 2, 1941.

期满将召开成立大会，由研究会自己规划未来。① 1937年2月，高等教育委员会提名了20名组成人员，其中10名来自基督教大学，10名来自其他机构，葛德基担任执行干事，负责具体筹备工作。由于这个研究会不仅包括基督教，还包括中国本土宗教、佛教、基督教聂斯托里教派等多种宗教，所以研究会的工作首先要与世界各地研究中国宗教的学者进行联络。此后，研究会分别联系了国内、日本、印度、美国、英国等地的宗教学者。②

抗战的爆发暂时中断了这项计划，1940年之后，各方开始重提研究会建设之事。③ 1941年11月，葛德基给纽约写了一封长信，在信中对中国宗教研究会的设立缘由、筹备状况、存在问题做了介绍。葛德基提出："中国基本上没有什么科学的宗教学习方式，宗教系不被教育部承认，宗教学学位也不被认可，所以这个研究会的设立对于促进中国的宗教工作尤为重要。它不仅对促进中国人的宗教学习，而且对促进中国人的哲学修养都意义重大。它将为中国、日本、印度、西方的宗教学者提供一个交流的平台。"他还强调"现在是重新开始的时候了"。④

为什么战争尚未结束，甚至连好转的迹象都没有竟又重新开始重提建设研究会了？主要有三个方面的考虑：其一，建设中国宗教研究会是增强中国宗教学科和中国人宗教情感的一贯主张，此时各校迁移之后基本稳定，可以重提旧事；其二，此时的西部地区已经有人在进行类似工作，从联合的方面考虑，这项计划将为华西四校的联合提供平台，也与建设成都大学中心的愿望相符；其三，金陵神学院董事会此时提出了一项1万美元的文化促进计划，其中就包含宗教，机会难得。⑤ 因此，葛德基向纽约校董联合会提出了高达35000美元的研究会建设计划，这笔钱将用于宗教图书馆建设、购买日文宗教书籍、为

---

① "Council of Higher Education", *The Educational Review*, Vol. XXVIII, No. 2, April, 1936.
② "Institute for Research in Religion in China", RG11—005—109.
③ C. A. Evans to E. H. Gressy (December 13, 1940), RG11—005—107.
④ "Institute for Research in Religion in China", RG11—005—109.
⑤ E. H. Gressy to J. W. Decker (November 11, 1941), RG11—005—109.

研究者提供经费资助和成都研究中心的日常开支等，计划建设周期3—5年。①

此后中国宗教研究会的建设工作全面展开，1941年后校董联合会每年拨款1000美元，金陵神学院1941年、1943—1944年各拨款2000美元用于研究会的建设。有了资金的捐助，各项研究工作也相继展开，其主要研究领域是宗教材料的收集与整理、宗教生活调查、宗教史和宗教文学。1941年，研究会开始着手中国二十朝宗教史的资料收集工作，在一年内，他们收集到的早期宗教史料2万余份，后交由金陵神学院整理出版。1943年7月26—28日，首届中国宗教问题学术研讨会在成都华西协和大学图书馆召开，包括佛教、道教、基督教在内的25位学者参加，会议收到论文15篇，对中国各类宗教问题展开研讨。② 按照1936年筹备会议的设计，这次研讨会的召开实际上预示着中国宗教研究会已经成立，此后它将脱离教育会的组织系统成为一个独立的机构，但由于葛德基仍然担任研究会的执行干事，此后的很多事务实际上都需要依托教育会来进行。

第五节　战后重建

1945年8月，战争比人们预期的更早结束了，如同其他的基督教机构一样，教育会也立即着手回迁上海。在执行干事葛德基的积极努力之下，1946年初回迁工作基本完成。由于战时教育会仅保留了执行委员会和高等教育委员会在成都继续活动，其他部门包括上海总部都处于停滞状态，所以如何让教育会的各项活动都能重新组织起来是回迁后的首要问题。1946年5月，教育会在上海召开战后首次执行委员会会议，重点讨论教育会整体重建规划问题。1946年8月，利用各基督教大学代表在上海参加高等教育委员会会议的机会，教育会召开战后重建会议，组建了一个以东吴大学校长盛振为主席的教育会

---

① "Institute for Research in Religion in China", RG11—005—109.
② E. H. Gressy to C. A. Evans (October 13, 1943), RG11—005—112.

临时委员会（Provisional Committee），这个临时委员会实际上扮演了过渡时期教育会的角色，此后教育会便进入了一个"自我复原期"（Self-rehabilitation）。不久，因健康原因，葛德基夫妇回国，福建协和大学的檀仁梅被选为执行干事，具体负责重建工作。①

战后的教育会继续以中华全国基督教协进会基督教教育委员会的名义存在，② 1947年1月，教育会发行《会讯》中文季刊；3月，又发行了英文《会讯》季刊（CCEA Newsletter），大有恢复战前中英文《教育季刊》的势头。1947年9月，教育会经南京国民政府社会部核准立案，成为国民政府管辖下的正式合法团体。③ 1947年10月29—31日，教育会召开战后第一届全国大会，其主题是"战后基督教教育之目标与标准"，很显然这是一个关系到未来教育会走向的会议。会议总结了教育会自回迁以来的工作状况，并制订了未来教育会的工作计划，会议指出：今后的教育会要加强与基督教大中学的联系；提倡各校的交换工作；强化与区会组织的关系；密切与差会的联系。④ 会议还通过了教育会新章程，⑤ 选举檀仁梅为教育会执行干事，白约翰为副执行干事，马鸿纲为宗教教育干事，张南伯为代理宗教教育干事，毕镐英为总务干事及《会讯》编辑，董远观为影音教育合作干事。⑥

这样，经过近一年的努力，教育会从制度上和人事上都恢复了组织活动，此前，华东、广东两地也相继恢复了地方教育会组织，⑦ 这就表明整个教育会系统已初步完成重建工作，此后的教育会将在新的

---

① J. M. Tan, "Report of the China Christian Educational Association, September 1946 - March 1947"，上海市档案馆：U124—0—125，第134页。

② 《中华全国基督教协进会第十二届年会报告书》，1946年12月3—11日，第37页。

③ 《中华基督教教育协会战后第一届全国大会手册》，上海市档案馆：U124—0—13，第14页。

④ 吴贻芳：《中华基督教教育协会与今后基督教教育》，《会讯》1947年12月15日第1卷第10期。

⑤ 《中华基督教教育协会章程》，上海市档案馆：U124—0—20。

⑥ 《本会干事部同仁提名》，《中华基督教教育协会战后第一届全国大会手册》，上海市档案馆：U124—0—13。

⑦ 参阅《会讯》第1卷第3期《华东基督教教育协会通告》（1947年1月15日），第1卷第10期《复员一年来之广东基督教教育协会》（1947年12月15日）。

起点上继续为基督教教育服务。1948 年 6 月，教育会的团体会员是 99 个，个人会员是 595 人；① 到了 1950 年 3 月，团体会员达到了 133 个，个人会员是 1072 人。② 1943—1944 年度，在教育会注册的教会中学是 117 所；到了 1948—1949 年度，增加到了 235 所，恢复到了战前水平。③ 可见，教育会的影响力也在逐渐恢复。

然恢复之后的教育会与战前相比已不可同日而语，它的处境仍然十分艰难。吴贻芳曾指出："本会组织的强化，有赖于经济基础的奠立，本会既无会所，又乏基金，现状的维持已非易事，遑言扩张与强化。"④ 可见，无论是组织上还是经济上，教育会都面临巨大的压力。就组织来看，战后的教育会没有恢复其核心部门——董事会，这就意味着教育会此后工作的重点将是研究与建议，对于各校是否能够贯彻执行已难以顾及了。即便有好的研究建议计划，教育会也已经没有成系统的地方教育会和四组专门委员会去执行，因而无从下手。从财务上看，复员之后的教育会也是危机重重。1947 年全国大会拟定教育会预算共需经费 3.145 亿元国币，但教育会至多可募集 2.195 亿元，收支相抵还有 9500 万没有着落。⑤ 此时的教育会最主要的收入来源是中华全国基督教协进会的 1.8 亿拨款，约占 80%，差会方面的捐助不多。教育会所规划的经济战略是："一面应有自立自给的远象，一面应欢迎差会的友谊赞助。"⑥ 在差会捐助无多的情况下，教育会必然会将目标转向自立自给，于是 1947 年之后，教育会发起征求会员运动，其目的"一在引起各基督教学校及学校的教职员对于本会工作的兴趣；二是要借此机会，使本会走上自力更生的道路"。因为教育会认为："本会如不自力更生，便没有什么将来可言，一个中国机关赖

---

① *CCEA Newsletter*, Vol. 2, No. 2, June, 1948.
② 毕镐英：《坚定信仰　努力工作——本会事工研究会记略》，《会讯》1950 年 3 月 15 日第 4 卷第 3 期。
③ *CCEA Newsletter*, Vol. 3, No. 1, March, 1949.
④ 吴贻芳：《中华基督教教育协会与今后基督教教育》，《会讯》1947 年 12 月 15 日第 1 卷第 10 期。
⑤ 《中华基督教教育协会战后第一届全国大会手册》，上海市档案馆：U124—0—13，第 11 页。
⑥ 吴贻芳：《中华基督教教育协会与今后基督教教育》，《会讯》1947 年 12 月 15 日第 1 卷第 10 期。

国外资助，根本也不是办法，更不是健全的机构，本会既是个人——基督教学校教职员和团体——基督教学校会员所组成，最高权力也是属于他们，这些会员便应当负起经济的和其他种种的责任。"① 当时制定的会员费是5万国币，② 但1948年之后，国统区通货膨胀日益严重，货币贬值，使得原本就入不敷出的财务状况雪上加霜，国民党统治末期的教育会步履维艰。

新中国成立后，教育会改名为"中华基督教教育研究会"，其宗旨是"团结全国基督教各教会所设之学校，共同研究，以促进新民主主义之理论与实施"③。此时的教育会成为中央人民政府管辖下的宗教研究机构。1950年12月28日，中央人民政府颁布了《中央人民政府政务院关于处理接受美国津贴的文化教育救济机关及宗教团体的方针的报告和决定》，此后基督教学校在中国大陆都没有了，教育会也就没有存在的必要了。"对本会今年后方针，亦采取与各基督教学校同一步骤，本会过去工作，已尽了历史的任务，应告一段落。"④ 这样，1951年2月，教育会停止了一切活动，彻底退出了近代中国的历史舞台。

---

① 毕镐英：《坚定信仰 努力工作——本会事工研究会记略》，《会讯》1950年3月15日第4卷第3期。
② *CCEA Newsletter*, Vol. 2, No. 3, September, 1948.
③ 《会讯》1950年5月15日第4卷第5期。
④ 《会讯》1951年2月15日第5卷第2期。

余 论

传教士吴哲夫曾说过:"基督教教育是双重的:首先,它是中国基督教运动的一部分,它通过帮助在中国营造一种'数量上、身体上、经济上、道德上、精神上'强大的基督教氛围,以实现在人间建立上帝之国的理想。其次,基督教教育与中国教育的发展息息相关,我们不认为宗教在教育当中没有位置,即便在世俗教育中,也日益明显地看到宗教是生活的重要内容,贴近生活和个人发展的各个方面,所以,教育作为发展个人在身体上、社会上、精神上适应环境的过程,是应该包括宗教在内的,这对基督教教育家而言是无可争辩的教育事实。"[①] 基督教教育与宗教、教育的关系是贯穿在华基督教教育事业始终的问题,事实上在这两种关系之外,作为近代中国社会的一部分,基督教教育与国家之间也始终存在着一种若即若离的关系。这三重关系的建构贯穿于中国基督教教育发展的始终,成为中国基督教教育兴衰成败的关键。作为中国基督教教育界的代表,中华基督教教育会正好是这三重关系消长的见证者,甚至是直接的参与者。

首先,宗教是基督教教育最为原始和最为朴素的目标,早期的基督教教育传入中国无非是为了传教,随着时间的推移,特别是在1890年中国教育会成立之后,有关基督教教育专业化的论断逐步成为主流,但基督教教育为传教或为教育的讨论一直就没有停止。20世纪20年代之后,宗教问题成为国人诟病基督教教育最为重要的依据,也成为政府与基督教教育界交涉的关键所在,关乎基督教教育在

---

① E. W. Wallace, "Report of the General Secretary of the West China Christian Educational Union to the Board of Education, 1922", *The Educational Review*, Vol. XV, No. 2, April, 1922.

中国的生存与发展，在那一焦点时刻，基督教教育界的策略是宗教教育妥协，甚至是搁置宗教教育，这一决策的结果使基督教教育顺利地进入了国家教育系统，但宗教教育的遗留问题并未解决，20世纪30年代宗教教育的主题就是围绕着妥协政策之下遗留的宗教教育技术问题而展开。所以，从早期的宗教讨论到后期的宗教实践，基督教教育与宗教的关系贯穿于基督教教育在华的始终，如何实现基督化中国的理想始终考验着中国基督教教育界的智慧。

其次，基督教教育是中国新式教育的先驱，它的新式教育理念与实践远在官办教育之前，正因如此，早期的基督教教育是国人汲取西式教育的一条捷径，在当时的基督教教育界也出现以基督教教育为蓝本打造整个中国新式教育蓝图的雄心伟志。但这一切在20世纪的最初十年被打破，清末新政以来，随着中国人获取西学知识途径的日渐多元和古老的科举制走向尽头，国人自办的新式学堂大量涌现，基督教教育一枝独秀的局面不再，它由中国新式教育的先驱彻底沦为追随者，于是构建属于自己的基督教教育体系以呈分庭抗礼之势成为其自我振兴的口号。因之，基督教教育践行新式教育的固有美德在中国延续，它通过介绍西方新式教育思想、实践西方的新式教育方法、与中国新教育界交流最新的教育思想与成果，引领国人深入地了解、认同、参与西方新式教育，基督教教育也就成为西方新式教育，特别是美式教育在中国传播的一条独特风景线。

再次，中国的基督教教育首先是中国的，它理应体现中国的色彩，而不是处处透着"洋气"，但就是这么一个最为基本的"本色"要求在近代中国却让国人等待了很久，这不是因为基督教教育界不觉悟，而是政府的态度不够坚决。事实上，对于进入国家的渴望，最早提出的正是那些被称为"洋人"的传教士，他们的诉求伴随着政府的冷漠一次次化为泡影，于是一条积极与中国教育界接触，探索"曲线救国"之路成为民国初年基督教教育界的基本主张。20世纪20年代以来，民族主义的浪潮迭起，中国教会"本色化"思想影响传教事业的各个层面，而此时的民国政府态度也出现松动，在对待洋人的事务上正想有所作为，于是"曲线救国"伴随着民族主义的浪潮演变为与政府直接交涉，最终，基督教教育顺理成章地进入了国家教育系统，成为中国私立教育的一部分，加速了基督教教育"本色"的进程。

这三重关系的演变，构成了基督教教育在中国的基本历程，中华基督教教育会也有幸见证，甚至是参与了整个过程，但出于团体的性质考虑，对于这种见证、参与的程度要有所保留。教育会毕竟不是直接从事基督教教育工作的实体，基督教教育的实践者是差会以及差会管理下的学校，教育会的决策在多大程度上为学校所接受至今还是个问题，就更不用说它对基督教教育的影响力了。但也不能因此得出结论，认为教育会的影响力不大。毕竟教育会存在了这么多年，所涉及的会员、学校众多，它始终通过舆论宣传、调查研究、协调合作、沟通意见等多种形式在主流的基督教教育界与地方教育实践者之间起到桥梁和纽带的作用。所以，教育会的影响力要具体问题具体探究，不可一概而论，它是中国基督教教育发展的推手，却是建设基督教学校的边缘人，这种尴尬的境地是类似于教育会之类的研究建议性的民间团体所共同面对的问题。

围绕着不同的时代主题，教育会的角色也在不断地变换。按照中华基督教教育会在中国存在的历程，大致可以分为益智书会、中国教育会、中华基督教教育会、中华基督教教育协会四个阶段，而每个阶段都有相应的主题，如出版、教育、基督教教育系统、国家教育系统。这些不同的主题，表明了在不同的历史时期，教育会的主要工作任务，也折射出中国基督教教育所面临的处境。

早期的中华基督教教育会主要从事教科书编译出版工作，对于教育工作的参与程度并不高，所以称之为出版团体更为合适。但到了19世纪末20世纪初，随着本土出版事业的兴起，教育会的优势不再，生存空间狭小，它面临着第一次转型，即从出版向教育的转型，由直接从事出版工作，一变而为探讨中国新式教育问题的团体，对中国新式教育蓝图提出各式设想，但在科举制仍然盛行的晚清社会，政府对于基督教教育不闻不问，这些设想所能产生的影响有限。

科举废除之后，中国本身的新式教育兴起，呈后来居上之势，基督教教育难以与之抗衡，教育会转而谋求构建属于自己的基督教教育体系。基督教教育的主题鲜明地反映在教育会的组织和活动当中，它通过自己的中央与地方教育会网络,通过自己广泛分布的会员,通过自己创办的刊物,通过巴敦调查团来华,将基督教教育界的精神予以系统化和理论化,将基督教教育界精英的思想传至各地方的教育实践者,这是教育会的第二次转型,即从教育向基督教教育的转型。

时至 20 世纪 20 年代,基督教教育基本形成了一个从小学到大学的教育系统,改组之后的教育会也扮演着基督教教育"教育部"的职能,正当它满怀热情准备大展宏图之时,本色化运动、非基督教运动、收回教育权运动一次次震动基督教教育界,使得旨在构建自成一体的教育系统面临解体,基督教教育进入国家教育系统是大势所趋,这就迫使教育会进行第三次转型,即从基督教教育向国家教育的转型,通过引领华人领袖入会、创办中文刊物、积极与中国教育界与政府沟通等多种形式,改善自身形象,争取社会认同,最终成功地帮助基督教教育在国家教育当中谋取到了合法的地位。

三次转型表明了基督教教育会适应时代主题的角色转换能力,同时也表明了教育会一直徘徊、彷徨于国家、教育与宗教之间,难以取舍,难以定位,这不是教育会本身的问题,而是在民族主义思潮兴起的特定历史时期,一切外来的事物在面对本土势力挑战之时都要面临的尴尬处境。它的最终解决也充分地表明中国本土的现实环境是决定外来事物命运的关键,也是保证一个正常的中外文化交流格局的前提,基督教教育会是这样,其他方面恐怕也是如此。

附录一

中华基督教教育会历任会长、总干事名录

年度	会长	总干事
1890—1893	狄考文	巴修理
1893—1896	潘慎文	福开森
1896—1899	谢卫楼	赫士
1899—1902	李提摩太	薛思培
1902—1905	赫士	薛来思
1905—1909	师图尔	顾斐德、薛思培
1909—1912	卜舫济	薛思培、谢洪赉
1912—1923	卜舫济	贾腓力
1923—1924	卜舫济	贾腓力、吴哲夫
1924—1925	卜舫济	贾腓力、吴哲夫、程湘帆
1925—1927	刘廷芳	吴哲夫、程湘帆
1927—1929	杨永清	吴哲夫、赵运文
1929—1930	颜福庆	吴哲夫、赵运文
1930—1931	刘湛恩	卢爱德、缪秋笙
1931—1934	林景润	卢爱德、缪秋笙
1934—1936	杨永清	卢爱德
1937—1938	不详	何荫棠
1938—1942	不详	葛德基
1942—1945	张凌高	葛德基
1946—1948	不详	檀仁梅、白约翰
1948—1951	不详	张文昌

附录二

益智书会—中国教育会
出版图书目录

一 数学类

Algebra, Part I 代数备旨
Algebra, Outlines 代数须知
Arithmetic, Advanced 数学拾级
Arithmetic, Elementary 数学
Arithmetic 笔算数学
Arithmetic, Mental 心算启蒙
Arithmetic, Outlines 算法须知
Calculus, Outlines 微积须知
Conic Sections 圆锥曲线
Conic Sections, Outlines 曲线须知
Geometry 形学拾级
Geometry 形学备旨
Analytical Geometry 代形合参
Hydrodynamics and Hydrostutics, Hand-book 动水学图说、静水学图说
Mechanical Powers, Hand-book 重学图说
Mechanics, Outlines 重学须知
Mensuration, Outlines 量法须知
Outline Series (Mathematical) 格致须知
Trigonometry 八线备旨
Trigonometrical Tables 对数表

Trigonometry, Outlines 三角须知

二 自然科学类

Acoustics 声学揭要

Acoustics, Outlines 声学须知

Anatomy 体学新编

Anatomy and Physiology, Hand-book 全体图说

Anatomy and Physiology, Outlines 全体须知

Astronomy 天文揭要

Astronomy 天文略解

Astronomy 天文图说

Astronomy 天文须知

Astronomy, Primer 天文启蒙

Birds, Hand-book 百鸟图说

Botany, Hand-book 植物图说

Botany, Primer 植物学启蒙

Chemical Apparatus and Reagents 化学器

Chemical Vocabulary 化学材料中西名目表

Chemistry 化学新编

Chemistry, Analytical 化学辨质

Chemistry, Outlines 化学须知

Chemistry, Primer 化学启蒙

Chemistry of Common Life 化学卫生论

Dynamics, Outlines 力学须知

Electricity and Magnetism, Hand-book 电学图说

Electricity, Outlines 电学须知

Eye and Its Diseases 眼科指蒙

Geology 地学指略

Geology, Outlines 地学须知

Geology, Primer 地学启蒙

Health for Little Folks　孩童卫生编
Heat　热学揭要
Heat, Hand-book　热学图说
Heat, Outlines　热学须知
"How to live Long"　延年益寿论
Hygiene, or Health, Air, Water and Clothing　卫生要旨
Hygiene, Lessons　幼童卫生编
Life Histories of a Few Common Insects　昆虫学举隅
Light, Hand-book　光学图书
Light　光学揭要
Logic　辨学启蒙
Mammals, Hand-book　百兽图说
Materia Medica, Vocabulary　西药大成或药品中西名目表
Mineralogy, Outlines　矿学须知
Mineralogy and Palacontology, Hand-book　矿石图说
Meteorology　测候器说
Microscopes and Telescopes　显微镜远镜说
Mineralogical Vocalbulary　金石中西名目表
Natural Philosophy　格物入门
New Science Series　格致指南九种
Optics, Outlines　光学须知
Outlines Series　格致须知
Physical Science Apparatus　重学水学气学器说
Physics　格致质学
Physics, Primer　格致质学启蒙
Pneumatics, Outlines　气学须知
Physiology　全体通考
Physiology, Elementary　省身指掌
Physiology　体学易知
Physiology　应用卫生初学

Physiology, Primer　身理启蒙
Physiology, Temperance　保身卫生部
Sanitary Science　居宅卫生论
Science and Literature of the West, Introduction　西医略述
Science Primers　格致启蒙
Sciences, Inroduction　格致总学启蒙
Sound　声学揭要
Zoology　动物学新编
Zoology, Coloured Illustrations　动物类编
Zoology, Primer　动物学启蒙

三　历史类

Compend of Chinese History　中国纲鉴撮要
Church History　圣会史记
History of England　大英国志
History of Europe　欧洲史略
History of Greece　腊志略
History of Rome　罗马志略
History of Russia　俄史辑译
History of Russia　俄国志略
Universal History　万国通鉴

四　地理与地图类

Elementary Geography　地理初阶
Geography of Palestine　犹太地理志
Map-drawing　五大洲图说
Natural Elementary Geography　新法训蒙地理志
Physical Geography　地势略解
Physical Geography　地理初桄
Physical Geography, Outlines　地理须知

Political Geography 地理全志
Political Geography 地理志略
Political Geography 地理略说
Political Geography, Outlines 地志须知
Scripture Geography, Maps 圣经地理全图
Topography of Palestine 犹太地理志
World in Hemispheres, Wall-map 西印平圆地球图

五 宗教与哲学类
Aids to Understanding the Bible 二约释义丛书
Analogy, Butler's 天人对参
Gateways of Knowledge 知识五门
Mental Philosophy, Part I 心灵学
Moral Philosophy 善恶理证

六 国文类
Chinese Primer 启蒙必要
First Writing Book, Chinese 训蒙求是
Hongkong Readers 初学阶梯
New Trimetrical Classic 新三字经
Primer for Teaching Chinese 训蒙求是初编

七 杂类
Arts and Manufactures 格致汇编部
Art of Drawing and Sketching 西画初学
Conference Commentory on The New Testament
Chemical Terms and Nomenclature 化学名目
China and Her Neighbours 中西关系略论
Civilization 自西徂东
Directory of the Educational Association of China

Drawing and Survey Instruments　测绘器说
Drawing from Models, Hand-book　画形图说
Drawing Instruments, Outlines　画器须知
Educational Directory for China, 1905
Education　肄业要览
Engines and Boilers, Hand-book　汽机锅炉图说
Etiquette of Western Countries, Outlines　西礼须知、戒礼须知
Law, International, by Bluntschli　公法会通
Law, International, by Wheaton　万国公法
Pedagogy　教育准绳
Political Economy　富国策
Political Economy　富国养民策
Political Economy, Outlines　富国须知
Records of the Triennial Meetings of the Educational Association of China
Technical Terms in English and Chinese

八　罗马文字类

Primer of the Standard System of Mandarin Romanization　罗马字初学
Pu Tung Wen Bao　普通文报
Simple Geography　官音罗马字地理志
The Standard System of Mandarin Romanization　官音罗马字韵府

九　挂图与手册类

Anatomy and Physiology　全体图
Anatomy and Physiology, Hand-book　全体图说
Astronomical and Geographical Diagrams　天文地文图
Astronomy　天文图
Astronomy, Hand-book　天文图说
Birds　百鸟图

Birds, Hand-book　百鸟图说
Botany　植物图
Botany, Hand-book　植物图说
Chemistry　化学图
Electricity and Maguetism　电学图
Electricity and Maguetism, Hand-book　电学图说
Engines and Boilers, Hand-book　汽机锅炉图说
Geographical Terms　地势图
Heat　热学图
Heat, Hand-book　热学图说
Hydranlics　水学图
Hydrostatie　净水学图
Hydrodynamics and Hydrostatics, Hand-book　动水学图、净水学图说
Invertebrate Animals　百虫图
Light　光学图
Light, Hand-book　光学图说
Mammals　百兽图
Mammals, Hand-book　百兽图说
Mechanical Powers　重学图
Mechanical Powers, Hand-book　重学图说
Metric System　权星图
Mineralogy and Palaeontology　矿石图
Mineralogy and Palaeontology, Hand-book　矿石图说
Model Drawing　画形图
Properties of Matter　体性图
Properties of Bodies　体性图说
Reptiles, Amphibians and Fishes　百鱼图
Steam Engines and Boilers　汽机锅炉图
Zoology and Comparative Anatomy　动物理图

Illustrations of Astronomy
Illustrations of Birds
Illustrations of Animals
Illustrations of Model Drawing
Illustrations of Map Drawing

资料来源：*Monthly Bulletin of the Educational Association of China*, Vol. I, No. 5, 1907, pp. 1-25；部分图书参考王树槐《基督教教育会及其出版事业》，台湾《"中央"研究院近代史研究所集刊》1971 年第 2 期，第 393—396 页。

附录三

人名译名对照表

A

阿波盖特　T. B. Appleget
阿内特　Trevor Arnetl
安德森　E. J. Anderson
艾约瑟　J. Edkins
爱丽斯　Emary W. Ellis
奥德哈姆　J. H. Oldham
奥立芬　David W. C. Olyphant
奥斯伯　Frederick Osborr

B

保灵　S. L. Baldwin
鲍康宁　F. W. Baller
巴慕德　Harold Balme
巴修理　W. T. A. Barber
巴博　George C. Barber
巴克礼　Thomas Barclay
白约翰　John S. Barr
鲍哲庆　T. C. Bau
柏尔根　Paul D. Bergen
毕万　H. L. W. Bevan
比利　J. M. Bly
裨治文　E. C. Bridgman

包文　Arthur J. Bowen
布瑞迪　W. M. Bridie
布朗　S. R. Brown
布鲁斯　J. P. Bruce
布洛克　A. A. Bullock
巴敦　Ernest D. Burton
巴特勒　J. Butler
巴特菲尔德　Kenyon L. Butterfield
博晨光　L. C. Porter
卜舫济　F. L. Hawks Pott
鲍尔森　A. Poulsen
毕来思　C. E. Price
毕范宇　Frank W. Price
柏高德　J. T. Prootor
贝特福德　Frank W. Padelford

C
查普曼　B. B. Chapman
程湘帆　Sanford C. C. Chen
陈裕光　Y. G. Chen
诚寿怡　Chen Sheo Yi
诚静怡　C. Y. Cheng
查顿　William Jardine
曹云祥　Y. S. Tsao

D
窦乐安　John Darroch
戴维斯　A. L. Davis
颠地　Lancelot Dent
迪芬德福　R. E. Diffendorfer
丁立明　Ding Nguk Ming

杜嘉德　Carstairs Douglas
多斯怀特　Aw. Douthwaite
杜威　R. G. Dowie
狄考文　Calvin Wilson Mateer
打马字　J. V. N. Talmage
丁韪良　W. A. P. Martin
戴德生　J. Hudson Taylor
丁家立　Charles D. Tenney
德本康　Lawrence Thurston

F
冯昌黎　W. B. Bonnell
范约翰　J. M. W. Farnham
芳卫廉　William P. Fenn
福开森　J. C. Ferguson
费德烈　J. M. Findlay
费舍尔　Galen Fisher
费佩德　Robert Fitch
富瑞姆　Murray Frame
傅兰雅　John Fryer
福戈　Paul Fugh
富森　F. G. Fuson
费力摩　Ruth Pillimore
樊正康　T. K. Van

G
古力克　L. H. Gulick
郭雷枢　T. R. Colledge
顾斐德　F. C. Cooper
郭显德　C. H. Corbett

高似兰　D. Cousland
盖葆耐　Brownell Gage
高厚德　H. S. Galt
甘博　Sidney D. Gamble
格雷斯汀　W. H. Gleysteen
高智　John Gowdy
葛理佩　H. B. Graybill
格林　G. W. Green
葛德基　E. H. Gressy
格里芬　J. B. Griffing
顾子仁　T. Z. Koo
郭秉文　P. W. Kuo
高凤山　F. S. Kao

H
花之安　Ernst Faber
韩丕端　P. O. Hanson
赫立德　Lavington Hart
赫斐秋　V. C. Hart
赫士　W. M. Hayes
海淑德　Laura A. Haygood
何德兰　I. Taylor Headland
海波士　J. S. Helps
何荫棠　Ho Yam tong
霍约瑟　J. C. Hoare
何乐益　Lewis Hodous
胡适　Hu Shih
黄溥　Huang, Pu
胡美　Edward Hume
洪煨莲　William Hung

J

江戴德　Lyman D. Chapin
贾腓力　Frank D. Gamewell
加赛德　B. A. Garside
杰戴　　E. F. Gedye
汲约翰　John Gibson
纪好弼　R. H. Graves
基廷　　A. S. Keating
金曼　　H. Kingman
江长川　Z. T. Kaung
嘉约翰　J. G. Kerr
金楷理　C. T. Kreyer
季理斐　D. MacGillivray
贾巴尔　Sidney D. Gamble

K

卡萨特　Paul C. Cassat
卡特尔　J. M. Cattell
库寿龄　S. Couling
库夫特　J. F. Crofoot
邝富灼　Fong F. Sec
凯斯　　J. N. Keys
孔祥熙　H. H. Kung
库思非　C. F. Kupfer

L

林乐知　Y. J. Allen
卢公明　Justus Doolittles
力为廉　W. H. Lacy
兰伯特　Clara J. Lambert

黎力基	R. Lechler
李培恩	Baen E. Lee
李应林	Ying Lam Lee
理雅各	James Legge
刘廷芳	Timothy Tingfang Lew
卢爱德	Ida Belle Lewis
李天禄	Li Tien-lu
凌宪扬	Henry Lin
林景润	C. J. Lin
林戈尔	W. H. Lingle
刘湛恩	Herman C. E. Liu
刘书铭	Shu-ming Liu
罗炳生	Edwin C. Lobenstine
罗威	Johnson Lowe
路崇德	J. W. Lowrie
刘海澜	H. H. Lowry
路思义	Henry W. Luce
陆志韦	C. W. Luh
卢特利	A. Lutley
来会理	D. Willard Lyon
李安德	Leander W. Pilcher
李承恩	N. J. Plumb
乐灵生	F. J. Rawlinson
雷维思	J. R. Reeves
李佳白	Gilbert Reid
李提摩太	Timothy Richard
里查德森	Thomas A. Richardson
瑞福恩	H. S. Redfern
骆士比	Percy M. Roxby
罗素	William F. Russell
罗便臣	George B. Robinson

M

梅子明　W. S. Ament
玛格特·巴敦　Margaret E. Burton
麻比　F. C. Mabee
麻西　William A. Macy
麦肯兹　H. Mackenzie
麦嘉温　John Macgowan
麦嘉缔　Davie B. Macartee
曼恩　A. S. Mann
麦瑟斯　Amos M. Mathews
麦柯尔　William A. McCall
麦克康纳尔　Francis J. McConnell
麦克慕兰　J. C. McMullan
美在中　F. E. Meigs
梅理士　C. R. Mills
缪秋笙　C. S. Chester Miao
米勒　Luella Minor
米斯凯丽　William Miskelly
孟禄　Paul Monroe
马礼逊　Robert Morrison
马儒翰　J. Robert Morrison
莫斯　Leslie Moss
穆德　John R. Mott
慕维廉　William Muirhead

N

诺特　C. W. Knott
聂会东　J. B. Neal
诺斯　Eric M. North
那夏理　H. V. Noyes

P

璞鼎查　Henry Pottinger
帕顿　W. Paton
潘慎文　A. P. Parker
皮尔洛　W. H. Pillow
皮齐尔　P. W. Pitcher

Q

祁天锡　N. Gist Gee
秦汾　Ching Fen

R

瑞吉　W. Sheldon Ridge
柔克义　W. W. Rockhill

S

孙乐文　D. L. Anderson
塞西尔主教　Lord William Cecil
孙罗伯　C. A. Nelson
塞德乐　Michael Sadler
萨乐迩　T. H. P. Sailer
塞兹　C. M. Lacey Sites
施美志　G. B. Smyth
苏惠廉　William E. Soothill
司弼尔　Robert E. Speer
山嘉利　C. A. Stanley
司德敷　M. T. Stauffer
史德蔚　A. N. Steward
师图尔　George A. Stuart
思传　W. E. Strong

斯维普　V. P. Sze
桑代克　E. L. Thorndike
索里　Samuel Thorne

T

陶维新　J. Davidson
檀仁梅　J. M. Tan
陶行知　W. T. Tao
泰勒　J. B. Tayler
涂羽卿　Y. C. Tu

W

沃廷　Minnie Vautrin
吴施德　L. H. Roots
文书田　G. Owen
文乃史　W. B. Nance
文惠廉　William Jones Boone
万应远　R. T. Bryan
文幼章　James H. Endicott
王素仪　Miss Sui Wang
吴哲夫　Edward Wilson Wallace
沃勒尔　Franklin H. Warner
韦斯特　J. B. Webster
卫礼士　Ralph C. Wells
韦毂　Sidney K. Wei
魏馥兰　Francis Johnstone White
韦廉臣　Alexander Williamson
文怀恩　John Elias Williams
卫理　E. T. Williams
维礼　S. J. Wills
沃尔德　O. R. Wold

沃尔夫　J. B. Wolfe
伍丁　S. F. Woodin
伍利　Mary E. Woolley
吴雷川　Wu Leichuan
吴贻芳　Wu Yifang
伟烈亚力　Alexander Wylie

X
香雅各　James M. Henry
谢卫楼　D. Z. Sheffield
休斯顿　T. W. Houston
薛思培　John Alfred Silsby

Y
晏文士　Charles K. Edmunds
易思培　J. M. Espey
杨永清　Y. C. Yang
颜福庆　F. C. Yen
英约翰　John Innocent
杨格非　Griffith John
倪维思　J. L. Nevius
苑礼文　A. L. Warnshuis
余日章　David Z. T. Yui

Z
钟荣光　W. K. Chung
朱经农　King Chu
湛约翰　John Chalmers
张伯林　Thomas C. Chamberlin
张伯内斯　C. S. Champness
张伯苓　Chang Po-ling

张文昌　　Chang Wen-chang
赵紫宸　　T. C. Chao
张凌高　　Lincoln Dsang
詹姆斯·巴敦　　James L. Barton
翟雅各　　J. Jackson
张南伯　　Chas F. Johannaber
仲钧安　　A. G. Jones
赵运文　　H. C. Tsao
朱有渔　　Y. Y. Tsu
周诒春　　Y. T Tsur

参考文献

一 英文文献

Chinese Repository, 1832−1851.

The Chinese Recorder, 1868−1941.

Monthly Bulletin of the Educational Association of China, 1907−1908.

The Educational Review, 1909−1938.

CCEA Newsletter, 1947−1951.

China Christian Educational Association Bulletin, 1924−1940.

The Bulletin of the East China Christian Education Association, 1923−1928.

Council of Higher Education News Sheet, 1928−1929.

West China Missionary News, 1899−1943.

Records of the Triennial Meeting of the Educational Association of China, held at Shanghai, Printed at the American Presbyterian Mission Press, 1893.

Records of the Second Triennial Meeting of the Educational Association of China, held at Shanghai, Printed at the American Presbyterian Mission Press, 1896.

Records of the Third Triennial Meeting of the Educational Association of China, held at Shanghai, Printed at the American Presbyterian Mission Press, 1899.

Records of the Fourth Triennial Meeting of the Educational Association of China, held at Shanghai, Printed at the American Presbyterian Mission Press, 1902.

Records of the Fifth Triennial Meeting of the Educational Association of China, held at Shanghai, Printed at the American Presbyterian Mission Press, 1905.

Records of the Sixth Triennial Meeting of the Educational Association of China, held at Shanghai, Printed at the American Presbyterian Mission Press, 1909.

Records of the General Conference of the Protestant Missionaries of China, held at Shanghai, May 10-24, 1877.

Records of the Central Conference of Protestant Missionaries of China, held at Shanghai, May 7-20, 1890, Shanghai: American Presbyterian Mission Press, 1890.

Records of the China Centenary Missionary Conference, held at Shanghai, April 25 to May 8, 1907, Shanghai: Centenary Conference Committee, 1907.

D. MacGillivray, *A Century of Protestant Missions in China (1807-1907)*, Shanghai: Printed at he American Presbyterian Mission Press, 1907.

The China Mission Year Book, 1912-1925.

The China Christian Year Book, 1926-1939.

C. W. Mateer, *Technical Terms, English and Chinese, Prepared by the Committee of the Educational Association of China*, Shanghai: The Presbyterian Mission Press, 1904.

Edward Wilson Wallace, *The Heart of Sz-chuan*, Third Edition, Toronto, 1907.

Carlos Nillson Dinsmore, *Christian Education in China*, 1909.

Geo. A. Stuart, *Technical Terms, English and Chinese*, Prepared by the Committee of the Educational Association of China, Shanghai: The Methodist Publication House, 1910.

John Raleigh Mott, *The Decisive Hour of Christian Missions*, Student Volunteer Movement for Foreign Missions, New York, 1910.

World Missionary Conference, 1910, *Report of Commission III, Education in Relation to The Christianisation of National Life*, Fleming H. Revell

Company, 1910.

Daniel W. Fisher, Calvin Wilson Mateer, *Forty Five Years a Missionary in Shantung*, China, The Westminster Press, 1911.

Margaret E. Burton, *The Education of Women in China*, New York: Fleming H. Revell Company, 1911.

Educational Directory of China, China Christian Educational Association, 1915-1921.

Village Education in India; the Report of A Commission of Inquiry, London, New York: H. Milford, Oxford university press, 1920.

Christian Education in China: A Study Made An Educational Commission Representing the Mission Boards and Societies Conducting Work in China, New York: Committee of Reference and Counsel of the Foreign Mission Conference of North America, 1922.

Christian Education in China, the Report of the China Educational Commission of 1921-1922, Commercial Press, Limited, Shanghai, 1922.

The Chinese Church as Revealed in the National Christian Conference held in Shanghai, Tuesday, May 2, to Thursday, May 11, 1922, Shanghai: Oriental Press, 1922.

Timothy Tingfang Lew, *Studies on the Problems of the Chinese Church based on the Message of the Church of the National Christian Conference*, National committee of the Yong Men's Christian Associations of China, 1922.

T. Y. Teng and T. T. Lew, *Education in China*, The Society for the Study of International Education, Peking, China, 1923.

James B. Webster, *Christian Education and the National Consciousness in China*, New Yoek: E. P. dutton & Company, 1923.

Report of the China Christian Educational Association to the National Christian Council, 1924.

Chinese Christian Education, A Report of a Conference held in New York City, April 6th, 1925, Under the Joint Auspices of the International Missionary Council and the Foreign Missions Conference of North America, 25 Madison Avenue, NewYork.

The Anti-Christian Movement, A Collection of Papers Originally Issued by the The Anti-Christian Movement and Translated for the Student Yong Men's and Yong Women's Christian Association of China, Shanghai, 1925.

Earl Herbert Gressy, East China Studies in Education No. 1, The University of London and Christian Higher Education in East China, East China Christian Educational Association, 1925.

Earl Herbert Gressy, East China Studies in Education No. 3, Costs of Christian Higher Education in China, East China Christian Educational Association, 1926.

C. C. Chin & Earl Herbert Gressy, Middle School Standards in East China, East China Christian Educational Association, 1926.

Report of Conference on The Church in China Today, The Report of a Conference of Christian Workers with Dr. John R. Mott, Under the Auspices of the National Christian Council of China, 1926.

Earl Herbert Cressy, Christian Higher Education in China, A Study for the Year 1925-1926, Shanghai : China Christian Educational Association, 1928.

Religious Education: Report of the Jerusalem Meeting of the International Missionary Council (March 24th - April 8th, 1928), Volume 2, London: Oxford University Press, 1928.

A Correlated Program for Christian Higher Education in China, CouncilofHigherEducation, China Christian Educational Association, 1928.

Kenneth Scott Latourette, A History of Christian Missions in China, New York, The Macmillan Company, 1929.

Chester S. Miao and Frank W. Price, Religion and Character in Christian Middle Schools, A Study of Religious Education in Christian Private Middle Schools of China, China Christian Educational Association, 1929.

The Correlated Program 1930 as Adopted by the Council of Higher Education, China Christian Educational Association, 1930.

Religious Education in the Chinese Church: The Report of A Deputation, 1931, National Committee for Christian Religious Education in China Shanghai, the Committee, 1931.

Qrville A. Petty, *Laymen's Foreign Missions Inquiry, Regional Reports of the Commission of Appraisal, China*, Vol. II, Supplementary Series Part One, Harper & Brothers Publishers, 1933.

J. Dyke Van Putten, *Christian Higher Education in China: Survey of the Historical Developments and its Contributions to Chinese Life*, 1934.

The Correlated Program for Christian Higher Education in China 1933-1938, as Revised by the Council of Higher Education, Jan 19-20, 1934, China Christian Educational Association.

Education for Service in the Christian Church in China: the Report of A Survey Commission, 1935.

Charles L. Boynton & Charles D. Boynton, *1936 Handbook of the Christian Movement in China under Protestant Auspices*, Shanghai: Kwang Hsueh Publishing House, 1936.

Kenneth Scott Latourette, *A History of the Expansion of Christianity* (V6: The Great Century in Northern Africa and Asia, A. D. 1800 - A. D. 1914), New York, London : Harper, 1944.

Alice Gregg, *China and Educational Autonomy: the Changing Role of the Protestant Educational Missionary in China, 1807-1937*, Syracuse University Press, New York, 1946.

Kwang-ching Liu, *Early Christian Colleges in China*, Journal of Asian Studies, Vol. 20, 1960-1961.

Wang, Shu-huai, *The Educational Association of China, 1890-1912; Its History and Meaning in the Missionary Education in China*, Honolulu, 1963.

Adrian Arthur Bennett, *John Fryer: The Introduction of Western Science and Technology into Nineteenth Century China*, Harvard University Press, 1967.

Kwang-Ching Liu, *American Missionaries in China, Papers from Harvard Seminars*, Harvard University Press, 1970.

Jessie Gregory Lutz, *China and the Christian Colleges 1850-1950*, Cornell University Press, 1971.

William Purviance Fenn, *Christian Higher Educational in Changing China*, William B. Eerdmans Publishing Company, 1976.

Ralph Covell, W. A. P. Martin, *Pioneer of Progress in China*, Wastington: Christian University Press, 1978.

Ka-Che Yip, *Religion, Nationalism and Chinese Students: The Anti-Christian Movement of 1922-1927*, Western Washington, 1980.

Gael Norma Graham, *Gender, Culture, and Christianity: American Protestant Mission Schools in China*, The University of Michigan, 1990.

Sin-Jan Chu, *Wu Leichuan—A Confucian scholar and Christian Reformer in Transforming China*, Boston University, 1993.

V. Johnson Eunice, *Educational Reform in China, 1880-1910: Timothy Richard and His Vision for Higher Education* (Dessertation), University of Florida, 2001.

Daniel H. Bays and Ellan Widmer, *China's Christian Colleges, Cross-Cultural Connections, 1900-1950*, Stanford, California: Stanford University Press, 2009.

二 档案

亚洲基督教高等教育联合董事会档案（United Board for Christian Higher Education in Asian）：No. 004、005、006、010、017、019、021、022、027、127、196、209、277、280、292、323、331、344（Reel）。

上海市档案馆：U104—0—14、U107—0—32、U107—0—38、U107—0—39、U110—0—30、U110—0—53、U110—0—55、U110—0—56、U110—0—57、U110—0—58、U110—0—59、U110—0—61、U110—0—62、U110—0—63、U110—0—67、U123—0—10、U123—0—11、U123—0—12、U123—0—14、U123—0—16、U123—0—18、U123—0—21、U123—0—22、U124—0—30、U123—0—60、U123—0—82、U123—0—127、U124—0—1、U124—0—3、U124—0—5、U124—0—7、U124—0—13、U124—0—14、U124—0—15、U124—0—18、U123—0—185、U124—0—20、U124—0—41、U124—0—59、U124—0—66、U124—0—75、U124—0—86、U124—0—87、U124—0—107、U124—0—125、Q243—1—17、Q243—1—18、Q243—1—

19、Q243—1—23、Q243—1—26、Q243—1—30、Q243—1—293、Q243—1—693、Q240—1—694、Q243—1—830。

广东省档案馆：65—1—29、38—4—235。

三　中文报刊

《万国公报》、《中华基督教会年鉴》、《中华基督教教育季刊》、《教师丛刊》、《研究小学教育的通讯》、《小学教育的通讯》、《中华基督教育》、《宗教教育季刊》、《教育公报》、《会务丛刊》、《华东教育》、《会讯》、《华西教育季报》、《广东基督教教育会小学部教育刊》、《福建教育讯息》、《福建教育消息》、《直隶山西基督教教育会期刊》、《晋直基督教教育会期刊》、《华北基督教教育会期刊》、《真光杂志》、《生命月刊》、《真理周刊》、《真理与生命》、《文社月刊》、《青年进步》、《金陵神学志》、《中华归主》、《协进》、《新教育》、《新教育评论》、《教育杂志》、《中华教育界》、《大学院公报》、《东方杂志》、《醒狮》、《少年中国》。

四　中文论著

《万国通鉴》，福州美华书局1892年版。

《新政策》，质学会1897年版。

《中华续行委办会述略》，1917年。

《中华全国基督教协进会五年事业之回顾》，1918年。

张纯一：《基督教与教育之关系》，上海广学会1919年版。

刘廷芳：《新文化运动中基督教宣教师的责任》，1921年。

刘廷芳：《中国教会问题的讨论》，青年协会1922年版。

中国基督教教育调查会团编：《中国基督教教育事业》，商务印书馆1922年版。

全绍武：《基督教全国大会报告书》，1922年。

郭秉文：《中国教育制度沿革史》，商务印书馆1922年版。

程湘帆：《小学课程概论》，商务印书馆1923年版。

罗运炎：《基督教与新中国》，美以美会全国书报部1923年版。

中国青年社非基督教同盟编：《反对基督教运动》，上海书店

1924年版。

《中华教育改进社同社录》，中华教育改进社1924年版。

广东基督徒教育会：《南中国基督教教育会第十届年会报告》，1925年。

基督教协进会：《中华全国基督教协进会第三届年会报告》，1925年。

张亦镜：《最近反基督教运动的纪评》，广州美华浸会印书局1925年版。

周调阳：《教育测量法精义》，中华书局1926年版。

张亦镜：《批评非基督教言论汇刊全编》，上海美华浸信出版社1927年版。

张钦士：《国内近十年来之宗教思潮》，燕京华文学校1927年版。

舒新城：《收回教育权运动》，中华书局1927年版。

基督教协进会：《中华全国基督教协进会第六届年会报告》，1929年。

中华全国基督教协进会编：《华南区大会报告》，1929年。

程湘帆：《中国教育行政》第2版，商务印书馆1931年版。

国联教育考察团：《中国教育之改造》，国立编译馆1932年版。

教育部：《第一次中国教育年鉴》，开明书店1934年版。

徐宝谦、谬秋生、范定九：《宣教事业平议》，商务印书馆1934年版。

贾立言：《汉字圣经译本小史》，上海广学会1934年版。

陈选善：《教育测验》，商务印书馆1934年版。

谢扶雅：《基督教对今日中国底使命》，青年协会书局1935年版。

丁致聘：《中国近七十年来教育记事》，国立编译馆1935年版。

广东基督教教育会：《广东基督教教育会会务报告》，1937年。

［英］魏礼模：《今日中国教会的布置工作》，傅步云译，中华全国基督教协进会1938年版。

基督教协进会：《中华全国基督教协进会第十二届年会报告》，1947年。

雷麦：《外人在华投资》，蒋学楷等译，商务印书馆1959年版。

《郭秉文先生纪念集》，台湾中华学术院 1971 年版。

[日]多贺秋五郎：《近代中国教育史料》，台湾文海出版社 1976 年版。

张玉法：《中国现代史论集》第 6 辑，台湾联经出版事业公司 1982 年版。

《陶行知年谱稿》，教育科学出版社 1982 年版。

孙宝瑄：《忘山庐日记》上册，上海古籍出版社 1983 年版。

李志刚：《基督教早期在华传播史》，台北商务印书馆 1985 年版。

舒新城编：《中国近代教育史资料》，人民教育出版社 1985 年版。

魏建猷：《中国近代货币史》，黄山书社 1986 年版。

李楚材编：《帝国主义侵华教育史资料——教会教育》，教育科学出版社 1987 年版。

[美]卢茨：《中国教会大学史》，曾钜生译，浙江教育出版社 1987 年版。

章开沅、马敏编：《中西文化与教会大学》，湖北教育出版社 1991 年版。

璩鑫圭编：《中国近代教育史资料汇编·学制演变》，上海教育出版社 1991 年版。

叶仁昌：《五四以后的反对基督教运动：中国政教关系的解析》，台北久大文化股份有限公司 1992 年版。

刘吉西：《四川基督教》，巴蜀书社 1992 年版。

高时良编：《中国近代教育史资料汇编·洋务运动时期的教育》，上海教育出版社 1992 年版。

朱有瓛、高时良编：《中国近代学制史料》第 4 辑，华东师范大学出版社 1993 年版。

朱有瓛等编：《中国近代教育史资料汇编·教育行政机构》，上海教育出版社 1993 年版。

林治平编：《基督教与近代中国文化论文集（二）》，台北宇宙光传播中心出版社 1993 年版。

梁家麟：《广东基督教教育》，香港建道学院 1993 年版。

查时杰：《民国基督教史论文集》，台北宇宙光传播中心出版社 1994

年版。

高时良：《中国教会学校史》，湖南教育出版社1994年版。

刘寿林：《民国职官年表》，中华书局1995年版。

谭双泉：《教会大学在近现代中国》，湖南教育出版社1995年版。

章开沅、马敏编：《文化传播与教会大学》，湖北教育出版社1996年版。

何晓夏、史静寰：《教会学校与中国教育现代化》，广东教育出版社1996年版。

王立新：《美国传教士与晚清中国现代化》，天津人民出版社1997年版。

《余家菊（景陶）先生教育论文集》，财团法人台北市慧炬出版社1997年版。

陶飞亚、吴梓明：《基督教大学与国学研究》，福建教育出版社1998年版。

史静寰、王立新：《基督教教育与中国知识分子》，福建教育出版社1998年版。

徐以骅：《教会大学与神学教育》，福建教育出版社1999年版。

徐以骅：《教育与宗教：作为传教媒介的圣约翰大学》，珠海出版社1999年版。

史静寰：《狄考文与司徒雷登——西方新教传教士在华教育活动研究》，珠海出版社1999年版。

胡卫清：《普遍主义的挑战——近代中国基督教教育研究（1877—1927）》，上海人民出版社2000年版。

王扬宗：《傅兰雅与近代中国的科学启蒙》，科学出版社2000年版。

邹振环：《20世纪上海翻译出版与文化变迁》，广西教育出版社2000年版。

王忠欣：《基督教与中国近现代教育》，湖北教育出版社2000年版。

黄新宪：《基督教教育与中国社会变迁》，福建教育出版社2000年版。

吴梓明：《基督教大学华人校长研究》，福建教育出版社2001年版。

王立诚：《美国文化渗透与近代中国教育：沪江大学的历史》，复旦大学出版社 2001 年版。

陈学恂编:《中国近代教育史教学参考资料》,人民教育出版社 2003 年版。

吴梓明编:《基督教与中国社会文化:第一届国际青年学者研讨会论文集》,香港中文大学崇基学院宗教与中国社会研究中心 2003 年版。

章开沅、马敏编:《基督教与中国文化丛刊》第 6 辑,湖北教育出版社 2004 年版。

刘家峰、刘天路:《抗日战争时期的基督教大学》,福建教育出版社 2003 年版。

段琦:《奋进的历程——中国基督教的本色化》,商务印书馆 2004 年版。

吴昶兴:《基督教教育在中国:刘廷芳宗教教育理念在中国之实践》,香港浸信会出版社 2005 年版。

杨天宏:《基督教与民国知识分子:1922 年—1927 年中国非基督教运动研究》,人民出版社 2005 年版。

王东杰:《国家与学术的地方互动——四川大学国立化进程》,生活·读书·新知三联书店 2005 年版。

林立强:《美国传教士卢公明与晚清福州社会》,福建教育出版社 2005 年版。

[美] 芳威廉:《基督教高等教育在变革中的中国 1880—1950》,刘家峰译,珠海出版社 2005 年版。

吴义雄:《开端与拓展:近代华南基督教史论集》,台湾宇宙光全人关怀 2006 年版。

吴梓明:《全球地域化视角下的中国基督教大学》,台湾宇宙光全人关怀 2006 年版。

尹文涓编:《基督教与中国近代中等教育》,上海人民出版社 2007 年版。

孙广勇:《社会转型中的中国近代教育会研究》,华中师范大学出版社 2007 年版。

夏泉:《明清基督教教会教育与粤港澳社会》,广东人民出版社

2007年版。

中华续行委办会调查特委会编:《中国基督教调查资料》,中国社会科学出版社2007年版。

肖会平:《合作与共进:基督教高等教育合作组织对华活动研究》,山东教育出版社2009年版。

徐以骅:《中国基督教教育史论》,广西师范大学出版社2010年版。

毕苑:《建造常识:教科书与近代中国文化转型》,福建教育出版社2010年版。

章博:《近代中国社会变迁与基督教大学的发展》,华中师范大学出版社2010年版。

戴吉礼编:《傅兰雅档案》,广西师范大学出版社2010年版。

吕实强:《近代中国知识分子反基督教问题论文集》,广西师范大学出版社2011年版。

熊月之:《西学东渐与晚清社会》,中国人民大学出版社2011年版。

周东华:《民国浙江基督教教育研究——以"身份建构"与"本色之路"为视角》,中国社会科学出版社2011年版。

王树槐:《基督教与清季中国的教育与社会》,广西师范大学出版社2011年版。

张永广:《近代中日基督教教育比较研究》,上海社会科学院出版社2012年版。

顾长声:《传教士与近代中国》,上海人民出版社2013年版。

孙秀玲:《近代中国基督教大学社会服务研究》,山东人民出版社2013年版。

陈国栋:《教会教育与国家发展:中华基督教教育会之个案研究》,硕士学位论文,台湾"国立"中正大学历史所,1999年。

刘贤:《巴敦调查团研究》,硕士学位论文,山东大学,2002年。

金保华:《教会大学的自主调适——巴顿调查团的建议及其影响》,硕士学位论文,华中师范大学,2002年。

卢浩:《中华教育改进社:中国近代教育模仿美国的主要推动

者》，硕士学位论文，华东师范大学，2003 年。

刘方仪：《江苏省教育现代化的推手——江苏省教育会研究（1905—1927）》，博士学位论文，南京大学，2005 年。

徐会爱：《近代四川基督教教育研究——华西教育会下的教育独立发展道路探析》，硕士学位论文，四川师范大学，2007 年。

王树槐：《清末翻译名词的统一问题》，台湾《"中央"研究院近代史研究所集刊》1969 年第 1 期。

王树槐：《基督教教育会及其出版事业》，台湾《"中央"研究院近代史研究所集刊》1971 年第 2 期。

王树槐：《清季的广学会》，台湾《"中央"研究院近代史研究所集刊》1971 年第 4 期。

江文汉：《广学会是怎样的一个机构》，《出版史料》1988 年第 2 期。

王扬宗：《清末益智书会统一科技术语工作述评》，《中国科技史料》1991 年第 12 期。

张建华：《传教士谢卫楼的教育活动》，《近代史研究》1993 年第 4 期。

仇华飞：《马礼逊教育会与马礼逊学校的创办》，《华东师范大学学报》1995 年第 2 期。

王立新：《晚清在华传教士教育团体述评》，《近代史研究》1995 年第 3 期。

胡卫清：《传教士教育家潘慎文的思想与活动》，《近代史研究》1996 年第 2 期。

王伦信：《我国标准化考试的引入和初步发展》，《华中师范大学学报》1997 年第 2 期。

王宏凯：《清末"学校教科书委员会"史略》，《首都师范大学学报》1998 年第 3 期。

胡卫清：《近代来华传教士与中国教育改革》，《江苏社会科学》2000 年第 4 期。

邹振环：《近百年间上海基督教文字出版及其影响》，《复旦学报》2002 年第 3 期。

孙邦华：《中国基督教教育会与西学东渐》，澳门：《中西文化研究》2004年第1期。

孙邦华：《清末来华西人关于中国考试制度改革的建议》，《湖北招生考试》2005年4月号。

凌兴珍：《民国时期的基督教师范教育——基于以四川为中心的考察》，《四川师范大学学报》2005年第6期。

陈名实：《近代基督教教育团体及其出版事业》，《教育评论》2006年第1期。

陈建华：《从"中华教育会"透视晚清基督教的教会教育》，《华东师范大学学报》2006年第2期。

吴义雄：《谢卫楼与晚清西学输入》，《中山大学学报》2007年第5期。

后 记

人生中第一本学术著作出版,此时我是兴奋而又不安的,兴奋是因为经历了十余年的准备、撰写与修改,我终于可以向学界前辈和同人系统地汇报我的研究成果,而不安显然是担忧这粗浅的研究成果不能得到认可甚至是当头棒喝。

12年前,蒙中山大学历史系吴义雄教授不弃,我得以跟随他学习近代中西文化交流史。那时的近代中国基督教教育史研究远没有今天这般冷清,仍在延续着自90年代以来的中国教会大学史研究热潮。而其瓶颈与不足也正逐渐地显现,即在宏观的中国基督教教育史与微观具体的教会学校个案研究之外,是否存在新的研究空间,于是我把研究的重点放在了近代中国的基督教教育家群体上,而近代以来最大的群体代表便是存在70余年的基督教教育会。吴老师提醒我注意要将基督教教育会放在整个近代中国历史、近代中国教育、近代中国传教事业中来考察,而不是做成一个就会论会的"会史"。本书便是沿着这种思路,基本上以时间为序,将基督教教育会放在整体近代中国基督教教育发展脉络中来考察其演变历程,及其与国家、宗教、教育三者之间的关系。

进入工作岗位后,我仍继续着基督教教育会的研究,主要从两个方面完善原有的研究:一是注重抗战爆发之后的资料收集、整理与研究;二是注重地方教育会,特别是华东、华西教育会的资料收集、整理与研究。因时间、资料、篇幅的限制,本书对于新中国成立前后基督教教育会的活动;其他地方教育会,特别是华北、福建、广东教育会的活动;以及基督教教育会与西方差会、基督教学校的关系等具体实证研究仍做得不够充分,仍有进一步提升的空间,只能留待将来完善了。

　　本书在资料收集整理过程中得到了华中师范大学东西方文化交流研究中心、旧金山大学利玛窦中西文化研究所、香港中文大学当代基督宗教教学资源中心、香港中文大学图书馆、香港浸会大学图书馆、香港大学图书馆、中山大学图书馆、上海市图书馆、上海市档案馆、北京国家图书馆、北京大学图书馆、山东大学胡卫清教授和刘家峰教授、旧金山大学吴小新博士，以及中山大学历史系中国近现代史专业的全体教师的大力支持，没有他们的帮助，本书不可能完成。

　　本书系教育部人文社会科学研究青年基金项目"国家、教育与宗教：社会变迁中的近代中国基督教教育会研究"（批准号：11YJCZH231）的最终成果，并得到暨南大学马克思主义理论学科建设出版基金的资助。本书是一项历史学研究成果，蒙暨南大学马克思主义理论学科组的支持，能够将本书忝列马克思主义与中国社会研究系列丛书一并出版，特向暨南大学马克思主义理论学科组表示感谢。本书在中国社会科学出版社出版，责任编辑王茵以及重大项目出版中心的编辑们为此付出的辛劳是保证本书质量的关键，在此一并致谢！

　　最后，我想说，学术研究对于研究者来说是充满乐趣的，对于他们的家人来说可能未必如此，坐十年冷板凳在当今时代未必人人能做得到，家人的支持则为首要关键。谨以此书献给我的父母，我的妻子，我的宝贝格格，你们是我的全部。

张龙平
2015 年 10 月 8 日
广州